弁護士のための

保険相談
対応Q&A

茨城県弁護士会 編

ぎょうせい

刊行にあたって

　茨城県弁護士会は、平成19年度以来10年ぶりに関東十県会夏期研究会の担当会となり、研究会を開催した上、研究の成果である本書を出版しています。

　昭和42年度に「土地区画整理の諸問題」、昭和52年度に「判例からみた安全配慮義務」、平成9年度に「墓地の法律と実務」、平成19年度に「不服申立の実務」を発刊しましたが、今年度は、「弁護士のための保険相談対応Q&A」という題名で保険に関する本を出版することになりました。

　保険は、日常生活・経済活動などにより応じるリスクに対応するものとして幅広く普及しており、保険が関わらない分野はないといっても過言ではありません。

　紛争の予防・解決のため、弁護士も、どのような保険が存在し、どのような場合に使えるのかを知る必要があります。

　本書は、保険に関連する問題について幅広く取り上げたものになります。

　本書の編纂にあたり、平成27年度に平成29年度関東十県会夏期研究会準備委員会を立ち上げ、約2年の間、200名を超える会員が、準備委員として、多忙な業務の中、班会議、合宿などを行い、文献・判例等の研究をしました。

　本書が、保険が関連する紛争の予防・解決の手助けとなることを信じております。

　　平成29年8月

　　　　　　　　　　　　　茨城県弁護士会

　　　　　　　　　　　　　会長　阿　久　津　正　晴

執 筆 者 一 覧 *五十音順

●水戸支部

阿久津正晴	有馬 慧	有馬直美	飯島章弘	井川洋一	生田太一
石田拓朗	石橋真一	岩村道子	上澤一朗	上畠佳子	遠藤彰子
遠藤俊弘	大塚雅子	岡田眞輝	岡田利恵	小沼典彦	柏田慎一郎
片岡 優	片島 均	桂 秀明	亀田哲也	亀山竜彦	菅 美由紀
菊池正憲	木島千華夫	木名瀬修一	木南貴幸	黒澤悠基	後藤直樹
小西俊一	小林憲生	小松原裕介	五來則男	近藤識之	佐久間友則
塩谷恭平	篠﨑和則	清水 繁	清水壮一	白石 裕	白土大作
鈴木健秀	鈴木大輔	関谷将明	関山英忠	高倉久宗	高城昌宏
髙梨亮輔	高橋博信	髙濱亜希	瀧塚祐之	瀧野正裕	武田彩織
立花 朋	橘 朋代	田中美和	田中道夫	長南典行	辻 唯花
鶴田彬光	戸賀﨑 篤	長井雄一	中城孝浩	長瀬佑志	中本義信
二宮嘉秀	根本信義	野村貴広	長谷川陽一	人見光一	藤川慎吾
藤田奈津子	二本 洋	牧野拓真	丸山幸司	水野純子	三村悠紀子
武藤英一郎	望月直美	茂手木克好	森田冴子	安 隆之	谷田部 亘
山形 学	山田千尋	吉田智子	若松俊樹	渡邉 昭	

●土浦支部

相澤 寛	明石順一	秋山 環	天野義章	有川 保	安重洋介
飯塚 皓	石川智美	石山ありさ	井関光博	磯山貴洋	市川 奨
井出晃哉	伊藤 亘	伊藤しのぶ	伊藤祐介	稲田翔平	稲野辺敬之
上田和裕	牛木純郎	内田智宏	内山祐亮	宇都宮 諒	漆川雄一郎
尾池誠司	大久保 潤	大関太朗	大西 敦	大和田 理	岡野聡史
億田 諭	奥庭 修	鬼澤健士	小沼尚之	貝塚 聡	加藤 怜
神代 優	亀田道子	唐津悠輔	河原 周	北村 守	久保田 喬
倉部奈々	黒田綾香	黒田祥史	桑田剛旗	鯉沼敦規	越川 要
古德尚子	小湊敬祐	小室光子	才木江梨花	齋藤 碧	作井 崇
塩見崇一郎	篠木光洋	柴田大輔	白岩大樹	祐川直己	介川康史

鈴木　篤	須藤斗夢	髙島光弘	高須陽介	髙田知己	髙橋直人
瀧　智英	竹村幸恵	田中記代美	田中良弘	田中一哉	谷口　彰
谷本雅晃	玉本倫子	千葉真理子	中島隆一	中田勝也	二井矢旬子
西田時弘	布川博樹	母壁明日香	濵野伸一	林　大祐	福岡秀哉
福嶋正洋	藤　菜摘子	藤川武揚	程塚智則	堀　賢介	堀　みずき
堀越智也	本多　直	前澤優也	松尾　索	松沼和弘	松村　孝
眞鍋涼介	真野祥一	宮本　純	八木健治	矢口侑弥	山崎真也
山田雄治	山田剛士	山田昌典	吉岡隆久	吉田晃宏	吉見幸久
若林侑加	渡部俊介				

●下妻支部

阿部宏明	飯田大樹	飯塚夏樹	板垣真吾	角口貴秋	小林賢太朗
齋藤　愛	佐々木寛継	佐谷道浩	志村和俊	白鳥俊昭	鈴木　元
関　健太郎	平久　真	高田慎二	高中　学	立石有作	谷口友啓
根本裕一	野田幹子	野中啓史	萩原慎二	船橋　存	干田聡太
増田英敏					

凡　例

1　法令名略語

　本文中の法令名は原則として正式名称で記したが、（　　）内などの法令名には次に掲げる略語も用いた。

行審法	行政不服審査法
行訴法	行政事件訴訟法
金融商品販売法	金融商品の販売等に関する法律
厚年法 （厚生年金法）	厚生年金保険法
厚年令	厚生年金保険法施行令
厚年則	厚生年金保険法施行規則
国年法	国民年金法
国年令	国民年金法施行令
国年則	国民年金法施行規則
地震保険法	地震保険に関する法律
地震保険令	地震保険に関する法律施行令
自賠法	自動車損害賠償保障法
自賠法施行令	自動車損害賠償保証法施行令
社審法	社会保険審査官及び社会保険審査会法
住宅瑕疵担保 履行法	特定住宅瑕疵担保責任の履行の確保等に関する法律
住宅瑕疵担保 履行法施行規則	特定住宅瑕疵担保責任の履行の確保等に関する法律施行規則
住宅品質確保法	住宅の品質確保の促進等に関する法律
スポ振法施行令	独立行政法人日本スポーツ振興センター法施行令
労災法 （労災保険法）	労働者災害補償保険法
労災法施行令	労働者災害補償保険法施行令
労災法施行規則	労働者災害補償保険法施行規則

2　判　例

　判例を示す場合、「判決」→「判」、「決定」→「決」、「審判」→「審」と略した。また、裁判所の表示、判例の出典については、次のア、イに掲げる略語を用いた。

ア　裁判所名略語

最	最高裁判所
大	大審院
東京控	東京控訴院
○○高	○○高等裁判所
○○地	○○地方裁判所
○○家	○○家庭裁判所
○○簡	○○簡易裁判所

イ　判例集等出典略語

民　録	大審院民事判決録
民　集	最高裁判所民事裁判例集／大審院民事判例集
集　民	最高裁判所裁判集民事
高民集	高等裁判所民事判例集
労民集	労働関係民事裁判例集
家　月	家庭裁判月報
交　民	交通事故民事裁判例集
金　判	金融・商事判例
金　法	金融法務事情
判　時	判例時報
判　タ	判例タイムズ
労　判	労働判例
LEX/DB	TKC法律情報データベース
判例秘書	LLI/DB判例秘書

3　文　献

　文献・雑誌については、重複を恐れず適所に掲載することとし、文献名等はフルネームで、かつ出版元を明示することを原則とした。ただし、次に掲げる文献名は略語を用いた。

赤い本	日弁連交通事故相談センター東京支部「民事交通事故訴訟損害賠償額算定基準」
山下友信ほか「保険法」	山下友信＝竹濱修＝洲崎博史＝山本哲生「保険法」

総 目 次

第1編　生命保険・傷害保険・疾病保険

第1章　生 命 保 険……………………………………………………… *2*

第1節　生命保険の種類（死亡保険と生存保険）……………… *2*

第2節　生命保険契約の成立…………………………………… *4*

　　1　勧誘／2　生命保険契約の成立（申込みと承諾）／3　被保険者
の同意

第3節　保険契約成立後の告知義務 …………………………… *11*

第4節　保険料の支払い ………………………………………… *15*

第5節　保険契約関係者の変更 ………………………………… *17*

第6節　保険金請求 ……………………………………………… *19*

　　1　保険金受取人の権利／2　免責事由／3　履行遅滞／4　消滅時
効

第7節　契約の終了 ……………………………………………… *29*

第8節　団体生命保険 …………………………………………… *32*

第9節　保険契約者貸付 ………………………………………… *35*

第10節　保険給付請求権の処分等 …………………………… *36*

第11節　生命保険と訴訟 ……………………………………… *40*

第2章　傷 害 保 険……………………………………………………… *43*

第1節　傷害保険の種類 ………………………………………… *43*

第2節　他保険契約の告知義務・通知義務 …………………… *44*

第3節　保 険 事 故……………………………………………… *47*

　　1　傷害保険給付の要件／2　傷害との因果関係／3　免責事由

第4節　契 約 終 了……………………………………………… *56*

第5節　傷害保険と訴訟 ………………………………………… *57*

第3章　疾 病 保 険……………………………………………………… *60*

総 目 次

第1節　疾病保険の種類 …………………………………………………… 60

第2節　保険金請求 ………………………………………………………… 62

第4章　生命保険・傷害疾病保険の不服申立て方法 …………………… 63

第2編　損害保険

第1部　火災・災害と保険 ……………………………………………… 66

第1章　火 災 保 険 ……………………………………………………… 66

第1節　火災保険とは？火災保険で補償される範囲 …………… 66

第2節　目的物の評価と保険金額の設定 ……………………… 68

第3節　全部保険、一部保険、超過保険 ……………………… 69

第4節　補償内容について ………………………………………… 72

第5節　偶然性の立証責任 ………………………………………… 73

第6節　火災保険の免責事由 …………………………………… 76

　　1　保険法に規定のある免責事由／2　通知義務違反による免責／

　　3　損害防止義務違反による免責

第7節　告知義務、通知義務 …………………………………… 83

　　1　告知義務に関する問題／2　告知義務違反による解除に関する問

　　題／3　危険増加による解除に関する問題／4　重大事由による解除

　　に関する問題

第8節　保険金支払債務の履行遅滞 …………………………… 90

第9節　消 滅 時 効 ……………………………………………… 91

第10節　保険者の代位 …………………………………………… 92

第11節　火災保険の無効・取消・失効・解除・終了………… 94

第12節　火災保険と訴訟 ………………………………………… 96

第13節　損害保険における裁判外紛争解決方法（ADR）……… 97

第2章　災害と保険 ……………………………………………………… 99

第1節　自然災害と保険 ………………………………………… 99

第2節　地 震 保 険………………………………………………… 102

2

第3章　住宅と保険…………………………………………………… 107
　　　第1節　住宅ローンと保険…………………………………………… 107
　　　第2節　住宅瑕疵担保責任保険……………………………………… 113
第2部　自動車・自転車と保険………………………………………… 124
　　第1章　自動車保険総論……………………………………………… 124
　　第2章　自賠責保険…………………………………………………… 126
　　　第1節　自賠責保険総論……………………………………………… 126
　　　第2節　自賠責保険の請求…………………………………………… 127
　　　第3節　自賠責保険は誰が請求できるか…………………………… 131
　　　　1　被保険者の範囲／2　自賠責保険の請求者
　　　第4節　自賠責保険はどのような場合に請求できるか………… 136
　　　　1　自賠責保険が支払われる場合／2　「運行によつて」の解釈／
　　　　3　他人性／4　免責
　　　第5節　自賠責保険によって支払われる金額はどのように決まるのか
　　　　　　……………………………………………………………… 149
　　　　1　自賠責保険によって支払われる金額／2　休業損害／3　逸失利
　　　　益／4　自賠責保険以外の保険との関係／5　過失相殺
　　　第6節　自賠責保険への請求は、いつまでにすればいいのか（時効）
　　　　　　……………………………………………………………… 159
　　　第7節　自賠責の結果に不満な時はどうしたらいいのか……… 160
　　　第8節　政府保障事業………………………………………………… 163
　　第3章　任意保険……………………………………………………… 165
　　　第1節　基本条項……………………………………………………… 165
　　　　1　被保険自動車の譲渡／2　被保険自動車の入替え／3　任意保険
　　　　会社に対する被害者直接請求／4　自賠責保険との相違点
　　　第2節　対人・対物賠償責任保険…………………………………… 169
　　　　1　被保険者の範囲～許諾被保険者とは／2　対人・対物賠償責任保
　　　　険の免責事由／3　対人賠償責任保険と自賠責との関係／4　対物賠

3

償責任保険が担保する損害の範囲

第3節　人身傷害補償保険……………………………………… *174*

　　1　人身傷害補償保険の支払要件／2　外来性要件の意味と立証責任

　　／3　人身傷害補償保険の被保険者／4　人身傷害補償保険の免責事

　　由／5　人身傷害補償保険と損害賠償請求権との関係

第4章　その他自動車に関する保険…………………………… *184*

　第1節　無保険車傷害保険……………………………………… *184*

　第2節　自損事故保険…………………………………………… *189*

　第3節　搭乗者傷害保険………………………………………… *191*

　第4節　車 両 保 険……………………………………………… *195*

　第5節　弁護士費用保険（権利保護保険（LAC））…………*198*

　第6節　その他の保険条項、特約条項………………………… *200*

　第7節　社会保険による填補…………………………………… *201*

　第8節　自動車保険金に対する課税…………………………… *202*

　第9節　交通事故と年金………………………………………… *203*

第5章　自転車事故と保険……………………………………… *205*

第3編　個人の活動、生活と保険

第1章　高齢者と保険…………………………………………… *210*

　第1節　高齢者の認知機能の低下と保険……………………… *210*

　第2節　介護と保険……………………………………………… *216*

　第3節　高齢者施設内外での事故と保険……………………… *220*

　第4節　成年後見と保険………………………………………… *222*

第2章　相続と保険……………………………………………… *227*

　第1節　相続事件における保険契約の調査方法……………… *227*

　第2節　生命保険と相続財産…………………………………… *228*

　第3節　相続と死亡保険金受取人をめぐる諸問題…………… *233*

　第4節　死亡保険金の請求等をめぐる諸問題………………… *245*

第5節　保険契約者の死亡をめぐる諸問題⋯⋯⋯⋯⋯⋯⋯⋯⋯⋯ *248*

第6節　生命保険以外の保険と相続財産⋯⋯⋯⋯⋯⋯⋯⋯⋯⋯⋯ *251*

第3章　離婚・子どもと保険⋯⋯⋯⋯⋯⋯⋯⋯⋯⋯⋯⋯⋯⋯⋯⋯ *254*

第1節　離婚と関連のある保険の種類、保険商品について⋯⋯ *254*

第2節　財産分与について⋯⋯⋯⋯⋯⋯⋯⋯⋯⋯⋯⋯⋯⋯⋯⋯ *255*

第3節　婚姻費用・養育費と保険⋯⋯⋯⋯⋯⋯⋯⋯⋯⋯⋯⋯⋯ *259*

第4節　離婚後の問題点⋯⋯⋯⋯⋯⋯⋯⋯⋯⋯⋯⋯⋯⋯⋯⋯⋯ *260*

第5節　子どもと保険について⋯⋯⋯⋯⋯⋯⋯⋯⋯⋯⋯⋯⋯⋯ *265*

第6節　学校と保険⋯⋯⋯⋯⋯⋯⋯⋯⋯⋯⋯⋯⋯⋯⋯⋯⋯⋯⋯ *268*

第4章　年 金 保 険⋯⋯⋯⋯⋯⋯⋯⋯⋯⋯⋯⋯⋯⋯⋯⋯⋯⋯⋯⋯ *274*

第1節　国民年金総論⋯⋯⋯⋯⋯⋯⋯⋯⋯⋯⋯⋯⋯⋯⋯⋯⋯⋯ *274*

第2節　厚生年金総論⋯⋯⋯⋯⋯⋯⋯⋯⋯⋯⋯⋯⋯⋯⋯⋯⋯⋯ *279*

第3節　老 齢 給 付⋯⋯⋯⋯⋯⋯⋯⋯⋯⋯⋯⋯⋯⋯⋯⋯⋯⋯⋯ *284*

第4節　障 害 給 付⋯⋯⋯⋯⋯⋯⋯⋯⋯⋯⋯⋯⋯⋯⋯⋯⋯⋯⋯ *289*

第5節　遺 族 給 付⋯⋯⋯⋯⋯⋯⋯⋯⋯⋯⋯⋯⋯⋯⋯⋯⋯⋯⋯ *296*

第5章　個人賠償に関する保険⋯⋯⋯⋯⋯⋯⋯⋯⋯⋯⋯⋯⋯⋯⋯ *305*

第1節　個人賠償責任保険⋯⋯⋯⋯⋯⋯⋯⋯⋯⋯⋯⋯⋯⋯⋯⋯ *305*

　　1　保険契約の概要／2　補償の対象等

第2節　スポーツと保険⋯⋯⋯⋯⋯⋯⋯⋯⋯⋯⋯⋯⋯⋯⋯⋯⋯ *308*

第3節　旅 行 保 険⋯⋯⋯⋯⋯⋯⋯⋯⋯⋯⋯⋯⋯⋯⋯⋯⋯⋯⋯ *312*

　　1　旅行保険一般／2　国内旅行傷害保険／3　海外旅行傷害保険

第4節　ペットと保険⋯⋯⋯⋯⋯⋯⋯⋯⋯⋯⋯⋯⋯⋯⋯⋯⋯⋯ *319*

　　1　ペット保険の概要／2　ペット保険の加入に当たっての注意事項

　　／3　ペット保険に関するトラブルの解決方法

第5節　海上レジャーと保険⋯⋯⋯⋯⋯⋯⋯⋯⋯⋯⋯⋯⋯⋯⋯ *322*

　　1　船舶保険の内容と免責事由／2　貨物海上保険の内容と免責事由

第6節　クレジットカードの盗難・紛失の保険⋯⋯⋯⋯⋯⋯⋯ *325*

第6章　専門家賠償責任保険⋯⋯⋯⋯⋯⋯⋯⋯⋯⋯⋯⋯⋯⋯⋯⋯ *329*

総 目 次

第4編　労働と保険

第1部　労 災 保 険……………………………………………… *332*

　第1章　労災保険法の適用範囲……………………………… *332*

　　第1節　労　働　者……………………………………… *332*

　　第2節　特別加入制度…………………………………… *333*

　　第3節　自賠責保険との関係…………………………… *334*

　第2章　業 務 災 害…………………………………………… *335*

　　第1節　事故による負傷、死亡の場合………………… *335*

　　　1　業務上判断／2　就業中の災害／3　休憩時間中の災害／4　就業時間前後の災害／5　出張中の災害／6　社内行事への参加中の災害／7　天災地変による災害／8　他人の暴行による災害

　　第2節　業務上の疾病…………………………………… *341*

　　　1　基本的考え方／2　腰痛の労災認定／3　過労死の労災認定／4　精神障害の労災認定

　第3章　通 勤 災 害…………………………………………… *347*

　　　1　通勤災害の「通勤による」／2　通勤災害の「就業に関し」／3　通勤災害の「合理的経路・方法」／4　通勤の逸脱・中断

　第4章　保 険 給 付…………………………………………… *352*

　　　1　共通事項／2　休業（補償）給付／3　遺族（補償）給付

　第5章　労災保険給付と損害賠償の調整…………………… *359*

　　　1　第三者行為災害／2　将来給付分の調整

　第6章　そ　の　他…………………………………………… *361*

　　　1　不服申立て／2　時効／3　損害賠償請求権

　第7章　労働と公的医療保険………………………………… *368*

第2部　雇 用 保 険……………………………………………… *371*

6

総目次

第5編　企業活動と保険

第1章　倒産と保険……………………………………………… 380
　第1節　破産と保険…………………………………………… 380
　第2節　民事再生と保険……………………………………… 390
　第3節　会社更生と保険……………………………………… 392
　第4節　倒産と保険全般……………………………………… 393
第2章　役員と保険……………………………………………… 397
　第1節　役員賠償責任保険…………………………………… 397
　　1　会社役員賠償責任保険（D&O保険）について／2　保険料負担
　　の関係
　第2節　役員退職金保険等…………………………………… 399
第3章　物流・取引活動に関する保険………………………… 401
　第1節　物流に関する保険…………………………………… 401
　第2節　電子商取引に関する保険…………………………… 404
　第3節　施設賠償責任保険…………………………………… 407
　第4節　費用保険・利益保険………………………………… 409
　第5節　取引信用保険………………………………………… 410
　第6節　生産物賠償責任保険………………………………… 411
第4章　事業承継と保険………………………………………… 414

第6編　保険と税務

目　　次

刊行にあたって
執筆者一覧
凡例
総目次

第1編　生命保険・傷害保険・疾病保険

第1章　生　命　保　険 ……………………………………………………… 2

第1節　生命保険の種類（死亡保険と生存保険） ……………………… 2

　Q1　死亡保険と生存保険には、どのような種類があるか。 ………………… 2

　Q2　リビングニーズ特約に基づく保険金は、誰が請求できるか。 ………… 3

第2節　生命保険契約の成立 ……………………………………………… 4

　1　勧　　誘 ………………………………………………………………… 4

　Q3　生命保険契約の締結やそれに伴う損害賠償責任に関して、民法以外にど
　　　のような規定が適用されるか。 ……………………………………………… 4

　Q4　変額保険について、保険会社には、どの程度の説明義務があるか。 …… 6

　2　生命保険契約の成立（申込みと承諾） ………………………………… 7

　Q5　生命保険会社の営業職員に対して申込みをしたが、生命保険会社には到
　　　達しなかった場合、保険契約は成立するか。 …………………………… 7

　Q6　被保険者は、保険者に対して、どのような方法でその健康状態に対する
　　　情報を提供しなければならないか。 …………………………………… 8

　Q7　保険料、保険金、解約返戻金等の金額等保険契約の内容について錯誤が
　　　ある場合、契約無効を主張できるか。 ……………………………………… 9

　3　被保険者の同意 ………………………………………………………… 10

　Q8　親権者を保険契約者兼死亡保険金受取人とし、未成年者を被保険者とす
　　　る生命保険契約を締結することはできるか。 ………………………… 10

第3節　保険契約成立後の告知義務 …………………………………… 11

　Q9　保険契約者・被保険者は、誰（診査医、生命保険募集人、生命保険会社
　　　の営業職員等）に告知すれば告知義務を履行したことになるか。 ……… 11

　Q10　保険契約者・被保険者は、何を告知すれば告知義務を履行したことに
　　　なるか。 ………………………………………………………………… 12

　Q11　実年齢とは異なる年齢を告知した場合、保険契約は無効となるか。 …… 13

9

目　　次

　　Q12　告知義務に違反しても、保険契約が解除されない場合があるか。　……*14*
　　Q13　告知義務に違反する場合、詐欺や錯誤の規定も適用されるか。　………*15*

第4節　保険料の支払い………………………………………………………*15*
　　Q14　第2回以降の保険料を支払わなかった場合、一定の猶予期間経過後当
　　　　然失効となる約款があるが、この約款は有効か。　………………………*15*
　　Q15　保険料を口座引落しとしている場合、支払期日に保険料相当額の預金
　　　　残高を有していたにも関わらず、金融機関の手違いにより保険料の引落
　　　　しがなされなかった場合、債務不履行による生命保険契約の解除は認め
　　　　られるか。　………………………………………………………………*16*

第5節　保険契約関係者の変更………………………………………………*17*
　　Q16　保険契約者と被保険者が別人である場合、保険契約者が死亡した後、
　　　　保険契約者の相続人は保険金受取人を変更できるか。　…………………*17*
　　Q17　会社が保険契約者兼保険金受取人となっている生命保険契約について、
　　　　保険金受取人を取締役に変更することはできるか。　……………………*18*

第6節　保険金請求……………………………………………………………*19*
　1　**保険金受取人の権利**………………………………………………………*19*
　　Q18　保険金受取人が複数ある場合、1人で自己の権利割合のみ請求できるか。
　　　　………………………………………………………………………………*19*
　　Q19　死亡保険金と高度障害保険金とが定められている場合において、被保
　　　　険者が高度障害となった後に死亡した場合、どちらが支払われるか。……*20*
　　Q20　不法行為に基づく損害賠償請求権の請求権者が、生命保険における保
　　　　険金を受け取った場合、損益相殺されるか。　……………………………*21*
　2　**免　責　事　由**………………………………………………………………*22*
　　Q21　生命保険における免責事由にはどのようなものがあるか。　…………*22*
　　Q22　保険金受取人の親権者が被保険者を殺害した場合、免責事由となるか。
　　　　………………………………………………………………………………*23*
　　Q23　法人が保険金受取人である場合、代表機関、役員、大株主等が保険事
　　　　故を招致したことは、免責事由となるか。　………………………………*24*
　　Q24　保険金受取人が心神喪失状態で被保険者を殺害した場合、免責事由と
　　　　なるか。　……………………………………………………………………*25*
　3　**履　行　遅　滞**………………………………………………………………*25*
　　Q25　保険金支払義務の履行期はいつか。　…………………………………*25*
　　Q26　保険金支払義務については、いつから遅滞責任を追及できるか。　……*27*
　4　**消　滅　時　効**………………………………………………………………*27*
　　Q27　保険金は、保険事故が発生した後、いつまで請求できるか。…………*27*

目　　次

第7節　契約の終了 ··· 28
　Q28　保険契約者に解約返戻金額について情報提供を受ける権利があるか。··· 29
　Q29　生命保険契約を保険会社から解除されるのはどのような場合か。また、
　　　　この場合、保険料や保険料積立金は返還されるか。······················· 30
　Q30　生命保険契約が無効・取消となった場合は、保険料は返還されるか。 ··· 31
第8節　団体生命保険 ··· 32
　Q31　団体生命保険における当事者は何か。 ································· 32
　Q32　団体生命保険において、被保険者の同意は必要か。 ················· 32
　Q33　団体生命保険において、被保険者又はその遺族は、保険会社に対して
　　　　直接保険金を請求することはできるか。 ································ 33
第9節　保険契約者貸付 ·· 35
　Q34　保険契約者の代理人と称する者が保険者に対して契約者貸付を申し込
　　　　み、保険者が貸付を実行したが、その者に代理権はなかった場合、保険
　　　　契約者は返済義務を負うか。······································· 35
第10節　保険給付請求権の処分等 ·· 36
　Q35　保険契約者は、保険金受取人の承諾なしに、保険給付請求権に質権を設定
　　　　できるか。 ·· 36
　Q36　保険金受取人の債権者は、保険事故発生前・後の保険給付請求権又は
　　　　解約返戻金請求権を差し押さえることができるか。 ··············· 37
　Q37　保険契約者の債権者は、保険事故発生前・後の保険給付請求権又は解
　　　　約返戻金請求権を差し押さえることができるか。 ·················· 38
　Q38　保険事故発生前・後の保険給付請求権又は解約返戻金請求権は、債権
　　　　者代位権により代位行使できるか。 ····························· 39
第11節　生命保険と訴訟 ·· 40
　Q39　生命保険金請求訴訟における要件事実は何か。立証責任はどのように分配
　　　　されるか。 ··· 40

第2章　傷害保険 ··· 43

第1節　傷害保険の種類 ·· 43
　Q1　損害填補方式と定額支払方式とでは、どのような違いがあるか。 ······ 43
第2節　他保険契約の告知義務・通知義務 ································· 44
　Q2　傷害定額保険の保険契約者及び被保険者は、保険契約の締結に当たって、
　　　　他保険の存在について告知する義務があるか。 ················· 44
　Q3　傷害定額保険の保険契約者及び被保険者は、保険契約締結後、他保険の
　　　　存在について通知する義務があるか。 ·························· 45

11

目　　次

Q4　他保険契約の有無についての告知義務・通知義務に違反した場合、どう
なるか。 ……………………………………………………………………45

第3節　保 険 事 故 …………………………………………………………47

1　傷害保険給付の要件 ……………………………………………………47

Q5　傷害保険給付の基本的要件とは何か。 …………………………………47

コラム　保険事故の「偶然性」と免責事由たる「故意」の立証責任／49

2　傷害との因果関係 ………………………………………………………51

Q6　傷害事故とその他の傷害や疾病が併存して保険事故が発生した場合、保
険金は支払われるか。 …………………………………………………51

Q7　不法行為等に基づき傷害事故が生じた場合、保険給付と損害賠償金との
関係はどうなるか。 ……………………………………………………52

Q8　損害賠償請求権について、傷害保険における保険金請求権による損益相
殺はあり得るか。 ………………………………………………………53

3　免 責 事 由 ………………………………………………………………54

Q9　傷害保険契約において免責事由はどのようなものがあるか。 …………54

Q10　保険者は故意免責の立証責任を負うか。 ………………………………54

Q11　重過失とは何か。 …………………………………………………………55

第4節　契 約 終 了 …………………………………………………………56

Q12　不正請求に対し、保険者からどのような主張がなされることがある
か。 ………………………………………………………………………56

第5節　傷害保険と訴訟 ……………………………………………………57

Q13　傷害保険金請求訴訟における要件事実は何か。立証責任はどのように
分配されるか。 …………………………………………………………57

第3章　疾 病 保 険 ………………………………………………………60

第1節　疾病保険の種類 ……………………………………………………60

Q1　疾病保険において損害填補方式と定額給付方式とでは、どのような違い
があるか。 ………………………………………………………………60

Q2　保険者の責任開始前からの疾病は、保障の対象とならないのか。 ………61

第2節　保険金請求 …………………………………………………………62

Q3　指定代理請求者制度とは何か。 …………………………………………62

第4章　生命保険・傷害疾病保険の不服申立て方法 …………………63

Q1　生命保険や傷害疾病保険について、訴訟以外の不服申立て方法にはどの
ようなものがあるか。 …………………………………………………63

12

目　　次

第２編　損害保険

第１部　火災・災害と保険 ……………………………………………… *66*

第１章　火　災　保　険 ………………………………………………… *66*

第１節　火災保険とは？火災保険で補償される範囲 ………………… *66*
- Q１　自宅でストーブの火から壁に引火し、壁が焼損した場合、支払われる保険があるか。 ……………………………………………………………… *66*

第２節　目的物の評価と保険金額の設定 ………………………………… *68*
- Q２　火災保険の保険金額はどのように設定されるか。 ………………… *68*

第３節　全部保険、一部保険、超過保険 ………………………………… *69*
- Q３　建物評価額（保険価額）の一部についてのみ保険金額として火災保険をかけた場合、保険金の支払額はどうなるか。 ………………………… *69*
- Q４　火災保険を、建物評価額（保険価額）以上の保険金額でかけることはできるか。 ……………………………………………………………… *70*

第４節　補償内容について ………………………………………………… *72*
- Q５　地震と火災の発生が近接している場合、両者にどの程度の時間的間隔があれば火災保険金が支払われるか。 ……………………………………… *72*

第５節　偶然性の立証責任 ………………………………………………… *73*
- Q６　火災保険における「偶然性」の立証責任は、保険金請求者が負うのか、保険者（保険会社）が負うのか。 ……………………………………… *73*
  - **＜コラム＞実際のところどうやって立証するか～保険ごとに比較～／ *74***

第６節　火災保険の免責事由 ……………………………………………… *76*
- １　保険法に規定のある免責事由 ………………………………………… *76*
  - Q７　第三者による放火、重過失による失火の場合、保険者は免責されるか。 ……………………………………………………………………… *76*
  - Q８　保険契約者等（原因行為者）が精神障害に罹患しており、自由な意思決定をすることができない状態で火災を発生させた場合、保険者は免責されるか。 ……………………………………………………………… *77*
  - Q９　保険契約者又は被保険者の故意又は重大な過失についての立証の程度はどれぐらいか。保険者が故意についてどのような事実を立証すれば保険者は免責され、保険金の請求は認められないのか。 ………………… *78*
  - Q10　①電力会社職員から再三にわたって回線修理等の指導をうけながら、漏電による火災の発生を未然に防止する手立てを尽くしていなかった場合、②ストーブのそばに衣類をかけたままストーブを消火することなく外出した場合、③比較的短時間で戻ってくるつもりで、ストーブをつけ

13

目　　次

　　　たまま外出した場合に、それぞれ保険金は支払われるか。‥‥‥‥‥‥79

　2　通知義務違反による免責‥‥‥‥‥‥‥‥‥‥‥‥‥‥‥‥‥‥‥‥‥80
　　Q11　保険の目的物を譲渡したが保険者に通知しない間に火災が発生したと
　　　　き、保険者は免責されるか。‥‥‥‥‥‥‥‥‥‥‥‥‥‥‥‥‥‥80
　　Q12　火災による損害発生を知ってから30日経過後に、保険者に損害を通
　　　　知した場合、保険者は免責されるか。‥‥‥‥‥‥‥‥‥‥‥‥‥‥81
　　Q13　重複して火災保険契約を締結する際には、保険契約者には約款上告知
　　　　義務が課されるが、同義務に違反した場合、保険者は免責されるか。‥‥81

　3　損害防止義務違反による免責‥‥‥‥‥‥‥‥‥‥‥‥‥‥‥‥‥‥‥82
　　Q14　保険契約者及び被保険者が、損害拡大防止義務を怠ったとき、保険者
　　　　は免責されるか。‥‥‥‥‥‥‥‥‥‥‥‥‥‥‥‥‥‥‥‥‥‥82

第7節　告知義務、通知義務‥‥‥‥‥‥‥‥‥‥‥‥‥‥‥‥‥‥‥‥‥‥83
　1　告知義務に関する問題‥‥‥‥‥‥‥‥‥‥‥‥‥‥‥‥‥‥‥‥‥‥83
　　Q15　保険目的の所在地、所有者、建物、重複契約の有無などの重要な事項
　　　　にかかる告知の方法の形式に制限はあるのか。‥‥‥‥‥‥‥‥‥‥83
　　Q16　火災保険契約の場合、「損害保険契約によりてん補されることとなる損
　　　　害の発生の可能性に関する重要な事項」（保険法4条）に該当するものと
　　　　して、例えばどのようなものがあるか。‥‥‥‥‥‥‥‥‥‥‥‥‥83

　2　告知義務違反による解除に関する問題‥‥‥‥‥‥‥‥‥‥‥‥‥‥‥84
　　Q17　告知義務者が、告知事項となるべき事実が存在することを知らず、知
　　　　らないことについて重過失がある場合、告知義務違反になるか。‥‥‥84
　　Q18　告知義務者が他保険契約の存在について保険者から告知を求められ、
　　　　当該事項について不告知・不実告知をした場合、告知義務違反が成立し、
　　　　直ちに保険者の解除権が認められるか。‥‥‥‥‥‥‥‥‥‥‥‥‥85
　　Q19　保険者の解除権行使には期間制限があるが（保険法28条4項）、これ
　　　　は時効期間か、それとも除斥期間か。‥‥‥‥‥‥‥‥‥‥‥‥‥‥86
　　Q20　保険者が解除原因の存在について疑いを持てば、保険法28条4項前
　　　　段により解除できるか。‥‥‥‥‥‥‥‥‥‥‥‥‥‥‥‥‥‥‥87

　3　危険増加による解除に関する問題‥‥‥‥‥‥‥‥‥‥‥‥‥‥‥‥‥87
　　Q21　保険の目的物を譲渡した場合、当該目的物に係る保険契約はどのよう
　　　　に取り扱われるか。‥‥‥‥‥‥‥‥‥‥‥‥‥‥‥‥‥‥‥‥‥87

　4　重大事由による解除に関する問題‥‥‥‥‥‥‥‥‥‥‥‥‥‥‥‥‥88
　　Q22　他保険契約を告知しなかった場合、解除されることはあるか。‥‥‥88
　　Q23　保険契約者等が損害の不実申告をした場合、保険者は保険金支払義務
　　　　を免れることはできるか。‥‥‥‥‥‥‥‥‥‥‥‥‥‥‥‥‥‥89

目　　次

第8節　保険金支払債務の履行遅滞………………………………………90
　Q 24　保険金支払債務はいつから履行遅滞となるか。………………90

第9節　消滅時効……………………………………………………………91
　Q 25　保険金請求権の消滅時効は何年か。……………………………91

第10節　保険者の代位………………………………………………………92
　Q 26　自宅が火災で全焼し、火災保険から保険金全額が支払われたが、残骸
　　　　の所有権はどうなるのか。……………………………………92
　Q 27　借家人の失火で借家が全焼してしまい、保険会社が家主に火災保険金
　　　　を支払ったとき、保険会社はその支払った保険金額を借家人に求償でき
　　　　るか。……………………………………………………………92

第11節　火災保険の無効・取消・失効・解除・終了……………………94
　Q 28　火災保険契約はどのような場合に終了するか。………………94
　Q 29　火災保険契約の解除には、どのような効力があるか。………95

第12節　火災保険と訴訟……………………………………………………96
　Q 30　火災保険金請求訴訟における要件事実は何か。………………96

第13節　損害保険における裁判外紛争解決方法（ADR）………………97
　Q 31　損保保険会社の提示や対応に不服や苦情がある場合に、裁判所以外に
　　　　利用できる機関があるか。……………………………………97

第2章　災害と保険…………………………………………………………99

第1節　自然災害と保険……………………………………………………99
　Q 1　災害によって保険証券が滅失してしまった場合に、保険契約の内容を確
　　　　認する方法はあるか。…………………………………………99
　Q 2　自然災害で損害を受けた場合、災害の内容や規模によって保険金の支払
　　　　いを受けられない場合があるか。……………………………100
　Q 3　地震と因果関係がある火災によって発生した損害については、地震免責
　　　　条項に該当し、火災保険による保険金が支払われないのか。………101
　Q 4　地震による水漏れの場合において、地震の規模に関わらず、地震免責条
　　　　項によって保険金は支払われないのか。……………………102

第2節　地震保険……………………………………………………………102
　Q 5　地震保険とは、どのような保険か。……………………………102
　Q 6　地震保険の保険金額には限度額があるか。……………………103
　Q 7　地震保険の保険金は、どのような基準で支払われるのか。……104
　Q 8　「全損」「一部損」等は、どのような手続きで認定されるのか。………106

15

目　　次

第3章　住宅と保険 ……………………………………………………… *107*

第1節　住宅ローンと保険……………………………………………… *107*

Q1　借主からの住宅ローンの返済が滞った場合に、貸主による債権回収を確実にするための保険として、どのようなものがあるか。 *107*

Q2　団体信用生命保険が締結されている住宅ローンの債務者が死亡した場合、債務者の相続人は、金融機関は保険会社から保険金を受け取れるので住宅ローンは消滅しているとして、住宅ローンの支払いを拒絶できるか。 ………………………………………………………………… *108*

Q3　団体信用生命保険において金融機関の職員に告知受領権限はあるか。 ………………………………………………………………………… *109*

Q4　団体信用生命保険において、保険者が告知義務違反を理由に契約を解除しようとする場合に、保険者に過失があるとして解除が制限されるのは、どのような場合か。 ………………………………………… *110*

Q5　団体信用生命保険においては、その特殊性から、通常の生命保険とは異なり、自殺免責の適用自体を否定し、又は限定的に解されるか。 …… *111*

Q6　団体信用生命保険において自殺免責約款が適用されるとしても、労災認定された自殺の場合にも、自殺免責約款が適用されるか。…………… *112*

第2節　住宅瑕疵担保責任保険……………………………………… *113*

Q7　発注したあるいは購入した新築の住宅に瑕疵があった場合に利用できる保険はあるか。 ………………………………………………… *113*

Q8　住宅瑕疵担保責任保険の対象となるのは、どのような建物か。……… *114*

Q9　新築住宅については、すべての請負人及び売主に対して、資力確保のための保証金の供託又は住宅瑕疵担保責任保険契約の締結が義務付けられるのか。………………………………………………………… *115*

Q10　住宅瑕疵担保責任保険において損害が填補される瑕疵はどのようなものか。 …………………………………………………………… *116*

Q11　住宅瑕疵担保責任保険の保険期間はいつまでか。 ………………… *117*

Q12　発注（購入）した新築住宅について保険契約が締結されているかどうかは、どのようにして確認すればよいか。………………………… *117*

Q13　新築住宅の発注者（購入者）が自ら保険者に対して直接保険金の支払いを請求できるか。 ………………………………………………… *118*

Q14　住宅瑕疵担保責任保険の保険金支払いの対象となる損害はどこまでか。 ………………………………………………………………… *118*

Q15　住宅瑕疵担保責任保険から支払われる保険金額（支払限度額）はいくらか。 …………………………………………………………… *119*

Q16　住宅瑕疵担保責任保険の填補率及び免責金額はどのようになっているか。 …………………………………………………………… *120*

目　　次

Ｑ17　建設業者や宅地建物取引業者の故意・重過失による瑕疵についても住宅瑕疵担保責任保険の保険金は支払われるか。 ……………… *121*

Ｑ18　住宅瑕疵担保責任保険がついた住宅の瑕疵をめぐる紛争が生じた場合に利用できる手続はあるか。 ……………………………… *122*

第2部　自動車・自転車と保険 ……………………… *124*

第1章　自動車保険総論 …………………………………… *124*

Ｑ１　自動車保険とはどのような保険であり、どのように分類されるのか。 … *124*

第2章　自賠責保険 ……………………………………… *126*

第1節　自賠責保険総論 ………………………………… *126*

Ｑ１　自賠責保険はどのような事故に適用がある保険か。 ……………… *126*

第2節　自賠責保険の請求 ……………………………… *127*

Ｑ２　自賠責保険はどのような場合に請求できるか。 …………………… *127*

Ｑ３　自賠責保険の被害者請求の方が訴訟に比べて有利になる場合があるか。 …………………………………………………………… *129*

Ｑ４　少額でもよいので、早期に一部でも保険金を支払ってもらう方法はあるか。 …………………………………………………………… *130*

第3節　自賠責保険は誰が請求できるか ……………… *131*

1　被保険者の範囲 ………………………………………… *131*

Ｑ５　自賠責保険の被保険者はどのような範囲か。 ………………… *131*

2　自賠責保険の請求者 …………………………………… *132*

Ｑ６　交通事故の加害者は自賠責保険を請求することができるか。 ………… *132*

Ｑ７　交通事故の被害者は自賠責保険を請求することができるか。 ………… *132*

Ｑ８　内縁の配偶者が交通事故により死亡したが、内縁配偶者であっても自賠責保険の請求ができるか。 …………………………………… *133*

Ｑ９　会社の代表者が交通事故に遭い、受傷に伴い会社の売り上げが減少した場合、会社が被った損害（企業損害）について、自賠責保険から支払いを受けられるか。 …………………………………………… *133*

Ｑ10　自分の会社の従業員が交通事故により休業したため、会社で給料分を取りあえず支給した。この支給した分は自賠責保険から支払ってもらえるのか。 ……………………………………………………… *134*

Ｑ11　死亡事故で遺族が複数いる場合、被害者請求をする際に気を付けるべきことはあるか。 …………………………………………… *135*

Ｑ12　外国人は自賠責保険を請求することができるか。 ……………… *136*

第4節　自賠責保険はどのような場合に請求できるか …………… *136*

17

目　　次

1　自賠責保険が支払われる場合……………………………………… *136*
　Q13　自賠責保険が支払われるのはどのような場合か。……………… *136*

2　「運行によつて」の解釈……………………………………………… *137*
　Q14　自賠法3条に規定する「運行によつて」とはどのようなことをいうの
　　　か。………………………………………………………………………… *137*
　Q15　駐停車中の事故でも自賠責保険が使える場合（自動車の「運行」によっ
　　　て生じた事故といえるか）があるか。……………………………… *138*
　Q16　被用者や親族の無断運転の場合、自賠責保険金の支払いは認められる
　　　か。………………………………………………………………………… *140*
　Q17　盗用による使用（いわゆる泥棒運転）の場合、自賠責保険金の支払い
　　　は認められるか。……………………………………………………… *141*

3　他　人　性……………………………………………………………… *142*
　Q18　事故の被害者が、運行供用者が運転する車に同乗した、その親族であ
　　　る場合、自賠責保険金の請求ができるか。………………………… *142*
　Q19　事故の被害者が、他人の運転する車に同乗した、車の借主や所有者の
　　　場合、自賠責保険金の請求ができるか。…………………………… *143*
　Q20　バスの後退運転を誘導していた車掌が、誘導中に転倒し、このバスに
　　　轢かれて負傷した場合、自賠責保険金の請求ができるか。……… *145*

4　免　　　　責…………………………………………………………… *146*
　Q21　運行供用者において、自賠法3条ただし書免責になる場合とはどのよ
　　　うな場合か。…………………………………………………………… *146*
　Q22　運行供用者において、自賠法3条ただし書免責を満たさないと免責さ
　　　れないのか。…………………………………………………………… *147*
　Q23　故意に人を轢いた場合でも自賠責保険金が支払われるか。………… *148*
　Q24　自賠責保険を重複して契約している場合、保険金はどのように支払わ
　　　れるか。………………………………………………………………… *148*

第5節　自賠責保険によって支払われる金額はどのように決まるのか … *149*

1　自賠責保険によって支払われる金額………………………………… *149*
　Q25　自賠責保険の支払限度額はいくらか。…………………………… *149*
　Q26　自賠責保険の金額はどのようにして算定されるのか。………… *150*

2　休　業　損　害………………………………………………………… *151*
　Q27　休業損害の1日当たりの収入はどのように算定されるのか。… *151*
　Q28　休業損害の対象となる日数はどのように計算されるのか。……… *152*

3　逸　失　利　益………………………………………………………… *152*
　Q29　自賠責保険における後遺障害逸失利益はどのように算定されるのか。… *152*

18

目　　次

Q30　自賠責保険における後遺障害逸失利益の基礎収入はどのように算定されるのか。……………………………………………………………………… *153*

Q31　自賠責保険における死亡逸失利益はどのように算定されるのか。　… *154*

Q32　自賠責保険における死亡逸失利益の基礎収入はどのように算定されるか。　……………………………………………………………………… *154*

4　自賠責保険以外の保険との関係………………………………………… *155*

Q33　健康保険指定医療機関から、「交通事故の場合は健康保険を利用できない」と言われたが、本当に使用できないのか。………………… *155*

＜コラム＞健康保険と一括対応／ *156*

Q34　被害者が国民健康保険や労働者災害補償保険を利用して治療した場合、自賠責保険請求の点で気をつけることはあるか。　……………… *156*

5　過 失 相 殺………………………………………………………………… *158*

Q35　被害者に落度（過失）がある場合、自賠責保険ではどのように扱われるか。……………………………………………………………………… *158*

第6節　自賠責保険への請求は、いつまでにすればいいのか（時効）… *159*

Q36　自賠責保険の請求権はどのくらいで時効になってしまうのか。…… *159*

第7節　自賠責の結果に不満な時はどうしたらいいのか……………… *160*

Q37　自賠責保険の算定結果に不満な時はどうしたらいいのか。………… *160*

＜コラム＞健康保険を利用した際の後遺障害認定手続／ *161*

Q38　自賠責の後遺障害等級認定に不満があるときは、どのようにすればよいか。……………………………………………………………………… *161*

Q39　裁判の結果、自賠責保険での後遺障害認定と異なる判決が出たが、自賠責保険から追加して支払いがあるのか。……………………………… *162*

第8節　政府保障事業…………………………………………………………… *163*

Q40　ひき逃げ事故に遭い、犯人も不明である場合、自賠責保険からの補償は受けられるか。………………………………………………………… *163*

第3章　任 意 保 険 ………………………………………………………… *165*

第1節　基 本 条 項………………………………………………………… *165*

1　被保険自動車の譲渡……………………………………………………… *165*

Q1　自動車が譲渡された場合、同自動車を被保険自動車とする任意保険契約は、譲渡人から譲受人に承継されるか。………………………………… *165*

2　被保険自動車の入替え…………………………………………………… *166*

Q2　被保険自動車を旧車両から新しく取得した新車両に入れ替えた場合、旧車両を被保険自動車とした任意保険契約は、新車両に引き継がれるのか。

19

目　　次

·· *166*

　3　任意保険会社に対する被害者直接請求················ *167*
　　Q3　任意保険の被害者直接請求権とはどのような制度か。················ *167*
　4　自賠責保険との相違点····························· *168*
　　Q4　任意保険の直接請求権と自賠責保険の直接請求権とはどのように異なる
　　　のか。··· *168*

第2節　対人・対物賠償責任保険······························· *169*
　1　被保険者の範囲〜許諾被保険者とは·················· *169*
　　Q5　対人賠償責任保険の被保険者とされる「許諾被保険者」とは、どのよう
　　　な者をいうのか。····································· *169*
　2　対人・対物賠償責任保険の免責事由················ *170*
　　Q6　対人賠償責任保険及び対物賠償責任保険の免責事由には、どのようなも
　　　のがあるか。··· *170*
　3　対人賠償責任保険と自賠責との関係················ *172*
　　Q7　対人賠償責任保険と自賠責保険とはどのような関係にあるのか。　··· *172*
　4　対物賠償責任保険が担保する損害の範囲············· *173*
　　Q8　対物賠償責任保険では、どのような損害について保険金が支払われるの
　　　か。物損に関連する慰謝料は支払われないのか。················ *173*

第3節　人身傷害補償保険····································· *174*
　1　人身傷害補償保険の支払要件···················· *174*
　　Q9　自動車保険における人身傷害補償保険は、他の保険と比べてどのような
　　　特徴があるか。······································· *174*
　2　外来性要件の意味と立証責任···················· *176*
　　Q10　人身傷害保険の支払事由とされる「急激かつ偶然の外来の事故」の要
　　　件については、保険会社、保険金請求者のいずれが立証責任を負うのか。
　　　··· *176*
　3　人身傷害補償保険の被保険者···················· *177*
　　Q11　人身傷害保険における被保険者とされる「正規の乗用装置又は正規の
　　　乗用装置のある室内に搭乗中の者」とは、どのような者をいうのか。　··· *177*
　4　人身傷害補償保険の免責事由···················· *179*
　　Q12　人身傷害補償保険の免責事由（保険金が支払われない理由）には、ど
　　　のようなものがあるのか。······························· *179*
　5　人身傷害補償保険と損害賠償請求権との関係··········· *180*
　　Q13　人身傷害補償保険と損害賠償請求権とで、いずれを先に請求するのか

20

目　　次

を検討するに当たって留意すべき点は何か。 ……………………… *180*

第4章　その他自動車に関する保険 ……………… *184*

第1節　無保険車傷害保険 ……………………………………… *184*

Q1　自動車事故で死亡又は後遺障害が生じたが、加害者が加入している対人
賠償保険の免責条項に抵触していて賠償を受けられなかった場合に支払
われる保険はあるか。 ……………………………………………… *184*

Q2　無保険車傷害保険が適用される「無保険自動車」とはどのようなものか。
……………………………………………………………………… *186*

Q3　無保険車傷害保険の被保険者とはどのような者か。 ……………… *186*

Q4　無保険車傷害保険では、どのような損害が支払いの対象となるか。 … *187*

Q5　無保険者傷害保険の免責事由にはどのようなものがあるか。 ……… *188*

Q6　人身傷害補償保険と無保険車傷害保険の双方に加入している場合、その
関係はどうなるか。 ……………………………………………… *189*

第2節　自損事故保険 ……………………………………………… *189*

Q7　単独事故を起こして負傷した場合に支払われる保険はあるか。 …… *189*

Q8　自損事故保険金が支払われるための要件は何か。 ………………… *190*

Q9　自損事故保険の免責事由にはどのようなものがあるか。 ………… *191*

第3節　搭乗者傷害保険 …………………………………………… *191*

Q10　被保険自動車の搭乗者が、搭乗中に生じた事故により傷害を受けた場
合に支払われる保険はあるか。 ………………………………… *191*

Q11　搭乗者傷害保険金が支払われるための要件は何か。 …………… *192*

Q12　搭乗者傷害保険の被保険者とはどのような者か。 ……………… *193*

Q13　搭乗者傷害保険の免責事由にはどのようなものがあるか。 ……… *194*

Q14　搭乗者傷害保険金を受領した場合、加害者に請求できる賠償金は減額
されるか。 ………………………………………………………… *194*

Q15　人身傷害補償保険と搭乗者傷害保険の双方に加入している場合、その
関係はどうなるか。 ……………………………………………… *195*

第4節　車 両 保 険 ………………………………………………… *195*

Q16　車両保険の請求者は、保険事故の発生時において事故が被保険者の意
思に基づかないこと（保険事故の偶発性）を立証する責任を負うか。 … *195*

Q17　車両保険にはどのような特約があるか。 ………………………… *196*

Q18　所有権留保が設定された自動車につき、車両保険の保険金を請求でき
るのは誰か。 ……………………………………………………… *197*

Q19　保険金が支払われた後の権利関係はどうなるか。 ……………… *197*

Q20　車両保険の免責事由にはどのようなものがあるか。 …………… *198*

21

目　　次

第5節　弁護士費用保険（権利保護保険（LAC）） ……………………… *198*

Q 21　権利保護保険で保険会社から弁護士費用が支払われるとすると、不法
行為に基づく弁護士費用相当額の損害賠償請求との関係はどうなるか。
……………………………………………………………………………… *198*

第6節　その他の保険条項、特約条項……………………………………… *200*

Q 22　自家用の保険契約後、有償運送中に事故が生じた場合、保険金の請求
はできるか。……………………………………………………………… *200*

Q 23　任意保険に運転者家族限定特約を付加した場合、保険の対象者となる
「同居の親族」はどのような者か。…………………………………… *201*

第7節　社会保険による填補……………………………………………… *201*

Q 24　被害者は、その損害について、社会保険による給付を受けることがで
きるか。…………………………………………………………………… *201*

第8節　自動車保険金に対する課税……………………………………… *202*

Q 25　自動車保険の保険金に対しては課税されるか。 ………………… *202*

第9節　交通事故と年金…………………………………………………… *203*

Q 26　年金受給者が交通事故により死亡した場合、将来受給することができ
たはずの年金は逸失利益となるか。 ………………………………… *203*

Q 27　交通事故により死亡した者の相続人が、遺族年金の受給権を取得した
場合に、損害賠償請求金額に影響はあるか。……………………… *203*

第5章　自転車事故と保険……………………………………………… *205*

Q 1　自転車を運転中、他人を負傷させた場合に支払われる保険はあるか。… *205*

Q 2　自転車事故で傷害を負った場合に保険金が支払われる保険はあるか。
……………………………………………………………………………… *205*

Q 3　TS マークが貼付されている自転車の搭乗者に事故が生じたとき、ど
のような保険金が支払われるか。…………………………………… *206*

目　　次

第3編　個人の活動、生活と保険

第1章　高齢者と保険 ……………………………………………… 210

第1節　高齢者の認知機能の低下と保険…………………………… 210

Q1　認知機能が低下している高齢者が保険契約を締結した場合、その保険契約は有効か。………………………………………………… 210

Q2　高齢で認知機能が低下している保険契約者が受取人を変更する場合にどのような問題があるか。………………………………………… 210

Q3　高齢で認知機能が低下している保険金受取人が保険金を請求することはできるか。…………………………………………………… 211

Q4　高齢者に対する保険販売について、消費者トラブルが発生した場合、契約を解消することはできるか。…………………………………… 212

Q5　責任能力を欠く高齢者が自動車の運転による交通事故を起こし人身事故の加害者となった場合、加害車両に付保された自賠責保険を使用することはできるか。…………………………………………………… 213

Q6　認知症の高齢者や未成年者、精神障害者などが、線路に立ち入る等、財物の損壊を伴わない形で、他人に損害を与えた場合に備える保険はあるか。……………………………………………………………… 214

＜コラム＞認知症の家族の事故等による賠償責任に備えて／215

第2節　介護と保険………………………………………………… 216

Q7　加齢などによって介護が必要となった人が、自立した日常生活を営むために利用することができる公的な保険制度があるか。…………… 216

Q8　要介護となった要因が第三者の行為による場合でも介護保険給付を受けることができるか。…………………………………………… 217

Q9　介護保険料を滞納した場合にはどのような不利益があるか。……… 218

Q10　生活保護を受給している場合に、介護保険料を負担する必要があるか。………………………………………………………………… 218

Q11　介護認定の結果に対して不服申立てをすることができるか。……… 219

第3節　高齢者施設内外での事故と保険…………………………… 220

Q12　高齢者が入居する介護施設において、施設内で入居者が怪我をする事故が発生し、設備も壊れてしまった。この場合に発生する責任について保険で対応することはできるか。………………………………… 220

Q13　介護施設に入居する高齢者が施設を抜け出し、施設外で事故が発生し、第三者にも損害が発生した。この場合に発生する損害賠償責任に対応する保険はあるか。……………………………………………… 221

第4節　成年後見と保険……………………………………………… 222

23

目　　次

　　Q14　成年後見人は、被後見人を保険契約者とする保険契約を締結したり、保
　　　　　険金を請求することができるか。保佐人や補助人の場合はどうか。 …… *222*
　　Q15　後見監督人が選任されている場合、成年後見人が保険契約を締結した
　　　　　り、保険金を請求する際に後見監督人の同意を得る必要があるか。 … *223*
　　Q16　成年被後見人が保険契約者である保険について、被後見人本人が保険
　　　　　金を請求した場合、成年後見人はどのように対処すべきか。被保佐人や
　　　　　被補助人の場合はどうか。…………………………………………… *224*
　　Q17　被後見人が受取人であった保険契約につき、成年後見人が自分を受取
　　　　　人に変更してしまった。このような受取人変更は有効か。それが理由で
　　　　　成年後見人が解任された場合、新たに選任された成年後見人はどのよう
　　　　　に対応すべきか。……………………………………………………… *225*

第2章　相続と保険 ……………………………………… *227*

第1節　相続事件における保険契約の調査方法……………………… *227*
　　Q1　相続関係の事件を受任した場合、被保険者の加入していた保険契約（主
　　　　　に生命保険）の存否、内容等については、どのように調査すればよいか。
　　　　　……………………………………………………………………………… *227*

第2節　生命保険と相続財産……………………………………………… *228*
　　Q2　保険契約者兼被保険者の法定相続人が保険金受取人に指定されている場
　　　　　合、被保険者死亡の際の保険金請求権は、保険契約者兼被保険者の相続
　　　　　財産に含まれるか。 ………………………………………………… *228*
　　Q3　保険契約者兼被保険者である被相続人の死亡後、保険金受取人に指定さ
　　　　　れている相続人が相続放棄をした場合、保険金受取人に指定されている
　　　　　相続人は、死亡保険金を請求することはできるか。 ……………… *229*
　　Q4　被相続人が保険契約者兼被保険者であり、法定相続人が保険金受取人に
　　　　　指定されている保険契約について、保険契約者兼被保険者(被相続人)の
　　　　　債権者は、被相続人の死亡により具体化した保険金請求権を差し押さえ
　　　　　ることができるか。 ………………………………………………… *229*
　　Q5　保険金受取人が複数の相続人中の1人である場合、その相続人が得た死
　　　　　亡保険金請求権は、他の相続人との関係で特別受益の持戻し（民法903条）
　　　　　の対象になるか。 …………………………………………………… *230*
　　Q6　保険契約者兼被保険者である被相続人が保険金受取人を指定・変更する
　　　　　行為は、遺留分減殺請求の対象となるか。………………………… *232*

第3節　相続と死亡保険金受取人をめぐる諸問題……………………… *233*
　　Q7　死亡保険金の受取人を「相続人」と記載する指定方法は有効か。 … *233*
　　Q8　死亡保険金の受取人が「相続人」と指定されていた場合、どの時点の相
　　　　　続人が受取人となるか。……………………………………………… *234*

目　　次

Q 9　死亡保険金の受取人が「相続人」と指定されているが、被保険者が死亡
　　　したときの相続人が不存在の場合、誰が受取人となるか。……………… *235*

Q 10　死亡保険金受取人が「相続人」と指定されており、保険事故発生時に
　　　複数の法定相続人がいた場合、保険金の取得割合はどのように決まるか。
　　　………………………………………………………………………………… *236*

Q 11　保険契約者が、全財産を知人に包括遺贈する旨の遺言をしたが、生命
　　　保険契約の死亡保険金の受取人は「相続人」と指定していた場合、受遺
　　　者と相続人のいずれが保険金を受け取ることになるか。　…………… *237*

Q 12　契約上、保険金受取人の指定がされていなかった場合、誰が死亡保険
　　　金の受取人となるのか。　……………………………………………… *237*

Q 13　保険事故発生前に保険金受取人が死亡し、その後保険金受取人の変更
　　　手続きがされていない状態で保険事故が発生した場合、保険金は誰がど
　　　のような割合で受け取ることになるか。……………………………… *238*

Q 14　遺言により保険金受取人を変更できるか。………………………… *239*

Q 15　保険契約者兼被保険者と保険金受取人が同時に死亡した場合、誰が死
　　　亡保険金受取人となるか。……………………………………………… *240*

Q 16　保険金受取人の変更手続中に被保険者が死亡した場合、新旧どちらの
　　　保険金受取人が保険金を受け取ることになるか。　………………… *242*

Q 17　被保険者死亡後に、死亡保険金受取人が保険金請求権を放棄した場合、
　　　当該保険金請求権は誰に帰属するか。………………………………… *243*

Q 18　保険金受取人が被保険者を故意に殺害した場合、死亡保険金を請求す
　　　ることはできるか。　…………………………………………………… *244*

第4節　死亡保険金の請求等をめぐる諸問題……………………………… *245*

Q 19　死亡保険金の請求手続において必要とされる資料にはどのようなもの
　　　があるか。………………………………………………………………… *245*

Q 20　死亡保険金受取人が複数の相続人となる場合、相続人間における遺産
　　　分割協議に基づく保険金請求は認められるか。　…………………… *246*

Q 21　保険金受取人が「法定相続人」と指定され、法定相続人が複数いる場
　　　合の保険金請求の手続はどうなるか。………………………………… *247*

第5節　保険契約者の死亡をめぐる諸問題……………………………………… *248*

Q 22　保険契約者が被保険者よりも先に死亡した場合、契約者の地位は誰に
　　　承継されるか。…………………………………………………………… *248*

Q 23　死亡した保険契約者の相続人が複数いる場合、その内の1人からの契
　　　約解除は認められるか。　……………………………………………… *249*

Q 24　保険契約者と被保険者が異なる生命保険契約において、死亡した保険
　　　契約者の相続人が複数いる場合、契約者名義をその相続人の1人に変更
　　　した上で契約を存続させることができるか。………………………… *249*

25

目　　次

Q 25　外国籍の保険契約者や死亡保険金受取人が死亡した場合、どのような
　　　問題があるか。 ………………………………………………………… 250

第6節　生命保険以外の保険と相続財産 ……………………………………… 251

Q 26　傷害疾病定額保険契約において、保険契約者兼被保険者の法定相続人
　　　が保険金受取人に指定されている場合、同保険の死亡保険金請求権は、
　　　保険契約者兼被保険者の相続財産に含まれるか。 …………………… 251

Q 27　傷害疾病損害保険契約について、被保険者が傷害疾病によって死亡し
　　　た場合の保険金請求権は、被保険者の相続財産に含まれるか。 ……… 252

Q 28　人身傷害補償保険について、被保険者が死亡した場合、死亡による損
　　　害部分の保険金請求権は、被保険者の相続財産に含まれるか。 ……… 252

第3章　離婚・子どもと保険 ……………………………………………… 254

第1節　離婚と関連のある保険の種類、保険商品について ……………… 254

Q 1　離婚と関連する保険の種類にはどのようなものがあるか。また、離婚そ
　　　のものを対象にする保険にはどのようなものがあるか 。……………… 254

第2節　財産分与について ………………………………………………… 255

Q 2　保険契約は財産分与の対象になるか。 …………………………… 255

Q 3　夫婦共働きの家庭で、夫の収入だけで保険料を支払っていた場合は財産
　　　分与の対象となるか。 ………………………………………………… 255

Q 4　結婚前から加入していた保険について、結婚後も引き続き保険料を支
　　　払っていた場合は財産分与の対象となるか。 ……………………… 256

Q 5　離婚する直前に交通事故に遭い、損害保険から受け取った保険金は、財
　　　産分与の対象となるか。 ……………………………………………… 257

Q 6　保険契約が財産分与の対象となる場合、どのような分け方があるか。
　　　…………………………………………………………………………… 258

Q 7　私的年金保険は、財産分与の対象となるか。 …………………… 258

第3節　婚姻費用・養育費と保険 ………………………………………… 259

Q 8　婚姻費用を算定するに当たり、義務者（婚姻費用を負担する側）が権利
　　　者（婚姻費用を請求する側）の保険料を支払っていた場合、保険料の支
　　　払いは考慮されるのか。 ……………………………………………… 259

第4節　離婚後の問題点 …………………………………………………… 260

Q 9　生命保険契約の受取人を前妻の「妻乙川花子」としたまま、保険契約者
　　　兼被保険者が死亡した場合、被保険者の現在の妻は、保険金を受け取れ
　　　るか。 …………………………………………………………………… 260

Q 10　合意分割の按分割合について、裁判所はどう判断するのか。 ……… 261

Q 11　離婚協議書などに清算条項を入れて離婚した場合には、改めて年金分

26

目　　次

割を請求することはできるか。 ……………………………………………… *262*

Q12　離婚協議書等に年金分割の審判及び調停の申立てをしない旨の合意が
　　　　ある場合には、年金分割を請求することはできるか。 ……………… *263*

Q13　年金分割の請求期間に制限はあるか。…………………………………… *264*

第5節　子どもと保険について…………………………………………………… *265*

Q14　学校が体育祭などの怪我をする危険性がある行事を主催する場合に、
　　　　万一の怪我に備える保険はあるか。 …………………………………… *265*

Q15　子ども会の引率者が、会の活動として子どもたちと共にハイキングな
　　　　どに行く場合に子どもたちの万一の怪我などに備える保険はあるか。… *266*

Q16　地元のサッカークラブが、子どもたちの試合中の怪我に備えるための
　　　　保険はあるか。 …………………………………………………………… *267*

Q17　子どもが進学する際に必要となる学費について不安があるが、これに
　　　　備える保険はあるか。 …………………………………………………… *267*

Q18　生活保護を受けながら、学資保険に加入することはできるか。 …… *268*

第6節　学校と保険………………………………………………………………… *268*

Q19　児童・生徒等が、学校行事中に大怪我を負った場合、何らかの保険金
　　　　の給付を受けることができる制度はないか。 ………………………… *268*

Q20　災害共済給付金の支給を受けるためには、いかなる要件を満たす必要
　　　　があるか。 ………………………………………………………………… *269*

Q21　「学校の管理下において生じた」「災害」に当たる場合であっても、災
　　　　害共済給付金の支給が受けられない場合はあるか。 ………………… *270*

Q22　災害共済給付金の消滅時効期間は何年か。…………………………… *272*

Q23　災害共済給付制度では、いかなる内容の給付を受けられるのか。 … *272*

第4章　年　金　保　険 …………………………………………………… *274*

第1節　国民年金総論 …………………………………………………………… *274*

Q1　国民年金の強制加入被保険者には、どのような種類があるか。 … *274*

Q2　外国人でも国民年金に加入する義務があるのか。…………………… *274*

Q3　国民年金の保険料の免除が認められるのはどのような場合か。……… *275*

Q4　国民年金の保険料を未納している場合に、どのような不利益があるか。
　　　　……………………………………………………………………………… *276*

Q5　国民年金の保険料は、後で納付することができるか。 …………… *277*

Q6　国民年金法の給付にはどのようなものがあるか。 ………………… *278*

第2節　厚生年金総論……………………………………………………………… *279*

Q7　どのような事業所が厚生年金法の強制適用を受けるのか。 ……… *279*

Q8　どのような者が法律上当然に厚生年金の被保険者となるか。………… *280*

27

目　　次

Q 9　被保険者資格の取得及び喪失の効力はどのようにして生じるか。……　*280*

Q 10　厚生年金法の給付にはどのようなものがあるか。 ………………………　*281*

Q 11　国民年金・厚生年金に関する処分に不服がある場合に、どのような不
服申立てをすることができるか。 …………………………………………　*282*

Q 12　国民年金及び厚生年金を受ける権利に時効はあるか。………………　*284*

第3節　老 齢 給 付…………………………………………………………………　*284*

Q 13　国民年金法及び厚生年金法に基づく老齢給付にはどのようなものがある
か。 ……………………………………………………………………………　*284*

Q 14　老齢基礎年金の支給要件はどのようなものか。 ………………………　*285*

Q 15　老齢基礎年金の支給を早くしたり、遅くしたりすることができるか。…　*285*

Q 16　老齢厚生年金の支給要件はどのようなものか。 ………………………　*286*

Q 17　65 歳未満の者について、老齢厚生年金が支給される場合があるか。…　*287*

Q 18　年金を受給しながら就労をしたときに、年金が支給されないことがあ
るか。 ………………………………………………………………………………　*288*

第4節　障 害 給 付…………………………………………………………………　*289*

Q 19　国民年金法及び厚生年金法に基づく障害給付にはどのようなものがあ
るか。 ………………………………………………………………………………　*289*

Q 20　障害基礎年金の支給要件はどのようなものか。 ………………………　*289*

Q 21　国民年金に加入していなかったが、初診日以後に保険料を納付した場
合にも障害基礎年金を受給できるか。 ……………………………………　*291*

Q 22　傷病の初診日に 20 歳未満だった者が、20 歳になったときに障害等級
1 級又は 2 級の状態のときに、障害基礎年金が支給されるか。 ………　*292*

Q 23　障害基礎年金の受給権は、どのような場合に消滅するか。…………　*293*

Q 24　障害厚生年金の支給要件はどのようなものか。 ………………………　*294*

Q 25　障害厚生年金の受給権は、どのような場合に消滅するか。…………　*295*

Q 26　障害手当金の支給要件はどのようなものか。…………………………　*296*

第5節　遺 族 給 付…………………………………………………………………　*296*

Q 27　国民年金法及び厚生年金法に基づく遺族給付にはどのようなものがある
か。 ……………………………………………………………………………　*296*

Q 28　遺族給付が支給される配偶者は、法律婚の配偶者のほか、事実婚の配
偶者も含まれるか。 ………………………………………………………………　*297*

Q 29　遺族基礎年金の支給要件はどのようなものか。 ………………………　*298*

Q 30　遺族基礎年金の受給権は、どのような場合に消滅するか。…………　*299*

Q 31　寡婦年金の支給要件はどのようなものか。……………………………　*300*

Q 32　死亡一時金の支給要件はどのようなものか。…………………………　*301*

Q 33　遺族厚生年金の支給要件はどのようなものか。 ………………………　*302*

目　　次

Q34　遺族厚生年金の受給権は、どのような場合に消滅するか。………… *303*

第5章　個人賠償に関する保険 ……………………………………… *305*

第1節　個人賠償責任保険……………………………………………… *305*

1　保険契約の概要……………………………………………………… *305*

Q1　子どもが公園でサッカー練習をしていて、第三者にボールをぶつけてケ
ガをさせたような場合に、第三者に対する損害賠償金を支払うための保
険はないか。……………………………………………………………… *305*

2　補償の対象等………………………………………………………… *306*

Q2　個人賠償責任保険においては、他人に対して与えた損害のすべてが補償
の対象となるのか。……………………………………………………… *306*

Q3　個人賠償責任保険において、保険金支払いの対象となる損害等は具体的
にはどのようなものか。………………………………………………… *307*

Q4　個人賠償責任保険において、保険金が支払われない場合はあるのか。… *308*

第2節　スポーツと保険…………………………………………………… *308*

Q5　スポーツなどを行う団体が、万が一の事故等に備えて入っておくべき保
険はあるか。……………………………………………………………… *308*

Q6　スポーツ安全保険に加入すれば、どんなケガでもカバーされるのか。
……………………………………………………………………………… *309*

Q7　スポーツ安全保険に加入すれば、他人をケガさせた場合にも保険が使え
るか。……………………………………………………………………… *309*

Q8　スポーツの準備中に起こった事故でも、スポーツ安全保険が使えるか。
……………………………………………………………………………… *310*

Q9　スポーツ団体がスポーツ保険に加入していなかったことで責任を問われ
る場合はあるか。………………………………………………………… *311*

Q10　ゴルファー保険に入っていれば、ゴルフに関係する事故には保険金が
支払われるのか。………………………………………………………… *311*

第3節　旅　行　保　険…………………………………………………… *312*

1　旅行保険一般………………………………………………………… *312*

Q11　旅行中に事故に遭ってケガをした場合、何らかの保険により補償を受
けられないか。…………………………………………………………… *312*

2　国内旅行傷害保険…………………………………………………… *313*

Q12　国内旅行傷害保険を契約していた場合、旅行中のケガであれば、すべ
て保険金が支払われるのか。また、支払われる保険金の内容はどのよう
なものか。………………………………………………………………… *313*

Q13　国内旅行傷害保険を契約していて、国内旅行中にケガをしたのに、保

目　　次

　　　　険金が支払われない場合には、どのような場合があるか。……………… *314*

　3　海外旅行傷害保険……………………………………………………………… *315*

　　Q 14　海外旅行傷害保険とは、どのような保険か。…………………………… *315*

　　Q 15　海外旅行傷害保険を契約していた場合、保険金の支払いがされるのは
　　　　どのような場合か。……………………………………………………………… *315*

　　Q 16　海外旅行傷害保険に加入していても、保険金が支払われない場合があ
　　　　るのか。…………………………………………………………………………… *317*

　　Q 17　クレジットカードに海外旅行傷害保険が付帯されているため、海外旅
　　　　行傷害保険に重複加入している場合、どのような取扱いとなるか。…… *318*

　　Q 18　旅行保険の支払いをめぐって争われた裁判例はあるか。……………… *319*

第4節　ペットと保険……………………………………………………………………… *319*

　1　ペット保険の概要……………………………………………………………… *319*

　　Q 19　ペットが動物病院で治療を受けた場合に使える保険はあるか。ペット
　　　　が他人に怪我をさせた場合に使える保険についてはどうか。………… *319*

　2　ペット保険の加入に当たっての注意事項………………………………… *320*

　　Q 20　ペット保険に関する相談を受ける際、どのようなことに注意したらよ
　　　　いか。……………………………………………………………………………… *320*

　3　ペット保険に関するトラブルの解決方法………………………………… *321*

　　Q 21　ペット保険の加入後、補償条件が思っていた内容と違っていた。契約
　　　　を解消して支払済みの保険料の返金を求めたいが、どうしたらよいか。
　　　　また、ペット保険の契約期間中、動物病院で治療を受けたが、保険事業
　　　　者から治療費の補償が受けられないと言われてしまった。保険事業者の
　　　　対応は不当と考えており、補償を求めたいが、どうしたらよいか。…… *321*

第5節　海上レジャーと保険…………………………………………………………… *322*

　1　船舶保険の内容と免責事由………………………………………………… *322*

　　Q 22　船の保険には、どのような内容の保険があり、どの範囲が対象となっ
　　　　ているのか。……………………………………………………………………… *322*

　　Q 23　Ｐ＆Ｉ保険で、保険金の支払いがされない場合としてどのような事由
　　　　があるか。………………………………………………………………………… *323*

　2　貨物海上保険の内容と免責事由…………………………………………… *324*

　　Q 24　貨物海上保険とは、どの航路を使用している船舶が対象で、どの範囲
　　　　が保険の対象となるのか。…………………………………………………… *324*

　　Q 25　貨物海上保険で、保険金の支払いがされない場合として、どのような
　　　　事由があるか。…………………………………………………………………… *324*

第6節　クレジットカードの盗難・紛失の保険…………………………………… *325*

Q26 クレジットカード盗難保険の契約者は誰か。またカード契約者はどのような立場となるのか。……………………… *325*

Q27 クレジットカードの盗難や紛失の後に不正利用された場合、カード会員は、どのような仕組みにより損害が填補されるのか。……………… *326*

Q28 クレジットカードの会員保障制度において、損害の填補が受けられない場合はあるか。……………………… *326*

Q29 損害の填補を受けられないような事情が存在する場合には、カード利用者の側が必ず責任を負うのか。……………… *327*

第6章　専門家賠償責任保険……………………………… *329*

Q1 専門家賠償責任保険は、一般の賠償責任保険とどのような違いがあるか。注意すべき点は何か。……………… *329*

第4編　労働と保険

第1部　労 災 保 険 ……………………………… *332*

第1章　労災保険法の適用範囲 ……………………… *332*

第1節　労 働 者……………………………… *332*

Q1 法人の役員にも労災保険は適用されるか。……………… *332*

第2節　特別加入制度……………………………… *333*

Q2 中小事業主や一人親方は労災保険に加入できるか。……………… *333*

第3節　自賠責保険との関係……………………………… *334*

Q3 就業中の自動車事故の場合、労災保険と自賠責保険のどちらに先に請求するのか。……………………… *334*

第2章　業 務 災 害 ……………………………… *335*

第1節　事故による負傷、死亡の場合……………………… *335*

1　業務上判断……………………………… *335*

Q1 事故による負傷、死亡の場合の「業務上」の判断基準は、どのようなものか。……………………… *335*

2　就業中の災害……………………………… *335*

Q2 就業時間中の災害は、すべて業務上と認められるのか。……………… *335*

3　休憩時間中の災害……………………………… *336*

Q3 休憩時間中の災害も業務上と認められるか。 ……………… *336*

4　就業時間前後の災害……………………………… *337*

31

目　　次

　　Ｑ４　就業時間前後に発生した災害でも業務上と認められるか。 ………… 337

　5　出張中の災害 …………………………………………………………… 338
　　Ｑ５　出張中に発生した災害は、どのような場合に業務上と認められるのか。
　　　………………………………………………………………………………… 338

　6　社内行事への参加中の災害 …………………………………………… 339
　　Ｑ６　時間外に行われた社内行事（宴会、懇親会等）へ参加中に災害が発生し
　　た場合、業務上といえるか。 ……………………………………………… 339

　7　天災地変による災害 …………………………………………………… 340
　　Ｑ７　地震、暴風雨等の天災地変に起因する災害は、業務上の災害といえる
　　か。 ………………………………………………………………………… 340

　8　他人の暴行による災害 ………………………………………………… 340
　　Ｑ８　同僚、上司等からの暴行による負傷の場合には、業務上の災害といえる
　　か。 ………………………………………………………………………… 340

第2節　業務上の疾病 ………………………………………………………… 341
　1　基本的考え方 …………………………………………………………… 341
　　Ｑ９　業務上の疾病認定の基本的な考え方はどのようになっているか。 … 341
　　Ｑ10　業務起因性についての立証責任については、どのように考えればよい
　　か。 ………………………………………………………………………… 342
　　Ｑ11　各疾病についての認定基準が通達において示されているが、認定基準
　　とはどのような意味を持つか。 ………………………………………… 343

　2　腰痛の労災認定 ………………………………………………………… 344
　　Ｑ12　業務が原因での腰痛と判断されるのは、どのような場合をいうか。…… 344

　3　過労死の労災認定 ……………………………………………………… 345
　　Ｑ13　過労死の労災認定のポイントはどのようなものか。 ……………… 345

　4　精神障害の労災認定 …………………………………………………… 346
　　Ｑ14　うつ病等の精神障害の労災認定のポイントはどのようなものか。 … 346

第3章　通勤災害 ……………………………………………………………… 347

　1　通勤災害の「通勤による」 …………………………………………… 347
　　Ｑ１　通勤災害の認定における「通勤による」とは何か。 ……………… 347

　2　通勤災害の「就業に関し」 …………………………………………… 348
　　Ｑ２　通勤災害の認定における「就業に関し」とは何を意味するか。…… 348

　3　通勤災害の「合理的経路・方法」 …………………………………… 349
　　Ｑ３　通勤災害の認定における「合理的な経路・方法」とは何を意味するか。

目　　次

$\cdots\cdots$ *349*

　　4　通勤の逸脱・中断$\cdots\cdots$ *350*
　　　Q4　通勤の経路を外れたり、途中で中断した場合は通勤とは認められなくな
　　　るか。$\cdots\cdots$ *350*

第4章　保 険 給 付 $\cdots\cdots$ *352*

　1　共 通 事 項$\cdots\cdots$ *352*
　　　Q1　保険給付にはいろいろな種類があるが、種類毎の給付理由と給付内容は
　　　どのようになっているか。$\cdots\cdots$ *352*
　　　Q2　労災保険給付と他の社会保険給付との間の調整は、どのように行われる
　　　か。$\cdots\cdots$ *353*
　　　Q3　業務災害、通勤災害を被った労働者の側に過失がある場合であっても、
　　　労災保険は必ず支給されるのか。$\cdots\cdots$ *354*
　　　Q4　労災災害により負傷し、労災から保険給付を受けている従業員が自己都
　　　合退職することになったのだが、保険給付は継続されるのか。$\cdots\cdots$ *355*

　2　休業（補償）給付$\cdots\cdots$ *356*
　　　Q5　休日や出勤停止期間などの本来賃金請求権が発生しない期間について、
　　　休業（補償）給付の対象となるか。$\cdots\cdots$ *356*

　3　遺族（補償）給付$\cdots\cdots$ *356*
　　　Q6　内縁の配偶者は遺族（補償）給付の受給資格を有するか。$\cdots\cdots$ *356*
　　　Q7　遺族（補償）給付の受給資格者は、必ず遺族（補償）年金を受給するこ
　　　とができるのか。$\cdots\cdots$ *357*

第5章　労災保険給付と損害賠償の調整 $\cdots\cdots$ *359*

　1　第三者行為災害$\cdots\cdots$ *359*
　　　Q1　事故の加害者（第三者）がいる労働災害の場合、加害者への損害賠償請
　　　求と労災保険給付はどのような関係になるか。$\cdots\cdots$ *359*

　2　将来給付分の調整$\cdots\cdots$ *360*
　　　Q2　損害賠償を行うに当たり、将来給付されることになる労災年金は、どの
　　　ように扱われるのか。$\cdots\cdots$ *360*

第6章　そ の 他 $\cdots\cdots$ *361*

　1　不服申立て$\cdots\cdots$ *361*
　　　Q1　審査請求では、保険給付に関する決定についての不服を申し立てること
　　　になるが、「保険給付に関する決定」とは具体的にどのような処分をいう
　　　のか。$\cdots\cdots$ *361*

33

目　　次

　　2　時　　　効‥‥‥‥‥‥‥‥‥‥‥‥‥‥‥‥‥‥‥‥‥‥‥‥‥‥‥‥‥　*362*

　　　Q2　労災保険給付の受給に当たり時効があるか。‥‥‥‥‥‥‥　*362*

　　3　損害賠償請求権‥‥‥‥‥‥‥‥‥‥‥‥‥‥‥‥‥‥‥‥‥‥‥‥‥‥　*362*

　　　Q3　労働者は、労災保険による給付を受けた場合でも使用者に対し損害賠償

　　　　　請求ができるか。‥‥‥‥‥‥‥‥‥‥‥‥‥‥‥‥‥‥‥‥‥　*362*

　　　Q4　下請労働者が元請会社に対し損害賠償することはできるか。‥‥‥‥　*363*

　　　Q5　使用者等に対し具体的にどのような損害賠償を請求することができるか。

　　　　　‥‥‥‥‥‥‥‥‥‥‥‥‥‥‥‥‥‥‥‥‥‥‥‥‥‥‥‥‥‥　*363*

　　　Q6　積極損害について、使用者等に対し損害賠償を請求する場合に、労災保

　　　　　険給付との調整はあるか。‥‥‥‥‥‥‥‥‥‥‥‥‥‥‥‥　*364*

　　　Q7　労働者側に一定の過失がある場合に、どのように調整されるか。‥‥‥　*365*

　　　Q8　使用者と交渉又は訴訟において、和解による解決をする場合に注意すべ

　　　　　きことはあるか。‥‥‥‥‥‥‥‥‥‥‥‥‥‥‥‥‥‥‥‥‥　*366*

　　　Q9　労働者が使用者に対し民法上の損害賠償請求を行うために、どのような

　　　　　証拠をどのように集めたらよいか。‥‥‥‥‥‥‥‥‥‥‥‥‥‥　*367*

第7章　労働と公的医療保険‥‥‥‥‥‥‥‥‥‥‥‥‥‥‥‥‥　*368*

　　　Q1　勤務先が健康保険に加入していない場合には、労働者はどのような手段

　　　　　をとることができるか。‥‥‥‥‥‥‥‥‥‥‥‥‥‥‥‥‥‥　*368*

　　　Q2　保険事故発生時に事業主が健康保険に加入していなかった場合に、遡及

　　　　　的に加入することができるか。‥‥‥‥‥‥‥‥‥‥‥‥‥‥‥　*368*

　　　Q3　健康保険に遡及加入した場合に、事業者が労働者負担分を一度に給与か

　　　　　ら控除することができるか。‥‥‥‥‥‥‥‥‥‥‥‥‥‥‥‥　*369*

　　　Q4　事業者が健康保険に加入しない場合、事業者にとってどのようなリスク

　　　　　があるか。‥‥‥‥‥‥‥‥‥‥‥‥‥‥‥‥‥‥‥‥‥‥‥‥　*369*

　　　Q5　事業主が健康保険加入の届出をしなかったために、本来受け取ることの

　　　　　できる給付金を受給することができなかった場合、事業主に対して、何

　　　　　らかの請求をすることができるか。‥‥‥‥‥‥‥‥‥‥‥‥‥　*370*

第2部　雇　用　保　険‥‥‥‥‥‥‥‥‥‥‥‥‥‥‥‥‥　*371*

　　　Q1　雇用保険が適用されるのはどのような事業か。‥‥‥‥‥‥‥‥‥　*371*

　　　Q2　雇用保険の被保険者になることができるのは、どのような労働者か。

　　　　　‥‥‥‥‥‥‥‥‥‥‥‥‥‥‥‥‥‥‥‥‥‥‥‥‥‥‥‥‥‥　*371*

　　　Q3　勤務先が雇用保険の届出をしていないという相談を受けた場合、どのよ

　　　　　うな対応が考えられるか。‥‥‥‥‥‥‥‥‥‥‥‥‥‥‥‥‥　*372*

　　　Q4　勤務先が雇用保険の加入手続をしなかったため、退職後に雇用保険を受

　　　　　給することができなかった場合、元勤務先に対してどのような請求がで

目　　次

きるか。 ……………………………………………………… *373*

Q5　雇用保険の基本手当の所定給付日数（基本手当の支給を受けることがで
きる日数）はどうやって決まるか。 …………………………… *373*

Q6　雇用保険の支給期間に限度はあるか。また、離職後いつまでに申請すれ
ばよいか。………………………………………………………… *374*

Q7　自己都合退職の場合や、懲戒解雇により失業した場合、雇用保険の基本
手当を受給できるか。また、どのような場合に、基本手当の受給が制限
されるか。 ……………………………………………………… *374*

Q8　会社都合で退職するにもかかわらず、会社が、離職証明書の離職理由欄
に「自己都合退職」と記載し、これに署名押印を求めてきた。どうすれ
ばよいか。………………………………………………………… *375*

Q9　会社が離職票を交付してくれない場合は、どのようにすればよいか。
………………………………………………………………………… *376*

Q10　働いていた会社を解雇され、地位確認（復職）を求める訴訟を提起す
る場合、雇用保険の被保険者資格はどうなるか。 ………………… *377*

Q11　働いていた会社を解雇され、地位確認（復職）を求める訴訟を提起す
る場合、雇用保険を受給することはできるか。 ………………… *377*

Q12　解雇された後、雇用保険から基本手当等の仮給付金を受領していたが、
地位確認について認容判決が出されて確定した場合、仮給付金を返還し
なければならないか。 …………………………………………… *378*

Q13　和解において解雇が撤回され復職することになった場合、労働保険に
関してどのような点に留意すべきか。………………………… *378*

第5編　企業活動と保険

第1章　倒産と保険 ……………………………………………… *380*

第1節　破産と保険……………………………………………… *380*

Q1　破産者が保険契約者である場合、破産管財人による当該保険契約の処理
はどのようになるか。 …………………………………………… *380*

Q2　破産者が被保険者である場合、破産管財人による当該保険契約の処理は
どのようになるか。 ……………………………………………… *380*

Q3　破産者が加入している保険が、個人年金保険であり、かつ、保険金の給
付が始まっている場合、破産管財人としてはどのように処理すべきか。
………………………………………………………………………… *381*

Q4　破産者が加入している保険が中小企業退職金共済や小規模企業共済で
ある場合、その共済金等の支給を受ける権利は破産財団に帰属するのか、
自由財産になるのか。 …………………………………………… *382*

35

目　　次

Q5　平成3年3月31日以前に効力が生じた簡易生命保険の還付請求権（旧簡易生命保険法50条、簡易生命保険法81条、同法平成2年改正附則2条5項）について、自由財産に属するか。……………………… *382*

Q6　保険者が保険契約者に対し契約者貸付を行い、その後、保険契約者について破産手続開始決定がなされた場合、保険者は貸付債権を自働債権、解約返戻金支払債務を受働債権として相殺できるか。………………… *383*

Q7　保険契約者について破産手続開始の申立等がなされた場合には保険契約は解約されたものとみなされるとする倒産解約条項は有効か。　……… *384*

Q8　破産管財人が生命保険契約を解除した場合、保険金受取人が保険契約を存続させる方法はないか。………………………………………… *384*

Q9　破産者が破産手続開始決定前に加害者として交通事故を起こし、その後、破産手続開始決定がなされた場合、被害者は、加害者が加入する保険会社から損害賠償金の支払いを受けられるか。………………… *385*

Q10　生命保険契約者が自らを保険金受取人に指定していたが、保険契約者が破産手続開始決定の直前に第三者に受取人を変更することは否認権の対象となるか。保険に関連して否認権の対象となるのはどのような場合か。　………………………………………………………… *386*

Q11　破産手続開始決定前に成立した第三者のためにする生命保険契約に基づき、破産者である死亡保険金受取人が有する死亡保険金支払請求権の支払事由が破産手続開始決定後に発生した場合、破産者の死亡保険金支払請求権はどのように扱われるか。　………………………… *387*

Q12　破産手続開始決定後に破産者に保険事故が発生した場合、破産者の保険金請求権（自動車保険契約、医療保険契約、火災保険契約）は、どのように扱われるか。　………………………………………… *388*

Q13　破産手続開始決定前に破産者が交通事故の被害者になっていた場合、破産者の保険会社に対する保険金請求権は破産財団を構成するのか。　……………………………………………………………… *389*

第2節　民事再生と保険…………………………………………… *390*

Q14　民事再生手続（個人再生）において、再生債務者を契約者とする生命保険を継続することはできるか。生命保険の受取人が再生債務者の場合はどうか。……………………………………………………… *390*

Q15　保険者が保険契約者に対し契約者貸付を行い、その後、保険契約者が貸付金を返済中に、保険契約者について民事再生手続が開始した。保険者は、貸付債権を自働債権、解約返戻金支払債務を受働債権として相殺できるか。　………………………………………………… *391*

Q16　再生債務者が勤務する会社が加入している保険が中小企業退職金共済である場合、退職金等の支給を受ける権利はどのように処理されるか（差

目　　次

押禁止債権との関係）。‥‥‥‥‥‥‥‥‥‥‥‥‥‥‥‥‥‥‥‥‥ *392*

第3節　会社更生と保険‥‥‥‥‥‥‥‥‥‥‥‥‥‥‥‥‥‥‥‥‥‥‥ *392*

Q 17　会社更生手続において、会社が保険に加入しており、保険者が会社に
対して債権を有している場合、保険者はこの債権を自働債権、保険解約
返戻金支払債務を受働債権として相殺できるか。‥‥‥‥‥‥‥‥‥ *392*

第4節　倒産と保険全般‥‥‥‥‥‥‥‥‥‥‥‥‥‥‥‥‥‥‥‥‥‥‥ *393*

Q 18　ある製品を購入し、同製品の事故により損害を被った場合に、同製品
の製造者である事業者が製造物責任保険に加入していたとする。当該事
業者について倒産手続が開始された場合、被害者の有する賠償請求権は、
倒産手続内においてどのように扱われるか。事業者が税金を滞納してい
る場合はどうか。‥‥‥‥‥‥‥‥‥‥‥‥‥‥‥‥‥‥‥‥‥‥‥ *393*

Q 19　勤務先の会社が倒産した場合、健康保険証は使用できるか。今後健康
保険を使用するためにはどうしたらよいか。健康保険傷病手当金を受給
中に会社が倒産すると、傷病手当は受給できなくなるか。‥‥‥‥‥ *394*

Q 20　休業補償給付を受給中に会社が倒産した場合、休業補償給付はどのよ
うになるか。‥‥‥‥‥‥‥‥‥‥‥‥‥‥‥‥‥‥‥‥‥‥‥‥‥ *394*

Q 21　会社が倒産した場合に、雇用保険の失業給付を受給できるか（勤務先
が倒産し、仕事がない間に保険給付はあるか）。‥‥‥‥‥‥‥‥‥ *395*

Q 22　小規模企業を経営している場合、取引先が倒産する場合に備えて保険
を掛けておくことはできないか。‥‥‥‥‥‥‥‥‥‥‥‥‥‥‥‥ *395*

第2章　役員と保険　‥‥‥‥‥‥‥‥‥‥‥‥‥‥‥‥‥‥‥ *399*

第1節　役員賠償責任保険‥‥‥‥‥‥‥‥‥‥‥‥‥‥‥‥‥‥‥‥‥‥ *399*

1　会社役員賠償責任保険（D&O保険）について ‥‥‥‥‥‥‥‥‥ *399*

Q 1　会社の役員が株主代表訴訟等により損害賠償義務を負う場合に備える保
険はあるか。‥‥‥‥‥‥‥‥‥‥‥‥‥‥‥‥‥‥‥‥‥‥‥‥‥ *399*

2　保険料負担の関係‥‥‥‥‥‥‥‥‥‥‥‥‥‥‥‥‥‥‥‥‥‥‥‥ *399*

Q 2　D&O保険の保険料を会社が負担することは認められるか。‥‥‥‥ *399*

＜コラム＞「企業の稼ぐ力とＤ＆Ｏ保険」／ *399*

第2節　役員退職金保険等‥‥‥‥‥‥‥‥‥‥‥‥‥‥‥‥‥‥‥‥‥‥ *399*

Q 3　法人が保険会社と定期保険契約を締結するメリットは何か。　‥‥‥ *399*

Q 4　法人と保険会社との間で締結された被保険者を役員とする生命保険契約
に基づき法人が保険金の支払いを受けた。法人には、退職金規定が存在し、
退職金と関連のある法人加入の保険契約の受取保険金は全額法人に帰属
する旨が規定されていた。役員又は役員の遺族が、法人に対し、退職金
として、保険金の引渡しを求めることができるか。‥‥‥‥‥‥‥‥ *400*

37

目　　次

第3章　物流・取引活動に関する保険 …………………………………… *401*

第1節　物流に関する保険……………………………………………… *401*

Q1　物流に関するリスクをカバーする保険にはどのようなものがあるか。
………………………………………………………………………………… *401*

Q2　運送業者貨物賠償責任保険・運送保険において、どのような事由が免責
事由とされているか。 ……………………………………………… *402*

Q3　個人又は法人が、国内の宅配便等を利用して高額な荷物や壊れやすい荷
物を送る際に何らかの保険に加入することによりリスクを回避できない
か。 ………………………………………………………………… *403*

第2節　電子商取引に関する保険………………………………………… *404*

Q4　事業者が電子商取引を行う際のリスクに備える保険にはどのようなもの
があるか。 ………………………………………………………… *404*

Q5　電子商取引に関する保険の補償の範囲はどこまでか。 ……………… *405*

Q6　従業員による故意の情報の持出しは電子商取引に関する保険の対象とな
るか。 ……………………………………………………………… *406*

第3節　施設賠償責任保険………………………………………………… *407*

Q7　ビル等の施設の欠陥や、施設内外で行われる業務に起因する事故に備え
る保険はあるか。 ………………………………………………… *407*

Q8　施設賠償責任保険において、保険金支払の対象となる損害には、どのよ
うなものがあるか。 ……………………………………………… *408*

Q9　施設賠償責任保険においては、どのような事由が免責事由とされるか。
………………………………………………………………………………… *408*

第4節　費用保険・利益保険……………………………………………… *409*

Q10　事故・災害等により事業が中断・停止してしまった場合の費用負担や
利益喪失に備える保険はあるか。 ……………………………… *409*

第5節　取引信用保険……………………………………………………… *410*

Q11　継続的な取引関係にある相手方が支払債務を履行しない場合の損失を
カバーする保険には、どのようなものがあるか。 …………… *410*

第6節　生産物賠償責任保険……………………………………………… *411*

Q12　製造・販売した製品や完成して引き渡した工事の目的物等によって対
人・対物事故が発生した場合に、法律上の損害賠償責任を補償する保険
はあるか。……………………………………………………… *411*

Q13　生産物賠償責任保険（PL保険）の支払いの対象とならない事由（免責
事由）にはどのようなものがあるか。 ……………………… *413*

38

目　　次

第4章　事業承継と保険 ………………………………………… *414*

Q1　事業承継において個人契約の生命保険はどのように利用できるか。… *414*

Q2　事業承継において法人契約の生命保険はどのように利用できるか。… *415*

第6編　保険と税務

Q1　保険料を支払った場合若しくは保険金を受け取った場合の課税関係はどうなるか。……………………………………………………………… *418*

Q2　特に問題の多い死亡保険金を受け取った場合に所得税、相続税、贈与税のいずれかの課税の対象になると言われたが、どのような場合に、どのような課税がされるか。　………………………………………… *420*

あとがき

第 1 編

生命保険・傷害保険・疾病保険

第1章 生命保険

第1節 生命保険の種類（死亡保険と生存保険）

Q1 死亡保険と生存保険には、どのような種類があるか。

A1 死亡保険は死亡を保険事故とするものであり、生存保険は保険期間満了時までの被保険者の生存を保険事故とするものである。

解説

死亡保険と生存保険は、保険事故による生命保険の分類である。

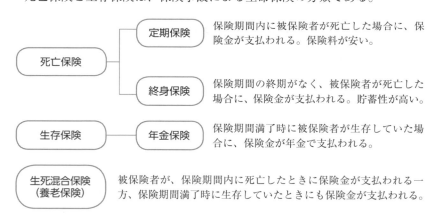

(1) **死亡保険（定期保険・終身保険）**

　死亡保険は、被保険者の死亡を保険事故とする。死亡後、保険金が支払われる。被保険者の遺族の生活保障が主な目的である。死亡保険には、「定期保険」と「終身保険」がある。前者は、約定の保険期間内に被保険者が死亡した場合に限り、保険金が支払われる。安い保険料で高額の保険金が得られるのが特徴である。後者は、保険期間の終期の定めがなく、被保険者が死亡したときに保険金が支払われる。死亡前に解約すると、相応の返戻金を受け取ることができ、貯蓄性が高いのが特徴である。

(2) 生存保険

生存保険は、保険期間満了時までの被保険者の生存を保険事故とする。保険期間満了後、保険金が支払われる。我が国では、保険金が年金で支払われる「年金保険」が一般である。被保険者の老後の生活保障又は一定の年齢に達したときの必要資金の確保が主な目的である。年金保険には、被保険者が死亡するまで年金が支払われる「終身年金」や、保険期間内に被保険者が死亡すると残りの保険期間に相応する未払年金の現価が遺族に支払われる「確定年金」等がある。

(3) 養老保険

なお、死亡保険と生存保険の混合型として、「養老保険」とも呼ばれる生死混合保険がある。これは、被保険者が、保険期間内に死亡したときに保険金が支払われる一方、保険期間満了時に生存していたときには満期保険金が支払われる。

【参考文献】
出口正義（監著）、福田弥夫＝矢作健太郎＝平澤宗夫「生命保険の法律相談」2～4頁〔出口正義〕（学陽書房、2006年）
大高満範「生命保険の法律相談」30頁〔大高満範〕（青林書院、2011年）
山下友信ほか「保険法」238頁〔竹濱修〕（有斐閣、第3版補訂版、2015年）

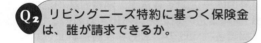

Q2 リビングニーズ特約に基づく保険金は、誰が請求できるか。

A2 原則として被保険者であるが、例外として指定代理請求人が請求できる。

解説

リビングニーズ特約とは、保険契約の被保険者が疾病や傷害などの原因に関わらず、医師の判断により余命6か月以内と診断されたときに、その保険契約の死亡保険金の金額の一部又は全部から6か月間の利息及び保険料相当額を控除した金額が生存中に支払われる特約である。この支払われる保険金を「特定状態保険金」という。現在ではほぼすべての生命保険会社が取り扱っている。

特定状態保険金を請求できるのは、原則として被保険者である。

第1編 第1章 生命保険

　ただし、疾病や傷害により保険金を請求する意思表示ができないときや、治療上の都合により傷病名又は余命の告知を受けていないときなど、被保険者が請求できない特別の事情がある場合は、あらかじめ指定した指定代理請求人が請求することができる。指定代理請求人の資格は、保険会社によって異なるが、被保険者との関係で①戸籍上の配偶者、②直系血族や兄弟姉妹、③同居又は生計を一にしている3親等内の親族などが多いようである。これらの関係は、指定時だけではなく、請求時においても必要とされる。

【参考文献】
　出口正義（監著）、福田弥夫＝矢作健太郎＝平澤宗夫「生命保険の法律相談」267 ～
　　268 頁〔片岡昌志〕（学陽書房、2006 年）
　山下友信ほか「保険法」229 頁〔竹濱修〕（有斐閣、第3版補訂版、2015 年）

●第2節　生命保険契約の成立 ● ● ● ● ● ● ● ● ● ● ● ● ● ● ● ● ●

1　勧　誘

Q₃ 生命保険契約の締結やそれに伴う損害賠償責任に関して、民法以外にどのような規定が適用されるか。

A₃ 保険業法、金融商品等の販売に関する法律、消費者契約法などが適用される。なお、保険業法の規定を具体化するものとして、金融庁が作成した「保険会社向けの総合的な監督指針」（以下、この項において「指針」という。）がある。

解説

(1)　勧誘時の説明義務

　保険業法は、保険会社が、その業務にかかる重要な事項の説明を確保するための措置を講じなければならないとし（保険業法100条の2、指針Ⅱ－4－4－1－2）、顧客に参考となるべき情報の提供を行い（同法294条、指針Ⅱ－4－2－2(2)）、顧客の意向を把握しなければならないとする（同法294条の2、指針Ⅱ－4－2－2(3)）。

　また、金融商品等の販売に関する法律（金融商品販売法）は、元本欠損リスクがある場合や権利行使等の期間制限がある場合は、保険会社が、顧客に

理解されるように、それらの旨等を説明しなければならないとする（同法3条1項、2項）。

(2)　勧誘時の禁止行為

保険業法は、保険会社の禁止行為を定めている（同法300条1項、指針II－4－2－2(7)－(11)）。

金融商品販売法は、断定的判断の提供をしてはならないとする（同法4条）。

(3)　契約解消の特別規定

民法上の無効・取消以外に、以下のような契約解消に関する規定がある。

まず、保険業法は、保険契約につき、いわゆるクーリングオフの制度を定めている（同法309条）。

次に、顧客が個人の場合、消費者契約法が適用され、保険会社が勧誘する際、①不実告知、②断定的判断の提供、③不利益事実の不告知などの行為をし、顧客が誤認をした場合や、④顧客の要請にも関わらず退去しなかったり、顧客を退去させなかったりし、顧客が困惑した場合、これらによって契約が締結されても、顧客は契約を取り消すことができる（同法4条1項、2項、3項）。なお、保険会社の代理店が勧誘する場合も同様である（同法5条1項）。

(4)　損害賠償の特別規定

民法上の債務不履行責任・不法行為責任以外に、以下のような損害賠償に関する規定がある。

まず、保険会社が金融商品販売法上の規制（説明義務、断定的判断の提供禁止）に違反したことにより顧客に損害が生じたときは、保険会社はそれを賠償する責任を負い（同法5条）、元本欠損額が損害額と推定される（同法6条）。

次に、保険募集人が顧客に損害を加えたときは、その所属保険会社もそれを賠償する責任を負う（保険業法283条）。これは、保険会社が責任を負う範囲を拡大したものだが、使用者責任（民法715条）とは、競合関係にあるとされる。

（なお、第3編第1章第1節Q4参照）

【参考文献】

　　出口正義（監著）、福田弥夫＝矢作健太郎＝平澤宗夫「生命保険の法律相談」17〜
　　　19頁、20〜23頁〔潘阿憲〕（学陽書房、2006年）
　　大高満範「生命保険の法律相談」55〜61頁〔安孫子俊彦〕（青林書院、2011年）
　　山下友信ほか「保険法」57頁〔洲崎博史〕（有斐閣、第3版補訂版、2015年）

第1編 第1章　生命保険

Q4 変額保険について、保険会社には、
どの程度の説明義務があるか。

A4 顧客の知識、経験、財産の状況及び変額保険契約
を締結する目的に照らして、その顧客が理解する
ために必要な程度の説明義務がある。

解　説

(1)　変額保険とは

　変額保険とは、その保険料を一般の生命保険の保険料とは分けて管理し（こ
れを「特別勘定」という。)、有価証券に投資して運用し、その実績に応じて
保険金額や解約返戻金額又は年金額が変動するものである。ただし、変額保
険における死亡保険金については、定められた基本保険金額は保障される。
運用実績が悪い場合には、解約返戻金額や年金額が払い込んだ保険料を下回
るリスクがある。

　変額保険は、昭和61年頃から販売され、運用目的だけでなく、保険料を
融資で調達することによる相続税対策として契約されたが、平成2年以降の
バブル崩壊に伴い、多くの契約者が欠損を抱えたり返済不能に陥ったりし、
保険会社、銀行、税理士に対する多くの損害賠償請求訴訟が提起された。現
在、変額保険を販売しているのは、外資系保険会社が中心である。

(2)　変額保険に関する説明義務

　変額保険の契約を保険会社が勧誘する際、特別勘定資産の運用状況報告書
を交付して説明しなければならない（保険業法100条の2・同法施行規則53条
1項1号、「保険会社向けの総合的な監督指針」Ⅱ－4－4－1－2)。また、元
本欠損リスクがある旨等を説明しなければならない（金融商品販売法3条1
項)。これらの説明は、契約者に「重要事項説明書」等の名称の書面を交付
してなされるのが一般的である。なお、一般社団法人生命保険協会は、「変
額保険販売資格者登録制度」を設け、資格者以外は変額保険の勧誘をしては
ならないこととしている。

(3)　説明の程度

　前記の損害賠償請求訴訟では、裁判例の多くが、保険会社は、変額保険そ
れ自体のリスクに加え、融資で保険料を調達することのリスクについても説

6

明をする義務があるとされた（東京高判平成 12 年 9 月 11 日判時 1724 号 48 頁など）。

平成 13 年に施行された金融商品販売法では、元本欠損リスク等の説明につき、「顧客の知識、経験、財産の状況及び当該金融商品の販売に係る契約を締結する目的に照らして、当該顧客に理解されるために必要な方法及び程度によるものでなければならない。」（同法 3 条 2 項）と規定された。

【参考文献】
> 出口正義（監著）、福田弥夫＝矢作健太郎＝平澤宗夫「生命保険の法律相談」284 ～ 286 頁〔柳楽陽介〕（学陽書房、2006 年）
> 大高満範「生命保険の法律相談」309 頁〔白井正明〕（青林書院、2011 年）

2　生命保険契約の成立（申込みと承諾）

Q5 生命保険会社の営業職員に対して申込みをしたが、生命保険会社には到達しなかった場合、保険契約は成立するか。

A5 一般に営業職員は申込みの誘引を行う保険募集人であり、契約締結権限が与えられていない。したがって、保険者の代表取締役及び保険者からその権限を与えられた者から承諾の通知が発せられない限り、保険契約は成立しない。

解説

(1)　生命保険契約の成立要件

生命保険契約は諾成契約であり、保険契約者の申込みが保険者に到達し（民法 97 条 1 項）、保険者が承諾の通知を発したとき（民法 526 条）に契約が成立する。

(2)　申込み

生命保険契約の申込みについては申込受領権限がある保険者の部門に到達したときに、申込みの効力が生ずることになる。しかし、申込者が申込書に記入して生命保険募集人に確定的に交付したときは、その時点で申込みの効力が発生すると解する見解が有力であり、最近の実務ではそのように取り扱いがなされている（ただし、大判大正 5 年 10 月 21 日民録 22 輯 1959 頁は、勧誘

第1編 第1章 生命保険

員は申込みの受領権限がないとしている。）。

⑶ 承　諾

　生命保険の承諾については、保険者の代表取締役及び保険者からその権限を与えられた者が承諾の通知を発したときにその効力が生じる。平成7年改正保険業法により、保険者が生命保険募集人に契約締結権限を与えることを認めているが、実務上は、契約締結の代理権を与える実例はまだ見られない。現在の保険実務では、生命保険契約の約款に保険会社が保険契約の申込みを承諾した場合には、保険証券を交付し、保険証券の交付をもって承諾の通知とする旨を定めるのが通例である。したがって、保険証券発送の時に承諾の効力が生じ保険契約が成立することになる。

⑷ 本問の場合

　以上からすると、営業職員に対する申込みにより「申込み」の効力が生じるが、生命保険会社にその申込みが到達しなければ、結局保険証券の発行・交付（＝「承諾」）はなされず、生命保険契約は成立しないことになる。

【参考文献】
　山下友信ほか「保険法」242 〜 250 頁（有斐閣、第 3 版補訂版、2015 年）
　山下友信＝永沢徹「論点体系　保険法 2」34 〜 36 頁（第一法規、2014 年）

Q6 被保険者は、保険者に対して、どのような方法でその健康状態に対する情報を提供しなければならないか。

A6 保険者となる者が告知を求めた健康状態に対する情報について、書面又は口頭にて告知をする必要がある。

解　説

　被保険者の健康状態に対する情報は保険法 37 条の「保険事故の発生の可能性に関する重要な事項」に当たる。

　しかし、健康状態に対する情報で「保険事故の発生の可能性に関する重要な事項」には該当しても、保険者から質問を受けていない事項について被保険者は告知する必要はない。

　また、告知の手段について同条は何の制限もしていないので、書面による

第 2 節　生命保険契約の成立

必要はなく、口頭でも告知をすれば告知の効力が発生する。生命保険の実務
では告知は約款上書面によりされることを要するとされているが、告知義務
者が告知受領権者に口頭で告げれば告知義務は履行されたと考えられるの
で、告知の効力が生じると解されている。

【参考文献】

山下友信＝米山高生「保険法解説—生命保険・傷害疾病定額保険」165 ～ 166 頁（有
斐閣、2010 年）

山下友信ほか「保険法」259 ～ 261 頁（有斐閣、第 3 版補訂版、2015 年）

Q7　保険料、保険金、解約返戻金等の金額等保険契約の内容について錯誤がある場合、契約無効を主張できるか。

A7　錯誤に陥ったことについて保険契約者に重過失がなく、「保険料、保険金、解約返戻金等の金額等」についての保険契約者の意思表示に要素の錯誤が認められれば、錯誤無効（民法 95 条本文）を主張できる。

解　説

　保険料、保険金、解約返戻金等の金額等保険契約の内容について、保険契
約者が重過失なく誤信し、かかる誤信がなければ本人あるいは通常人におい
ても、当該意思表示をしなかったであろう場合には要素の錯誤があるとして
錯誤無効の主張が可能である。

　解約返戻金について誤信し錯誤が認められた事例として東京地判平成 6 年
5 月 30 日判タ 854 号 68 頁、満期保険金について誤信し錯誤が認められた事
例として浦和地判昭和 57 年 5 月 26 日判タ 477 号 146 頁がある。

【参考文献】

四宮和夫＝能見善久「民法総則（第 7 版）」192 ～ 194 頁（弘文堂、2005 年）

9

第1編 第1章　生命保険

3　被保険者の同意

Q8 親権者を保険契約者兼死亡保険金受取人とし、未成年者を被保険者とする生命保険契約を締結することはできるか。

A8 締結することはできるが、未成年者が意思能力を有する場合は未成年者の同意を得るという取扱いが実務上なされている。また、死亡保険金額は他社の契約とも通算して1,000万円に限られる。

解説

　保険契約者と被保険者が異なる保険契約の場合で、被保険者が未成年者の場合に、被保険者の同意として親権者の代理による同意で足りるかといった問題がある。すなわち、上記のような場合で親権者が保険契約者兼死亡保険金受取人であると、被保険者である子との間に利益相反が生じるのではないか、ということである（この他にも、子の死亡により親が利益を得る契約を締結すること自体の倫理的な是非の議論も浮上した。）。

　しかし、生命保険の実務では、被保険者の同意のために特別代理人を選任することは行われてこなかった。「親権を行う者は、子の財産を管理し、かつ、その財産に関する法律行為についてその子を代表する。」（民法824条1項）ところ、被保険者の同意は準法律行為として、民法の一般原則に従い、法定代理人による同意も可能と解するのが有力な見解のようである。

　上記の弊害に対しては、死亡保険金額を適正な水準に制限することが解決策ではあるが、保険法や保険業法により保険金額を直接制限するというのも過度な介入といえる。そこで、保険会社が自主的に他社の契約とも通算して死亡保険金額を1,000万円に制限し、金融庁が各保険会社の制限の遵守を監督する、という解決策が取られた。

【参考文献】
　山下友信ほか「保険法」234〜235頁（有斐閣、第3版補訂版、2015年）
　山下友信＝永沢徹「論点体系　保険法2」27〜28頁（第一法規、2014年）

第3節　保険契約成立後の告知義務

 保険契約者・被保険者は、誰（診査医、生命保険募集人、生命保険会社の営業職員等）に告知すれば告知義務を履行したことになるか。

 保険者、保険者の代表権を有する者、又は保険者から告知受領権を付与された者に告知する必要がある。診査医には告知受領権があるが、生命保険募集人、生命保険面接士には、告知受領権はない。

解　説

(1) **生命保険募集人**

　営業職員や代理店等の生命保険募集人には、告知受領権はない。なぜなら、人の身体に関わる対象事実について、生命保険募集人に危険選択の能力はないからである。また、告知受領権が付与されているとすれば、申込者が口頭でのみ告げた事実も告知したことになってしまい、妥当でない。裁判例も同様の結論である（大阪地判昭和47年11月13日判タ291号344頁等）。

(2) **診査医（社医、嘱託医）**

　根拠については議論があるものの、結論としては診査医に告知受領権を認めるのが通説である。判例も、同様の結論である（大判明治40年5月7日民録13輯483頁）。

(3) **生命保険面接士**

　生命保険面接士とは、診査医の不足に対処するために導入された生命保険協会の認定資格である。被保険者に面接して告知書における告知の確認及び外観観察をすることを任務とする。他方、医療資格は有さず、触診・血圧測定等の診査はしない。告知受領権は付与されていない。

(4) **団体生命保険における金融機関等の職員**

　第2編第1部第3章第1節　Q3参照

第1編 第1章 生命保険

【参考文献】
　山下友信「保険法」287 ～ 290 頁（有斐閣、2005 年）
　中西正明「保険契約の告知義務」2 ～ 3 頁（有斐閣、2003 年）
　山下友信＝永沢徹「論点体系　保険法 2」20 ～ 21 頁（第一法規、2014 年）

Q10 保険契約者・被保険者は、何を告知すれば告知義務を履行したことになるか。

A10 保険事故の発生の可能性（＝危険）に関する重要な事項のうち、保険者になる者が告知を求めたもの（保険法 37 条）。

解 説

(1)　「危険」の意義

　保険危険事実（保険者が保険給付義務を負うことになる保険事故の発生率の測定に関する事実。年齢や既往症など。）は告知義務の対象となる。

　これに対し、道徳的危険事実（保険契約者側の関係者が故意の事故招致等により不正な保険給付を受ける意図を有している事実）が告知義務の対象となるか否かについては議論がある（大判明治 40 年 10 月 4 日民録 13 輯 939 頁参照）。

(2)　重要性の判断基準

　危険測定に影響を及ぼす事項であり、保険者がその事実を知っていたならば保険契約を締結したかどうか、または約定の条件（保険料の多寡等）で締結したかどうかが基準となる。また、これは、生命保険契約の種類、条件、及び保険者、保険契約者、被保険者ら当事者関係事項等の諸事情を考慮に入れ、保険取引の通念に従い、客観的に観察して判断される（客観的基準説。大判大正 4 年 6 月 26 日民録 21 輯 1044 頁、熊本地判昭和 56 年 3 月 31 日判時 1028 号 108 頁等）。

　もっとも、告知事項が保険者の質問表で明示されている場合には、主観的基準説を採用し、これによる保険契約者側の不利益は、保険契約者の悪意・重過失のレベルで調整すべきとする有力説もある。

12

第3節　保険契約成立後の告知義務

【参考文献】
山下友信「保険法」291〜295頁（有斐閣、2005年）
中西正明「保険契約の告知義務」6〜34頁（有斐閣、2003年）
山下友信＝永沢徹「論点体系　保険法2」13〜16頁（第一法規、2014年）

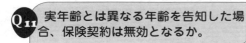

Q11　実年齢とは異なる年齢を告知した場合、保険契約は無効となるか。

A11　必ずしも無効とはならない。

解説

　被保険者の年齢は、告知義務の対象となりうる重要事実ではあるが、約款で特則が設けられている。すなわち、契約日における実際の年齢が、保険者の定める年齢の範囲内であったときは実際の年齢による保険料との差額を精算して契約を継続させ、保険者の定める年齢の範囲外であるときは保険契約を無効とし既払保険料が返還されると規定されているのが通例である。前橋地高崎支判平成2年1月29日生命保険判例集6巻156頁は、年齢錯誤のケースについて約款の適用を認め、保険契約を無効とするのではなく、実際の年齢に基づいた保険金の算出を行っている。

【参考文献】
山下友信「保険法」299〜300頁（有斐閣、2005年）
中西正明「保険契約の告知義務」42〜44頁（有斐閣、2003年）

第 1 編 第 1 章 生命保険

Q12 告知義務に違反しても、保険契約が解除されない場合があるか。

A12 次の場合には、保険者は保険契約を解除できない（保険法 55条 2 項～ 4 項）。
① 保険者に悪意又は過失があるとき。
② 保険媒介者による告知妨害や不告知教唆があるとき（保険媒介者の行為がなかったとしても告知をせず、又は不実告知をしたと認められる場合を除く。）。
③ 保険者が解除原因があることを知った時から 1 か月間行使しないとき又は契約締結の時から 5 年を経過したとき。

解 説

(1) 保険者の過失の判断基準

重過失に限らず、過失も含まれる（大判昭和 3 年 6 月 6 日法律学説判例評論全集 17 巻商法 329 頁）。また、過失は法律上の義務違反ではなく、保険者が取引上被ることのある不利益を防止するために必要な注意を欠いたことであるとされる（大判大正 11 年 10 月 25 日民集 1 巻 612 頁）。

(2) 保険媒介者による告知妨害・不告知教唆

保険法の下では、保険媒介者の指揮監督は保険者が行うのが適切であることや、保険契約者の信頼を保護する必要があることを理由に、保険者の解除権の阻却が定められた。

(3) 除斥期間の起算点

保険者が単に解除原因の存在につき疑いをもったのみでは、「保険者が解除の原因があることを知った」というには足りず、裁判例では、「保険者が解除権行使のために必要と認められる諸要件を確認したとき」（大阪地判昭和 58 年 12 月 27 日判タ 523 号 231 頁）や、「告知義務違反の客観的事実について具体的な根拠に基づいてこれを知ること」（東京地判昭和 61 年 1 月 28 日判時 1229 号 147 頁）とされている。

【参考文献】
山下友信＝永沢徹「論点体系　保険法 2」175 ～ 184 頁（第一法規、2014 年）
萩本修「一問一答保険法」49 ～ 51 頁（商事法務、2009 年）
中西正明「保険契約の告知義務」87 ～ 100 頁（有斐閣、2003 年）

第4節　保険料の支払い

Q13 告知義務に違反する場合、詐欺や錯誤の規定も適用されるか。

A13 適用され得る。

解説

　告知義務違反と民法上の詐欺や無効とは、趣旨、要件及び効果を異にするものであるから、保険者はいずれの主張も可能であると考えられる。

　例えば、東京地判平成14年11月28日生命保険判例集14巻780頁は、告知義務違反に基づく解除権の除斥期間経過後においても、詐欺無効の主張を行うことを認めた。

【参考文献】
　山下友信＝永沢徹「論点体系　保険法2」191～193頁（第一法規、2014年）

•第4節　保険料の支払い ∙∙∙∙∙∙∙∙∙∙∙∙∙∙∙∙∙

Q14 第2回以降の保険料を支払わなかった場合、一定の猶予期間経過後当然失効となる約款があるが、この約款は有効か。

A14 有効である。

解説

　生命保険契約において、保険料の不払があった場合に一定の猶予期間経過後当然に失効することが約款で定められていることがある（無催告失効特約）。

　この無催告失効特約は、民法上の履行遅滞を理由とする催告解除（民法541条）と比較して「民法第1条第2項に規定する基本原則に反して消費者の利益を一方的に害するもの」に当たり、消費者契約法10条に違反し無効となるのではないか。

　これについて、最高裁は以下のとおり判断した（最判平成24年3月16日民

第1編 第1章 生命保険

集66巻5号2216頁）。すなわち、無催告失効特約において、①保険料が払込期限内に払い込まれず、民法541条により求められる催告期間より長い1か月の猶予期間の間にも保険料支払債務の不履行が解消されない場合に、初めて失効する旨を明確に定めるものであり、②解約返戻金による自動貸付条項が定められ、③不履行があった場合に、保険契約者に対して、保険料払込みの督促を行う態勢が実務上確実にしているときは、消費者契約法10条には違反しないとした。

　学説上も、保険者は保険料未払の通知をする等、保険契約者への配慮がなされていること、保険料の支払は保険契約者の主たる義務であること等を理由に、無催告失効特約は有効と解されている。

【参考文献】
　山下友信＝米山高生「保険法解説―生命保険・傷害疾病定額保険」679〜697頁（有斐閣、2010年）
　山下友信＝永沢徹「論点体系　保険法2」115〜117頁（第一法規、2014年）
　山下友信ほか「保険法」320〜321頁（有斐閣、第3版補訂版、2015年）
　潮見佳男「判批」平成24年度重要判例解説（ジュリスト臨時増刊1453号）67〜68頁（有斐閣、2013年）

Q15 保険料を口座引落しとしている場合、支払期日に保険料相当額の預金残高を有していたにも関わらず、金融機関の手違いにより保険料の引落しがなされなかった場合、債務不履行による生命保険契約の解除は認められるか。

A15 解除は認められない。

解説

　履行遅滞を理由とする契約解除（民法541条）において、債務者の帰責事由を解除の要件として認めるかについては争いがある。

　裁判例では、履行遅滞についても、債務者の帰責事由が必要として、免責の有無を検討し、事案に応じた解決がなされている（福岡地判昭和60年8月23日判時1177号125頁など）。

これに対し、帰責事由を不要とする見解からは、保険料の不払があれば、帰責事由を問うことなく、保険者による契約解除が認められることとなる。もっとも、債務者は、弁済の提供のときから、債務不履行によって生ずべき一切の責任を免れる（民法 492 条）。口座振替による保険料支払の場合、保険契約者は振替可能な残高を口座に準備しておくことで、保険料支払債務の弁済提供があったと考えられている。

そうすると、上記帰責性を要求する見解、不要とする見解のいずれの立場であっても、支払期日に保険料相当額の預金残高を有していれば、金融機関の手違いにより保険料の引落しがなされなかった場合については、履行遅滞による保険契約の解除は認められないこととなる。

【参考文献】
山本敬三「民法講義Ⅳ―1 契約」172 ～ 178 頁（有斐閣、2005 年）
山下友信＝米山高生「保険法解説―生命保険・傷害疾病定額保険」686 ～ 688 頁（有斐閣、2010 年）
山下友信ほか「保険法」143 頁（有斐閣、第 3 版補訂版、2015 年）
山下友信＝洲崎博史「保険法判例百選」28 ～ 29 頁〔出口正義〕（有斐閣、2010 年）

第 5 節　保険契約関係者の変更

 保険契約者と被保険者が別人である場合、保険契約者が死亡した後、保険契約者の相続人は保険金受取人を変更できるか。

 保険契約者が死亡した後でも、保険契約者の相続人は保険金受取人を変更できる。

解説

保険契約者は、保険事故が発生するまでは、保険金受取人を変更する権利を有している（保険法 43 条 1 項）。

そして、その保険契約者が死亡した場合について、改正前商法では、保険金受取人の権利が確定する旨の規定が存在していた（改正前商法 675 条 2 項）。しかし、保険法には改正前商法 675 条 2 項と同趣旨の規定は存在しない。

第1編 第1章 生命保険

したがって、保険契約者が保険事故の発生前に死亡した場合は、保険契約者の相続人が保険金受取人の変更権（保険法43条1項）を有することになる。

【参考文献】

日本生命保険生命保険研究会「生命保険の法務と実務」170～171頁（きんざい、第3版、2016年）

Q17 会社が保険契約者兼保険金受取人となっている生命保険契約について、保険金受取人を取締役に変更することはできるか。

A17 保険金受取人を取締役に変更する行為が会社法上の利益相反取引規制に該当すると解する見解が優勢であり、変更するためには株主総会の承認を受ける等の会社法の定める手続を行わなければならない。

解説

会社が保険契約者兼保険金受取人となっている生命保険契約について、保険金受取人を取締役に変更する場合、これが会社法上の利益相反取引規制（会社法356条1項2号・3号、365条）の対象となるかどうかが問題となる。

この点に関する裁判例の判断は分かれているものの、会社法上の利益相反取引規制の対象となるとするものが優勢である（例えば、仙台高決平成9年7月25日判時1626号139頁は、保険金受取人を会社から代表取締役の妻に変更する場合にも、利益相反取引規制が類推適用される旨判示している。）。

設問のような場合、会社が保険金受取人の権利を失うのに対し、取締役が当該権利を取得し利益を得ることが明らかであるから、利益相反取引規制の対象となるものと解される。

【参考文献】

山下友信「保険法」507～508頁（有斐閣、2005年）

野口洋子「実務家のための取締役の競業取引・利益相反取引規制」164～165頁（商事法務、2013年）

第6節　保険金請求

第6節　保険金請求

1　保険金受取人の権利

Q18 保険金受取人が複数ある場合、1人で自己の権利割合のみ請求できるか。

A18 代表者を1人決めることが難しい事情がある場合には、できる。

解説

　保険金受取人が複数ある場合、通常は代表者が請求する旨、約款に定められているので、保険会社は、原則として1人で自己の権利割合のみの請求には応じない。ただし、受取人相互に争いがあり、代表者1人を決めることが難しい場合等、種々の事情から共同請求が難しい場合には、分割請求にも応じることもある（保険金受取人が複数ある場合の権利割合については、第3編第2章『相続と保険』Q10、Q13参照。）。

　この点に関して、東京地判昭和61年4月22日判時1227号136頁は、「複数の保険金受取人がある場合にその代表者を定めるべき旨を定めた右保険約款の各規定は、保険金の請求、支払手続の簡明さと迅速性を確保し、保険会社と複数の保険金受取人間において保険金の請求、支払いに関する紛争や二重払いの危険が生ずるのを回避するための便宜から定められたものに過ぎず、個々に自己の保険金請求権の存在を証明した保険金受取人に対しては、保険会社はその支払いを拒むことはできないというべきである。」と判示している。

【参考文献】

　日本生命保険生命保険研究会「生命保険の法務と実務」181頁（きんざい、第3版、2016年）

　内田大治「受取人、契約者が複数のときにおける取扱いについて」（公財）生命保険文化センター『保険事例研究会レポート』8頁（1987年11月）

19

第1編 第1章　生命保険

 死亡保険金と高度障害保険金とが定められている場合において、被保険者が高度障害となった後に死亡した場合、どちらが支払われるか。

 死亡保険金の支払いを受ける前に高度障害保険金の支払い請求をしていれば、高度障害保険金が支払われる。

解　説

(1)　高度障害保険金について

　高度障害保険金は、両眼の視力を永久に喪失した場合、中枢神経系・精神又は胸腹部臓器に著しい障害を残し、終身常に介護を要する状態、片腕の運動機能を永久に喪失し、かつ、片足を足関節以上で失った状態等、保険会社が約款で定めている特定の状態（高度障害状態）が発生したときに支払われる。この高度障害状態は、必ずしも身体障害者福祉法や国民年金法に定める状態や、公的介護保険法に定める要介護状態とは一致しないので注意が必要である。

(2)　高度障害保険金請求権と死亡保険金請求権との関係

　通常、保険約款においては、高度障害保険金請求権と死亡保険金請求権との関係については、以下のように定められている。すなわち、死亡保険金の請求がなされた場合でも、同保険金が支払われないうちに高度障害保険金の請求がなされた場合には、保険会社は高度障害保険金を優先して支払い、死亡保険金を支払わない。既に死亡保険金が支払われた場合には、その支払い後に高度障害保険金の請求がなされても、高度障害保険金は支払われない。

　両者の優先関係は、高度障害保険金と死亡保険金との受取人が異なる場合に問題となることが多いが、両者が一致する場合であっても、税金に関して問題となることがある。すなわち、死亡保険金の支払であれば所得税の対象となるし、高度障害保険金の支払であれば、高度障害状態になった本人が受領した同保険金を相続するため相続税の対象となり、税率が異なってくる。どちらが有利とは一概に言えないものの、大阪地判平成17年4月9日（公刊物未登載）のケースは、税金の観点から問題になった事例である。

　同裁判例は、保険約款の規定を検討したうえで、「高度障害保険金は、受

20

第6節 保険金請求

取人が高度障害状態に至れば当然に支払われるものではなく、受取人による
『請求』を受けて、保険会社が支払うべきものである。」とし、高度障害保険
金の支払を受けるためには、受取人による「請求」が前提となることを明らか
にし、事案の解決を図っている。しかし、現状では、高度障害保険金と死
亡保険金の優劣関係は、約款規定から論理必然に導かれるものではなく、両
者の関係を明確にしない約款規定を放置していることは問題であるとの指摘
もなされている。

【参考文献】

長沼建一郎「高度障害事由発生後の死亡と高度障害保険金請求および死亡保険金請
　求」（公財）生命保険文化センター「保険事例研究会レポート」10頁（1997年1月）
山本哲生「高度障害保険金と死亡保険金の優先関係」（公財）生命保険文化センター「保
　険事例研究会レポート」1頁（2006年10月）

Q20 不法行為に基づく損害賠償請求権の請求権者が、生命保険における保険金を受け取った場合、損益相殺されるか。

A20 損益相殺されない。

解 説

　不法行為に基づく損害賠償請求の場面において、いわゆる損益相殺が行わ
れるのは、請求者が当該不法行為に起因して何らかの利益を得た場合で、当
該利益が当該損失の填補であることが明らかな場合である。

　最判昭和39年9月25日民集18巻7号1528頁は「保険契約に基づいて給
付される保険金は、既に払い込んだ保険料の対価たる性質を有し、もともと
不法行為の原因と関係なく支払われるべきものであるから、たまたま本件事
故のように不法行為により被保険者が死亡したためにその相続人たる被上告
人両名に保険金の給付がされたとしても、これを不法行為による損害賠償額
から控除すべきいわれはない」と判示し、損益相殺により損害賠償額から受
領した保険金額を控除することを否定した。

　学説においても、損害賠償請求者が、生命保険における保険金を受け取っ

21

ていたとしても、同保険金は損益相殺により控除されるべき利益にあたらず、損害賠償額から控除すべきではないという結論については、理由付けはともかくとしてほぼ一致している。

【参考文献】
大高満範「生命保険の法律相談」49頁〔安孫子俊彦〕（青林書院、2011年）
山下友信「現代の生命・傷害保険法」269頁（弘文堂、1999年）

2 免責事由

Q21 生命保険における免責事由にはどのようなものがあるか。

A21 ①被保険者が自殺をしたとき、②保険契約者が被保険者を故意に死亡させたとき、③保険金受取人が被保険者を故意に死亡させたとき、④戦争その他の変乱によって被保険者が死亡したとき（保険法51条各号）であるが、実際には保険約款によって、これらの規定に修正が加えられている場合や、法定されていない免責事由が設けられる場合（犯罪行為免責等）もある。

解説

生命保険契約における法定の免責事由は、保険法51条各号に定められている。契約上の免責事由については、各保険契約の約款において様々なものが定められるところ、同条には、基本的な免責事由が法定されている。

上記①が免責事由とされる理由は、保険契約上の信義則に反することや、同契約が不当な目的に利用されることを防止することにある。もっとも、実務では、遺族の生活保障の要請も考慮し、約款において保険者の責任開始後2年から3年程度の期間経過後の自殺については、免責事由とはしない旨の定めをすることが通例である。

上記②が免責事由とされる理由は、保険契約上の信義則に反することである。すなわち、保険契約者は、保険契約の利益を直接に受ける地位にはないものであるが、契約当事者として、間接的には当該契約に利害関係を有するといえる。なお、保険契約者が被保険者でもある場合は、本規定ではなく、同法51条1号が適用される（同条2号括弧書）。

上記③が免責事由とされる理由は、保険契約上の信義則に反することに加

第6節　保険金請求

え、公益に反することである。もっとも、同条柱書ただし書は、保険金受取人が複数名指定されている場合を念頭に置いて、故意に被保険者を死亡させた当該保険金受取人以外の保険金受取人に対しては、保険者は免責とされない旨規定している（この点については、第3編第2章「相続と保険」Q18参照）。

　上記④が免責事由とされる理由は、このような事由に基づく死亡事故の発生と、それによる保険給付の発生の予測が困難であることや、非常事態であることからこれを平常時の保険の保険料計算に反映させることが適当でないとの考えである。実際の約款では、原則としてかかる事由は免責事由となるものの、戦争危険が保険の計算基礎に及ぼす影響が小さい場合には、保険金が一部又は全部支払われると定めるものや、保険金を削減して支払うとするもの等がある。

　なお、生命保険契約においては、保険契約者、被保険者、保険金受取人の重大な過失は免責事由として法定されておらず、実務においても重過失免責は約定されていない。

【参考文献】
　山下友信ほか「保険法」298～307頁（有斐閣、第3版補訂版、2015年）
　山下友信＝永沢徹「論点体系　保険法2」144～146頁（第一法規、2014年）

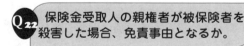

Q22 保険金受取人の親権者が被保険者を殺害した場合、免責事由となるか。

A22 親権者が実質的に保険金を取得するといえる場合、免責が認められる余地がある。

【解説】

　このような場合、形式的にみると、保険法51条3号の「保険金受取人が被保険者を故意に死亡」させた場合とはいえないが、実質的に親権者が保険金受取人であるとして、免責を認めた裁判例がある（大阪地判昭和62年10月29日生命保険判例集5巻172頁）。

【参考文献】
　山下友信ほか「保険法」305頁（有斐閣、第3版補訂版、2015年）
　山下友信＝永沢徹「論点体系　保険法2」156～157頁（第一法規、2014年）

23

第1編 第1章 生命保険

Q23 法人が保険金受取人である場合、代表機関、役員、大株主等が保険事故を招致したことは、免責事由となるか。

A23 保険事故を発生させたこれらの者の行為が、会社の行為と同一のものと評価される場合、免責が認められる余地がある。

解 説

(1) 法人の代表機関

　法人の代表機関による被保険者の故殺は、保険金受取人の被保険者故殺と構成することで、免責が認められる余地がある。

(2) 法人の取締役

　また、最判平成 14 年 10 月 3 日民集 56 巻 8 号 1706 頁は、結論としては免責を否定したものの、保険法 51 条 3 号と同趣旨の免責条項について、「保険契約者又は保険金受取人が会社である場合において、取締役の故意により被保険者が死亡したときには、会社の規模や構成、保険事故の発生時における当該取締役の会社における地位や影響力、当該取締役と会社との経済的利害の共通性ないし当該取締役が保険金を管理又は処分する権限の有無、行為の動機等の諸事情を総合して、当該取締役が会社を実質的に支配し若しくは事故後直ちに会社を実質的に支配し得る立場にあり、又は当該取締役が保険金の受領による利益を直接享受し得る立場にあるなど、本件免責条項の趣旨に照らして、当該取締役の故意による保険事故の招致をもって会社の行為と同一のものと評価することができる場合には、本件免責条項に該当するというべきである」と判示している。

(3) 法人の大株主

　会社の大株主が被保険者を故殺した場合については、上記最判の趣旨も考慮しつつ、免責が認められる余地はあると考えられる。

【参考文献】

　山下友信ほか「保険法」304 ～ 305 頁（有斐閣、第 3 版補訂版、2015 年）

　山下友信＝永沢徹「論点体系　保険法 2」154 ～ 156 頁（第一法規、2014 年）

第6節　保険金請求

Q24 保険金受取人が心神喪失状態で被保険者を殺害した場合、免責事由となるか。

A24 故殺に該当せず、免責事由とはならない。

解説

　上記のとおり、故殺者等に保険金取得の意思がなかったとしても、免責規定が適用されることが原則である。しかし、本問のように心神喪失状態に陥っている場合の保険金受取人は、自由な意思決定をなしえておらず、故殺には当たらないと考えられる。故殺者が刑事事件で精神鑑定を受け「非定型精神病」との結果が出て不起訴となった事案について裁判例がある（東京地判昭和56年10月6日判時1038号346頁）。

【参考文献】
山下友信ほか「保険法」305～306頁（有斐閣、第3版補訂版、2015年）

3　履行遅滞

Q25 保険金支払義務の履行期はいつか。

A25 約款上、請求日の翌日から5営業日以内に保険金を支払うとするのが通例である。ただし、保険金支払のために確認が必要な場合には、履行期が5営業日よりも延長されることが定められている。

解説

(1)　保険法制定前

　平成20年改正前商法では、保険金支払義務の履行期に関する規定はなく、原則として、履行の請求を受けたときから、遅滞の責任を負うと解されていた（民法412条3項）。ただし、生命保険契約では、約款において、請求を受けたときから5日（又は5営業日）以内に支払うとし、ただし書で、期間内

25

第1編 第1章 生命保険

に必要な調査を終えることができなかった場合には、調査を終えた後に支払う旨定められることが通例であった。

最判平成9年3月25日民集51巻3号1565頁は、損害保険について、上記のようなただし書きの規定を否定し、期間の経過により履行遅滞の責任を負うと判示した。

生命保険に関し、上記最高裁判決が出される以前には、調査のために必要な合理的期間内であれば、履行遅滞の責任を負わないとする裁判例があった（札幌地判平成3年11月28日公刊物未登載、東京地判平成7年8月22日公刊物未登載、福岡高判平成8年2月14日公刊物未登載）が、上記最高裁判決が出された以後は、生命保険についても、損害保険の場合と同様に解し、5日の経過により履行遅滞の責任を負うとする裁判例が出ていた（大阪地判平成15年3月27日公刊物未登載、福岡高判平成16年7月13日判タ1166号216頁）。

(2)　**保険法の規定と一般的な約款の内容**

保険法では、新たに保険給付の履行期に関する規定が設けられた（保険法52条1項）。この規定は、片面的強行規定である（保険法53条）。

具体的な履行期の定めに関し、生命保険の約款には、通常、保険者は、保険者の定める書類（請求書、死亡診断書等）が到達した日（請求日）の翌日から5営業日以内に保険金を支払うことが定められている。

ただし、保険者に提出された書類だけでは確認ができない場合には、請求日の翌日から45日を経過する日を履行期とすることが約款に定められている。約款上、確認が必要な事項として、①保険金の支払事由に該当する事実の有無、②保険金の支払事由が発生した原因（免責事由に該当する可能性がある場合）、③告知義務違反に該当する事実の有無及び告知義務違反に至った原因などが挙げられている。

さらに、弁護士法等に基づく照会、刑事手続の結果についての捜査機関・裁判所に対する照会等の特別な照会や確認が必要となる場合には、請求日の翌日から180日を経過する日を履行期とすることが約款に定められている。

第6節　保険金請求

【参考文献】
出口正義（監著）、福田弥夫＝矢作健太郎＝平澤宗夫「生命保険の法律相談」300～302頁（学陽書房、2006年）
江頭憲治郎「商取引法」517～518頁（弘文堂、第7版、2013年）
山下友信＝永沢徹「論点体系　保険法2」160～162頁（第一法規、2014年）
山下友信ほか「保険法」308～310頁（有斐閣、第3版補訂版、2015年）
長谷川仁彦＝潘阿憲＝竹山拓＝岡田洋介＝金尾悠香「生命保険・傷害疾病定額保険契約法　実務判例集成―中―」16～20頁（保険毎日新聞社、2016年）

 保険金支払義務については、いつから遅滞責任を追及できるか。

 約款で履行遅滞となる時期が定められている場合には、その時期が到来したときから履行遅滞となる。しかし、当該期間が保険事故、免責事由などの保険給付を行うために生命保険契約上必要とされている事項を確認するための相当な期間を経過した日よりも後であるときには、相当な期間を経過する日から履行遅滞になる（保険法52条1項）。
　約款で保険給付を行う期限を定めていなかった場合は、保険金請求の後、保険事故の確認をするために必要な期間を経過したときから履行遅滞となる（保険法52条2項）。

【参考文献】
山下友信＝永沢徹「論点体系　保険法1」198～199頁（第一法規、2014年）
山下友信＝永沢徹「論点体系　保険法2」160頁（第一法規、2014年）
山下友信ほか「保険法」169～172頁、310頁（有斐閣、第3版補訂版、2015年）

4　消滅時効

 保険金は、保険事故が発生した後、いつまで請求できるか。

 生命保険給付請求権を行使することができる時から3年以内に請求する必要がある（保険法95条1項）。

第1編 第1章 生命保険

解説

　消滅時効の起算点については、保険法上の明文規定がないため、民法166
条1項の解釈によって判断すると考えられている。

　そして、「権利を行使することができるとき」について、保険約款では、
保険金請求後一定の猶予期間後に保険金を支払う旨の条項が設定されること
が通例であるので、当該条項との関係でどう捉えるかが問題となる。

　この点については、猶予期間経過時説、保険事故発生時説などの対立があ
る。消滅時効の起算点に関する判例としては、最判平成15年12月11日民
集57巻11号2196頁がある。

（事案）死亡保険契約が締結されたが、被保険者が死亡したとみられる時か
　　　　ら3年以上経過した後に遺体が発見されて、保険給付請求がなされた。

（約款）保険金を請求する権利は支払事由が生じた日の翌日からその日を含
　　　　めて3年間請求がない場合には消滅する旨の定めがあった。

　支払事由が発生した後当時の客観的状況等に照らし、その時からの権利行
使が現実に期待できないような特段の事情の存する場合には、その権利行使
が現実に期待することができるようになった時以降において消滅時効が進行
する旨判示した（なお、第2編第1部第1章「火災保険」Q25も参照されたい。）。

【参考文献】
　山下友信＝永沢徹「論点体系　保険法2」395～401頁（第一法規、2014年）
　山下友信＝米山高生「保険法解説—生命保険・傷害疾病定額保険」760頁（有斐閣、
　　2010年）

28

第7節　契約の終了

　保険契約者に解約返戻金額について情報提供を受ける権利があるか。

　保険法及び保険業法上、解約返戻金を含む保険料積立金に関して、保険契約者が保険会社に情報提供を求める権利は定められていないが、信義則上、保険会社に情報開示義務が認められる場合もあり得る。

解説

　保険料積立金に関して、保険法63条は、生命保険契約が終了し保険者が保険給付を行う責任を負わなくなった場合の保険契約者への払戻を規定するが、保険料積立金の算出に関する保険会社の情報開示義務は規定していない。また、保険業法では、生命保険契約の募集に際して、「保険会社向けの総合的な監督指針」（金融庁）に従った契約概要及び注意喚起情報（保険業法100条の2、保険業法施行規則53条の7、監督指針Ⅱ-4-2-2(2)②、⑩）の提供を通じて、保険契約者に適正に保険料積立金に関する情報を告げることが求められているといえるが、どの範囲の情報を、どの程度具体的に告げるべきかは定められていない。このように、保険法及び保険業法では、解約返戻金を含む保険料積立金に関して保険契約者が保険会社に情報提供を求める権利は定められていない。

　しかし、保険契約者において保険法63条により払い戻される解約返戻金の計算を行うために必須であり、かつ、開示することで保険会社の解約返戻金算出に当たっての営業秘密（解約控除の詳細・具体的内容、保険数理等）が害されるおそれの認められないような例外的な場合には、民法1条2項の信義則上、保険会社に対して、生命保険契約の付随的義務として、保険会社が開示していない解約返戻金に関する情報の開示義務が認められる場合もあり得ると考えられる。

【参考文献】
　山下友信＝米山高生「保険法解説─生命保険・傷害疾病定額保険」650頁以下（有斐閣、2010年）

第1編 第1章 生命保険

生命保険契約を保険会社から解除されるのはどのような場合か。また、この場合、保険料や保険料積立金は返還されるか。

保険法上、告知義務違反による解除、危険増加による解除、重大事由による解除が規定されている。
　そして、生命保険契約が解除された場合、既払の保険料は返還されないが、保険料積立金は返還されることが通常である。

解説

(1) 保険法は、保険会社から生命保険契約を解除される場合として、以下の場合を規定している。
　①告知義務違反による解除（保険法55条1項）
　　保険契約者又は被保険者が、故意又は重大な過失により告知義務に違反した場合。
　②危険増加による解除（保険法56条1項）
　　告知事項についての危険が高くなり、生命保険契約で定められている保険料が当該危険を計算の基礎として算出される保険料に不足する状態になった場合。
　③重大事由による解除（保険法57条）
　　故殺、詐欺や、保険会社の保険契約者、被保険者又は保険金受取人に対する信頼を損ない生命保険契約の存続を困難とする重大な事由がある場合。

(2) 保険会社から生命保険契約を解除される場合、解除は将来に向かってのみその効力が生じるため（保険法59条1項）、保険会社は、解除時までの期間の既払保険料を返還する義務はない。
　保険料積立金（解約返戻金を含む。）は、危険増加による解除の場合には保険法63条により保険会社に払い戻しが義務づけられているが、その他の解除の場合における返還義務は保険法上規定されていない。もっとも、約款では、告知義務違反による解除、重大事由による解除による場合も解約返戻金や保険料積立金を支払う旨規定していることが通常である。

第 7 節　契約の終了

【参考文献】
　山下友信＝米山高生「保険法解説—生命保険・傷害疾病定額保険」636 頁以下（有斐
　　閣、2010 年）
　山下友信＝永沢徹「論点体系　保険法 2」241 頁以下（第一法規、2014 年）

Q30 生命保険契約が無効・取消となった場合は、保険料は返還されるか。

A30 詐欺・強迫による取消の場合及び遡及保険の規定による無効の場合には返還されないが、それ以外の理由による無効・取消の場合には返還される。

解説

　生命保険契約が無効又は取消となる場合として、詐欺・強迫取消（民法 96
条）、不実告知による取消（消費者契約法 4 条 1 項 1 号）、錯誤無効（民法 95 条）、
詐欺無効（約款）、遡及保険の規定による無効（保険法 39 条 1 項）、公序良俗
違反による無効（民法 90 条）等が考えられる。

　保険法 64 条は、①保険契約者、被保険者、保険金受取人の詐欺・強迫を
理由として保険会社が生命保険契約に係る意思表示を取り消した場合、及び
②保険者が保険事故の発生を知って当該死亡保険契約の申込み又はその承諾
をしたときを除き、遡及保険の規定（保険法 39 条 1 項）により無効となる場
合には保険料を返還する義務がないことを定め、これに反する特約で保険契
約者に不利なものは無効とされる（保険法 65 条 3 項）。したがって、上記①、
②以外の取消・無効の場合には、保険料は返還される。

【参考文献】
　山下友信＝米山高生「保険法解説—生命保険・傷害疾病定額保険」661 頁以下（有斐
　　閣、2010 年）
　山下友信＝永沢徹「論点体系　保険法 2」254 頁以下（第一法規、2014 年）

第1編 第1章 生命保険

●第8節　団体生命保険

 団体生命保険における当事者は何か。

 保険契約者は企業等の団体、被保険者は当該団体に所属する者（従業員等）である。保険金受取人は当該団体である場合が多い。

解説

団体生命保険とは、企業等の団体が保険契約者となり、その団体に所属する者（従業員等）を包括して被保険者とする生命保険である。

保険金受取人は、保険契約者である企業等の場合が多い。この場合、被保険者又はその遺族は、企業等が保険金を受領した後に、企業等から死亡退職金や弔慰金として支払いを受けることになる。このような団体生命保険の主な目的は、①従業員等が死亡した際、企業が保険会社から保険金の支払いを受け、これを従業員の遺族らへの死亡退職金や弔慰金に充てることにある（従業員に対する福利厚生の一環）。しかし、それに加え、②企業等が受ける損失（代替人員の確保や教育等に要する費用）を填補する目的もある。

これに対し、被保険者あるいはその遺族が受取人となる場合もある（後記Q33の総合福祉団体定期保険など）。

【参考文献】
山下友信ほか「保険法」235 〜 236 頁、241 頁（有斐閣、第 3 版補訂版、2015 年）
山下友信＝米山高生「保険法解説—生命保険・傷害疾病定額保険」62 〜 63 頁、151 頁、180 〜 181 頁、190 頁、207 〜 208 頁（有斐閣、2010 年）

 団体生命保険において、被保険者の同意は必要か。

 被保険者の同意が必要である。

第8節　団体生命保険

解　説

　生命保険契約は、契約当事者以外の者を被保険者とする場合、被保険者の同意がなければ、その効力を生じない（保険法38条）。団体生命保険も、その多くが契約当事者以外の者を被保険者とする生命保険契約であるから、被保険者である従業員等の同意が必要である。

　しかし、企業等の団体生命保険においては、従業員等が多数にのぼるうえ、就職や退職による変動があることから、実務上個別に同意を取ることが困難である場合が多い。そのため、以前の実務では、厳格な同意は求められてこなかったが、知らない間に従業員が被保険者とされ、保険金のほとんどを企業が取得するという事例が多発した。

　そのため、生命保険会社は、被保険者の同意について、被保険者の署名または記名捺印、企業等が被保険者全員に契約内容を通知した旨の確認書・同意をしなかった者の名簿等のいずれかを保険契約者である企業等に提出させるなどの対応を取っている。また、金融庁も「保険会社向けの総合的な監督指針」を改正し、企業等が従業員を被保険者として締結する保険契約では、被保険者の同意を得るに当たって、被保険者等に適切な情報提供がなされるための措置を講じるよう求める等している（監督指針Ⅱ−4−2−4）。

【参考文献】
　山下友信ほか「保険法」232 〜 233 頁、235 〜 236 頁（有斐閣、第 3 版補訂版、2015 年）
　山下友信＝米山高生「保険法解説─生命保険・傷害疾病定額保険」62 頁、151 頁、190 〜 191 頁、207 〜 209 頁（有斐閣、2010 年）

Q33 団体生命保険において、被保険者又はその遺族は、保険会社に対して直接保険金を請求することはできるか。

A33 保険金受取人が被保険者又はその遺族と指定されている場合は直接請求できるが、保険金受取人が保険契約者である企業等と指定されている場合は直接請求できない。

33

第1編 第1章 生命保険

解 説

　多くの場合、団体生命保険の保険金受取人は保険契約者である企業等である。この場合、保険金を請求できるのは保険金受取人である企業等であり、被保険者又はその遺族は、保険会社に対して直接保険金を請求することはできない（もちろん、被保険者又はその遺族が保険金受取人の場合は、保険会社に対して直接保険金等を請求できる。）。

　そうすると、被保険者又はその遺族は、企業等が保険金を受領した後に、企業等から死亡退職金や弔慰金として支払いを受けることになる。しかし、企業等が従業員等の死亡により高額の保険金を受け取っておきながら、遺族に対してはごくわずかの死亡退職金等しか支払わないという事例が増加し、遺族が企業等に対し保険金相当額を引き渡すことを求める訴訟が多発する事態となった。これについて、最高裁は、企業等が従業員の遺族に対して保険金の全部又は一部を引き渡す旨の合意があったとは認められないとしている（最判平成18年4月11日民集60巻4号1387頁）（第5編第2章「役員と保険」Q4参照）。

　なお、こうした事態を受け、生命保険業界は平成8年に新たな保険商品として「総合福祉団体定期保険」を創設した。この保険は、従業員等の遺族の生活保障を主眼とする「主契約」と、従業員の死亡に伴い企業等が受ける損失の財源とするための「ヒューマン・バリュー特約」に区分されており、主契約部分は企業等が定める死亡退職金・弔慰金規程等に基づいて従業員等の遺族に支払われ、特約部分は企業等に支払われる。また、この保険の保険金額は企業等の死亡退職金・弔慰金規程と連動するようにされている（保険金額の上限を企業等の死亡退職金額とするなど。）。

【参考文献】
　山下友信ほか「保険法」236頁（有斐閣、第3版補訂版、2015年）
　山下友信＝米山高生「保険法解説―生命保険・傷害疾病定額保険」62～63頁、152頁、
　　207～209頁（有斐閣、2010年）

34

第9節　保険契約者貸付

第9節　保険契約者貸付

Q34 保険契約者の代理人と称する者が保険者に対して契約者貸付を申し込み、保険者が貸付を実行したが、その者に代理権はなかった場合、保険契約者は返済義務を負うか。

A34 保険者について民法478条の善意無過失の要件が充足されるかどうかによる。

解説

　この問題については、民法110条の表見代理として考えるかそれとも民法478条の債権の準占有者に対する弁済として考えるかが問題となる。最判平成9年4月24日民集51巻4号1991頁は、保険契約者貸付は、「約款上の義務の履行として行われる上、貸付金額が解約返戻金の範囲内に限定され、保険金等の支払の際に元利金が差引計算されることにかんがみれば、その経済的実質において、保険金又は解約返戻金の前払と同視することができる」と述べて、詐称代理人に対する契約者貸付について民法478条が類推適用されると判示した。なお、詐称代理人の場合だけでなく、無権限者が保険契約者になり済ます場合においても同様と解される。

　善意無過失の具体的な判断については、解約返戻金請求書や委任状の押捺印鑑との照合や身分証明書等による本人確認を怠ると過失と認められる可能性が高いが、書類に疑問がなければ（それ以外の方法での）本人確認までしなかったことにより直ちに保険者の過失が認められるわけではないと指摘されている。

【参考文献】
　孝橋宏・最高裁判所判例解説民事篇平成9年度（中）607頁（法曹会、2000年）
　山下友信ほか「保険法」332頁（有斐閣、第3版補訂版、2015年）
　山下友信＝永沢徹「論点体系　保険法2」251頁（第一法規、2014年）
　山下友信＝米山高生「保険法概説—生命保険・傷害疾病定額保険」389頁（有斐閣、2010年）
　山下友信「保険法」668頁（有斐閣、2005年）

35

第1編 第1章　生命保険

●第10節　保険給付請求権の処分等 ●●●●●●●●●●●●●●●●

Q35 保険契約者は、保険金受取人の承諾なしに、保険給付請求権に質権を設定できるか。

A35 裁判例は肯定・否定と判断が分かれており、学説上も争いがある。

解説

　保険給付請求権は、保険事故の発生等を停止条件とする条件付権利であるが、譲渡や質権の設定が可能とされている（保険法47条、76条参照）。しかし、保険契約者兼被保険者が保険金受取人を第三者と指定して死亡保険契約を締結した場合に、保険契約者は、保険金受取人の承諾なしに、保険給付請求権に質権を設定し得るかが問題となる。この点について、裁判例は判断が分かれている。

　東京高判平成22年11月25日判タ1359号203頁は、死亡保険金の受取人の指定変更が保険契約者の死亡保険金請求権に係る処分権の一内容であり、死亡保険金請求権を債権者に帰属させる質権の設定も同様に保険契約者の処分権に属するといえるとして、質権設定を肯定した。

　他方、大阪地判平成17年8月30日LEX/DB 25464329は、死亡保険金請求権を保険金受取人が固有の権利として取得することや、同請求権が保険契約者の払い込んだ保険料と等価の関係に立つものではなく被保険者の稼働能力に代わる給付ではないのであって実質的に保険契約者又は被保険者の財産に属していたものとみることもできない等の理由で、質権設定を否定した。

　学説上も争いがあるところであり、今後の裁判例集積・議論が待たれるところである。

　なお、保険法47条及び76条は、保険給付請求権の質権設定に際し、被保険者の同意を要する旨規定しているが、質権を設定し得る主体については明示していない。これを保険金受取人と解するならば、保険契約者はそもそも質権を設定し得ないことになるが（保険金受取人を保険契約者に変更した上で、自己の保険給付請求権に質権を設定することになる。）、この点についても議論は固まっていない。

第10節　保険給付請求権の処分等

【参考文献】
　山下友信「保険法」541頁（有斐閣、2005年）
　中西正明「生命保険法入門」235頁（有斐閣、2006年）
　山下友信ほか「保険法」340頁（有斐閣、第3版補訂版、2015年）
　竹濱修「生命保険契約および傷害疾病保険契約特有の事項」ジュリスト1364号42頁以下
　桜沢隆哉「保険契約上の権利の担保的譲渡と保険金受取人の法的地位」保険学雑誌610号93頁以下

Q36 保険金受取人の債権者は、保険事故発生前・後の保険給付請求権又は解約返戻金請求権を差し押さえることができるか。

A36 保険事故発生前・後を問わず、保険給付請求権を差し押さえることができる。しかし、解約返戻金請求権を差し押さえることはできない。

解　説

(1) **保険給付請求権**

　保険給付請求権は、停止条件付権利であるが、保険事故発生前であっても、差押え禁止の特別の法律の根拠がない限り、差し押さえることができると考えられている。

　保険事故発生後は、通常の金銭債権としてこれを差し押さえることが可能である（最判昭和45年2月27日判時588号91頁）。

(2) **解約返戻金請求権**

　解約返戻金請求権については、保険契約者の権利であるから、差し押さえることはできない。

【参考文献】
　江頭憲治郎「商取引法」514頁（有斐閣、第7版、2013年）
　山下友信「保険法」541頁（有斐閣、2005年）
　山下友信ほか「保険法」340頁（有斐閣、第3版補訂版、2015年）
　高部眞規子・最高裁判所判例解説民事篇平成11年度（下）548頁

第1編 第1章　生命保険

　保険契約者の債権者は、保険事故発生前・後の保険給付請求権又は解約返戻金請求権を差し押さえることができるか。

　保険給付請求権を差し押さえることはできない。しかし、保険事故発生前・後を問わず、解約返戻金請求権を差し押さえることができる。

解説

(1) 保険給付請求権

保険給付請求権は、保険金受取人固有の権利であるから、第三者が保険金受取人に指定された状態で、保険契約者の債権者が保険金請求権を差し押さえることはできないと考えられる（第3編第2章「相続と保険」Q3参照）。

(2) 解約返戻金請求権

解約返戻金請求権については、保険契約が解除された後であれば、通常の金銭債権であるため、保険契約者の債権者による差押えが可能であることに問題はない。

問題は、金銭債権として具体化していない保険契約解除前の解約返戻金請求権を差し押さえた上で、差押債権者が取立権（民事執行法155条1項）に基づき、解約権を行使することができるかである。この点について、学説上は争いがあるものの、判例はこれを肯定している（最判平成11年9月9日民集53巻7号1173頁）。したがって、差押債権者は、権利濫用となる場合は別として、保険契約者に代わって解約権を行使し、解約返戻金請求権を具体化させて取り立てることが可能である。

ただし、保険法は、死亡保険契約について、一定の場合に保険金受取人の介入権を認めており（保険法60条ないし62条）、差押債権者による解約を回避できることに注意を要する。

【参考文献】

江頭憲治郎「商取引法」514頁（有斐閣、第7版、2013年）
山下友信「保険法」541頁以下（有斐閣、2005年）
山下友信ほか「保険法」340頁（有斐閣、第3版補訂版、2015年）
髙部眞規子・最高裁判所判例解説民事篇平成11年度（下）548頁（法曹会、2002年）

第 10 節　保険給付請求権の処分等

Q38 保険事故発生前・後の保険給付請求権又は解約返戻金請求権は、債権者代位権により代位行使できるか。

A38 保険事故発生前・後を問わず、保険金受取人の債権者は、保険給付請求権を代位行使することができると考えられる。
　解約返戻金請求権についても、保険契約者の債権者が解除権を代位行使した上で、解約返戻金を代位請求することができると考えられる。

解説

(1) 保険給付請求権

　保険金受取人の債権者による保険給付請求権の代位行使の可否について明確に述べた文献は見当たらないものの、差押えの可否と同様に考えれば、保険事故発生前・後を問わず、代位行使が可能と考えられる。

　差押えの場合との相違点としては、①債務者の無資力を要件とすること、②債務名義が不要であることが挙げられる。

(2) 解約返戻金請求権

　解約返戻金請求権については、保険契約者の債権者が解除権を代位行使した上で、それにより具体化した解約返戻金請求権を代位請求することができると考えられており、裁判例上もこれを認めるものが多い（積立傷害保険について東京地判昭和 59 年 9 月 17 日判時 1161 号 142 頁、簡易生命保険について大阪地判平成 5 年 7 月 16 日判時 1506 号 126 頁、変額生命保険について東京地判平成 6 年 2 月 28 日判時 1521 号 82 頁）。

　差押えの場合とは、①債務者の無資力を要件とすること、②債務名義が不要であることが異なる。

　なお、差押えの場合と同様に、一定の場合に保険金受取人の介入権が認められる。

【参考文献】
江頭憲治郎「商取引法」514 頁（有斐閣、第 7 版、2013 年）
山下友信「保険法」662 頁（有斐閣、2005 年）
山下友信ほか「保険法」340 頁（有斐閣、第 3 版補訂版、2015 年）

第 11 節　生命保険と訴訟

Q39 生命保険金請求訴訟における要件事実は何か。立証責任はどのように分配されるか。

A39 主なものについて、基本的な考え方を図示すると、次のようになる。具体的事案においては、各保険契約の約款等に基づいた検討が必要となる。

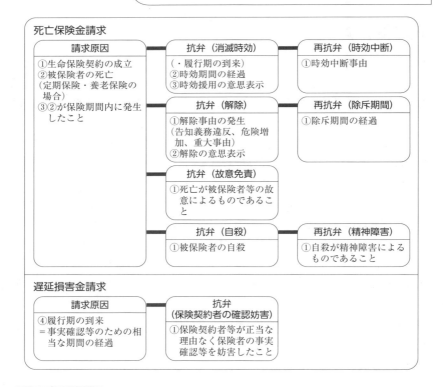

解説

（1）　本問では、生命保険金請求訴訟における主張立証責任の分配に関する基本的な考え方を取り上げる。論点の詳細については該当する Q&A を参照されたい。なお、各具体的事案において、各保険契約の約款等に基づいた検討が必要となることは言うまでもない。

第11節　生命保険と訴訟

⑵　**請求原因について**

　生命保険（死亡保険、生存保険、養老保険等）は定額保険の一種であり、保険事故が生じた際に実損害の発生の有無又はその額のいかんに関わらず、当初定められた金額が保険金として支払われる。そのため、生命保険金請求の請求原因としては次の要件事実を主張すべきことになる。

　①生命保険契約の成立

　　死亡保険を例にとると、成立日、契約当事者、被保険者、保険金受取人、死亡保険金額、保険期間等を契約の要素として主張することになろう。

　②保険期間における保険事故の発生

　　保険期間とは保険者の責任が存続する期間である。各約款を確認されたい。

⑶　**附帯請求（遅延損害金請求）について**

　遅延損害金請求の利率は年6分である（相互会社の場合も、保険業法21条により商法514条が準用される）。

　始期は、民法の原則どおり履行期（約款を確認すべきである）の翌日である（民法421条1項）。しかし、履行期が定められた場合であっても、保険事故、保険者が免責される事由その他の保険給付を行うために確認することが保険契約上必要とされる事項の確認をするための相当の期間を経過した日より後の日であるときは、履行期は、当該期間を経過した日の翌日となる（保険法52条1項。約款において、事実確認を要する事項や確認をするための「相当の期間」の明確化が図られているようである）。

　なお、その確認を保険契約者、被保険者又は保険金受取人が正当な理由なく妨害等した場合は、これにより遅延した期間について、保険者は遅滞の責任を負わないものとされている（保険法52条3項。「正当な理由」の立証責任は保険者が負う）。（本章第6節3「履行遅滞」Q25、Q26参照）

⑷　**抗弁について**

　民法・商法・消費者契約法等に基づく一般的な抗弁事由のほか、保険法上のものとして、消滅時効（保険法95条1項）はもとより、戦争その他の変乱による給付事由の発生による免責（保険法50条4号）、重要事実の告知義務違反に基づく解除による免責（保険法59条2項1号、55条1項。除斥期間あり、55条4項）、危険の増加に基づく解除による免責（保険法59条2項2号、56条1項。除斥期間あり、56条2項・55条4項）、重大事由解除による免責（保

41

第1編 第1章 生命保険

険法 59 条 2 項 3 号、57 条）等については、保険者側が主張立証責任を負う。また、いわゆる偶然性の要件（保険事故の発生が被保険者の意思に基づかないものであること）も、請求原因には含まれず、被保険者の自殺（保険法 51 条1 号）や保険契約者又は保険金受取人による被保険者の故殺（保険法 51 条 2 号、3 号）による免責というような形で、抗弁に回る。

　なお、保険金受取人の変更に際しては、保険法には、遺言による保険金受取人の変更（保険法 44 条 2 項）がなされた場合に、保険契約者の相続人による保険会社への通知が対抗要件となる旨の規定がある（同条 2 項）。また、保険契約締結後の保険金受取人の指定変更につき改正前商法 677 条 1 項と同趣旨の規定が約款に置かれていることも多く、対抗要件の加重も見られるので、各保険契約の約款を確認すべきである。

【参考文献】
　山下友信ほか「保険法」227 頁以下（有斐閣、第 3 版補訂版、2015 年）
　山下友信 = 永沢徹「論点体系　保険法 2」29 頁以下〔肥塚肇雄〕、89 頁以下〔石田清彦〕
　　（第一法規、2014 年）
　岡口基一「要件事実マニュアル 3」423 頁以下（ぎょうせい、第 4 版、2014 年）
　日本生命保険生命保険研究会「生命保険の法務と実務」290 頁以下（きんざい、第 3 版、
　　2016 年）

42

第1節　傷害保険の種類

第2章　傷害保険

●第1節　傷害保険の種類

Q₁ 損害填補方式と定額支払方式とでは、どのような違いがあるか。

A₁ 請求権代位の適用の有無、第三者を被保険者とする場合の被保険者の同意の要否、などに違いがある。

解説

　人の傷害に関する保険について、保険法は、保険金の支払方法の違いに応じて、異なる規律のもとに置いている。

(1)　損害填補方式（傷害損害保険）

　人の傷害によって生ずることのある損害を填補する、いわゆる損害填補方式のものは、損害保険の特則として、損害保険の規定の中に置かれている（保険法2条7号、34条、35条）。従って、利得禁止原則が妥当し、請求権代位の適用も受ける（保険法35条、25条1項）。他方、損害填補方式は、損害額に応じて保険金が支払われるにすぎず、被保険者に利得が生じるわけではないから、第三者を被保険者とする場合でも、当該被保険者の同意は不要である。

(2)　定額支払方式（傷害疾病定額保険）

　以上に対して、人の傷害に基づき一定の保険給付を行う、いわゆる定額支払方式のものは、傷害疾病定額保険として、独立の章を設けられた（保険法2条9号、66条〜94条）。生命保険に類するものであり、請求権代位の適用は受けない（最判昭和55年5月1日判時971号102頁）。他方、モラルリスク防止等の観点から、第三者を被保険者とする場合には、当該第三者の同意を要することとした（保険法67条1項）。もっとも、被保険者が保険金受取人である場合には、濫用の危険性が少ないため、同意を要しないとされている（同条1項ただし書）。

43

第1編 第2章 傷害保険

【参考文献】

山下友信 = 永沢徹「論点体系　保険法1」420 〜 431 頁（第一法規、2014 年）

山下友信 = 永沢徹「論点体系　保険法2」287 〜 288 頁（第一法規、2014 年）

山下友信ほか「保険法」345 〜 360 頁（有斐閣、第 3 版、2013 年）

竹濵修「保険法入門」200 〜 215 頁（日本経済新聞社、2009 年）

近見正彦 = 堀田一吉 = 江澤雅彦「保険学」152 〜 153 頁（有斐閣、補訂版、2016 年）

● 第 2 節　他保険契約の告知義務・通知義務 ●

Q₂ 傷害定額保険の保険契約者及び被保険者は、保険契約の締結に当たって、他保険の存在について告知する義務があるか。

A₂ 学説上争いがあるが、告知義務を肯定する見解が有力である。

解説

保険法 66 条により告知義務が課される「重要な事項」には、保険危険事実（保険事故の発生率などに影響を及ぼす事実）が含まれるが、道徳的危険に関する事実（保険事故を起こす意図などの保険加入者側の内心に関わる事実）として、他保険契約の有無も重要な事項に含まれるかが問題とされている。

他保険契約の有無は、保険契約の種類によっては、保険法 66 条の「重要な事項」として告知事項となり得ると解されており、学説上も、傷害保険契約に関して、他保険契約の有無についての告知義務を肯定する見解が有力である。その理由として、傷害保険契約では損害保険のように被保険者の総取得金額に制限がないことや、生命保険のように被保険者の死亡という重大結果を伴うものよりも保険事故招致の危険が大きいことなどが挙げられる。

【参考文献】

山下友信ほか「保険法」366 〜 368 頁（有斐閣、第 3 版補訂版、2015 年）

山下友信 = 永沢徹「論点体系　保険法2」13 〜 14 頁、328 〜 330 頁（第一法規、2014 年）

萩本修「一問一答保険法」47 〜 48 頁（商事法務、2009 年）

第2節　他保険契約の告知義務・通知義務

Q₃ 傷害定額保険の保険契約者及び被保険者は、保険契約締結後、他保険の存在について通知する義務があるか。

A₃ 約款上規定があれば、通知義務がある。

解　説

　従来の傷害保険契約の約款においては、保険契約締結後に同一の被保険者につき、他の保険者との間で傷害保険契約を締結する場合には、そのことを最初に保険契約を締結した保険者に対して通知し、その承認を得ることが要求されていた。保険法制定前の裁判例において、当該約款を有効であるとした裁判例（東京地判昭和63年2月18日判時1295号132頁、神戸地判平成元年9月27日判時1342号137頁など）も多く、当該約款を有効とすることで殆ど異論はなくなっている。

【参考文献】
　生田治郎「判批」平成4年度主要民事判例解説（判タ821号）174～176頁
　山下友信「傷害保険契約と他保険契約の告知義務・通知義務」文研論集100号165頁

Q₄ 他保険契約の有無についての告知義務・通知義務に違反した場合、どうなるか。

A₄ 保険者は、他保険契約の有無についての告知義務・通知義務違反を理由に保険契約を解除できる可能性があるが、当該解除をしたとしても、保険者は保険給付義務を免れない。
　もっとも、他保険契約の有無の不告知・不通知が保険契約者側の著しい不信行為に該当し、重大事由による解除が認められた場合には、保険者は免責されると考えられる。

解　説

(1)　告知義務違反

　保険者は、保険契約者又は被保険者が告知事項について故意又は重過失により事実の告知をしないか、不実の告知をした場合には、保険法84条2項

45

第1編 第2章 傷害保険

各号の定める場合を除き、傷害定額保険契約を解除できる（保険法84条1項）。

同法84条1項による解除がなされた場合、保険者は、解除がされた時までに発生した傷害疾病について保険給付を行う責任を免れる（同法88条2項1号本文）が、告知義務違反に係る事実と傷害疾病の発生との間に因果関係がない場合には、保険給付を行う責任を免れない（同号ただし書）。

他保険契約の有無についての告知義務違反を理由に解除をする場合、告知義務違反に係る事実（他保険契約の存在）と傷害疾病の発生との間には通常因果関係がないといえる。そのため、保険者は、他保険契約の存在についての告知義務違反で解除をした場合であっても、同号ただし書により、傷害疾病について免責されないものと考えられる。

(2)　**通知義務違反**

保険法制定下においては、他保険契約の通知義務は、危険増加の通知義務の1つと考えられている。保険者は、どの範囲の危険を引き受けるかを明示して、それを超えるときには保険契約者側が他保険契約についても通知すべき旨を約款上規定すれば、故意又は重過失による通知義務違反によって契約を解除することができるとされている（保険法85条1項）。

上記解除による保険者の免責については、告知義務違反の場合と同様に、他保険契約の有無と傷害疾病の発生との間に因果関係がないことから、保険者は免責されないと考えられる（同法88条2項2号ただし書）。

(3)　**重大事由による解除の可能性**

もっとも、上記告知義務違反、通知義務違反が保険契約者側の著しい不信行為に該当するとして、保険者から重大事由による解除（保険法86条3号）がなされる可能性があり、この解除が認められれば、保険者は免責されると考えられる（同法88条2項3号）。

> **【参考文献】**
> 山下友信ほか「保険法」366～368頁（有斐閣、第3版補訂版、2015年）
> 山下友信＝永沢徹「論点体系　保険法2」197～198頁（第一法規、2014年）
> 萩本修「一問一答保険法」47～48頁、58～59頁（商事法務、2009年）

第3節　保険事故

●第3節　保険事故

1　傷害保険給付の要件

Q5 傷害保険給付の基本的要件とは何か。

A5 傷害保険普通保険約款によれば、①保険給付事由（傷害事故）として「急激かつ偶然な外来の事故」であること（Ⓐ急激性、Ⓑ偶然性、Ⓒ外来性）、②その事故の「直接の結果として」又はその事故を「直接の原因として」事故日から180日以内に身体傷害結果が生じること（事故と結果との因果関係）が必要である。

解　説

（1）　傷害事故の要件

Ⓐ急激性

　急激性とは、原因事故から結果（傷害）の発生までに時間的間隔がないか、極めて短時間であることをいう。典型例は、自動車事故による傷害などである。これに対して、苛酷な労働の繰返しが原因で急性心筋梗塞等を発症した過労死は、急激性がないと解される（東京地判平成9年2月3日判タ952号272頁）。他方、日射病による急性心不全で死亡した場合は、争いがある（生命保険の災害関係特約に関する事件では、一審と二審で判断が分かれている。大阪地判平成5年8月30日判時1474号145頁〔否定〕、大阪高判平成6年4月22日判時1505号146頁〔肯定〕）。

Ⓑ偶然性

　偶然性とは、被保険者が事故原因又は傷害結果の発生を予知していないことをいう。典型例は、谷川への転落事故や、火災による火傷などである。これに対して、自殺やけんかによる受傷・死亡などは、その結果が被保険者の予測の範囲内であり、偶然性がない（大阪高判昭和62年4月30日判時1243号120頁）。

Ⓒ外来性

　外来性とは、傷害の原因が被保険者の身体の外からの作用であることを

47

第1編 第2章 傷害保険

いう。証明責任と関わり重要判例も多い（第2編第2部第3章第3節「人身
傷害補償保険」Q 9 参照）。

(2) 事故と結果との因果関係

「直接の」とは、傷害事故とその結果としての死亡・後遺障害等との間に
通常の因果関係よりも密接な関係があることが必要と解されている。交通事
故による受傷後、心身不調の状態で被保険者が自殺した場合、傷害を直接の
原因とするものではないとするものがある（京都地峰山支判平成元年9月4日
判時 1371 号 135 頁）。「直接の」因果関係を求めるのは、軽微な原因又は条件
的因果関係があるにすぎないものを除外し、傷害事故が主要な原因となって
いることを要求したものであると解される（大阪高判昭和 56 年 5 月 12 日判タ
447 号 139 頁、東京地判昭和 56 年 10 月 29 日判タ 473 号 247 頁）。傷害事故と他
の傷害・疾病が併存する場合は、次節 Q6 参照。

【参考文献】

山下友信ほか「保険法」350 頁以下（有斐閣、第 3 版補訂版、2015 年）
塩崎勤 = 山下丈 = 山野嘉朗「専門訴訟講座③保険関係訴訟」192 頁以下（民事法研
究会、2009 年）

⬛ コラム

保険事故の「偶然性」と免責事由たる「故意」の立証責任

　保険事故が、被保険者・保険契約者・保険金受取人等の意思に基づいて発生したと疑われる場合、「保険事故が被保険者等の意思に基づかないものであること」を保険金請求者側で立証すべきか、それとも、「保険事故が被保険者等の意思に基づくものであること」を保険者側で立証すべきかが問題となることがある。

　保険類型ごとにみると、次のとおりとなる。

保険の種類	事案	約款の規定 保険事故	免責事由	立証責任 保険金請求者	保険者	裁判例
損害保険 火災保険店舗総合保険	火災原因不明	火災等 —	故意	火災の発生（＊1）	それが保険契約者・被保険者の故意によるものであること	最判平成16年12月13日民集58巻9号2419頁
損害保険 火災保険テナント総合保険	火災漏電or放火？	すべての偶然な事故 保険契約締結時に保険事故の発生・不発生が不確定であること（＊2）	故意	保険契約成立時に発生するかどうかが不確定な事故が発生したこと	それが保険契約者の故意によって発生したこと	最判平成18年9月14日集民221号185頁
損害保険 車両保険	車両が海中に水没	偶然の事故 保険契約締結時に保険事故の発生・不発生が不確定であること（＊2）	故意	保険契約成立時に発生するかどうかが不確定な事故が発生したこと（＊2）	保険契約者・被保険者が故意によってそれを発生させたこと	最判平成18年6月1日民集60巻5号1887頁
損害保険 車両保険	車両に引っかき傷	偶然な事故 保険契約締結時に保険事故の発生・不発生が不確定であること（＊2）	故意	いたずらによる損傷の外形的事実＝被保険者以外の者がいたずらをして被保険自動車を損傷したこと	それが保険契約者の意思に基づいて発生したこと	最判平成18年6月6日集民220号391頁
損害保険 車両保険	車両が持ち去られた	盗難 占有者の意に反する第三者による財物の占有の移転	故意	盗難の外形的事実＝被保険者以外の者が被保険者の占有に係る被保険自動車をその所在場所から持ち去ったこと（＊3）	それが保険契約者・被保険者の意思に基づいて発生したこと	最判平成19年4月17日民集61巻3号1026頁
損害保険 車両保険	車両が持ち去られた	盗難 占有者の意に反する第三者による財物の占有の移転	故意	盗難の外形的事実＝被保険者以外の者が被保険者の占有に係る被保険自動車をその所在場所から持ち去ったこと（＊3）	それが保険契約者・被保険者の意思に基づいて発生したこと	最判平成19年4月23日集民224号171頁
損害保険 傷害疾病保険 人身傷害補償保険		偶然な事故（＊4）	故意	（＊4）	（＊4）	
定額保険 傷害疾病保険 普通傷害保険	被保険者が建物から転落して死亡 事故or自殺？	偶然な事故 被保険者等の故意によらないこと（＊5）	故意	偶然な事故＝被保険者等の故意によらない事故の発生（＊5）	（＊6）	最判平成13年4月20日判時1751号171頁
生命保険 死亡定期保険	被保険者が死亡 過失による溺死or自殺？	死亡	自殺	死亡	自殺	東京控判大正7年12月16日法律学説判例評論全集7巻商法871頁
生命保険 死亡定期保険	被保険者が自殺 精神障害による？	死亡	自殺	死亡	自殺 自殺が精神障害によるものであること	大分地判平成17年9月8日判時1935号158頁

49

第1編 第2章　傷害保険

生命保険	死亡定期保険	被保険者が死亡 保険契約者・保険金受取人の故意による？	死亡	—	故意	死亡（＊7）	故意（＊7）	
	災害割増特約	被保険者が建物から転落して死亡事故 or 自殺？	不慮の事故による死亡		故意	偶発的な事故（＊5）	（＊6）	最判平成13年4月20日民集55巻3号682頁

（参考）保険法の規定

保険の種類	保険事故		免責事由
損害保険	一定の偶然の事故 （2条6号）	保険契約締結時に保険事故の発生・不発生が不確定であること	故意 （17条1項）
傷害疾病損害保険	人の傷害疾病 （2条7号）		故意 （35条、17条1項）
傷害疾病定額保険	人の傷害疾病 （2条9号）		故意 （80条各号）
生命保険	人の生存または死亡 （2条8号）		故意 （51条各号）

＊1　火災保険も損害保険であるが、保険金請求者は「火災の発生」を立証すれば足りる。

＊2　判例は、約款条項「偶然な事故」の具体的意味について、旧商法629条（現行保険法2条6号に相当）にいう「偶然ナル」事故と同じく、保険契約成立時に発生するかどうか不確定な事故をいい、保険事故の発生時において事故が被保険者の意思に基づかないこと（保険事故の偶発性）をいうものと解することはできない旨判示している。

＊3　判例は、次のように判示している。
・約款条項において「被保険自動車の盗難」が他の保険事故と区別して記載されているのは、保険事故の発生や免責事由について他の保険事故と異なる主張立証責任を定めたものと解することはできない
・約款条項により、被保険自動車の盗難という保険事故が保険契約者・被保険者等の意思に基づいて発生したことは、保険者において免責事由として主張立証すべき事項である
・よって、保険金請求者は、「被保険者以外の者が被保険者の占有に係る被保険自動車をその所在場所から持ち去ったこと」という外形的な事実を主張、立証すれば足りる。被保険自動車の持ち去りが被保険者の意思に基づかないものであることを主張立証すべき責任を負わない

＊4　傷害疾病損害保険については、損害保険の一種であることから、損害保険と同様の結論となると考えられる。ただし、人保険であることから傷害疾病定額保険と同様に解する考え方もありうる。

＊5　傷害疾病定額保険について異なる取り扱いをする理由について、判例は次の点をあげている。
①約款中の保険金支払い事由からみて、発生した事故が偶然な事故であることが保険金請求権の成立要件であるというべきであること
②そのように解さなければ、保険金の不正請求が容易となるおそれが増大する結果、保険制度の健全性を阻害し、ひいては誠実な保険加入者の利益を損なうおそれがあること

＊6　傷害疾病定額保険の規定における故意免責の規定については、判例は、保険金が支払われない場合を確認的注意的に規定したものにとどまり、被保険者の故意等によって生じた傷害であることの主張立証責任を保険者に負わせたものではないとする。

＊7　生命保険については、保険者が免責事由である故意の立証責任を負うことについて、争いはないものと考えられる。

【参考文献】

山下友信ほか「保険法」98～100頁、300～306頁、354～355頁（有斐閣、第3版補訂版、2015年）

塩崎勤＝山下丈＝山野嘉朗「専門訴訟講座③保険関係訴訟」140～141頁、144～145頁、249～253頁（民事法研究会、2009年）

山下友信＝永沢徹「論点体系　保険法1」56～59頁、341～344頁、377～384頁（第一法規、2014年）

山下友信＝永沢徹「論点体系　保険法2」144～150頁、363～364頁（第一法規、2014年）

2　傷害との因果関係

 傷害事故とその他の傷害や疾病が併存して保険事故が発生した場合、保険金は支払われるか。

 傷害を「直接の原因」と見ることができる場合（複数の主要な併存原因がおおむね同程度に影響を与えたことが認められる場合）には、保険金が支払われる。

解説

　死亡の主要な原因として、傷害のほかに他の疾病等の原因が併存している場合、そのいずれもが単独で、又は互いに影響しあって死亡の結果を発生させ、かつそれが通常起こり得る原因結果の関係にあると認められるときは、併存原因の一つである傷害が右条項にいう「直接の原因」となって死亡の結果を招来したものというべきである。また右のような場合、死亡の結果が生じるについてはさまざまな要素が混入し影響しあうことが多く、複数の原因のうち各個の原因の強さについての優劣を判定することが困難であることが多いことにかんがみると、複数の主要な併存原因がおおむね同程度に影響を与えたことが認められればそれで足り、それ以上に他の併存原因と比較してより有力な原因であると認められることまでは必要としないと解するのが相当である（このように解しないと、傷害と疾病がそれぞれ強力な死亡原因となりうるものであった場合に、その優劣が不明であるとき、又は疾病が相対的に僅かでも優勢であるときには、傷害自体致命傷であるにも関わらず常に傷害保険金の請求が全額拒否されるという不合理な結果となる。）（引用：大阪高判昭和56年5月12日判タ443号136頁）。

【参考文献】
山下友信ほか「保険法」356頁以下（有斐閣、第3版補訂版、2015年）

第1編 第2章 傷害保険

Q7 不法行為等に基づき傷害事故が生じた場合、保険給付と損害賠償金との関係はどうなるか。

A7 保険契約の性質による。傷害疾病損害保険契約（保険法2条7号）であれば、保険代位の適用があり（法35条）、その範囲で調整される。他方、傷害疾病定額保険契約（法2条9号）であれば、保険代位の適用はなく、保険契約に従って一定額の保険金が支払われる。

解説

　生命保険契約に付加された特約に基づいて被保険者である受傷者に支払われる傷害給付金又は入院給付金は、既に払い込んだ保険料の対価としての性質を有し、たまたまその負傷について第三者が受傷者に対し不法行為又は債務不履行に基づく損害賠償義務を負う場合においても、右損害賠償額の算定に際し、いわゆる損益相殺として控除されるべき利益には当たらないと解するのが相当であり（最高裁昭和49年（オ）第531号。同50年1月31日第三小法廷判決・民集29巻1号68頁参照）、また、右各給付金については、商法662条所定の保険者の代位の制度の適用はないと解するのが相当であるから、その支払いをした保険者は、被保険者が第三者に対して有する損害賠償請求権を取得するものではなく、したがって、被保険者たる受傷者は保険者から支払いを受けた限度で第三者に対する損害賠償請求権を失うものでもないというべきである（→自動車保険の人身傷害補償保険については、第2編第2部第3章第3節「人身傷害補償保険」Q13を参照）（引用：最判昭和55年5月1日判タ419号73頁）。

【参考文献】
　山下友信ほか「保険法」359頁以下（有斐閣、第3版補訂版、2015年）

第3節　保険事故

Q8 損害賠償請求権について、傷害保険における保険金請求権による損益相殺はあり得るか。

A8 損益相殺はなされず、損害保険の性質を持つ保険契約においては代位により調整を図る、というのが判例の見解である。

解説

　生命保険契約に基づいて給付される保険金は、すでに払い込んだ保険料の対価の性質を有し、もともと不法行為の原因と関係なく支払われるべきものであるから、たまたま本件事故のように不法行為により被保険者が死亡したためにその相続人たる被上告人両名に保険金の給付がされたとしても、これを不法行為による損害賠償額から控除すべきいわれはないと解するのが相当である（引用：最判昭和39年9月25日判タ168号94頁）。

　家屋焼失による損害につき火災保険契約に基づいて被保険者たる家屋所有者に給付される保険金は、既に払い込んだ保険料の対価たる性質を有し、たまたまその損害について第三者が所有者に対し不法行為又は債務不履行に基づく損害賠償義務を負う場合においても、右損害賠償額の算定に際し、いわゆる損益相殺として控除されるべき利益には当たらないと解するのが、相当である。ただ、保険金を支払った保険者は、商法662条所定の保険者の代位の制度により、その支払った保険金の限度において被保険者が第三者に対して有する損害賠償請求権を取得する結果、被保険者たる所有者は保険者から支払を受けた保険金の限度で第三者に対する損害賠償請求権を失い、その第三者に対して請求することのできる賠償額が支払われた保険金の額だけ減少することとなるにすぎない。また、保険金が支払われるまでに所有者が第三者から損害の賠償を受けた場合に保険者が支払うべき保険金をこれに応じて減額することができるのは、保険者の支払う保険金は被保険者が現実に被った損害の範囲内に限られるという損害保険特有の原則に基づく結果にほかならない（引用：最判昭和50年1月31日判タ319号129頁）。

　ただし、加害者が保険料を負担する保険によって被害者が保険金を取得するような場面もあることから、そのような場合であれば加害者の損害賠償額が軽減されるべきではないのか、という問題点も指摘されている（自動車保険の人身傷害補償保険については、第2編第2部第3章第3節「人身傷害補償保険」

第1編 第2章 傷害保険

Q13 を参照）。

【参考文献】

山下友信ほか「保険法」360 頁以下（有斐閣、第 3 版補訂版、2015 年）

3　免責事由

Q9 傷害保険契約において免責事由はどのようなものがあるか。

A9 保険法の規定上、傷害定額保険については、被保険者、保険契約者、保険金受取人の故意又は重過失及び戦争その他の変乱が免責事由となる。
　　傷害損害保険については、保険契約者又は被保険者の故意又は重過失（被保険者の死亡によって生じる損害を填補するものでは被保険者又はその相続人の故意又は重過失）が免責事由となる

解 説

保険法 17 条 1 項、35 条、80 条。もっとも、傷害損害保険に関する約款では重過失免責を置かないことが通例である（自動車保険の人身傷害補償保険については、第 2 編第 2 部第 3 章「任意保険」Q12 を参照）。

【参考文献】

山下友信ほか「保険法」353 頁（有斐閣、第 3 版補訂版、2015 年）

塩崎勤＝山下丈＝山野嘉朗「専門訴訟講座③保険関係訴訟」177 頁（民事法研究会、2009 年）

Q10 保険者は故意免責の立証責任を負うか。

A10 負わない。保険金請求者において、被保険者等の故意によらない保険事故の発生を証明する責任を負う。

54

第3節　保険事故

解説

最判平成13年4月20日民集55巻3号682頁。これに対し、偶然性（故意でないこと）の証明が極めて困難で保険金請求者側の立証責任が重いなどの批判がある。

【参考文献】
　山下友信ほか「保険法」354頁（有斐閣、第3版補訂版、2015年）
　内橋一郎「傷害保険の基礎」今川嘉文＝内橋一郎「保険法Map―消費者のための保険法ガイドブック［解説編］」277頁以下（民事法研究会、2013年）

重過失とは何か。

「通常人に要求される程度の相当の注意をしないでも、わずかの注意さえすれば、たやすく違法有害な結果を予見することができた場合であるのに、漫然とこれを見過ごしたような、ほとんど故意に近い著しい注意の欠如の状態」をいう。

解説

最判昭和32年7月9日民集11巻7号1203頁。重過失については、厳格に解釈し、ほとんど故意に近い著しい注意欠如として捉える裁判例が多い。

【参考文献】
　山下友信＝永沢徹『論点体系　保険法1』174頁〔大野澄子〕（第一法規、2014年）
　山下友信＝永沢徹『論点体系　保険法2』358頁〔山下典孝〕（第一法規、2014年）
　加藤昌利「保険免責の基礎」今川嘉文＝内橋一郎「保険法Map―消費者のための保険法ガイドブック［解説編］」150頁（民事法研究会、2013年）
　齊藤真紀「傷害保険契約における免責事由としての『被保険者の重大な過失』の意義」
　山下友信＝洲崎博史「保険法判例百選」210頁以下〔齊藤真紀〕（有斐閣、2010年）

第1編 第2章 傷害保険

●第4節 契約終了

Q12 不正請求に対し、保険者からどのような主張がなされることがあるか。

A12 重大事由による解除、詐欺取消、公序良俗違反などといった主張がなされることがある。

解説

保険者に保険給付を行わせることを目的として保険事故を生じさせ又は生じさせようとしたり、保険給付の請求について詐欺を行い又は行おうとしたり、その他同水準の重大事由がある場合には、保険者は当該保険契約を解除できる（保険法86条）。また、保険者は詐欺取消（民法96条）や公序良俗違反による無効も主張できる。

【参考文献】
山下友信ほか「保険法」368頁（有斐閣、第3版補訂版、2015年）

第5節　傷害保険と訴訟

Q13 傷害保険金請求訴訟における要件事実は何か。立証責任はどのように分配されるか。

A13 主なものについて、基本的な考え方を図示すると、次のようになる。具体的事案においては、各保険契約の約款等に基づいた検討が必要となる。

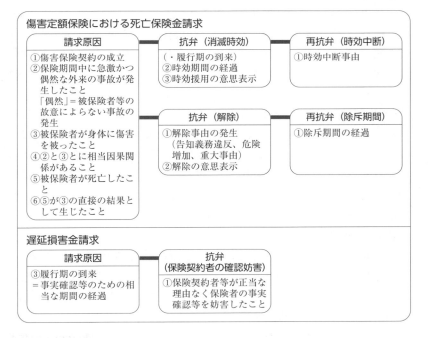

解説

(1) 請求原因について

①傷害保険契約の成立と、②給付事由（傷害による治療、死亡その他の保険給付を行う要件として傷害保険契約で定める事由。保険法66条参照）を、各傷害保険契約の定めに応じて主張立証する必要がある。傷害の原因として定められる「急激かつ偶然な外来の事故」の定義については、本章第3節1「傷害保険給付の要件」Q5を参照されたい。なお、傷害保険契約における偶然

性の主張・立証責任については、保険金請求者が負うとするのが従前の最高裁判例であるが、保険法 80 条が保険者の免責事由に被保険者の故意又は重過失を挙げている。判例と同条の関係をどのように理解するべきかについて、立法者は今後の解釈に委ねるとしている（なお、東京地判平成 28 年 5 月 12 日判例秘書 L07131234 は、保険金請求者たる原告らが、保険法施行後の傷害保険契約においては、故意による事故招致が抗弁事由になる、との見解を主張したのに対し、偶然性の主張立証責任は保険金請求者が負うと判断している。）。

(2) 附帯請求について

遅延損害金請求の利率は年 6 分である。遅延損害金の始期は、民法の原則どおり履行期（約款を確認すべきである。）の翌日であるが（民法 421 条 1 項）、履行期が定められた場合であっても、給付事由、保険者が免責される事由その他の保険給付を行うために確認することが保険契約上必要とされる事項の確認をするための相当の期間を経過した日より後の日であるときは、当該期間を経過した日の翌日となる（保険法 81 条 1 項。もっとも、各保険会社の約款において、事実確認を要する事項や確認をするための「相当の期間」の明確化が図られているようである。）。なお、その確認を保険契約者、被保険者又は保険金受取人が正当な理由なく妨害等した場合は、これにより遅延した期間について、保険者は遅滞の責任を負わないものとされている（保険法 81 条 3 項。ただし、「正当な理由」の立証責任は保険者が負う。）。

(3) 抗弁について

民法・商法・消費者契約法等に基づく一般的な抗弁事由のほか、保険法上のものとして、消滅時効（保険法 95 条 1 項）はもとより、戦争その他の変乱による給付事由の発生による免責（保険法 80 条 4 号）、重要事実の告知義務違反解除による免責（保険法 84 条 1 項、88 条 2 項 1 号）、危険の増加に基づく解除による免責（保険法 85 条 1 項、88 条 2 項 2 号）、重大事由解除による免責（保険法 86 条、88 条 2 項 3 号）等の各種免責事由については、生命保険金請求の場合と同様、保険者側が主張立証責任を負う。傷害保険における偶然性の要件と保険法 80 条 1 号ないし 3 号の免責事由との関係については、上記(1)において述べた。

なお、保険金受取人の変更に際しては、保険法には、遺言による保険金受取人の変更（保険法 73 条 1 項）がなされた場合に、保険契約者の相続人による保険会社への通知が対抗となる旨の規定がある（同条 2 項。要件が加重され

第5節　傷害保険と訴訟

ている場合もあるので、各保険契約の約款を確認すべきである。）。

　傷害疾病定額保険は、短期間に多数の保険者との間で複数回の高額契約を締結することが理論上可能であり、不正な保険金請求の危険（モラル・リスクないしモラル・ハザード）が比較的大きいとされる。このような重複保険の問題も、上記の重大事由解除の規律に従う。

【参考文献】

　山下友信ほか「保険法」345 頁以下（有斐閣、第 3 版補訂版、2015 年）

　山下友信＝永沢徹「論点体系　保険法 2」363 頁〔山下典孝〕（第一法規、2014 年）

　法制審議会保険法部会第 23 回会議議事録 44 頁（法務省）

　江頭憲治郎「商取引法」522 頁以下（有斐閣、第 7 版、2013 年）

　岡口基一「要件事実マニュアル 3」430 頁以下（ぎょうせい、第 4 版、2014 年）

第1編 第3章 疾病保険

第**3**章 疾 病 保 険

● 第 1 節　疾病保険の種類

Q₁ 疾病保険において損害填補方式と定額給付方式とでは、どのような違いがあるか。

A₁ 損害填補方式は、損害額に応じて支払保険金額が決定される実損填補を行うものであるが、定額給付方式は傷害の結果の種類・程度に応じて約定の一定の金額を支払うものである点が異なる。また、定額給付方式については、保険金額が保険契約者の意向に左右されることから不正な保険金取得（モラルリスク）のための対策が取られている。

解 説

　傷害疾病保険契約は、損害保険契約と定額保険契約のいずれの方式でも行える点に特色がある。我が国の保険方式は定額給付方式の例が多い。

(1)　損害填補型（疾病損害保険契約）

　損害填補型である傷害疾病損害保険契約は、「損害保険契約のうち、保険者が人の傷害疾病によって生ずることのある損害（当該傷害疾病が生じた者が受けるものに限る。）をてん補することを約するもの」とされ（保険法 2 条 7 号）、損害保険契約の一種とされる。そのため、損害保険の規定に特則が設けられる形で規定されている（保険法 34、35 条）。

(2)　定額給付型（疾病定額保険契約）

　定額給付型である傷害疾病定額保険契約は、「保険契約のうち、保険者が人の傷害疾病に基づき一定の保険給付を行うことを約するもの」とされ（保険法 2 条 9 号）、人保険かつ定額保険という点で共通することから生命保険契約とほぼ同様の規定が置かれている（保険法 66 〜 94 条）。

　定額給付方式の保険においては、保険金額が当事者の合意によって定められることから、ときに複数の保険契約を締結し、不当に高額な保険金額を定めるなどして不法な保険金取得に悪用される危険がある。その対策として、契約内容登録制度、他保険契約の告知義務、他保険契約の通知義務などが定められている。

60

第1節　疾病保険の種類

【参考文献】
山下友信ほか「保険法」345～347頁、364～369頁（有斐閣、第3版補訂版、2015年）
山下友信＝永沢徹「論点体系　保険法2」305～306頁（第一法規、2014年）

 保険者の責任開始前からの疾病は、保障の対象とならないのか。

A2　保障の対象とならないとする約款条項が置かれているのがほとんどである（責任開始前発病不担保条項）。ただし、約款において、責任開始期から一定期間（2年とするものが多い）を経過した後の疾病については責任開始後に発病したものとみなして保険給付を行う旨の規定が設けられている場合もあるし、実務上、一定の場合には保障の対象とする取扱いがなされる場合もある。

解説

　被保険者がすでに罹患している疾病の責任開始後の入院・手術に対しても保障を提供することを義務付けることは、保険事故の発生が確実なものについて保障を提供させることになり、保険者が通常の保険料でこれを保障することは不公平となる。このため、被保険者がすでに発病していることを知っていた場合はもちろんであるが、善意であってもその当該疾病に関する保険の保障は与えられないとする約款条項が設けられることが多い。これを責任開始前発病不担保条項という。

　がん保険の場合には90日間不担保条項として、責任開始の日から90日以内にがんの罹患が診断確定されたときは保険金を支払わない旨を定めたりしているものが多い（なぜなら、体の不調やしこりの存在など、がんの疑いがある状態を自覚しながら保険に加入する者もいないではなく、これをすべて告知義務によって対処することも実際上困難だからである。）。

　責任開始前発病不担保条項は保険事故の範囲を限定するものであって、免責条項ではないため、責任開始時以後の疾病が原因であることの主張立証責任は保険金請求者に課される。

　しかし、保険期間中に生じた疾病が契約成立前に罹患していた疾病との間に因果関係があると認められる限り保険給付が受けられなくなるというので

は、保険加入者側の期待が大きく損なわれるおそれがある。

そこで、疾病保険約款では、責任開始期から一定期間（2年とするものが多い。）を経過した後の疾病については、責任開始前に罹患したものであってもそれを責任開始後に発病したものとみなして保険給付を行う旨の規定が設けられている。

また、生命保険協会では、①受療歴、症状又は人間ドック若しくは定期健診における検査異常がなく、かつ②被保険者又は保険契約者に被保険者の身体に生じた異常についての自覚又は認識がないことが明らかな場合等には、不担保条項を適用せず、保険給付を行う旨のガイドラインを定めている。

【参考文献】
山下友信ほか「保険法」363～364頁（有斐閣、第3版補訂版、2015年）
山下友信＝永沢徹「論点体系　保険法2」309～316頁（第一法規、2014年）
生命保険協会「保険金等の支払いを適切に行うための対応に関するガイドライン」11頁（平成23年10月24日）

第2節　保険金請求

Q3 指定代理請求者制度とは何か。

A3 指定代理請求者制度とは、被保険者本人に傷害又は疾病により、保険金等を請求する意思表示ができないなどの特別な事情がある場合、契約者があらかじめ指定した代理人が被保険者に代わって、保険金等を請求できる制度をいう。

解説

指定代理請求者は、あらかじめ保険契約者が指定する。被保険者の同意も必要となる。特に、保険金受取人が高齢の場合に利用されるケースが多い（→第3編第1章第1節「高齢者と保険」Q3も参照）。

指定代理請求者の範囲及び適用場面は保険契約によって異なる。

【参考文献】
山下友信ほか「保険法」229頁（有斐閣、第3版補訂版、2015年）

第4章 生命保険・傷害疾病保険の不服申立て方法

Q1 生命保険や傷害疾病保険について、訴訟以外の不服申立て方法にはどのようなものがあるか。

A1 保険会社の対応についての苦情申立て方法としては、
① 各保険会社のお客様相談センター等に対する相談・苦情
② 生命保険相談所（一般社団法人生命保険協会）に対する相談・苦情申出
がある。
　訴訟によらない紛争解決方法としては、生命保険相談所の裁定審査会によるADRがある。

解説

(1) 保険会社の対応についての相談・苦情

① 各保険会社のお客様相談センター等に対する苦情申立て
　各保険会社では、顧客対応のための相談センター等を開設しており、職員の対応についての苦情等を申し立てることができる。

② 生命保険相談所に対する相談・苦情申出
　日本国内で営業している生命保険会社が加盟している「一般社団法人生命保険協会」は、「生命保険相談所」を開設し、相談・苦情を受け付けている。生命保険相談所は、苦情解決の申立てがあった場合には、保険会社に解決への対応を求め、必要に応じて和解のあっせんを行う。

(2) 訴訟によらない紛争解決方法（生命保険相談所の裁定審査会によるADR）

　一般社団法人生命保険協会の開設する生命保険相談所に苦情解決の申立てをしてから1か月間経過したときは、生命保険相談所の裁定審査会に対して裁定申立てをすることができる。
　裁定審査会は、指定紛争解決機関（保険業法308条の2以下）であり、高い専門性を有し中立・公正なADR機関とされている。その委員は、金融・保険分野の知識・実務経験を有する弁護士、消費生活相談員、生命保険相談所の職員の三者で構成されている。
　申立書の提出後、生命保険会社からの答弁書等の提出、申立人からの反論

書等の提出を経て、裁定審査会にて審理を行う。その結果、

①和解による解決の見込みがないと判断したとき

　裁定手続は終了する。その後は民事訴訟により解決することとなる。

②和解による解決が相当と判断したとき

　和解案を双方に提示（受諾勧告）する。

　Ⓐ生命保険会社には、原則として和解案を受諾する義務がある。

　Ⓑ申立人が和解案を受諾したとき→和解が成立する。

　　申立人が和解案を受諾しないとき→裁定不調により裁定手続は終了する。その後は民事訴訟により解決することとなる。

【参考文献】

　出口正義（監著）、福田弥夫＝矢作健太郎＝平澤宗夫「生命保険の法律相談」303 ～ 306 頁（学陽書房、2006 年）

　石田満「保険業法」259 頁、266 ～ 268 頁（文眞堂、2016 年）

　一般社団法人生命保険協会の HP（http://www.seiho.or.jp/）

第2編
損害保険

第2編 第1部 第1章 火災保険

第1部 火災・災害と保険

第1章 火災保険

第1節 火災保険とは？
火災保険で補償される範囲

Q1 自宅でストーブの火から壁に引火し、壁が焼損した場合、支払われる保険があるか。

A1 火災保険契約の利用が考えられる。火災保険契約は、目的物につき「火災」という事故によって生じた損害を填補することを目的とする保険契約である。「火災」とは、火の発生場所及び延焼力から、社会通念上火災と評価できるだけの燃焼作用を有するものをいう。保険事故の範囲や目的物は、契約の種類及び内容により異なる。

解 説

火災の定義については保険法上の規定はなく、社会通念や保険契約者の一般的理解によることとなる。

この点、火災とは、安全燃焼器具の外において発生又は逸失した火であって自力で燃焼する力をもつものをいうと定義するものや、場所的時間的に偶然性があり火勢が自力で拡大するものをいうと定義するもの、社会通念上火災と認められる性質と規模を有する火力の燃焼作用で独立の延焼力を有するものと定義するものなどがある。

いずれも、火が発生している場所がガスコンロやストーブ等の燃焼器具の外であることや、一定程度の延焼力を必要とすることは共通しており、また、燻りや焼け焦げなどはこれらの定義に該当しないことは一致している。

火災保険には、保険事故の範囲や目的物の違いによって、次のとおり、いくつか種類が存在する。なお、補償範囲は契約内容によって変更することが可能である。

第1節　火災保険とは？火災保険で補償される範囲Q＆A

① 住宅火災保険

　住宅専用に使われている建物及び家財を補償する保険である。火災によって生じた損害のほかに、落雷による損害、ガス爆発などの破裂・爆発による損害、風災・ひょう災・雪災による損害・費用等が填補される。

② 普通火災保険

　専用住宅以外の店舗、店舗兼用住宅、事務所などの建物、建物収容の什器・備品・機械・設備等一式、商品・製品・原材料等一式、家財一式等の動産を補償する保険である。補償範囲は①とほぼ同様となっている。

③ 住宅総合保険

　住宅専用に使われている建物及び家財を補償する保険である。①で補償される損害・費用等のほか、水災による損害、自動車の飛び込み等による飛来・落下・衝突による損害、給排水設備の事故等による水漏れによる損害、騒擾等による暴行・破壊による損害、盗難による損害・費用等が填補される。

④ 店舗総合保険

　専用住宅以外の店舗、店舗兼用住宅、事務所などの建物と、建物収容の什器・備品・機械・設備等一式、商品・製品・原材料等一式、家財一式等の動産を補償する保険である。補償範囲は③とほぼ同様となっている。

⑤ 団地保険

　民間のマンションや公団などの耐震構造で造られた共同住宅の建物や家財を補償する保険である。補償範囲は③とほぼ同様となっており、これに加え、個人賠償責任保険や団地構内での傷害保険などが組み込まれている。

【参考文献】

　岡田豊基「現代保険法」230 ～ 231 頁（中央経済社、2010 年）

　潘阿憲「保険法概説」166 頁（中央経済社、2010 年）

　一般社団法人日本損害保険協会 HP

　　（http://soudanguide.sonpo.or.jp/home/q050.html）

第2編 第1部 第1章 火災保険

●第2節　目的物の評価と保険金額の設定 ・・・・・・・・・・・・

Q₂ 火災保険の保険金額はどのように設定されるか。

A₂ 目的物である建物等を修理、再築・再取得するために必要な金額を基準とした再取得価額を基準とするのが一般的である。家財については、世帯主年齢や家族構成等に基づく平均的な評価額から算出することが一般的である。

解説

　保険金額とは、保険事故発生の場合に支払う損害保険金の限度額であるところ、火災保険の保険金額は、目的物の評価額によって設定される。

　目的物の評価額を算出する基準には、再取得価額（新価）と時価とがある。再取得価額とは、目的物を修理、再築・再取得するために必要な金額を基準とした評価額であり、時価とは、再取得価額による評価額から経年や使用による減耗分を差し引いた金額を基準とした評価額である。

　火災保険においては、約款上、再取得価額を基準とするのが一般的である。再取得価額を基準とする場合、火災の被害にあっても、同等の新築建物を再築したり修理したりするのに足りる保険金が支払われることとなり、保険契約者にとって有利となる。

　家財については、世帯主年齢や家族構成等に基づく平均的な評価額から算出することが一般的である。

【参考文献】
　東京海上日動火災保険株式会社「損害保険の法務と実務（第2版）」59頁以下（金融財政事情研究会、2016年）
　山下友信＝永沢徹「論点体系　保険法1」177頁以下（第一法規、2014年）
　群馬弁護士会「火災の法律実務」342頁以下（ぎょうせい、1996年）

第3節　全部保険、一部保険、超過保険

・第3節　全部保険、一部保険、超過保険 ・・・・・・・・・・・・

Q₃ 建物評価額（保険価額）の一部についてのみ保険金額として火災保険をかけた場合、保険金の支払額はどうなるか。

A₃ 保険法の原則（保険法19条）では、［支払額＝実損害×（保険金額／保険価額）］であるが、最近の主流の火災保険では新価実損払方式を採用しているものが多く、建物の分損の場合でも、かけた保険金額を上限として損害の補償が行われる。

解説

　保険金額が保険価額に満たない保険を、一部保険という。これに対して、保険価額と保険金額が等しい保険を全部保険という。

　保険法の原則（保険法19条）では、保険金額が保険価額を下回る場合は、損害の全額は支払われず、保険価額と保険金額の割合により、損害補償も割合的になる（比例填補方式）。これに対して、保険金額の範囲内で損害額相当の保険金を支払う方式を実損填補方式という。

　保険法19条は保険料が保険金額に直接比例する単純な保険契約を前提として、保険料支払義務者間の公平性を保つために規定された。しかし保険会社がリスク等を考慮の上保険金額に応じて独自に保険料を算出し設定する場合であれば契約者間の公平性は失われない。また、保険法19条は任意規定であり特約で実損填補方式を採ることが可能である。

　比例填補方式は契約者の誤解を招きやすくわかりにくいとして不評であった。これに対する対策として、多くの保険会社は比例填補方式を特約で緩和してきた。

　緩和の方法としては付保割合条件付実損填補特約や価額協定保険特約などがある。現在の住宅火災保険で最もよく使われている主流な方法は、新価実損払方式である。これは、保険契約時に建物を評価し、その評価額（新価）を上限として契約者に自由に保険金額を設定させ、以降の建物の減価は考慮せず、設定された保険金額まで実損を補償するという方法である。この方式では比例填補方式のわかりにくさの問題だけでなく、契約後の建物評価額の

69

第2編 第1部 第1章 火災保険

変動の問題にも対処しうる。大手の保険会社の最新の住宅保険はこの方式を採用している。

　保険金の請求をする際は契約がどの方式を採用していたのか検討が必要である。

【参考文献】
　　山下友信＝永沢徹「論点体系　保険法1」186頁以下〔中出哲〕（第一法規、2014年）
　　山下友信ほか「保険法」110頁以下（有斐閣、第3版補訂版、2015年）
　　あいおいニッセイ同和損保「タフ・住まいの保険」パンフレット、約款
　　三井住友海上「GKすまいの保険」パンフレット、約款
　　東京海上日動「トータルアシスト住まいの保険」パンフレット、約款
　　損保ジャパン日本興亜「THEすまいの保険」パンフレット、約款

Q4 火災保険を、建物評価額（保険価額）以上の保険金額でかけることはできるか。

A4 そのような契約も原則として有効であるが、当事者が誤って契約当時の保険価額を大きく見積もってしまった場合など、超過したことにつき保険契約者及び被保険者が善意無重過失である場合は、超過部分について取り消すことができる（保険法9条）。

解説

　建物評価額を超えた保険金額をかけることを、「超過保険」という。このような保険契約は、平成20年改正前商法631条の下では超過部分につき常に無効となる旨規定されていた。

　その趣旨は、超過部分は被保険利益を欠いていること、保険価額を超える保険金の支払いは被保険者に不当な利得を与え、保険の賭博化やモラルハザードを引き起こすこと、超過部分は保険料の無駄となるから、その部分を無効とすることで保険料の返還を求めるべきであること等にあった。

　しかし、新保険法は、このような契約も原則として有効とした（保険法9条）。

　その理由は、建物が保険契約後値上がりするような場合に備えて評価額を超過して保険をかけておくことも考えられ、そのような契約を有効とする必要があることや、不当な利得のおそれに対しては実損填補の原則により損害以上の支払いを認めないことで対処可能であるからである。

70

第3節　全部保険、一部保険、超過保険

　なお、度が過ぎた超過保険により保険契約者の不当利得目的が認められる
場合には、公序良俗違反として契約全体が無効になることがある。裁判例で
は、保険法9条の前身である改正前商法631条の適用に当たって、評価額と
保険額が10倍以上違う契約のケースで、不当利得目的による公序良俗違反
として保険契約すべてを無効としているものが多い（京都地判平成6年1月
31日判タ847号274頁、名古屋地判平成9年3月26日判時1609号144頁、熊本
地判平成9年3月26日判タ955号230頁）。他方、大阪高判平成10年12月16
日交民31巻6号1669頁は、保険金額が評価額の約2倍のケースで、不当利
得目的とまでは認められず公序良俗違反とまではいえないとして実損害部分
の支払いを認めている。

【参考文献】
　山下友信＝永沢徹「論点体系　保険法1」105頁以下（第一法規、2014年）
　山下友信ほか「保険法」112頁以下（有斐閣、第3版補訂版、2015年）
　土岐孝宏「超過保険規制と『利得禁止原則』」立命館法学299号430頁

第2編 第1部 第1章 火災保険

第4節 補償内容について

Q5 地震と火災の発生が近接している場合、両者にどの程度の時間的間隔があれば火災保険金が支払われるか。

A5 時間的間隔ではなく、地震と火災との因果関係の有無について検討すべきである。

解 説

　地震により発生した火災による損害については、いわゆる地震免責条項の適用により、火災保険金は支払われないのが通例である。

　大阪高判平成13年12月20日（裁判所ウェブサイト、平成12年（ネ）第2186号）(阪神淡路大震災)は、地震発生の約2時間後に発生した火災について、本件火災発生前に相当の人為的活動が行われていたこと等から「本件火災が本件地震によって発生したと直ちに推定することはできない」と事実認定し、保険者による免責の主張を一部認めなかった。

　他方、東京地判昭和45年6月22日判時602号3頁（新潟地震）は、地震発生の約5時間後に発生した火災について、地震により倉庫内に浸入した海水等と倉庫内の資材（ヘガネス鉄粉）とが触れることにより自然発火したものであり、当該火災は「間接的にではあるが、本件地震に因つて生じたものというべきである」と事実認定し、保険者による免責の主張を認めた。

　したがって、地震と火災との時間的間隔の程度は、地震免責条項の適用の有無を判断する手掛かりにはなり得るとしても、最終的には、地震と火災との因果関係の有無を検討すべきである。

　なお、上記両裁判例は、地震と火災との因果関係の存在について、いずれも、保険者側に主張立証責任があるとしている。

　この他、地震により発生した火災が延焼した場合の取扱いについては、第2編第1部第2章「災害と保険」の項目をも参照されたい。

【参考文献】
　本文中に掲げた裁判例

第5節 偶然性の立証責任

●第5節 偶然性の立証責任

Q₆ 火災保険における「偶然性」の立証責任は、保険金請求者が負うのか、保険者（保険会社）が負うのか。

A₆ 火災保険に関しては、保険金請求者は火災の発生について立証すれば足り、その火災が保険金請求者の故意によるものであることについては、保険者が立証責任を負う（最判平成16年12月13日民集58巻9号2419頁）。

解説

　旧商法629条は、「損害保険契約ハ当事者ノ一方カ偶然ナル一定ノ事故ニ因リテ生スルコトアルヘキ損害ヲ填補スルコトヲ約シ相手方カ之ニ其報酬ヲ与フルコトヲ約スルニ因リテ其効力ヲ生ス」と規定しており、損害保険において偶然なる事故であることの立証責任を保険金請求者が負うのか、保険者が負うのかが議論されてきた。

　この点、火災保険に関しては、上記最高裁判例により、保険金請求者は火災の発生についてのみ立証すれば足り、その火災が保険金請求者の故意によるものであることは、免責事項として保険者が立証責任を負うものとされ、一応の解決をみた。これは火災の場面において、保険金請求者が自らの故意による火災ではないこと（放火でないこと、又は放火であったとしても第三者によるものであること）を立証することは極めて困難であるのに対し、保険会社の側には、それらを立証するだけのノウハウがあるということを実質的な理由とするものと思われる。

【参考文献】
　山本哲生「保険事故の偶然性について」生命保険論集160号1頁
　甘利公人「保険契約における保険事故の立証責任」保険学雑誌600号153頁
　山野嘉朗「保険事故の偶然性の意義と保険金請求訴訟における立証責任の分配」生命保険論集154号1頁
　岡田豊基「火災保険における保険事故の立証責任」神戸学院法学37巻3・4号583頁
　土岐孝宏「傷害保険契約における偶然性の立証責任分配に関する将来展望」損害保険研究69巻4号21頁
　山本到「保険事故における偶然性の立証責任」損害保険研究69巻4号49頁

第2編 第1部 第1章　火災保険

コラム

実際のところどうやって立証するか～保険ごとに比較～

　偶然性の立証責任について、判例では保険の種類ごとに異なる判断が示されている。

　旧商法629条に対応する保険法2条6号は、損害保険契約の定義として「保険契約のうち、保険者が一定の偶然の事故によって生ずることのある損害をてん補することを約するものをいう。」と規定するのみであり、偶然性の立証責任についての明確な結論を示しておらず、保険法施行後の判例は下級審のものしかない。

　傷害保険についての下級審判例（東京高判平成26年5月28日、札幌地判平成26年12月26日）では、事故の偶然性の立証責任は保険金請求者にあるとしており、現時点においては、旧商法下で示された枠組みが維持されている。しかし、後掲の最高裁判例（平成13年4月20日民集55巻3号682頁）への批判は根強く、判例変更の可能性も指摘されている。

Ⓐ火災保険→保険者が立証責任を負う（最判平成16年12月13日民集58巻9号2419頁）

　保険金請求者による火災発生の事実の立証は比較的容易である。証拠としては、罹災証明書や現場の写真、新聞報道等が想定されるが、これらを用意するまでもなく、火災の発生自体が争点となることは極めて稀であろう。

　偶然性について立証責任を負う保険者としては、火災原因調査書や実況見分調書等を消防署や警察署等から入手し、火災が保険金請求者の故意によるものであることを立証していくことになる。刑事事件として検察官が負う立証の程度までは要しないが、刑事事件となっていないケースで故意を立証することは簡単ではない。

Ⓑ車両保険→保険者が立証責任を負う（最判平成18年6月1日民集60巻5号1887頁、最判平成19年4月17日民集61巻3号1026頁）

　保険金請求者にとって交通事故発生の立証は比較的容易である。事故証明書があれば十分であろう。

　しかし、盗難の事案では状況は一変する。最判平成19年4月17日にあるように、保険金請求者は「被保険者以外の者が被保険者の占有に係る被保険自動車をその所在場所から持ち去ったこと」という外形的事実については主張立証せねばならず、これは必ずしも容易ではない。被害届等は証拠となり得るが、それ自体が虚偽であると保険者に争われた場合には、盗難自体の立証が意外と難しい。

第 5 節　偶然性の立証責任

　この点の立証がなされたとして、保険者としては、事故が偶然ではないこと（交通事故や自動車の持ち去りが被保険者の意思に基づくこと）を立証することになる。保険金詐欺事件として刑事事件になっているのであれば、刑事記録を用いることにより、この点の立証も可能である。一方で、刑事事件化されていない場合には、目撃証言等の有力な直接証拠はないものと考えられ、事故申告の不自然さ、保険契約金額や契約時期との相関関係等から偶然性がないことを立証することになる。

◎傷害保険→保険金請求者が立証責任を負う（最判平成 13 年 4 月 20 日民集
　　　　　 55 巻 3 号 682 頁、東京高判平成 26 年 5 月 28 日、札幌地判平
　　　　　 成 26 年 12 月 26 日）

　問題となりやすい事案として、自殺が疑われる事案での保険金請求がある。偶然の事故であることと自殺行為によって生じた傷害（死亡）であることは両立しないという考え方を前提とすれば、偶然の事故であることの立証は自殺ではないことの立証とほぼ同義になる。この点、保険金請求者側としては事故そのものの状況や、被保険者の事故直前の様子等から偶然性を立証することとなる。保険者としては、これらへの反証をすると同時に、被保険者が自殺を企図するだけの理由があったかどうか、健康状態、勤務実態、経済状況等を間接事実として主張するということになろう。

【参考文献】
　群馬弁護士会「立証の実務　改訂版」（ぎょうせい、2016 年）
　横田尚昌「傷害保険における事故の偶然性について」生命保険論集 172 号 113 頁

第2編 第1部 第1章 火災保険

●第6節　火災保険の免責事由

1　保険法に規定のある免責事由

Q7 第三者による放火、重過失による失火の場合、保険者は免責されるか。

A7 免責される場合がある。

解　説

　保険法17条1項は、「保険者は、保険契約者又は被保険者の故意又は重大な過失によって生じた損害を填補する責任を負わない。戦争その他の変乱によって生じた損害についても、同様とする。」と規定し、保険者の免責を定める。

　第三者が保険契約者または被保険者の指示を受けて事故招致した場合、保険契約者または被保険者自身の故意による事故招致といえ（福岡高判平成24年2月24日判タ1389号273頁）、保険者は免責される。第三者が保険契約者または被保険者の指示を受けて事故招致した場合でなくても、第三者が実質的被保険者といえる場合には、被保険者の行為と同視すべきであるとして免責を認めた事例がある（仙台地判平成7年8月31日判時1558号134頁）。

　約款及び裁判例は、保険契約者・被保険者以外の者の事故招致について、一定の範囲で免責を認めているが（約款では、法人につき、法人の「理事、取締役、または法人の業務執行するその他の機関」による事故招致は免責と定められている）、その趣旨については、被保険者等に代わり事実上危険を管理する地位にある者の故意・重過失による事故招致を被保険者の事故招致と同視するという説（代表者責任論）、法人の「理事、取締役、または法人の業務執行するその他の機関」の場合、事実上被保険者、保険契約者と共謀、教唆といった関係にあることが多く、その立証が困難であることから立証の困難を救うため、政策的観点からこれらに拡大したものとする説（自己責任主義）がある。保険契約者兼被保険者の従業員が管理していた保険目的物が同人の放火により損害を受けた事例で、当該従業員が、法人の「理事、取締役、または法人の業務執行するその他の機関」に当たり、また、代表者責任論、自

76

第6節　火災保険の免責事由

己責任主義いずれの立場に立っても当該従業員が改正前商法 665 条、641 条（現保険法 17 条 1 項前段）の保険契約者、被保険者にあたり、免責規定が適用されるとした事例がある（札幌高判平成 11 年 10 月 26 日判決金判 1099 号 35 頁、原審札幌地判平成 11 年 6 月 10 日判タ 1041 号 261 頁）。

同居する 18 歳の長男の自宅放火につき、保険契約者（父）が放火の結果を望んでいたのではなく、長男を保険契約者と同視することはできず、保険契約者は長男の監督につき相応の注意を尽くしていたとして保険契約者の重大な過失を否定し保険者の免責を認めなかった事例もある（広島高判平成 17 年 1 月 18 日判タ 1196 号 187 頁）。

【参考文献】

　山下友信ほか「保険法」162 頁以下（有斐閣、第 3 版補訂版、2015 年）
　山下友信＝永沢徹『論点体系　保険法 1』168 頁以下（第一法規、2014 年）
　塩崎勤＝山下丈＝山野嘉朗「専門訴訟講座③保険関係訴訟」588 頁以下（民事法研究会、2009 年）

Q8 保険契約者等（原因行為者）が精神障害に罹患しており、自由な意思決定をすることができない状態で火災を発生させた場合、保険者は免責されるか。

A8 免責されない。

解　説

保険法 17 条 1 項において、保険契約者等が故意等により保険事故を生じさせた場合に、保険会社を免責する旨の規定が置かれている趣旨は、そのような場合にまで被保険者の保険金請求を認めることが、保険の不当利用の防止といった公益に反し、保険契約当事者間の信義誠実の原則にも反するという点にあるところ、保険契約者等（原因行為者）が精神障害に罹患しており、自由な意思決定をすることができない状態で保険事故を生じさせた場合は、被保険者の保険金請求を認めたとしても、公益及び信義誠実の原則に反するとはいえないから、上記の免責規定は適用されない（大阪高判平成 27 年 2 月 27 日判時 2259 号 46 頁、原審神戸地姫路支判平成 26 年 8 月 20 日判時 2259 号 48

第2編 第1部 第1章　火災保険

頁（事案としては免責規定を適用））。

【参考文献】

本文中に掲げた裁判例

Q9 保険契約者又は被保険者の故意又は重大な過失についての立証の程度はどれぐらいか。保険者が故意についてどのような事実を立証すれば保険者は免責され、保険金の請求は認められないのか。

A9 「一応の推定」では足りず、民事裁判の一般の証明程度である「証明の優越」又は「明白で納得的証明」が必要となる（東京高判昭和59年12月25日判時1144号146頁）。

解説

　被保険者等の意思に基づいて保険事故が招致されたものと推認するのが合理的であるような間接事実の証明がされれば足りる。

　間接事実について、具体的には、火災の原因が放火と認められるかについては、①出火箇所及び出火態様、②出火日時、③放火以外の出火の可能性が、放火について請求者が関与したと認められるかについては、①事故の客観的状況等（建物出入り口等の設置及び施錠状況、鍵の管理状況）、②請求者の事故前後の行動等（火災前後の請求者等の行動の不自然性）、供述内容の不自然性及び変遷等、アリバイ、③請求者の属性・動機等（請求者等の経済状態、保険事故により請求者等が受ける利益、同種事故の経験の有無）、④保険契約に関する事情（保険契約締結の経緯、保険契約締結と火災発生との時間的近接性）等が挙げられる。

　証明を認めた例として、東京地判平成12年9月27日判時1733号128頁（保険契約者及びその関連会社では、過去に多数の不審火ないし放火による火災が発生していること、実質的経営者は、現在、経営に行き詰まり、過去にも多額の保険金を取得した経緯があること、実兄2人が、別件の刑事事件あるいは民事事件の法廷で、実質的経営者が放火に関与している旨の供述をしていることなどの事情があった）。他に肯定例として、前橋地高崎支判平成12年9月27日判タ

78

第6節　火災保険の免責事由

1093 号 293 頁、東京地判平成 12 年 5 月 25 日判タ 1063 号 209 頁。

【参考文献】

東京地方裁判所プラクティス委員会第一小委員会「保険金請求訴訟をめぐる諸問題（上）」判タ 1397 号 9 頁

塩崎勤＝山下丈＝山野嘉朗「専門訴訟講座③保険関係訴訟」586 頁以下（民事法研究会、2009 年）

Q10 ①電力会社職員から再三にわたって回線修理等の指導をうけながら、漏電による火災の発生を未然に防止する手立てを尽くしていなかった場合、②ストーブのそばに衣類をかけたままストーブを消火することなく外出した場合、③比較的短時間で戻ってくるつもりで、ストーブをつけたまま外出した場合に、それぞれ保険金は支払われるか。

A10 ①の場合、保険契約者に、②の場合、実質的被保険者に、それぞれ重過失ありとして保険金が支払われず（①について津地伊勢支判平成元年 12 月 27 日判タ 731 号 224 頁、②について仙台地判平成 7 年 8 月 31 日判時 1558 号 134 頁）、③の場合に、保険契約者に重過失なしとして保険金の支払いを認めた裁判例がある（東京高判平成 4 年 12 月 25 日判時 1450 号 139 頁）。

解　説

保険法 17 条 1 項にいう「保険契約者又は被保険者の重過失」の意義について正面からその定義を述べた判例はいまのところないが、民事法上の判例は、「通常人に要求される程度の相当の注意をしないでも、わずかの注意さえすれば、たやすく違法有害な結果を予見することができた場合であるのに、漫然とこれを見過ごしたような、ほとんど故意に近い著しい注意の欠如の状態」をいうと解している（大判大正 2 年 12 月 20 日民録 19 輯 1036 頁、最判昭和 32 年 7 月 9 日民集 11 巻 7 号 1203 頁、最判昭和 51 年 3 月 19 日民集 30 巻 2 号 128 頁）。

学説には、重過失の意義を、準故意ともいうべきものに限定すべきとする見解と、一般人を基準として甚だしい不注意であれば足りるとする立場がある。

79

第2編 第1部 第1章 火災保険

重過失を故意による事故招致の立証の困難を救済するための代替概念としてとらえるか、故意の立証の困難救済の面があるにしても、故意が高度に疑われる場合に限り重過失免責を適用するというような解釈をすべきではないと考える立場の対立である。

【参考文献】

　山下友信＝永沢徹「論点体系　保険法 1」168 頁以下（第一法規、2014 年）

2　通知義務違反による免責

Q11 保険の目的物を譲渡したが保険者に通知しない間に火災が発生したとき、保険者は免責されるか。

A11 譲渡後遅滞なく通知しなかったときに火災が発生すれば免責される。

解　説

　目的物譲渡をした場合は遅滞なくその事実を保険者に通知して保険証券に承認の裏書を受けなければならず、通知義務懈怠中に火災が発生したときは、保険者会社は免責されるとする住宅火災保険普通保険約款の有効性を争った判例（最判平成 5 年 3 月 30 日民集 47 巻 4 号 3384 頁）は、同約款を有効とした。その理由として、保険の目的物の譲渡は、火災の危険を変更又は増加する可能性があるから、保険者には、契約解除の機会を留保する正当な利益があることを挙げた。

　なお、同判例は、買受の翌々日に目的物件が消失した事例であったが、同約款による保険者の免責は否定した。この考え方は、譲渡後遅滞なく書面をもって通知しなかったときに初めて失権の効果が生じるとして、制限的解釈をとったと考えられている。

【参考文献】

　石原全「判批」平成 5 年度重要判例解説（ジュリスト臨時増刊 1046 号）120 頁（有斐閣、
　　1994 年）

　金判 933 号 55 頁

第6節　火災保険の免責事由

Q₁₂ 火災による損害発生を知ってから30日経過後に、保険者に損害を通知した場合、保険者は免責されるか。

A₁₂ 免責はされないが、保険者は通知義務違反による調査費用の増加などの自己の被った損害額を支払うべき保険金の額から控除できる。

解　説

　保険契約者又は被保険者は、保険契約による損害が生じたことを知ったときは、遅滞なく保険者に対し、その旨を通知しなければならない（保険法第14条）。

　保険契約者が、正当な理由なく火災発生による損害発生を通知しなかった場合、保険者は、通知懈怠によって被った損害額を差し引いて保険金を支払うことになる。すなわち、保険者は、通知懈怠によって拡大した損害については保険金支払い義務を免除される。

【参考文献】
　山下友信ほか「保険法」161頁以下（有斐閣、第3版補訂版、2015年）

Q₁₃ 重複して火災保険契約を締結する際には、保険契約者には約款上告知義務が課されるが、同義務に違反した場合、保険者は免責されるか。

A₁₃ 免責されない。

解　説

　保険法20条1項は、重複保険のときであっても各保険者のてん補損害額全額の給付義務を定めるとともに、同条2項で、各保険者は、各保険者が行うべき保険給付額の合計額がてん補損害額を超える場合において保険者の一人が自己の負担部分を超えて保険給付を行って共同の免責を得たときは、自己の負担部分を超える部分に限り、他の保険者に対し、求償権を取得すると規定している。

81

東京高判平成4年12月25日判時1450号139頁は、火災保険約款上、重複して損害保険契約を締結する際は、保険契約者は、先の保険者に対してその旨を通知して承認を求め、後の保険者に対して予めその旨を告知すべきことを定めている趣旨は、重複保険の締結は、一般に保険契約者による保険事故の招致の危険を増大させるおそれがあることに鑑み、保険者としては重複保険の成立を避けるため、他保険契約の存在を知る必要があること、及び保険事故が発生した場合の損害の調査、責任の範囲の決定について、他の保険者と協同して行う利益を確保するためには、他保険契約の存在を知ることが便宜であること等にあるものと考えられる。したがって、重複保険の通知義務、告知義務を課した本件約款には合理的な理由がある、その定め自体が商法に違反するものではないと判示した。

ただし、保険契約者が不法に保険金を得る目的をもって重複保険契約をしたことなど、保険契約解除あるいは保険金支払い拒絶につき正当事由がある場合には、保険者は告知義務違反を理由に保険契約を解除し、保険金支払いを免れることができる。

【参考文献】
鴻常夫=竹内昭夫=江頭憲治郎=山下友信「損害保険判例百選〔第2版〕」別冊ジュリスト138号28頁〔洲崎博史〕（有斐閣、1996年）
大谷種臣「判批」平成6年度主要民事判例解説（判タ臨時増刊882号）198頁（有斐閣、1995年）

3 損害防止義務違反による免責

Q14 保険契約者及び被保険者が、損害拡大防止義務を怠ったとき、保険者は免責されるか。

A14 義務違反により拡大した損害については保険者は損害填補しなくてよいが、義務違反の要件として被保険者の故意・重過失を要求する説が有力である。

【解説】

保険法13条は、保険契約者及び被保険者の損害発生及び拡大の防止義務を定める。

第7節　告知義務、通知義務

　火災保険普通保険約款には、保険契約者又は被保険者が正当な理由がなく
損害発生及び拡大の防止義務を履行しなかった場合は、事故による損害額か
ら損害の発生及び拡大を防止することができたと認められる額を差し引いて
支払うとの規定がある。すなわち、損害の発生及び拡大防止義務懈怠によっ
て発生・拡大した損害については、保険者は免責される。

【参考文献】
　山下友信ほか「保険法」158 頁以下（有斐閣、第 3 版補訂版、2015 年）

●第7節　告知義務、通知義務

1　告知義務に関する問題

Q15　保険目的の所在地、所有者、建物、重複契約の有無な
どの重要な事項にかかる告知の方法の形式に制限はあ
るのか。

A15　理論的には、口頭によると、書面によると、又は
告知を行うことのみを指示された代理人によると
を問わない。

【参考文献】
　山下友信＝永沢徹「論点体系　保険法 1」72 頁以下〔梅津昭彦〕（第一法規、2014 年）

Q16　火災保険契約の場合、「損害保険契約によりてん補さ
れることとなる損害の発生の可能性に関する重要な事
項」（保険法 4 条）に該当するものとして、例えばど
のようなものがあるか。

A16　保険の目的物である建物の使用用途、当該建物の
構造、周囲の環境、保険契約者が締結している他
保険契約が存在するという事実などがある。

解説

　「重要な事項」は、保険者がその事実を知ったならば保険契約の締結を拒
絶したか、又は同一の保険料では引き受けなかった事実である。

「重要な事項」の判断技術については、客観的基準説と主観的基準説がある。客観的基準説（大判大正4年6月26日民録21輯1044頁）では、「重要な事項」か否かは、保険技術に照らし、客観的に観察してこれを決すべく、争いが生じた場合には専門家・裁判所の判断による。これに対し、主観的基準説（横浜地判平成2年12月20日生命保険判例集6巻286頁）では、「重要な事項」か否かは、保険契約を引き受ける個々の保険者の危険選択基準により決定される。

保険契約者が締結している他保険契約が存在するという事実は、保険者が他保険契約の存在を危険選択（測定）の判断材料として、保険契約の累積状況が一定の基準を超えて引受けを拒絶する取扱いを行っている場合には「重要な事項」となる（ただし、他保険契約の存在を告知義務の対象とする約款規定が有効であったとしても、その違反の効果については、多くの裁判例がそれを制限的に解している。）。

保険の目的物である建物の使用用途について不実の告知がなされた事例において、それは火災保険における危険性を測定するために重要な事実であると判断した裁判例として、大阪地判平成9年11月7日判タ982号266頁がある。

【参考文献】
　山下友信＝永沢徹「論点体系　保険法1」72頁以下（第一法規、2014年）

2　告知義務違反による解除に関する問題

告知義務者が、告知事項となるべき事実が存在することを知らず、知らないことについて重過失がある場合、告知義務違反になるか。

保険法28条1項の文言上は明らかではないが、知らない事項について告知義務者にその探知を要求することはその者に過大な負担を課すことになり妥当でないという見解がある。

【参考文献】
　山下友信＝永沢徹「論点体系　保険法1」253頁以下（第一法規、2014年）

第7節　告知義務、通知義務

Q₁₈ 告知義務者が他保険契約の存在について保険者から告知を求められ、当該事項について不告知・不実告知をした場合、告知義務違反が成立し、直ちに保険者の解除権が認められるか。

A₁₈ 裁判例は、他保険契約の存在に関する告知義務違反を理由とする解除権を限定的に認める態度をとっている。

解　説

　告知義務の存在理由とその不履行が契約の解除という不利益を保険契約者又は被保険者に及ぼすことを考慮し、保険契約者又は被保険者がそのことを認識し、又は重過失により認識せずに、他保険契約の存在を告知しなかった場合には、保険者は当該保険契約を解除することができると解したうえで、さらに、その不告知が保険金の不正請求の目的にあり、あるいは当該事案の全体から、不告知を理由として契約を解除することが保険者による解除権の濫用とならないと認められる場合に限り、その効力を認めることが相当であるとした裁判例として、青森地八戸支判平成18年6月26日判タ1258号295頁、広島地判平成8年12月25日判タ954号241頁、東京高判平成5年9月28日判タ848号290頁等がある。

　また、他保険契約の告知を要求する約款規定が一般に認知されているとは言い難く、その違反に契約の解除という効果を無限定に認めることは社会通念に照らし不相当であることを前提に、他保険契約の告知義務違反により保険者が解除できるのは、告知義務者が故意又は重過失により告知を怠っただけでは足りず、他保険契約の告知義務違反が、保険契約上の信義則に反し、不正な保険金取得等保険制度の趣旨又は目的にもとる事態を招来する場合に限り、保険者による解除権が認められるとした裁判例として、名古屋地判平成15年6月4日交民36巻3号823頁、大阪高判平成14年12月18日判時1826号143頁、東京地判平成3年7月25日判時1403号108頁がある。

　さらに、保険契約者又は被保険者が故意又は重過失により告知を怠っただけでは足りず、不法に保険金を得る目的で重複保険をしたなど、当該保険契約を解除し、あるいは保険金の支払を拒絶するにつき正当な事由があること

85

第2編 第1部 第1章 火災保険

を保険者において主張立証することができる場合には保険者の解除権が認められるとした裁判例として、東京地判平成15年5月12日判タ1126号240頁、東京高判平成4年12月25日判タ858号243頁等がある。

他方で、保険契約者又は被保険者において告知義務の存在を知りながらあえてその義務を履行せず、又は告知義務の存在を知らなかったことについて重過失がある場合には、保険者は保険契約を解除することができるが、例外的に、保険契約者側において、重複保険を締結するに至った経緯、目的等を立証するなどして、当該契約の締結が告知義務が設けられた抵触するものではないことが立証できた場合には、保険者は保険金の支払を拒めないとするとした裁判例として、名古屋地判平成15年4月16日判タ1148号265頁、東京地判平成13年5月16日判タ1093号205頁、東京高判平成3年11月27日判タ783号235頁等がある。

【参考文献】
山下友信＝永沢徹「論点体系　保険法1」257頁以下（第一法規、2014年）

Q19 保険者の解除権行使には期間制限があるが（保険法28条4項）、これは時効期間か、それとも除斥期間か。

A19 除斥期間である。

解説

保険者の解除権、告知義務者に告知事項について故意又は重過失による義務違反があることを知った時から1か月間行使しないときには消滅し（保険法28条4項前段）、損害保険契約の締結の時から5年を経過したときにも消滅するが（同項後段）、これらの期間はいずれも除斥期間である。

そのため、消滅時効のような中断はなく、また、援用がなくても除斥期間の経過によって解除権は消滅する。さらに、起算点は権利発生時であり、権利消滅の効果は遡及しない。

【参考文献】
山下友信＝永沢徹「論点体系　保険法1」260頁以下（第一法規、2014年）

第 7 節　告知義務、通知義務

Q20 保険者が解除原因の存在について疑いを持てば、保険法 28 条 4 項前段により解除できるか。

A20 解除できない。

解説

「解除の原因があることを知った時」（保険法 28 条 4 項前段）とは、保険者が解除原因の存在について疑いを持ったのみでは足りず、告知義務違反の客観的事実を具体的根拠に基づいて知ることであるとする裁判例がある（東京地判昭和 61 年 1 月 28 日判時 1229 号 147 頁）。

【参考文献】

　山下友信＝永沢徹「論点体系　保険法 1」260 頁以下（第一法規、2014 年）

3　危険増加による解除に関する問題

Q21 保険の目的物を譲渡した場合、当該目的物に係る保険契約はどのように取り扱われるか。

A21 保険法施行後の住宅火災保険に関する代表的な約款では、保険の目的物の譲渡があった場合には原則として保険契約は終了するが、事前の承認請求及び保険者の承諾を条件として、保険契約者及び被保険者（又は被保険者のみ）の地位を保険の目的物の譲受人に移転させることができるというふうに取り扱われている。

解説

　保険法施行後の住宅火災保険に関する代表的な約款では、①保険契約締結の後、被保険者が保険の対象を譲渡する場合には、保険契約者又は被保険者は、遅滞なく、書面をもってその旨を保険者に通知する義務がある、②この場合、保険契約者が保険契約による権利及び義務を保険の対象の譲受人に移転させるときは、保険の対象の譲渡前にあらかじめ、書面をもってその旨を保険者に申し出て、保険者の承認を請求しなければならない、③保険者が②の承認をする場合は、②の権利及び義務は、保険の対象が譲渡された時に保

87

険の対象の譲受人に移転する、と規定している。

保険法施行前のものであるが、保険の対象を譲渡する場合の事前の通知義務を規定した約款の有効性を認め、目的物の譲渡から保険事故発生までの期間が短い場合には、保険会社の免責を認めないという立場を明らかにした判例として、最判平成5年3月30日民集47巻4号3384頁がある。

【参考文献】
　山下友信＝永沢徹「論点体系　保険法1」266～267頁（第一法規、2014年）

4　重大事由による解除に関する問題

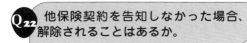

Q22　他保険契約を告知しなかった場合、解除されることはあるか。

A22　解除されることはある。

解説

　実際に他保険契約の有無が告知・通知事項とされ、保険契約者等が故意又は重大な過失により正しい告知・通知をしない場合には、保険者は告知義務違反を理由に契約解除が認められることがある。

　もっとも、この場合でも、告知・通知されなかった事実と保険事故発生との間に因果関係がない場合には、保険者は保険給付を負うとする因果関係不存在特則が規定され（保険法31条2項1号ただし書）、片面的強行規定となっている（保険法33条1項）。

　この場合、保険契約の重複については、他保険契約の告知・通知義務の違反ではなく、保険法上の重大事由解除のうち包括条項（保険法30条3号）の該当性について検討されることとなる。生命保険契約や傷害疾病定額保険契約においては、他保険契約の重複による保険金額の累積は、保険金詐取等モラル事案の推認となる事実を構成しやすい点がある。しかし、損害保険契約が実損てん補契約であることから、重複保険のみをもって重大事由解除を認めることは一般的には難しいことになる。

　平成20年改正前商法下のものであるが、保険契約締結に関する諸事情、その後の保険金請求における不正請求を高度に疑わせる諸事情等、総合的に

考慮し、保険者との信頼関係破壊に該当するかを判断する必要があるとした裁判例として、東京地判昭和 61 年 1 月 30 日判タ 588 号 97 頁、仙台高秋田支判平成 4 年 8 月 31 日判タ 801 号 223 頁、東京高判平成 4 年 12 月 25 日判タ 858 号 243 頁等がある。

【参考文献】
　山下友信＝永沢徹「論点体系　保険法 1」281 頁以下（第一法規、2014 年）
　萩本修「一問一答　保険法」48 頁、100 頁（商事法務、2010 年）

Q23　保険契約者等が損害の不実申告をした場合、保険者は保険金支払義務を免れることはできるか。

A23　免れることができる場合がある。

解説

　平成 20 年改正前商法下における損害保険契約に適用される約款においては、いわゆる不実申告免責条項が置かれていた。これに対し、保険法対応約款においては、不実申告免責条項は置かれていない。しかし、不実申告免責条項がない場合であっても、保険解約者側により著しい不正等の状況がある場合には、信義則を根拠として保険者の全部免責は認められると解される。

　自動車の自損事故によって負傷した被保険者が、保険者に対して保険金を請求した事案において、被保険者は事故に関して、虚偽の事実を自動車保険金請求書に記載し、あるいは、その旨を保険会社の調査担当者等に述べて、それを報告書等に記載させたのであるから、当該請求については、虚偽申告を理由とする免責が認められるとした裁判例として、福岡高判平成 20 年 1 月 29 日判時 2009 号 144 頁がある。

【参考文献】
　山下友信＝永沢徹「論点体系　保険法 1」158 頁以下（第一法規、2014 年）

第8節　保険金支払債務の履行遅滞

 保険金支払債務はいつから履行遅滞となるか。

 約款で定められる（保険業法4条2項3号、保険業法施行規則9条4号）が、約款で定めた期限が、保険事故、填補損害額、保険者が免責される事由その他の保険給付を行うために確認をすることが損害保険契約上必要とされる事項の確認をするための相当の期間を経過する日後の日であるときは、当該期間を経過する日をもって履行遅滞となる（保険法21条1項）。

解説

　約款では、被保険者等が保険金支払に必要と約款上定められた手続（保険金請求書の提出等）をした日から30日等の一定期間内に保険金を支払うとしつつ、必要事項を確認するために30日を超える期間が相当な期間と考えられる場合につき、どのような場合に何日後に支払うというような形で詳細な規定がおかれる。

　保険事故発生後に個別に履行期を延期する合意がされた場合、保険法21条1項は片面的強行規定であり（保険法26条）、当該合意の効力が問題となり得るが、被保険者の同意が保険者の圧力によるものであるなどの脱法的な合意でなければ無効とは限らない（保険事故発生後、履行を延期する合意を認定した判決として最判平成20年2月28日判時2000号130頁）。

　保険者が確認をするために必要な調査を行うに当たり、保険契約者又は被保険者が正当な理由なく当該調査を妨げ、またはこれに応じなかった場合には、保険者は、これにより保険給付を遅延した期間について、遅滞の責任を負わない（保険法21条3項）。

【参考文献】
山下友信ほか「保険法」169頁以下（有斐閣、第3版補訂版、2015年）
山下友信＝永沢徹「論点体系　保険法1」198頁以下（第一法規、2014年）

第9節　消滅時効

Q25 保険金請求権の消滅時効は何年か。

A25 3年である（保険法95条1項）。

解説

消滅時効の起算点については保険法はとくに規定していないので、民法の一般原則に従い、権利を行使しうる時が起算点となる（民法166条1項）。学説では起算点を保険金請求時から支払期限を定めた約款所定の一定期間を経過した時とする説（請求しなかった場合には、保険事故発生とする説や保険事故発生時から一定期間経過後とする説などに分かれている）、保険事故発生時（損害発生時）とする説、保険金請求者が保険事故発生を知った時とする説がある。

保険金請求権が発生した時から権利行使できると考えれば保険事故（損害）発生時が起算点となるが、約款所定の一定期間内は保険者は履行遅滞にならないことを権利行使が制限されると考えれば、この一定期間を消滅時効の起算点に反映させる余地が出てくる。

裁判例として、約款所定の必要な調査を終え保険金支払の可否が保険金請求者に通知された時とするもの（傷害保険に関し、東京地判平成11年9月30日判タ1025号268頁）、請求しなかった場合に保険事故発生時とするもの（東京地判昭和42年9月27日下民集18巻9・10号956頁）がある。

なお、約款規定とは別に履行期を延期する合意がある場合、合意が有効である以上、合意に基づいた履行期から権利を行使できるのであり、その時点が起算点となる（最判平成20年2月28日判時2000号130頁）。

【参考文献】
山下友信ほか「保険法」173頁以下（有斐閣、第3版補訂版、2015年）
山下友信＝永沢徹「論点体系　保険法2」395頁以下（第一法規、2014年）

第2編 第1部 第1章 火災保険

● 第 10 節　保険者の代位 ･･･････････････････････････

Q26 自宅が火災で全焼し、火災保険から保険金全額が支払われたが、残骸の所有権はどうなるのか。

A26 全焼した建物の残骸の所有権は、保険者が所有権取得の意思表示をしないかぎり、元の所有者に残る。

解　説

　保険者は、保険の目的物の全部が滅失した場合において、保険給付を行ったときは、当該保険の目的物に関して被保険者が有する所有権その他の物権について当然に被保険者に代位する（保険法24条）。これを残存物代位といい、保険法上は、全焼した建物の残骸の所有権は、保険金全額を支払った保険者に当然に帰属することになる（意思表示や対抗要件は不要）。

　しかし、火災保険の約款では、保険金支払時に保険者が残存物の所有権を取得する意思表示をしないかぎり権利が移転しない旨の条項が設けられていることがほとんどであり、このような条項も保険法26条に反しないとされている。

　したがって、全焼した建物の残骸の所有権は、保険者が所有権取得の意思表示をしないかぎり、元の所有者に残ることになる。

【参考文献】
　福田弥夫＝古笛恵子「逐条解説改正保険法」77 ～ 79 頁（ぎょうせい、2008 年）
　江頭憲治郎「商取引法」472 ～ 474 頁（弘文堂、第 7 版、2013 年）

Q27 借家人の失火で借家が全焼してしまい、保険会社が家主に火災保険金を支払ったとき、保険会社はその支払った保険金額を借家人に求償できるか。

A27 借家人の過失が軽過失である場合は、保険会社は家主に支払った保険金額を借家人に求償することはないが、借家人の過失が重過失又は借家人に故意がある場合には、求償できる。

第 10 節　保険者の代位

解 説

　借家人が失火で借家を全焼させてしまった場合、家主は借家人に対して損害賠償請求権（債務不履行責任）を取得する。家主が貸家に火災保険をかけていれば、家主は保険会社に対して保険金を請求することもできる。保険者は、保険給付を行ったときは、保険事故による損害が生じたことにより被保険者が取得する債権について当然に被保険者に代位する（保険法 25 条 1 項）。これを請求権代位といい、保険法上は、保険金を支払った保険会社は、家主の借家人に対する損害賠償請求権を当然に代位取得し（意思表示や対抗要件は不要）、借家人に対してその損害賠償請求権を行使することができる。

　しかし、火災保険の約款では、被保険者が借家人（賃貸借契約または使用貸借契約に基づき保険の対象である建物を占有するものをいい、転貸人・転借人を含む。）に対して有する債権の不行使が特約されていることがほとんどである。ただし、借家人の故意又は重過失によって生じた損害に対し保険金を支払った場合は、除外されている。

　したがって、借家人の過失が軽過失である場合は、保険会社は家主に支払った保険金額を借家人に求償することはない。

【参考文献】
　福田弥夫＝古笛恵子「逐条解説改正保険法」80 ～ 84 頁（ぎょうせい、2008 年）
　江頭憲治郎「商取引法」474 ～ 478 頁（弘文堂、第 7 版、2013 年）

93

第2編 第1部 第1章 火災保険

•第11節　火災保険の無効・取消・失効・解除・終了••••

Q28 火災保険契約はどのような場合に終了するか。

A28 終了事由としては、①解除、②無効・取消し、③失効、④保険期間の満了がある。

解説

①解除については、保険法上、保険契約者による解除として、任意解除権（保険法27条）、保険者が破産手続開始決定を受けたときの解除権（保険法96条1項）が定められており、保険者による解除としては、告知義務違反による解除（保険法28条）、危険増加による解除（保険法29条）、重大事由による解除（保険法30条）が規定されている。このほか、民法上の解除権（たとえば保険料不払いによる債務不履行解除）に基づく解除も可能である。

②無効・取消事由によって契約が終了するのは他の契約の場合と同様であるが、詐欺又は強迫を理由として意思表示を取り消した場合には、保険者は保険料返還義務を負わないものとされている（保険法32条1号）。そのような行為を行った者に対する制裁の趣旨である。

③保険者が破産手続開始の決定を受けた場合に、保険契約者が保険契約を解除しなかったときは、当該保険契約は、破産手続開始決定の日から3か月を経過した日に効力を失う（保険法96条2項）。このほか、保険期間中に被保険利益が消滅した場合にも契約は失効する。

④約定の保険期間が満了すれば、保険契約は当然に終了する。通常、保険期間の満了により保険者から保険契約者には何らの給付もなされないが、保険契約によっては、無事故戻しとして支払い済みの保険料の一部が払い戻されることがある。

【参考文献】
　山下友信ほか「保険法」184～189頁（有斐閣、第3版補訂版、2015年）
　潘阿憲「保険法概説」172～184頁（中央経済社、2010年）

第11節　火災保険の無効・取消・失効・解除・終了

Q29 火災保険契約の解除には、どのような効力があるか。

A29 将来効（保険法31条1項）であるが、例外的に解除時までに発生していた保険事故について保険者が免責される場合がある。

解説

　契約解除は遡及効を有するのが原則であるが（民法545条）、損害保険契約においては、解除前までは保険者が危険負担をしていたことを考慮すると、保険料を遡及的に清算することは妥当でないことから、解除は将来に向かってのみ効力を生じるものとされた。

　解除の効果が将来効であるため、解除時までに発生していた保険事故については、原則として保険者は保険金支払義務を負い、保険契約者も解除時までの保険料支払義務を負う。ただし、例外的に、告知義務違反による解除（保険法28条）、危険増加による解除（保険法29条）、重大事由による解除（保険法30条）の場合には、解除時までに発生していた保険事故について保険者は免責され、保険金支払義務を負わない（保険法31条2項）。

【参考文献】
　山下友信＝永沢徹「論点体系　保険法1」290～300頁（第一法規、2014年）

第 12 節　火災保険と訴訟

 火災保険金請求訴訟における要件事実は何か。

 以下の表のとおり。

請求原因	抗　弁
①原告が、下記③当時、対象物を所有していたなど、被保険利益を有すること ②被告が損害保険を業とする株式会社であること ③原告と被告が、当該対象物について、保険金額を具体的な額として、特定の保険期間を定め、保険料を具体的な額とする火災保険契約を締結したこと ④火災保険期間中、対象物が火災により焼失したこと ⑤上記③当時、対象物の価額が請求額であること	弁済
	消滅時効（保険法95条1項）
	火災が戦争その他の変乱によって生じたこと（保険法17条1項後段）
	火災が地震もしくは噴火又はこれらによる津波によること（約款）
	火災が保険契約者又は被保険者の故意又は重大な過失によって生じたこと（保険法17条1項前段）
	法人について、火災が法人の「理事、取締役又は法人の業務を執行するその他の機関」の故意又は重大な過失によって生じたこと（約款）
	告知義務違反による契約の解除（保険法31条2項1号、28条1項）
	危険の増加に基づく解除（保険法31条2項2号、29条1項）
	重大事由による解除（保険法31条2項3号、30条）

【参考文献】

　塩崎勤＝山下丈＝山野嘉朗「専門訴訟講座③保険関係訴訟」577頁以下（民事法研究会、2009年）

　山下友信ほか「保険法」134頁、147頁、153頁以下、162頁以下（有斐閣、第3版補訂版、2015年）

　山下友信＝永沢徹「論点体系　保険法1」168頁以下、252頁以下（第一法規、2014年）

第13節　損害保険における裁判外紛争解決方法（ADR）

● 第13節　損害保険における裁判外紛争解決方法（ADR）

Q31 損保保険会社の提示や対応に不服や苦情がある場合に、裁判所以外に利用できる機関があるか。

A31 そんぽADRセンターがある。

解説

　そんぽADRセンターは、損害保険に関する相談、損害保険会社とのトラブルに関する苦情を受け付け、損害保険会社との間でトラブルが苦情解決手続等によって解決しない場合には、紛争解決手続の申立てを扱っている。

　相談は来訪による相談、文書による相談、出張相談がある。原則として無料である。

　苦情解決手続は、申出のあった損害保険会社に対する苦情を、そんぽADRセンターから通知して、申出人への対応を求めるもので、通信費、交通費等を除き無料である。紛争解決手続苦情の申出から60日を経過しても当該苦情が解決しない場合には、そんぽADRセンターから対象となる申出人に紛争解決手続を案内する。

　紛争解決手続は、「苦情解決手続」によって解決しない場合など、中立・公正な第三者である「紛争解決委員」が互譲の精神によりトラブルの解決支援（和解案の提示等）を行っている。通信費、交通費等を除き無料である。手続は、一般紛争と交通賠責紛争の2つがあり、一般紛争は契約者または被保険者からの申し立て、交通賠責紛争は交通事故等の被害者からの申し立てを扱う。

　苦情解決手続・紛争解決手続の相手方となれる損害保険会社は、日本損害保険協会との間で指定紛争解決機関に関する手続実施基本契約を締結した損害保険会社に限られる。

　苦情の申出又は紛争の申立ては一定の者を代理人として行うことができる。なお、代理人による手続を行う場合は、委任状等の必要書類の提出を求めることがある。

97

第2編 第1部 第1章 火災保険

　苦情の申し出・紛争解決の申し立てはいつでも取り下げることができる。
　紛争解決手続は非公開で、紛争解決委員は、申立てを受け付けた日から原則として4か月以内に、和解案を作成するよう努める。
　自賠責保険の保険金の支払等に関するトラブル（重過失減額、後遺障害等級認定など）については、そんぽADRセンターの紛争解決手続を利用できない。
　紛争解決手続の申立てがあった場合でも、より申立人に合った解決を図るために、「苦情解決手続」を案内する場合がある。
　一般紛争解決手続は申立人の居住地に応じ、そんぽADRセンター東京と、そんぽADRセンター近畿で、交通賠責紛争解決手続はそんぽADRセンター東京のみで行われる。
　紛争解決手続の流れは、申立人の申立書の作成・提出→（ADRセンター）紛争解決委員の選任・検討開始→申立人が書面または面談により保険会社の主張に対し意見を述べる→紛争解決委員は、和解の見込みがある場合、和解案（特別調停案）を提示する→申立人が（和解案等が提示された場合）和解案を受諾する場合は受諾書を提出する→手続終了となる。

【参考文献】
　一般社団法人日本損害保険協会HP
　（https://www.sonpo.or.jp/useful/soudan/adr/）

第1節　自然災害と保険

第2章　災害と保険

●第1節　自然災害と保険

Q₁ 災害によって保険証券が滅失してしまった場合に、保険契約の内容を確認する方法はあるか。

A₁ 保険会社の名称まで分からなくなった場合でも、保険会社名や保険契約の内容を調査して確認する方法がある。

解説

　契約している保険会社の名称が分かるようであれば、直接問い合わせをして契約の内容を確認することができるが、そもそも契約先すらも不明となってしまうことが考えられる。

　この場合、災害救助法が適用された地域の保険契約者については、生命保険契約の場合は一般社団法人生命保険協会が、損害保険の場合は一般社団法人日本損害保険協会が、これらの協会の加盟保険会社全社との契約の有無に関する調査をしてくれる旨、各協会のホームページでアナウンスされているので問い合わせをしてみた方がよい。

　また、弁護士としては、弁護士会照会制度を利用し、保険会社との間で締結されている契約の有無や内容等を照会することも考えられる。この場合、損害保険については、個別の各損害保険会社各社だけでなく、一般社団法人日本損害保険協会ないし一般社団法人外国損害保険協会に対して照会を行なうことができるが、生命保険については、平成29年5月をもって一般社団法人生命保険協会が生命保険会社各社への照会の取次ぎを終了したことから、生命保険会社各社へ直接照会することが必要となる。

99

第2編 第1部 第2章　災害と保険

【参考文献】

　関東弁護士会連合会「Q&A 災害時の法律実務ハンドブック」202 ～ 204 頁（新日本
　　法規、改訂版、2011 年）

　東京弁護士会調査室「弁護士会照会制度」190 ～ 195 頁、196 ～ 198 頁（商事法務、
　　第 5 版、2016 年）

　大阪弁護士会司法委員会「弁護士法 23 条の 2 に基づく照会の手引 2015」72 頁（大
　　阪弁護士協同組合、2015 年）

　一般社団法人生命保険協会ホームページ

　　（http://www.seiho.or.jp/data/billboard/search/）

　一般社団法人日本損害保険協会ホームページ

　　（http://www.sonpo.or.jp/useful/icrcd/）

Q₂ 自然災害で損害を受けた場合、災害の内容や規模によって保険金の支払いを受けられない場合があるか。

A₂ 保険の主契約及びそれに付随した特約の中には一定の規模や内容の自然災害時に、保険金を減額、あるいは免責するものがあり、その場合は保険金の支払いを一部ないし全額受けられないことになる。

解　説

　自然災害としては、風災、雹災、雪災、水災、地震等（地震、噴火、地震や噴火による津波）といったものがある。

　自然災害による損害については、損害の内容に応じて、火災保険、地震保険、自動車保険、生命保険、傷害保険等、各種保険から支払いを受けられるかどうかを検討することとなる。

　近時の火災保険は、火災だけでなく、風災、雹災、雪災、水災といった種々の自然災害による損害を補償する内容となっていることが一般的であるので、保険契約の名称にとらわれず、保険証券や約款で特約も含め契約内容をよく確認する必要がある。

　一方で、自然災害の中でも、地震若しくは噴火又はこれらによる津波による損害については、免責される旨の条項が付されているのが通常である。

　もっとも、地震、噴火、地震や噴火による津波による損害の場合でも、住

100

第 1 節　自然災害と保険

宅や家財の損害については地震保険からの支払いが検討対象となる。また、自動車保険や生命保険等においても、地震等による損害の場合でも支払いがなされる特約が付されている可能性もあるので、いずれにしても契約内容の確認が必要である。

　なお、平成 28 年の熊本地震では、各生命保険会社とも地震等による免責・削減条項の不適用を決定し、保険金の支払いに応じる旨のアナウンスが一般社団法人生命保険協会ホームページでなされた例もあるので、念のため加入している保険会社に問い合わせを行った方がよい。

【参考文献】
　　東京海上日動火災保険株式会社「損害保険の法務と実務」66 ～ 67 頁、74 頁以下（一
　　　般社団法人金融財政事情研究会、第 2 版、2016 年）
　　日本生命保険生命保険研究会「生命保険の法務と実務」225 頁以下、236 頁以下、
　　　249 頁以下（一般社団法人金融財政事情研究会、第 3 版、2016 年）
　　一般社団法人生命保険協会ホームページ
　　（http://www.seiho.or.jp/info/news/2016/20161024-2.html）

Q₃ 地震と因果関係がある火災によって発生した損害については、地震免責条項に該当し、火災保険による保険金が支払われないのか。

A₃ 火災保険の約款によるが、地震が直接の原因ではない火災であっても、地震が原因で損害が拡大した場合には、火災保険の保険金の一部が支払われないことがある。

解説

　地震による火災と損害との間の因果関係が問題となった裁判例として、大阪高判平成 11 年 11 月 10 日判タ 1038 号 246 頁がある。同裁判では、出火原因は不明とされたが、地震による消防力の低下によって損害が拡大したとされ、地震による拡大損害の部分（全損害の 5 割と認定された）の免責が認められた。

【参考文献】
　　山下友信＝洲崎博史「保険法判例百選」36 ～ 37 頁〔土岐孝宏〕（有斐閣、2010 年）

101

Q4 地震による水漏れの場合において、地震の規模に関わらず、地震免責条項によって保険金は支払われないのか。

A4 保険金が支払われない場合が多いと考えられる。

解説

個人賠償責任保険など多くの損害保険には地震免責条項が規定されている。

この地震免責条項にいう「地震」の強度、規模等が問題となった裁判例として、東京高判平成24年3月19日判時2147号118頁がある。東京高裁は、地震免責条項にいう「地震」とは、その強度、規模等によって限定されるものではなく、本件には地震免責条項が適用されるとした。

なお、原審は、地震免責条項は、通常の想定を超える巨大かつ異常な事象によって、広範囲において同時多発的に大規模な災害が生ずる事態を予定した規定であり、当該事案の震度5強程度の揺れには同条項は適用されないとしていた。

【参考文献】
本文中に掲げた裁判例

第2節　地震保険

Q5 地震保険とは、どのような保険か。

A5 地震保険とは、火災保険における地震免責条項を補うものであり、地震・噴火又はこれらによる津波を原因とする火災・損壊・埋没又は流失による損害を補償する地震災害専用の保険のことをいう（地震保険法2条2項2号）。

第2節 地震保険

解説

　地震保険契約は、火災保険に附帯して締結されることが要件とされているため、火災保険に加入していなければ加入することはできない（地震保険法2条2項3号）。

　地震保険の附帯に関する説明義務が問題となった裁判例として、最判平成15年12月9日民集57巻11号1887頁があり、特段の事情がない限り、保険会社側からの地震保険の内容等に関する情報の提供や説明に不十分・不適切な点があったことを理由として慰謝料を請求することができないとされた。

　地震保険の対象は、「居住の用に供する建物又は生活用動産」に限定されている（地震保険法2条2項1号）。工場、事務所専用の建物など住居として使用されない建物、1個又は1組の価額が30万円を超える貴金属・宝石・骨董・通貨・有価証券（小切手、株券、商品券等）、預貯金証書、印紙、切手、自動車などは、対象外となる。

　地震保険の免責条項として、地震発生の翌日から起算して10日を経過した後に生じた損害、核燃料物質若しくは核燃料物質によって汚染された物の放射性、爆発性その他の有害な特性又はこれらの特性による事故によって生じた損害、戦争、内乱、暴動などの異常な事態に生じた損害などがあり、これらの場合には、保険金の支払いを受けることはできない。

【参考文献】
　東京海上日動火災保険株式会社「損害保険の法務と実務」74〜76頁（金融財政事情研究会、第2版、2016年）
　高橋康文「地震保険制度」25頁（金融財政事情研究会、2012年）
　財務省ホームページ「地震保険の概要」
　　(http://www.mof.go.jp/financial_system/earthquake_insurance/jisin.htm)

Q6 地震保険の保険金額には限度額があるか。

A6 一定の限度額が設定されている。

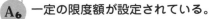

第2編 第1部 第2章　災害と保険

解　説

　地震保険の保険金額は、①主契約である火災保険の保険金額の30％から50％に制限され、かつ、②建物については5,000万円、生活用動産（家財）については1,000万円の限度額が設定されているが（地震保険法2条2項4号、地震保険令2条）、これらの範囲において、加入者が地震保険の保険金額を自由に選択する。

　なお、地震保険では補償されない、火災保険の保険金額の50％を超えた部分の地震による火災の損害を補償する火災保険の特約に加入しているケースもあるので、保険証券で契約内容を確認する必要がある。

【参考文献】
　東京海上日動火災保険株式会社「損害保険の法務と実務」72頁、76頁（金融財政事情研究会、第2版、2016年）

Q7 地震保険の保険金は、どのような基準で支払われるのか。

A7 保険金は、損害の程度である「全損」「大半損」「小半損」「一部損」(注1)に応じて、地震保険の保険金額の一定割合が支払われる（地震保険法2条2項2号、地震保険令1条）。

解　説

　その内容は次のとおりであるが、損害が「一部損」に至らないときや、主要構造部(注2)に該当しない、門、塀、垣、エレベーター、給排水設備のみの損害のときには、保険金は支払われない。

　なお、下記表における時価とは、再調達価額から「使用による消耗分」を差し引いて算出された金額である。

第2節　地震保険

損害の程度	保険金	状　態	
全　損 （注3）	保険金額の100％（時価が限度）	建物	主要構造部（注2）の損害額が建物の時価の50％以上の場合、又は、焼失、流失した床面積が建物の延床面積の70％以上の場合（注4）
		家財	家財全体の時価の80％以上
大半損	保険金額の60％（時価の60％が限度）	建物	主要構造部（注2）の損害額が建物の時価の40％以上50％未満の場合、又は、焼失・流失した床面積が建物の延床面積の50％以上70％未満の場合（注4）
		家財	家財全体の時価の60％以上80％未満
小半損	保険金額の30％（時価の30％が限度）	建物	主要構造部（注2）の損害額が建物の時価の20％以上40％未満の場合、又は、焼失・流失した床面積が建物の延床面積の20％以上50％未満の場合（注4）
		家財	家財全体の時価の30％以上60％未満
一部損	保険金額の5％（時価の5％が限度）	建物	主要構造部（注2）の損害額が建物の時価の3％以上20％未満の場合、又は建物が床上浸水又は地盤面から45cmを超える浸水を受け損害が生じた場合で、全損・半損に至らないとき（注4）
		家財	家財全体の時価の10％以上30％未満

（注1）2017年1月1日以後に締結（自動継続）された地震保険は、損害区分がこれまでの3区分から4区分に改められ、半損が損害の程度に応じて、60％の「大半損」と30％の「小半損」の2つに分けられた（地震保険に関する法律施行令の一部を改正する政令）。
　　　　なお、2016年12月31日までに締結された地震保険の損害区分は、全損、半損、一部損の3区分のままである。
（注2）主要構造部とは、建築基準法施行令1条3号に規定されている「構造耐力上主要な部分」をいう。「構造耐力上主要な部分」とは、基礎、基礎ぐい、壁、柱、小屋組、土台、斜材（筋かい、方づえ、火打材その他これらに類するものをいう。）、床版、屋根版又は横架材（はり、けたその他これらに類するものをいう。）で、建築物の自重若しくは積載荷重、積雪荷重、風圧、土圧若しくは水圧又は地震その他の震動若しくは衝撃を支えるものをいう。
（注3）地震等による地すべり、山崩れ、崖崩れなどによる現実かつ急迫した危険（リスク）が生じたため、居住用建物が居住不能（一時的な場合を除く。）になったときについては、建物の全損とみなされる。
（注4）津波によって建物（「木造建物」「共同住宅を除く鉄骨造建物〈鉄骨系プレハブ造建物等の戸建住宅〉」）に浸水被害が生じた場合は浸水の深さ、地盤の液状化によって建物（上記と同じ）に損害が生じた場合は傾斜の角度又は沈下の深さで、「全損」、「大半損」、「小半損」「一部損」を認定する。

第2編　第1部　第2章　災害と保険

【参考文献】

東京海上日動火災保険株式会社「損害保険の法務と実務」77 ～ 79 頁（金融財政事情
研究会、第2版、2016年）

損害保険料率算出機構のニュースリリース No.2015-0018
（http://www.giroj.or.jp/news/20152015/150930150930.html）

一般社団法人日本損害保険協会の損害保険 Q&A
（http://soudanguide.sonpo.or.jp/home/q062062.html）

Q8 「全損」「一部損」等は、どのような
手続きで認定されるのか。

A8 原則として、鑑定人が「地震保険損害認定基準」
に従って損害割合を判定して認定する。

解説

建物の場合には、原則として、一般社団法人日本損害保険協会が認定した
鑑定人が、建物の主要構造部の損害割合を判定し、「全損」「一部損」等の認
定をする。

家財の場合には、同じく鑑定人が、個々の家財の損傷状況ではなく、家財
を大きく5つ（食器陶器類、電気器具類、家具類、身回品その他、衣類寝具類）
に分類し、その中で一般的に所有されていると考えられる品目の損傷状況か
ら、家財全体の損害割合を算出し、「全損」「一部損」等の認定をする。

なお、地震保険の損害認定処理を迅速・的確・公平に行うため、一般社団
法人日本損害保険協会が制定した「地震保険損害認定基準」に従って認定し、
国が定める「災害に係る住家の被害認定基準運用指針」とは基準が異なる。

【参考文献】

高橋康文「地震保険制度」186頁（金融財政事情研究会、2012年）

一般社団法人日本損害保険協会ホームページ
（https://www.sonpo.or.jp/useful/insurance/jishin/rule_2017.html）
（http://www.sonpo.or.jp/efforts/exam/kanteinin/faq/zenpan/）

第1節　住宅ローンと保険

第3章　住宅と保険

•第1節　住宅ローンと保険

Q₁ 借主からの住宅ローンの返済が滞った場合に、貸主による債権回収を確実にするための保険として、どのようなものがあるか。

A₁ 住宅ローンの回収のための保険として、①住宅ローン保証保険、②住宅資金貸付保険、③住宅融資保険、④団体信用生命保険がある。

解説

　住宅ローン保証保険とは、住宅ローンの貸付等に関して、借主が返済不可能等となった場合に金融機関等が被る損害を填補する保険である。保険契約は、借主と保険会社との間で締結される。

　住宅資金貸付保険とは、使用者（事業主）又はその住宅共済組合等（以下、「使用者等」という。）の従業員に対する住宅ローンの貸付等に対して、借主である従業員が返済不可能等となった場合に使用者等が被る損害を填補する保険である。保険契約は、貸主である使用者等と保険会社との間で締結される。

　住宅融資保険とは、住宅融資保険法に基づく保険であり、金融機関の住宅ローンの貸付等に対して、借主が返済不可能等となった場合に金融機関が被る損害を填補する保険である。保険契約は、貸主である金融機関と住宅金融支援機構（保険者）との間で締結される。

　団体信用生命保険とは、住宅ローンの貸付等に関して、金融機関等が保険会社との間で保険契約を締結し、住宅ローン等の借主を被保険者とする団体生命保険契約である。保険料は形式的には金融機関が支払うが、利子等に上乗せする等の方法により住宅ローン等の借主が実質的に負担することが多い。なお、保険金受取人は団体としての金融機関であるが、金融機関が受領した保険金により団体構成員の借入債務が消滅するので、実質的には、団体構成員も保険金の利益を享受している。

107

第2編 第1部 第3章 住宅と保険

【参考文献】
東京海上火災保険株式会社「損害保険実務講座　第8巻　新種保険（下）」116頁以下、169頁以下（有斐閣、1984年）
住宅金融支援機構ホームページ
（http://www.jhf.go.jp/financial/insurance/index.html）
塩崎勤＝山下丈＝山野嘉朗「専門訴訟講座③保険関係訴訟」520頁以下（民事法研究会、2009年）

Q2 団体信用生命保険が締結されている住宅ローンの債務者が死亡した場合、債務者の相続人は、金融機関は保険会社から保険金を受け取れるので住宅ローンは消滅しているとして、住宅ローンの支払いを拒絶できるか。

A2 債務者の相続人は、金融機関の保険会社に対する保険金請求権の存在を理由に、住宅ローンの支払いを拒絶する抗弁権を行使できると考えられる。

団体信用生命保険における保険事故が発生した場合、債務者の相続人が金融機関は保険会社から保険金を受け取って住宅ローンに充てるべきと主張して、住宅ローンの支払いを拒絶できるかどうかは、住宅ローンの消滅時期に絡む問題である。

住宅ローンの消滅時期について、保険事故が発生し、保険金請求権が保険契約上有効に具体化した時点で住宅ローン債務は消滅するとする保険事故時説によれば、保険事故が発生した場合、住宅ローンは消滅するので、債務の相続人は住宅ローンの支払いを拒絶できることになる。

一方、住宅ローンの消滅時期について、保険金が金融機関によって受領された時点で住宅ローン債務は消滅するとする保険金受領時説によれば、保険事故が発生しただけでは、住宅ローンは消滅しないので、金融機関が保険金を請求しないで債務者の相続人に対して履行を求めた場合、債務者の相続人は住宅ローンの支払いを拒絶できないことになりそうである。

この点、大阪地判平成10年2月19日判時1645号149頁は、住宅ローンの消滅時期について、保険金が金融機関によって受領された時点で住宅ローン債務は消滅するとする保険金受領時説をとりつつ、債務者の相続人からの

第1節　住宅ローンと保険

支払いと保険金の支払いによる金融機関の二重利得の危険性については、当事者の合理的意思解釈として、債務者の相続人は、債務者死亡に基づく保険金請求権の存在を理由に住宅ローンの支払いを拒絶できる抗弁権を有する旨の黙示の特約が締結されていると解するのが相当であると判断した。

【参考文献】
報告：福田弥夫、指導：山下友信「保険事例研究会レポート」171号7頁（2002年）

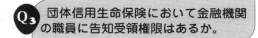

Q3　団体信用生命保険において金融機関の職員に告知受領権限はあるか。

A3　金融機関の職員に告知受領権限はない。

解説

　告知は、保険者又は保険者に代わって告知を受領する権限を有する者に対してしなければならないところ、金融機関の職員に告知受領権限はなく、同職員に対して告知をしても、それが保険会社に伝達されなければ無効である。
　保険者による告知受領権限の授与が一般に問題となるのは、診査医、生命保険募集人、生命保険面接士だが、団体生命信用保険においては、保険契約の締結に金融機関の職員が介在することから、金融機関の職員に対して告知を行ったものの、その告知の内容が保険会社に伝達されなかった場合に、金融機関職員の告知受領権の有無が問題となる。
　この点、信用金庫の職員の前で告知書を作成した場合の同職員の告知受領権の有無が問題となった裁判例として、仙台高判平成19年5月30日金法1877号48頁がある。
　上記裁判例においては、被保険者が事実でないことを保険会社に告知したこと及び信用金庫職員が保険会社の代理人ではないことを前提に、信用金庫職員が保険会社の履行補助者であると仮定しても、保険契約で定めた者に対して、同契約で定めた方法で告知をしなければならない、すなわち告知受領権を有する者に対して告知を行わなければならないとして、信用金庫職員に対する告知は保険会社に対する告知としての効力は生じないとした。

109

第2編 第1部 第3章　住宅と保険

【参考文献】

　山下友信ほか「保険法」257頁（有斐閣、第3版補訂版、2015年）

Q4 団体信用生命保険において、保険者が告知義務違反を理由に契約を解除しようとする場合に、保険者に過失があるとして解除が制限されるのは、どのような場合か。

A4 「保険契約者ないし被保険者の告知義務違反を考慮してもなお被告（保険者）による解除を認めることが衡平に反すると考えられるような注意義務違反」がある場合には、保険者に過失があるとして解除が制限される。

解説

　生命保険契約においては、告知義務違反がある場合、保険者が契約を解除できる（保険法55条1項）。ただし、保険者が契約締結の際に告知義務違反を知り、又は過失により知らなかったときには、解除は認められない（同法2項1号）。各保険会社は、約款において、保険法55条と同旨の解除条項を定めている。「過失」の意義について、近年の裁判例は上記解釈を採用している。

　東京地判平成24年8月7日判タ1391号287頁は、団体信用生命保険の場合においても上記解釈が当てはまるとした。その上で、団体信用生命保険は「住宅ローン等の貸付けに係る債権者（金融機関）・債務者（被保険者）双方の便宜のため、保険料を低額にするとともに、引受判断を迅速に行うという2つの要請に応えることが求められる生命保険」であることから、保険会社が団体信用生命保険を引き受けるに当たり負う注意義務は、上記2つの要請に反しない程度のものに限られるとした。

【参考文献】

　本文中に掲げた裁判例

110

第 1 節　住宅ローンと保険

Q5 団体信用生命保険においては、その特殊性から、通常の生命保険とは異なり、自殺免責の適用自体を否定し、又は限定的に解されるか。

A5 東京地判平成 27 年 11 月 16 日においては、通常の生命保険の自殺免責約款の趣旨は、団体信用生命保険にも当てはまることから、自殺免責の適用自体を否定し、又は限定的に解することはできないと判断された。

解　説

　東京地判平成 27 年 11 月 16 日判タ 1425 号 304 頁（本判決は控訴中）において、原告は、団体信用生命保険においては、①被保険者の死亡後に住宅ローンの返済に直面する相続人の地位が極めて不安定であること、②住宅ローン借入の際に事実上強制的に加入するもので、モラルリスクが発生しにくいことなどを指摘して、通常の生命保険と異なる特殊性を有する団体信用生命保険においては、自殺免責約款は適用すべきではなく、仮に適用するとしてもその範囲は限定的に解すべきであると主張した。

　しかし、判決では、生命保険において自殺免責約款が設けられている趣旨は、被保険者が自殺をすることにより故意に保険事故を発生させることは、生命保険契約上要請される信義誠実の原則に反するものであり、また、そのような場合に保険金が支払われるとすれば、生命保険契約が不当な目的に利用される可能性が生ずるから、これを防止する必要があること等とした上で、団体信用生命保険にもこの趣旨が当てはまるとされ、自殺免責の適用自体を否定し、又は限定的に解することはできないと判断された。

【参考文献】
　本文中に掲げた裁判例

第 2 編 第 1 部 第 3 章　住宅と保険

Q6 団体信用生命保険において自殺免責約款が適用されるとしても、労災認定された自殺の場合にも、自殺免責約款が適用されるか。

A6 東京地判平成 27 年 11 月 16 日においては、労災認定がされた自殺であることをもって、団体信用生命保険においても直ちに自殺免責約款が適用されないと解することはできないと判断された。

解　説

　東京地判平成 27 年 11 月 16 日判タ 1425 号 304 頁（本判決は控訴中）において、原告は、労災認定がされた自殺については、被保険者である労働者が死亡によって働くことができなくなり、ローン債務の返済ができなくなったという、まさに団体信用生命保険が救済することを想定している場合に該当するから、少なくとも労災認定がされた自殺については、団体信用生命保険において自殺免責約款を適用すべきではないと主張した。

　しかし、判決では、生命保険は、団体信用生命保険かどうかに関わらず、被保険者の死亡による遺族等の生活保障を趣旨・目的とするものであって、団体信用生命保険のみが労災保険制度と趣旨・目的を同じくするものではないし、労災保険と生命保険とでは自殺免責の判断基準を同一に解することもできないから、労災認定がされた自殺であることをもって、団体信用生命保険においても直ちに自殺免責約款は適用されないと解することはできないとされた。

【参考文献】

　本文中に掲げた裁判例

112

第2節　住宅瑕疵担保責任保険

第2節　住宅瑕疵担保責任保険

Q7 発注したあるいは購入した新築の住宅に瑕疵があった場合に利用できる保険はあるか。

A7 住宅建設瑕疵担保責任保険又は住宅販売瑕疵担保責任保険（以下、この2つを総称して「住宅瑕疵担保責任保険」という。）がある。

解説

　住宅建設瑕疵担保責任保険とは、新築住宅の請負契約の請負人たる建設業者が、瑕疵担保責任の履行を確保するために、住宅瑕疵担保責任保険法人との間で締結する保険をいう。また、住宅販売瑕疵担保責任保険とは、新築住宅の売買契約の売主たる宅地建物取引業者が、瑕疵担保責任の履行を確保するために、住宅瑕疵担保責任保険法人との間で締結する保険をいう。

　住宅建設瑕疵担保責任保険の定義は、特定住宅瑕疵担保責任の履行の確保等に関する法律（以下「住宅瑕疵担保履行法」という。）2条5項に、住宅販売瑕疵担保責任保険の定義は、同法2条6項に規定されている。契約内容としては、①建設業者ないし宅地建物取引業者が保険料を支払うものであること、②建設業者ないし宅地建物取引業者の瑕疵担保責任の履行による損害を填補すること、③建設業者ないし宅地建物取引業者が相当の期間を経過しても瑕疵担保責任を履行しない場合には、発注者ないし購入者の請求に基づき損害を填補すること、④保険金額が2,000万円以上であること、⑤新築住宅の引渡しを受けた時から10年以上の期間有効な契約であること等の条件を満たしている必要がある。

　住宅の品質確保の促進等に関する法律に基づく新築住宅の建設工事の請負人及び新築住宅の売主が負う10年間の瑕疵担保責任（特定住宅瑕疵担保責任）の履行を確保するためには財産的裏付けが必要となるところ、住宅瑕疵担保履行法は、瑕疵担保保証金の供託を原則としたうえで（3条1項、11条1項）、住宅瑕疵担保責任保険法人と住宅瑕疵担保責任保険契約を締結した場合には、その保険を付した新築住宅については瑕疵担保保証金の算定の対象となる住宅供給戸数から除外するという扱いをしている（3条2項、11条2項）。

113

第2編 第1部 第3章　住宅と保険

瑕疵担保保証金の供託に代わる住宅瑕疵担保責任保険の引き受けができるのは、国土交通大臣に指定された住宅瑕疵担保責任保険法人に限られる。これは、住宅瑕疵担保責任保険の業務は、保険という特殊なものであることに加え、建築技術上の専門的知識を必要とするものであるため、その適正な実施が確保されるよう、建築技術等の係る観点からも国土交通大臣による十分な監督を行っていく必要があるからである（住宅瑕疵担保履行法17条1項）。

平成29年6月30日現在、①株式会社住宅あんしん保証、②住宅保証機構株式会社、③株式会社日本住宅保証検査機構、④株式会社ハウスジーメン、⑤ハウスプラス住宅保証株式会社の5法人が住宅瑕疵担保責任保険法人として指定を受けている。

【参考文献】
　国土交通省「逐条解説住宅瑕疵担保履行法」42 ～ 54 頁（ぎょうせい、2007 年）
　国土交通省住宅局「図解でわかる住宅瑕疵担保履行法 Q&A」133 ～ 136 頁、161 ～
　　167 頁（ぎょうせい、2007 年）

Q8 住宅瑕疵担保責任保険の対象となるのは、どのような建物か。

A8 平成 21 年 10 月 1 日（住宅瑕疵担保履行法の施行日）以降に発注者又は購入者に対して引き渡された新築住宅である。

解説

「住宅」とは、「人の居住の用に供する家屋又は家屋の部分（人の居住の用以外の用に供する家屋の部分との共用に供する部分を含む。）」（住宅瑕疵担保履行法2条1項、住宅品質確保法2条1項）をいう。

「新築住宅」とは、「新たに建設された住宅で、まだ人の居住の用に供したことのないもの（建設工事の完了の日から起算して1年を経過したものを除く。）」（住宅瑕疵担保履行法2条1項、住宅品質確保法2条2項）をいう。

戸建住宅や分譲マンションは「住宅」に当然含まれ、事務所と住居が混在しているいわゆる併用マンションについては、住居部分のみならず、併用マンション全部の共用部分（壁・柱などのいわゆる躯体部分）も「住宅」に当たる。

第2節　住宅瑕疵担保責任保険

【参考文献】
　国土交通省住宅局「図解でわかる住宅瑕疵担保履行法 Q&A」66 頁以下（ぎょうせい、2007 年）

 新築住宅については、すべての請負人及び売主に対して、資力確保のための保証金の供託又は住宅瑕疵担保責任保険契約の締結が義務付けられるのか。

 資力確保のための義務付けの対象となるのは、新築住宅の建設工事の請負人及び新築住宅の売主のうち、「建設業者」（建設業法2条3項に規定する建設業の許可を受けた建設業者（住宅瑕疵担保履行法2条2項））と「宅地建物取引業者」（宅地建物取引業法2条3号に規定する免許を受けた宅地建物取引業者（住宅瑕疵担保履行法2条3項））であり、すべて請負人及び売主に義務付けられるわけではない。

解 説

　住宅瑕疵担保履行法の制度は、住宅品質確保法における「建設業者」及び「宅地建物取引業者」の瑕疵担保責任の特例であることから、資力確保の義務付けの対象も同じにすることとし、その対象となるのは、新築住宅の建設工事の請負人及び新築住宅の売主のうち、「建設業者」と「宅地建物取引業者」に限定することとしている。そのため、建設業の許可を要しない業者（請負代金が 1,500 万円未満又は延べ面積が 150 ㎡未満の木造住宅工事のみを行う業者）が建設する新築住宅や、個人間において売買される新築住宅は、保証金の供託又は保険契約締結の義務付けの対象にはならない。

　また、住宅瑕疵担保履行法の制度は、消費者保護の観点から瑕疵担保責任履行のための資力確保を義務付けるものであることから、宅地建物取引業者からの発注に基づき建設業者が新築住宅を建設する場合や、宅地建物取引業者間の住宅売買の場合には、保証金の供託又は保険契約締結の義務付けの対象とはならない。

第2編 第1部 第3章 住宅と保険

【参考文献】
　国土交通省住宅局「図解でわかる住宅瑕疵担保履行法 Q&A」133 頁以下（ぎょうせい、2007 年）
　国土交通省「逐条解説住宅瑕疵担保履行法」34 頁以下（ぎょうせい、2007 年）

Q₁₀ 住宅瑕疵担保責任保険において損害が填補される瑕疵はどのようなものか。

A₁₀ 損害が填補される瑕疵は、「住宅のうち構造耐力上主要な部分又は雨水の浸入を防止する部分」の瑕疵（住宅品質確保法 94 条 1 項）又は同部分の隠れた瑕疵（住宅品質確保法 95 条 1 項）である。

解　説

　対象となる瑕疵の具体的内容は、住宅品質確保法施行令 5 条に定められている。

　「構造耐力上主要な部分」とは、「住宅の基礎、基礎ぐい、壁、柱、小屋組み、斜材（筋かい、方づえ、火打材その他これらに類するものをいう。）、床版、屋根版又は横架材（はり、けたその他これらに類するものをいう。）で当該住宅の自重若しくは積載荷重、積雪、風圧、土圧若しくは水圧又は地震その他の震動若しくは衝撃を支えるもの」をいう。

　「雨水の浸入を防止する部分」とは、「住宅の屋根若しくは外壁又はこれらの開口部に設ける戸、わくその他の建具」と「雨水を排除するために住宅に設ける配水管のうち、当該住宅の屋根若しくは外壁の内部又は屋根にある部分」をいう。

【参考文献】
　国土交通省「逐条解説住宅瑕疵担保履行法」37 頁以下（ぎょうせい、2007 年）

第2節　住宅瑕疵担保責任保険

Q11 住宅瑕疵担保責任保険の保険期間はいつまでか。

A11 引渡しの日から最低10年である（住宅瑕疵担保履行法2条5項4号・同条6項4号）。

解　説

特定住宅瑕疵担保責任の履行の確保を目的とする保険であることから、保険の期間は瑕疵担保責任期間に対応して、新築住宅の引渡し（占有の移転）を受けた時から10年以上とすることとしている。

【参考文献】

国土交通省「逐条解説住宅瑕疵担保履行法」46頁、52頁（ぎょうせい、2007年）

Q12 発注（購入）した新築住宅について保険契約が締結されているかどうかは、どのようにして確認すればよいか。

A12 建設業者又は宅地建物取引業者から交付される保険証券又はこれに代わるべき書面によって確認できる。

解　説

建設業者又は宅地建物取引業者が保証金の供託義務を免れるためには、新築住宅について保険契約を締結するだけでなく、保険証券又はこれに代わるべき書面（住宅瑕疵担保責任保険法人から発行される保険付保証明書）を発注者（購入者）に交付する必要がある（住宅瑕疵担保履行法3条2項、11条2項）ので、これらの書面によって確認できる。

【参考文献】

渡辺晋「わかりやすい住宅瑕疵担保履行法の解説」82頁以下（大成出版社、2008年）
国土交通省住まいのあんしん総合支援サイト
（https://www.mlit.go.jp/jutakukentiku/jutaku-kentiku.files/kashitanpocorner/01-rikouhou-files/8-todokede.htm）

117

Q13 新築住宅の発注者（購入者）が自ら保険者に対して直接保険金の支払いを請求できるか。

A13 請求できる場合がある。

解説

保険金請求権者は原則として建設業者（宅地建物取引業者）であり、発注者（購入者）に対する瑕疵担保責任を履行した場合に、保険金を請求することができる（住宅瑕疵担保履行法2条5項2号イ、同条6項2号イ）。建設業者（宅地建物取引業者）が相当の期間を経過しても瑕疵担保責任を履行しないときには、発注者（購入者）自身が保険者に対して直接的に保険金の支払いを請求することができる（住宅瑕疵担保履行法2条5項2号ロ・同条6項2号ロ）。

発注者（購入者）自身が住宅瑕疵担保責任保険法人に直接的に保険金の支払いを請求できる場合としては、建設業者（宅地建物取引業者）の破産等により瑕疵担保責任の履行がなされないとき、行方不明等により事実上履行が不可能であるとき、何度請求しても履行に応じないとき、裁判の結果、瑕疵が認められた場合等が考えられる。

【参考文献】
　国土交通省住宅局「図解でわかる住宅瑕疵担保履行法Q&A」148頁以下（ぎょうせい、2007年）
　渡辺晋「わかりやすい住宅瑕疵担保履行法の解説」84頁以下（大成出版社、2008年）

Q14 住宅瑕疵担保責任保険の保険金支払いの対象となる損害はどこまでか。

A14 保険金支払いの対象となる損害は保険契約において定められるが、修補に直接必要な費用が基本となる。

解説

修補に直接必要な費用（直接の工事費）に加えて、瑕疵の修補のために必

第2節　住宅瑕疵担保責任保険

要となる調査費用や工事に伴う仮移転費用についても、一定の範囲内で保険金支払の対象とされるものと見込まれている。

【参考文献】
　国土交通省住宅局「図解でわかる住宅瑕疵担保履行法Q&A」143頁以下（ぎょうせい、2007年）
　渡辺晋「わかりやすい住宅瑕疵担保履行法の解説」86頁以下（大成出版社、2008年）

 住宅瑕疵担保責任保険から支払われる保険金額（支払限度額）はいくらか。

 基本的に1住宅あたり2,000万円が支払限度額である。

解説

　住宅瑕疵担保責任保険の保険金額（支払限度額）は、一戸あたり2,000万円以上とすることが義務付けられている（住宅瑕疵担保履行法2条5項3号・同条6項3号）。供託する保証金額とのバランス、これまでの事故データをふまえた最低基準として設定されている。

　2,000万円は法律上の下限であるので、2,000万円を超える上限額の設定を禁ずるものではない。

【参考文献】
　国土交通省「逐条解説住宅瑕疵担保履行法」45頁、51頁以下（ぎょうせい、2007年）
　国土交通省住宅局「図解でわかる住宅瑕疵担保履行法Q&A」141頁以下（ぎょうせい、2007年）
　渡辺晋「わかりやすい住宅瑕疵担保履行法の解説」81頁以下（大成出版社、2008年）

Q16 住宅瑕疵担保責任保険の填補率及び免責金額はどのようになっているか。

A16 建設業者及び宅地建物取引業者からの保険金請求の場合には、全損害額のうち、一戸建住宅の場合は10万円、共同住宅又は長屋（以下「共同住宅等」という。）の場合は50万円又は住宅瑕疵担保責任保険契約に係る共同住宅等の合計戸数に10万円を乗じた額のいずれか低い額が免責金額とされ、残余の金額のうち80％以上の額が填補される（特定住宅瑕疵担保責任の履行の確保等に関する法律施行規則1条1号・2条2号）。
　発注者及び購入者からの保険金の直接請求の場合には、免責金額については上記と同様であるが、填補割合は100％である（同規則1条2号・2条2号）。

解説

　建設業者及び宅地建物取引業者からの保険金請求の場合に填補率が80％以上とされたのは、仮に填補率を100％とすると、建設業者及び宅地建物取引業者が建設工事や施工監理をないがしろにしても構わないという危険性を生じることになるからである（モラルハザード）。
　一方で、保険金が発注者や購入者に直接支払われる場合に填補率が100％とされているのは、建設業者や宅地建物取引業者が倒産した場合等に限定されるのでモラルハザードが起きる心配がなく、むしろ発注者や購入者を保護する必要があるからである。
　免責金額が設定されているのは、保険金支払請求が濫用されることを防ぐためである。

	免責金額	填補率	
一戸建住宅	10万円	建築業者等の保険金請求の場合は免責後の金額の80％以上	発注者等の保険金請求の場合は免責後の金額の100％
共同住宅等	50万円又は住宅瑕疵担保責任保険契約に係る共同住宅等の合計戸数に10万円を乗じた額のいずれか低い方		

第 2 節　住宅瑕疵担保責任保険

【参考文献】
　国土交通省住宅局「図解でわかる住宅瑕疵担保履行法 Q&A」142 頁以下（ぎょうせい、2007 年）
　渡辺晋「わかりやすい住宅瑕疵担保履行法の解説」86 頁以下（大成出版社、2008 年）

 建設業者や宅地建物取引業者の故意・重過失による瑕疵についても住宅瑕疵担保責任保険の保険金は支払われるか。

 建設業者や宅地建物取引業者による保険金請求の場合には保険金は支払われないが、発注者や購入者からの保険金請求の場合には保険金が支払われる。

解 説

　故意・重過失によって発生した瑕疵について建設業者や宅地建物取引業者に保険金が支払われてしまうと、どうせ保険金が支払われるということで、いい加減な建設工事や監理をしても構わないというモラルハザードが発生するため、建設業者や宅地建物取引業者には保険金は支払われない（保険法 17 条 1 項）。

　一方で、発注者や購入者にとっては瑕疵の原因が故意・重過失かは無関係であり、より被害が深刻となりやすい故意・重過失の場合に補修費用が支払われないことになると、発注者等の保護が図られないので、建設業者や宅地建物取引業者が倒産などにより瑕疵担保責任の履行が困難な場合には、直接請求により保険金が支払われることになる（住宅瑕疵担保履行法 2 条 5 項 6 号、同条 6 項 6 号、住宅瑕疵担保履行法施行規則 1 条 2 号イ、2 条 2 号イ）。

【参考文献】
　国土交通省住宅局「図解でわかる住宅瑕疵担保履行法 Q&A」152 頁（ぎょうせい、2007 年）
　渡辺晋「わかりやすい住宅瑕疵担保履行法の解説」84 頁以下（大成出版社、2008 年）

住宅瑕疵担保責任保険がついた住宅の瑕疵をめぐる紛争が生じた場合に利用できる手続はあるか。

 指定住宅紛争処理機関（住宅紛争審査会）として指定されている全国52の弁護士会において、あっせん、調停、仲裁の各手続が利用できる（住宅瑕疵担保履行法33条）。

解説

　住宅瑕疵担保責任保険を付された住宅については、保険金支払いの前提として建設業者等と新築住宅の発注者等との間で瑕疵をめぐる紛争の発生が予想される。

　そこで、消費者たる発注者等の保護の観点から、適正かつ迅速な紛争解決を目的として、専門の紛争処理機関による対応を措置することとした。

　公益財団法人住宅リフォーム・紛争処理支援センターのホームページにおいては、住宅紛争審査会のあっせん、調停、仲裁の各手続は次のように説明されている。

　住宅紛争審査会による「あっせん」は、当事者双方の主張の要点を確かめ、当事者間の歩みよりを勧め、解決を図ることを内容とする手続である。あっせん委員は原則として1名であり、1～3回の程度の審理を予定している。早急な解決が必要な場合や、技術的な争点が少ない場合に適しており、あっせんが成立したときには民法上の和解としての効力をもつ。

　住宅紛争審査会による「調停」は、当事者双方の主張を聴き、争点を整理し、調停案を作成してその受諾を勧告し、解決を図ることを内容とする手続である。調停委員は3名以内であり、3～5回程度の審理を予定している。技術的、法律的な争点が多く、あっせんでは解決が見込めない場合に適しており、調停が成立したときは調停書を作成し、これは民法上の和解としての効力をもつ。

　住宅紛争審査会による「仲裁」は、当事者双方の主張を聴き、必要に応じ証拠調べや、現地調査をして、仲裁委員が仲裁判断を行う手続である。仲裁委員は3名以内であり、必要な回数の審理が行われる。仲裁委員が、仲裁判断を行い、当事者双方はその判断に服するもので、民事訴訟に代わるものである。仲裁を申請するには、当事者間の「仲裁合意」が必要であり、仲裁判

断は確定判決と同じ効力を有する（仲裁法45条1項）。

　なお、住宅紛争審査会の紛争処理手続では、仲裁の申請には、時効中断効があるが（仲裁法29条2項）、あっせん及び調停の申請には、時効中断効はない。

【参考文献】
国土交通省「逐条解説住宅瑕疵担保履行法」131頁以下（ぎょうせい、2007年）
公益財団法人住宅リフォーム・紛争処理支援センター
　（https://www.chord.or.jp/trouble/pdf/compa.pdf）

第2編 第2部 第1章 自動車保険

第2部 自動車・自転車と保険

第1章 自動車保険総論

Q1 自動車保険とはどのような保険であり、どのように分類されるのか。

A1 自動車保険とは、自動車の利用に伴い発生する損害を補償する損害保険をいい、保険の加入が法律上義務付けられるかの観点から、強制保険と任意保険の2つに分類される。

解説

(1) 強制保険と任意保険

　強制保険は、自動車損害賠償保障法に基づき、加入が法律上義務付けられている保険（農業協同組合、消費生活協同組合、中小企業等協同組合の自動車損害賠償責任共済も含め、以下、「自賠責保険」という。）である。

　他方で、任意保険は、保険会社との間で保険契約を締結することにより加入する保険であり、加入が任意とされている保険である。

(2) 加害者側加入保険と被害者側加入保険

　自動車保険には、保険に加入する者が加害者側か、被害者側かの観点から、加害者側加入保険と被害者側加入保険とに分類される。

　加害者側加入保険は、事故により損害賠償責任を負担した場合に、その負担によって被った損害をカバーする賠償責任保険があり、対象に応じて、対物、対人賠償責任保険がある。被害者側加入保険は、事故によって人・物に損害が発生した場合にその損害を填補する保険で、人についての損害は人身傷害補償保険（人身傷害保険）、搭乗者傷害保険、無保険者傷害保険、自損事故保険等があり、物についての損害は車両保険がある。なお、加害者側加入保険で他車運転危険担保特約があるが、これは無保険車による事故から被害者を救済する役割を担っている。

　被害者としては、損害賠償請求と保険金請求をどう組み合わせて、どうい

124

第2編 第2部 第1章 自動車保険

う手順で請求していくかを検討することは重要である。

⑶ 自賠責保険と任意保険の関係

　自賠責保険は、人身事故についてのみ適用がある保険である。人身事故の場合の任意保険は、対人賠償責任保険である。両保険の関係は、任意保険の対人賠償責任保険は自賠責保険でカバーされない損害を填補する保険であり、自賠責保険の上積み保険である。実際は、任意対人賠償責任保険の保険者は、自賠責保険から支払われる部分を併せて被害者に損害賠償額を支払っている。この方法を一括払いという。

【参考文献】

森冨義明＝村主隆行「裁判実務シリーズ9　交通関係訴訟の実務」28頁、34頁、50頁（商事法務、2016年）

藤村和夫＝山野嘉朗「概説交通事故賠償法第3版」16頁（日本評論社、2014年）

白石悟史＝和泉宏陽＝澄川賢＝萩原正裕＝福嶋弘榮＝萩庭一元「交通事故と保険の基礎知識」23頁（自由国民社、2016年）

125

第2編 第2部 第2章　自賠責保険

第**2**章　自賠責保険

●第1節　自賠責保険総論

Q1 自賠責保険はどのような事故に適用がある保険か。

A1 自賠責保険は、人身事故についてのみ適用がある保険であり（自賠法3条、11条）、自動車の「運行」によって「他人の生命又は身体」を害した事故について損害を填補する保険である。

解　説

(1)　任意保険の対人賠償責任保険との違い

　自賠責保険は、上記要件に該当する事故について損害を填補する保険であるのに対し、任意保険の対人賠償責任保険は自動車の「所有、使用又は管理」に起因する事故によって生じた損害について填補する保険である。

　自賠責保険と任意保険の対人賠償責任保険では、原因となる事由が異なるが、「所有、使用または管理」は「運行」よりも広い概念と考えられている。それゆえ、同じ対人賠償では自賠責保険では填補されないが、任意保険の対人賠償保険では填補されるという場合が生じ得る。

(2)　自賠責保険における被保険者

　自賠責保険は、保有者（自賠法2条3項）に運行供用者責任（自賠法3条）が生じた場合及び運転者（自賠法2条4項）に損害賠償責任が生じた場合、保有者及び運転者の損害を填補する保険である（自賠法11条）。このように自賠責保険は、責任保険（損害保険の一種で、一定の事故の発生によって、被保険者が第三者に給付をなすべき責任を負担することにより、被る損害を填補する保険）の一つであり、自賠責保険における被保険者は、自賠法11条により、損害賠償責任を負う保有者及び運転者である。つまり、被害者を被保険者とする第三者のためにする傷害保険契約ではない。

　したがって、運行供用者責任（自賠法3条）を負う者であっても、自動車の使用をする権利を有しない者は保有者ではないから、自賠責保険の被保険者に該当せず、自賠責保険によりその損害を填補されることはない。その典

126

型が、泥棒運転を行い、運行供用者責任を負った者である。

反対に、保有者で、民法709条等に基づく損害賠償責任を負う者であっても、運行供用者責任は負わない場合（自賠法3条は人身損害についての責任規定）、自賠責保険でその損害は填補されない。

(3) **自賠責保険契約と自賠法**

自賠責保険契約の具体的内容は自賠責保険普通保険約款に規定されている。自賠責保険契約は、原則として、保険法が適用されるが、自賠法に別段の定めがある時は、自賠法が優先する（特別法と一般法の関係）。また、自賠責保険普通保険約款に規定がない場合には当然に自賠法が適用される。

(4) **自賠責保険が適用されるために**

以上から、自賠責保険が適用されるためには、「運行供用者責任を負う保有者」、「損害賠償責任を負う運転者」についての検討が必要であり（自賠法11条）、その中でも実務上重要な要件は「運行供用者の責任」である（自賠法3条）。

【参考文献】
　白石悟史＝和泉宏陽＝澄川賢＝萩原正裕＝福嶋弘榮＝萩庭一元「交通事故と保険の基礎知識」36頁（自由国民社、2016年）
　北河隆之＝中西茂＝小賀野晶一＝八島宏平「逐条解説自動車損害賠償保障法」115頁（弘文堂、2014年）
　森冨義明＝村主隆行「裁判実務シリーズ9　交通関係訴訟の実務」22〜23頁（商事法務、2016年）
　藤村和夫＝山野嘉朗「概説交通事故賠償法第3版」395〜396頁（日本評論社、2014年）

第2節　自賠責保険の請求

 自賠責保険はどのような場合に請求できるか。

A2　保有者が運行供用者責任を負う場合、運転者が損害賠償責任を負う場合に請求することができる。

第2編 第2部 第2章 自賠責保険

解 説

(1) 自賠責保険は、被保険者が損害賠償の責任を負うことによって生ずることのある損害を填補する責任保険である（保険法17条2項）。自賠責保険における被保険者とは、自賠法11条により、損害賠償責任を負う保有者及び運転者である。そこで、自賠責保険の請求ができる場合である、保有者が運行供用者責任を負う場合と運転者が損害賠償の責任を負う場合について以下で説明する。ちなみに、自賠責保険の請求をできる人は、加害者（被保険者）だけでなく（自賠法15条）、被害者も請求できる（自賠法16条）。

(2) **保有者が運行供用者責任を負う場合**

保有者とは、自動車の所有者その他自動車を使用する権利を有する者で、自己のために自動車を運行の用に供するものをいう（自賠法2条3項）。自動車の定義は自賠法2条1項、「運行」の定義は自賠法2条2項による。「自己のために自動車を運行の用に供するもの」の意義については、自賠法3条の「自己のために自動車を運行の用に供する者」と同義である。

保有者は、運行供用者のうち、自動車を使用する権利を有するものをいう。自賠法3条により運行供用者責任を負う者であっても、自動車を使用する権利を有しない者は保有者ではないから、自賠責保険の被保険者にあたらず、自賠責保険によりその損害を填補されることはない。

(3) **損害賠償責任を負う運転者**

ア　運転者とは、他人のために自動車の運転又は運転の補助に従事する者をいう（自賠法2条4項）。運転者は、自己のために運転する者ではないので、運行供用者責任を負わない。自賠法にいう運転者の典型例は、雇用ないし委任契約等に基づき雇用主ないし委任者のために自動車の運転、運転の補助に従事するタクシー会社、バス会社等の運転手、運転助手、車掌などである。

イ　運転者の賠償責任

運転者の責任は、運行供用者責任以外の損害賠償責任である。

ウ　保有者の運行供用者責任

運転者の賠償が填補されるのは、あくまで保有者が運行供用者の責任を負う場合である。自賠法11条の規定は、「第三条の規定による保有者の損害賠償の責任が発生した場合において」、「運転者も」責任を負うとの規定

第 2 節　自賠責保険の請求

である。

【参考文献】
北河隆之＝中西茂＝小賀野晶一＝八島宏平「逐条解説自動車損害賠償保障法」17 頁（弘文堂、2014 年）
森冨義明＝村主隆行「裁判実務シリーズ 9　交通関係訴訟の実務」23 〜 24 頁（商事法務、2016 年）

Q3 自賠責保険の被害者請求の方が訴訟に比べて有利になる場合があるか。

A3 ①過失の運用、②因果関係の認定、③求償の関係、で有利になる場合がある。

解説

自賠責請求の方が有利になる場合は、以下のとおりである。
(1)　過失の運用が自賠責の方が被害者に有利になる。
　被害者の過失が大きい場合には、訴訟よりも被害者に有利になる場合がある（本章 Q35 参照）。
(2)　因果関係の認定について、自賠責の方が有利になる（本章 Q35 参照）。
(3)　自賠責の請求において、①被害者請求と健康保険からの求償の関係では、被害者請求を優先している。
　しかし、②社会保険給付の求償の請求と被害者請求からの請求との間には、両者に優劣の関係はなく、早い者勝ちである（本章 Q34 参照）。

【参考文献】
東京地裁民事交通訴訟研究会「民事交通訴訟における過失相殺率の認定基準　全訂 5 版」別冊判タ 38 号 1 〜 2 頁
森冨義明＝村主隆行「裁判実務シリーズ 9　交通関係訴訟の実務」31 〜 32 頁（商事法務、2016 年）
白石悟史＝和泉宏陽＝澄川賢＝萩原正裕＝福嶋弘榮＝萩庭一元「交通事故と保険の基礎知識」32 頁（自由国民社、2016 年）

第2編 第2部 第2章 自賠責保険

Q₄ 少額でもよいので、早期に一部でも保険金を支払ってもらう方法はあるか。

A₄ 被害者には、賠償責任又は損害額が未確定の段階において、当座の出費に充てるため、仮渡金請求が認められている（自賠法17条1項ないし4項）。
自賠法3条ただし書の免責事由の判断をせずに支払われる。

解説

(1) 仮渡金

ア 趣　旨

　自動車事故によって負傷・死亡したという事実のみに基づいて厳格な損害立証を求めず、直接請求権に比べて簡便な手続で一定額を支払うという意味で、迅速な被害者保護を図ろうとするもの。

イ 金　額

　自賠法施行令5条で一定額に定められている。

ウ 保有者

　保有者以外の者が加害者である場合は、保有者が被害者を「害した」ことにならないため、仮渡し金の支払対象とはならない（自賠法17条1項）。

エ 精　算

　仮渡金は損害賠償額の先払いとして支払われ、最終的には損害賠償額に充当され（自賠法17条1項）、二重に支払われることはない。

　仮渡金額が確定した損害額を超える場合、保険会社は超過額の返還を求めることができる（自賠法17条3項）。

【参考文献】
　倉田卓次＝宮原守男「2015年交通事故損害賠償必携：資料編」539頁（新日本法規、2014年）
　北河隆之＝中西茂＝小賀野晶一＝八島宏平「逐条解説自動車損害賠償保障法」149〜150頁（弘文堂、2014年）
　赤い本2017年版（上）385頁

第3節　自賠責保険は誰が請求できるか

1　被保険者の範囲

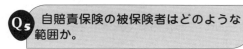

Q5　自賠責保険の被保険者はどのような範囲か。

A5　自賠法11条1項は「保有者及び運転者」と規定している。

解説

(1)　**自賠責保険の被保険者**

保有者及び運転者（自賠法11条1項）。

被保険者は責任保険契約の約款によって定められるのではなく、本条によって法定されている。

(2)　**保有者**

自動車の所有者その他自動車を使用する権利を有する者で、自己のために自動車を運行の用に供する者（自賠法2条3項）。

（例）所有者、賃貸借又は使用貸借により自動車を使用する者

(3)　**運転者**

他人のために自動車の運転又は運転の補助に従事する者（自賠法2条4項）。

（例）雇用・委任等の契約により運転又は運転の補助に従事する者

(4)　**被保険者とならない者**

泥棒運転者や無断運転者は、運行供用者として自動車損害賠償責任は負うが、上記「保有者」「運転者」いずれにも該当しないので、自賠責保険による損害の填補がされない。被害者は政府保障事業による救済が図られる。

【参考文献】

北河隆之＝中西茂＝小賀野晶一＝八島宏平「逐条解説自動車損害賠償保障法」115頁（弘文堂、2014年）

第2編 第2部 第2章　自賠責保険

2　自賠責保険の請求者

Q6 交通事故の加害者は自賠責保険を請求することができるか。

A6 加害者が支払いをした限度で請求できる。

解説

　加害者は、被害者に対する損害賠償額について自己が支払いをした限度においてのみ、保険会社に対して保険金の支払いを請求することができる（自賠法15条、加害者請求）。

【参考文献】
　　北河隆之＝中西茂＝小賀野晶一＝八島宏平「逐条解説自動車損害賠償保障法」124
　　～129頁（弘文堂、2014年）

Q7 交通事故の被害者は自賠責保険を請求することができるか。

A7 できる。

解説

　自賠法3条の規定による保有者の損害賠償の責任が発生したときは、被害者は、政令で定めるところにより、保険会社に対し、保険金額の限度において、損害賠償額の支払いをなすべきことを請求することができる（自賠法16条1項、被害者請求）。

【参考文献】
　　北河隆之＝中西茂＝小賀野晶一＝八島宏平「逐条解説 自動車損害賠償保障法」129
　　～135頁（弘文堂、2014年）

第3節　自賠責保険は誰が請求できるか

Q8 内縁の配偶者が交通事故により死亡したが、内縁配偶者であっても自賠責保険の請求ができるか。

A8 原則としてできる。

解 説

　内縁配偶者固有の慰謝料請求権は、民法711条の類推適用により認められる。一方、逸失利益の喪失について、内縁配偶者に相続権はないが、他方配偶者の死亡によって将来の扶養利益を喪失したことによる損害賠償請求権を取得するとされている（扶養的構成説、最判平成5年4月6日民集47巻6号4505頁参照）。

【参考文献】
　㈶日弁連交通事故相談センター「Q&A新自動車保険相談－日弁連交通事故相談センター設立40周年記念」56～58頁（ぎょうせい、2007年）
　赤い本1995年版120～125頁
　赤い本2002年版291～295頁

Q9 会社の代表者が交通事故に遭い、受傷に伴い会社の売り上げが減少した場合、会社が被った損害（企業損害）について、自賠責保険から支払いを受けられるか。

A9 受けられないことが多いが、①会社が法人とは名ばかりの個人会社であり、②直接被害者に機関としての代替性がなく、③会社と被害者の間に経済的一体性が認められる場合には支払われる（最判昭和43年11月15日民集22巻12号2614頁）。

解 説

　不法行為法の理解として、企業損害をどのように把握すべきかの問題であることから、本解説では裁判例の紹介にとどめる。詳細は下記参考文献を参照。なお、下記裁判例は、自賠責保険に対する請求をした事例ではない。

133

第2編 第2部 第2章　自賠責保険

⑴　企業損害の賠償を肯定した裁判例

　空調設備業を営む会社の代表者が受傷して休業し、会社が受注していた工事を外注せざるを得なかったため、外注費用の賠償を求めた事案（名古屋地判平成19年10月26日交民40巻5号1386頁）。

　作家活動を行っている代表者及び出版物の編集を業とする有限会社において、代表者が受傷に伴い執筆活動に支障が生じ、会社の収入が減少したことから、減少分の賠償を求めた事案（東京地判平成12年3月29日交民33巻2号619頁）。

⑵　企業損害の賠償を否定した事案

　代表者以外に取締役が2名、従業員が3名おり、会社の業務を分担し、相応の報酬ないし給与が支払われていたことから、上記③の経済的一体性が認められないとした（東京地判平成20年3月26日判例秘書L06332114）。

　代表者以外に役員が選任され、1、2名の従業員が在籍しており、代表者は会社とは別に個人として稼働し収入を得ていたことから、上記②③の要件を欠くとした（東京地判平成27年7月1日自保ジャーナル1955号88頁）。

【参考文献】
　森冨義明＝村主隆行「裁判実務シリーズ9　交通関係訴訟の実務」146～160頁（商事法務、2016年）
　赤い本2004年版311頁以下

Q10　自分の会社の従業員が交通事故により休業したため、会社で給料分を取りあえず支給した。この支給した分は自賠責保険から支払ってもらえるのか。

A10　従業員の損害賠償請求権を代位取得することができれば、自賠責保険に請求できる。

解説

⑴　使用者の義務の履行として支払いをした場合

　労基法上の労災補償として休業損害分を支払う場合や就業規則等の社内規定による補償の支払いなど、使用者の義務の履行として会社が支払いをした場合、民法422条により、会社が被害者の損害賠償請求権を代位取得し、自

第3節　自賠責保険は誰が請求できるか

賠責保険に損害を請求することができる。

(2)　被害者の便宜のために支払いをした場合

　この場合、被害者の請求権を取得することにはならないため、自賠責保険に対する請求はできない。この場合、事務管理者の求償権（民法702条）や任意弁済による代位などの論拠により、加害者に請求することは可能である。

【参考文献】

　㈶日弁連交通事故相談センター「Q&A新自動車保険相談－日弁連交通事故相談センター設立40周年記念」59〜60頁（ぎょうせい、2007年）

Q11 死亡事故で遺族が複数いる場合、被害者請求をする際に気を付けるべきことはあるか。

A11 請求権者が複数の場合、誰がどれだけ自賠責保険から損害賠償額の支払いを受けることができるかの問題が生ずるので、保険会社と協議するべきである。

解説

　請求権者が複数の場合には、保険会社は、請求権者のうちの1人に他の者が委任するという請求の一本化を要請してくるので、被害者死亡の場合には、法定相続人（及び遺族固有の慰謝料の請求権者）全員の委任状が必要になる。仮に、他の請求権者の委任状が得られない場合には、保険会社は、それぞれの請求権者の有する損害賠償請求権額を自賠責保険の支払基準に基づいて積算して、請求権者の請求権額に応じた額を配分して支払い、残りは他の請求権者分として支払いを留保することになる。

【参考文献】

　㈶日弁連交通事故相談センター「Q&A新自動車保険相談－日弁連交通事故相談センター設立40周年記念」54〜55頁（ぎょうせい、2007年）

　伊藤文夫＝佐野誠「自賠責保険のすべて　12訂版」98〜100頁（保険毎日新聞社、2014年）

135

第２編 第２部 第２章　自賠責保険

Q12 外国人は自賠責保険を請求することができるか。

A12 請求することができる。

解　説

　国内で起きた交通事故には、原則として日本法が適用される（法の適用に関する通則法（以下、「通則法」という。）17条本文）。また、自賠責保険でも外国人を適用除外としていない（自動車損害賠償責任保険の保険金等及び自動車損害賠償責任共済の共済金等の支払基準）。したがって、外国人も国内事故での被害について自賠責保険に請求することができる。

　なお、逸失利益の基礎収入額や労働能力喪失期間について、日本人と異なる扱いを受けることがあり、例えば、国内での就労可能期間経過後の基礎収入は想定出国先での収入を基礎とすべきであり、就労可能期間は本人の意思や在留資格等の諸要素を考慮して認定すべきであるとした労働災害事案の判例が参考になる（最判平成９年１月28年民集51巻１号78頁〔改進社指切断事件〕）。

【参考文献】
　北河隆之＝中西茂＝小賀野晶一＝八島宏平「逐条解説自動車損害賠償保障法」74頁
　（弘文堂、2014年）

●第４節　自賠責保険はどのような場合に請求できるか・・・・・

1　自賠責保険が支払われる場合

Q13 自賠責保険が支払われるのはどのような場合か。

A13 「第３条の規定による保有者の損害賠償の責任が発生した場合において、これによる保有者の損害及び運転者もその被害者に対して損害賠償の責任を負うべきときのこれによる運転者の損害を保険会社が填補することを約し」た上（自賠法11条）、自賠法３条の運行供用者責任による保有者の損害賠償責任が発生した場合。

136

第4節 自賠責保険はどのような場合に請求できるか

解説

「自己のために自動車を運行の用に供する者は、その運行によつて他人の生命又は身体を害したときは、これによつて生じた損害を賠償する責に任ずる。」(自賠法3条本文)

【参考文献】
北河隆之＝中西茂＝小賀野晶一＝八島宏平「逐条解説自動車損害賠償保障法」1〜60頁、115〜117頁（弘文堂、2014年）

2 「運行によつて」の解釈

Q14 自賠法3条に規定する「運行によつて」とはどのようなことをいうのか。

A14 「運行」とは「人又は物を運送するとしないとにかかわらず、自動車を当該装置の用い方に従い用いること」をいい（自賠法2条2項）、「運行によつて」とは、運行と事故との間に相当因果関係があることをいう。

解説

判例は、「自動車を当該装置の用い方に従い用いること」の意味について、自動車をエンジンその他の走行装置によって位置の移動を伴う走行状態におく場合だけでなく、特殊自動車であるクレーン車を走行停止の状態におき、操縦者において、固有の装置であるクレーンをその目的に従って操作する場合をも含む（固有装置説。最判昭和52年11月24日民集31巻6号918頁）と解している。

「運行」に当たるか否か問題になるケースとして、駐停車車両との衝突事故があるが、「運行」と認めているものが相当数ある。

そして、「(運行)によつて」といえるかどうかについては種々の見解があるが、判例は、運行と事故との間に相当因果関係を要するとする立場である（最判昭和43年10月8日民集22巻10号2125頁、前掲最判昭和52年11月24日、最判昭和54年7月24日交民12巻4号907頁）。

第 2 編 第 2 部 第 2 章　自賠責保険

【参考文献】

(財)日弁連交通事故相談センター「Q&A 新自動車保険相談－日弁連交通事故相談センター設立 40 周年記念」26 〜 30 頁（ぎょうせい、2007 年）

佐久間邦夫＝八木一洋「交通損害関係訴訟―リーガル・プログレッシブ・シリーズ」51 〜 57 頁（青林書院、2009 年）

交通事故紛争処理センター「交通事故紛争処理の法理―（公財）交通事故紛争処理センター創立 40 周年記念論文集」106 〜 132 頁（ぎょうせい、2014 年）

大嶋芳樹＝羽成守＝松居英二「新版　交通事故の法律相談」12 〜 18 頁（学陽書房、2016 年）

塩崎勤＝小賀野晶一＝島田一彦「専門訴訟講座 1　交通事故訴訟」105 〜 116 頁（民事法研究会、2008 年）

東京弁護士会弁護士研修センター運営委員会「弁護士専門研修講座 民事交通事故訴訟の実務 II」51 〜 54 頁（ぎょうせい、2014 年）

Q15 駐停車中の事故でも自賠責保険が使える場合（自動車の「運行」によって生じた事故といえるか）があるか。

A15 使える場合もある。

解説

(1)　2つの著名な裁判例

ア　使えた裁判例（最判昭和 63 年 6 月 16 日判タ 685 号 151 頁）

本件事故は、木材運搬車である本件車両の荷台から荷下ろしのためにフォークリフトを使って荷台から木材を突き落としたところ、通行中の被害者の上に落下して死亡した事故である。

「自動車を当該装置の用い方に従い用いること」（自賠法 2 条 2 項）には、走行停止の状態におかれている自動車の固有の装置をその目的に従って操作使用する場合をも含む。

本件車両は木材運搬専用車であり、荷台には木材を緊縛するための支柱とフォークリフトのフォーク挿入用の枕木等が装置され、構造上フォークリフトによる荷下ろしが予定されている車両だった。

枕木が装置されている荷台は、本件車両の固有の装置といえる。また、

138

第4節　自賠責保険はどのような場合に請求できるか

本件荷下ろし作業は、直接的にはフォークリフトを用いてされたものだが、併せて当該荷台をその目的に従って使用することにより行われたものである。

本件事故は、本件車両を「当該装置の用い方に従い用いること」によって生じたものである。

イ　使えなかった裁判例（最判昭和 63 年 6 月 16 日判タ 681 号 111 頁）

本件事故は、被害者が被害車両を運転中、道路上にフォーク部分を進入させた状態で停車中のフォークリフトのフォーク部分に被害車両を衝突させて発生した事故である。

①本件車両がフォークリフトによる荷下ろし作業のための枕木を荷台に装着した木材運搬用の貨物自動車であること、②本件車両運転者が、荷下ろし作業後直ちに出発する予定で、一般車両が通行する道路に本件車両を停車させ、本件フォークリフトの運転者と共同して荷下ろし作業を開始した、③本件事故発生当時、本件フォークリフトが 3 回目の荷下ろしのために本件車両に向かう途中だった。

①②③の事情があっても、本件事故は、本件車両を当該装置の用い方に従い用いることによって発生したものとはいえない。

(2)　検　討

「自動車を当該装置の用い方に従い用い」たものとして「運行」に当たるか否かは、自賠法の趣旨・目的に立ち返って実質的に考える必要がある。

「運行」に当たるか否かを判断するに当たっては、自動車固有の危険性という実質的な要素を考慮し、事故当時の状況、事故の性質・内容等の諸般の事情を考慮し、自動車に備えられた装置を本来的用法に従って使用した行為が自動車固有の危険性を具体化したかどうかを検討する（固有危険性具体化説）。

【参考文献】

（公財）交通事故紛争処理センター「交通事故紛争処理の法理―（公財）交通事故紛争処理センター創立 40 周年記念論文集」106 ～ 132 頁（ぎょうせい、2014 年）

加藤了「複数車両の事故と『運行によって』―二つの最高裁昭和六三年六月一六日判決をめぐって」判タ 711 号 71 ～ 75 頁

坂本倫城「自賠法三条の『運行によって』をめぐる諸問題」判タ 724 号 63 ～ 74 頁

森冨義明＝村主隆行「裁判実務シリーズ 9　交通関係訴訟の実務」104 ～ 122 頁（商事法務、2016 年）

第2編 第2部 第2章 自賠責保険

Q16 被用者や親族の無断運転の場合、自賠責保険金の支払いは認められるか。

A16 認められる場合が多いと考えられる。

解 説

　自賠責保険は、加害車両の「保有者」に運行供用者責任が発生する場合に、当該車両に付保されている自賠責保険から、保険金または損害賠償金が支払われる仕組みとなっている（自賠法11条、16条1項）。

　ここで、運行供用者とは、「自己のために自動車を運行の用に供する者」をいい（自賠法3条）、一般的に、「運行支配」と「運行利益」が帰属する者をいう（判例・通説）。他方、保有者とは、「自動車の所有者その他自動車を使用する権利を有する者で、自己のために自動車を運行の用に供するものをいう」（自賠法2条3項）。

　すなわち、保有者とは、①自動車を使用する権利を有する者＋②運行供用者であり、運行供用者≧保有者という関係にあるため、運行供用者ではあるが保有者ではない者の交通事故が生ずる。

　この場合、その「運行供用者」に自賠法3条や民法709条の責任が生じるかは別として、自賠責保険から保険金は支払われないことになる。

　被用者や親族が、自動車の保有者（所有者等）に無断で自動車を運転した場合、この運転者は、運行供用者であるが、自動車を使用する権利はないから、保有者とはいえない。

　しかし、保有者（所有者等）と運転した被用者・親族との間には、通常、密接な人的関係があり、運転後に車の返却が予定されているはずであるから、保有者（所有者等）の「運行支配」は失われていない。したがって、判例では、保有者（所有者等）は、運行供用者責任を免れないと判断される傾向にある（最判昭和39年2月11日民集18巻2号315頁、最判昭和46年1月26日交民4巻1号13頁等。他人が運転して、所有者の運行供用者性を認めた最判平成20年9月12日判時2021号38頁も参照）。

　すなわち、通常、保有者に運行供用者責任が生じるから、自賠責保険金は支払われることが多いと考えられる。

140

第4節　自賠責保険はどのような場合に請求できるか

【参考文献】
赤い本2010年版（下）49頁「子の自動車事故と親の運行供用者責任」
北河隆之「交通事故損害賠償法（第2版）」26〜37頁、42〜46頁（弘文堂、2016年）
藤村和夫＝山野嘉朗「概説交通事故賠償法（第3版）」115〜125頁（日本評論社、2014年）
伊藤文夫＝丸山一朗＝末次弘明「損害保険の法律相談Ⅰ〈自動車保険〉」34〜44頁（青林書院、2016年）

Q17 盗用による使用（いわゆる泥棒運転）の場合、自賠責保険金の支払いは認められるか。

A17 原則的には認められないが、例外的に認められた裁判例（保有者（所有者等）に運行支配があると判断した）もある。

解説

　保有者（所有者等）から自動車を盗用した場合、保有者（所有者等）と盗用者との間に人的関係がなく、通常、盗用者は、自動車を返還する意思をもっていない。したがって、保有者（所有者等）の運行支配は失われるため、「運行供用者」とはいえない（最判昭和48年12月20日民集27巻11号1611頁）。
　一方、盗用者は、自動車を使用する権利を有していないから、「保有者」ではない。
　すなわち、保有者に運行供用者責任がないから、自賠責保険金の支払いを受けることは難しい。
　この場合、事故を起こした盗用者は、「運行供用者」であるから、被害者は、盗用者に対し、自賠法3条等に基づいて損害賠償を請求することができる。ただし、盗用者は一般的に、資力を有していないことが多いと思われる。その場合、政府の自動車損害賠償保障事業による救済（本章Q40参照）を受けることができる。
　また、盗用による運転については、客観的に、保有者（所有者等）において第三者が運転するのを容認したと同視できるような状況で、保有者（所有者等）に運行支配があると判断した判例もある（最判昭和57年4月2日判時1042号93頁）。

第2編 第2部 第2章 自賠責保険

このようなケースでは、保有者に運行供用者責任が生じるから、自賠責保険金が支払われると考えられる。

【参考文献】

　㈶日弁連交通事故相談センター「Q&A新自動車保険相談—日弁連交通事故相談センター設立40周年記念」35〜37頁（ぎょうせい、2007年）

　北河隆之「交通事故損害賠償法（第2版）」46〜52頁（弘文堂、2016年）

　藤村和夫＝山野嘉朗「概説交通事故賠償法（第3版）」146〜149頁（日本評論社、2014年）

　伊藤文夫＝丸山一朗＝末次弘明「損害保険の法律相談Ⅰ〈自動車保険〉」34〜44頁（青林書院、2016年）

3 他人性

Q18 事故の被害者が、運行供用者が運転する車に同乗した、その親族である場合、自賠責保険金の請求ができるか。

A18 具体的な事案によって自賠責保険金の請求ができる場合もある。

解説

　自賠法は、運行供用者が、「他人の生命又は身体を害したとき」に運行供用者責任が発生すると規定している（自賠法3条）。すなわち、同条で救済の対象となる者は、「他人」ということになる。

　この「他人」について、判例は、①運行供用者及び②他人のために自動車の運転又は運転の補助に従事する者（自賠法2条4項）を除く、それ以外の者としている（最判昭和42年9月29日判時497号41頁など）。

　運行供用者と親族関係にある者が自動車に同乗して交通事故の被害者となった場合、親族関係にあるからといって、他人性を否定されることはなく、具体的な事実関係のもとで、被害者が他人かを判断すべきとされる（最判昭和47年5月30日民集26巻4号898頁）。

　この判例では、車は夫が所有し、ガソリン代や修理費等も負担する一方、被害者（その妻）は運転免許もなく、事故当時に運転補助行為もしなかったこと等の事実を認定して、被害者の他人性を認めた。このような場合には、

第4節　自賠責保険はどのような場合に請求できるか

自賠責保険金の支払を受けることが可能である。

　なお、任意保険の対人賠償では、被害者が、運転者や記名被保険者の一定の範囲の親族である場合、その損害は填補されない（ただし、人身傷害補償等で救済され得る）。

【参考文献】
　藤村和夫＝山野嘉朗「概説交通事故賠償法（第3版）」150～153頁（日本評論社、2014年）

Q19 事故の被害者が、他人の運転する車に同乗した、車の借主や所有者の場合、自賠責保険金の請求ができるか。

A19 具体的な事案によって、請求できる場合とできない場合がある。

解説

(1)　本章Q18のとおり、「運行供用者」は、自賠法3条の「他人」ではないから、同条により救済を受けられないのが原則である。

　しかし、自動車の所有者が第三者に車を貸与し、借り受けた者が当該自動車を運転したり、さらに第三者に運転を委ねた場合等において、運行供用者が複数存在することがある。そのうちの一人が被害者となり、他の運行供用者が「保有者」である場合、被害者となった運行供用者に、自賠責保険金の支払を認めることが相当なこともある。そこで、このような被害者たる運行供用者の他人性が問題となる。

(2)　**参考判例**

　この点について判断したものとして、以下の裁判例が参考となる。

①　会社の取締役が、私用のために会社所有の自動車を使用し、同乗の従業員に一時運転させている間に、当該従業員の惹起した事故により受傷した場合に、会社に対して自賠法3条の「他人」であることを主張して損害賠償を請求できないとされた事例（最判昭和50年11月4日民集29巻10号1501頁（他の運行供用者である「会社」が車に同乗しておらず、「非同乗型」といわれる。））。

②　自己所有の自動車の運転を友人に委ねて同乗中、友人の惹起した事故

143

第2編 第2部 第2章 自賠責保険

により死亡した者が、友人との関係において、自賠法3条の「他人」に当たらないとされた事例（最判昭和57年11月26日民集36巻11号2318頁（他の運行供用者である「友人」が車に同乗しており、「同乗型」といわれる。））。

③　運転代行業者に運転を依頼して同乗中に、事故により負傷した自動車の使用権者が、運転代行業者に対する関係において、自賠法3条の「他人」に当たるとされた事例（最判平成9年10月31日民集51巻9号3962頁（他の運行供用者のうち「運転代行業者」は車に同乗しており、「同乗型」に分類されることが多い。））。

④　Xの友人Aが、Xの運転するXの父親B所有の自動車に同乗してバーに赴き、Xと飲酒した後、寝込んでいるXを乗せて同自動車を運転し、追突事故を起こして、Xが傷害を負った。Xは、この車を被保険自動車とする自賠責保険会社に、自賠法16条に基づく損害賠償を請求したが、Xは、BとAとのいずれの関係においても、自賠法3条の「他人」には当たらないから、請求は認められないとされた事例（名古屋高判平成21年3月19日交民41巻5号1097頁（最判平成20年9月12日集民228号639頁の差戻審）（他の運行供用者のうち「父親（B）」は車に同乗しておらず、「友人（A）」は同乗しているから、「混合型」といわれる。））。

(3)　判例のまとめ

　これらの判例は、ⓐ被害者は、外部にいる他の運行供用者との関係では、自動車の運行支配の程度が「直接的・顕在的・具体的」であるから、この運行供用者に対して他人性を主張することは難しい（同乗型及び混合型（車外の運行供用者との関係）の場合）。ⓑ被害者が自動車の所有者や所有者に準じるような使用者の場合、ⓐと同じく、同乗中の他の運行供用者と自動車の運行支配の程度を比較するが、特段の事情のない限り、この運行供用者に対して他人性を主張することはできない（同乗型及び混合型（同乗している運行供用者との関係）の場合）。ⓒⓑの特段の事情としては、(i)運転していた運行供用者が所有者等の運行支配に服さず、その指示を守らない場合、(ii)運転代行業者に運転を依頼した場合がある、とまとめることができる。

　このような事情の有無を考慮し、運行供用者たる被害者に他人性が認められる場合、その者は自賠責保険金の支払を求めることが可能である。

第4節　自賠責保険はどのような場合に請求できるか

【参考文献】

赤い本 2010 年版（下）71 頁「共同運行供用者と他人性」

森冨義明＝村主隆行「裁判実務シリーズ 9　交通関係訴訟の実務」98 〜 103 頁（商事法務、2016 年）

北河隆之「交通事故損害賠償法（第 2 版）」88 〜 101 頁（弘文堂、2016 年）

藤村和夫＝山野嘉朗「概説交通事故賠償法（第 3 版）」158 〜 170 頁（日本評論社、2014 年）

伊藤文夫＝丸山一朗＝末次弘明「損害保険の法律相談 I 〈自動車保険〉」45 〜 54 頁（青林書院、2016 年）

Q20 バスの後退運転を誘導していた車掌が、誘導中に転倒し、このバスに轢かれて負傷した場合、自賠責保険金の請求ができるか。

A20 できないと考えられる。

解説

　運転補助者（自賠法 2 条 4 項）について、判例は運転補助者の他人性を否定するため（最判昭和 42 年 9 月 29 日判時 497 号 41 頁など）、どのような場合が「運転補助者」に当たるか問題となる。

　この点、Q の事例の元になった、札幌地判昭和 43 年 6 月 12 日判時 531 号 60 頁は、被害者が自賠法 3 条の「他人」から除外される「運転補助者」といえるには、一般的な運転補助者の地位にあったというだけでは足りず、少なくとも運転行為の一部を分担する等、直接の運転者と同視できる立場にあった者に限られるとした。

　そして、本件被害者は、一般的にみて運転補助者の地位にあったばかりでなく、具体的行動においても、バスの後退運転を誘導する任にあたっていたから、事故当時、運転手の後退運転に伴う危険を防止し、円滑な運転をはかるため、同人の運転行為の一部を分担していた者といえるとし、他人性を否定した。

　Q についても、被害者は、他人性が否定され、自賠責保険金を請求することはできないと考えられる。

145

第2編 第2部 第2章　自賠責保険

　ただし、Qの事例等、他人性を否定された場合でも、民法715条等に基づいて、運転者の過失行為を主張し、使用者等に対し、損害賠償を求めることが可能な場合がある。

　なお、「運行」を補助したものについて、他人性を肯定した判例がある（最判平成11年7月16日判時1687号81頁）。

【参考文献】
　北河隆之「交通事故損害賠償法（第2版）」84～88頁（弘文堂、2016年）
　藤村和夫＝山野嘉朗「概説交通事故賠償法（第3版）」170～174頁（日本評論社、
　　2014年）
　伊藤文夫＝丸山一朗＝末次弘明「損害保険の法律相談Ⅰ〈自動車保険〉」55～60頁
　　（青林書院、2016年）

4 免 責

Q21 運行供用者において、自賠法3条ただし書免責になる場合とはどのような場合か。

A21 運行供用者が、①自己及び運転者が自動車の運行に関して注意を怠らなかったこと、②被害者又は運転者以外の第三者に故意又は過失があったこと、③自動車に構造上の欠陥又は機能の障害がなかったことの3つを主張・立証した場合である。

解 説

　上記3要件は、常にすべてを主張立証しなければならないわけではない。

　自賠法3条ただし書所定の免責要件事実のうち、ある要件事実の存否が事故発生と関係がない場合には、免責を受けようとする自動車の運行使用者は、右要件事実は当該事故と関係がない旨を主張立証すれば足りる（最判昭和45年1月22日民集24巻1号40頁、判タ244号157頁）。

第4節　自賠責保険はどのような場合に請求できるか

【参考文献】

㈶日弁連交通事故相談センター「Q&A 新自動車保険相談－日弁連交通事故相談センター設立 40 周年記念」23 ～ 25 頁（ぎょうせい、2007 年）

佐久間邦夫＝八木一洋「交通損害関係訴訟－リーガル・プログレッシブ・シリーズ」61 ～ 62 頁（青林書院、2009 年）

塩崎勤＝小賀野晶一＝島田一彦「専門訴訟講座 1　交通事故訴訟」124 ～ 126 頁（民事法研究会、2008 年）

Q22 運行供用者において、自賠法 3 条ただし書免責を満たさないと免責されないのか。

A22 ①不可抗力による場合②責任無能力③正当防衛・緊急避難が認められる場合には、自賠法 3 条ただし書を満たさなくとも免責される。

解　説

　自賠法 3 条ただし書の要件を満たさない場合においても、不可抗力による場合には運行供用者責任は生じない。

　また、民法の規定が適用される（自賠法 4 条）ので、責任無能力（民法 712、713 条）や正当防衛・緊急避難（民法 720 条）が認められる場合にも運行供用者は免責されるとも考えられる。

　ただし、近時の裁判例では、自賠法 3 条は、民法 709 条の特則を定めたものであるから、行為者の保護を目的とする民法 713 条は、自賠法 3 条の運行供用者責任には適用されないと判示したものもある（大阪地判平成 17 年 2 月 14 日判タ 1187 号 272 頁、東京地判平成 25 年 3 月 7 日判タ 1394 号 250 頁）。

【参考文献】

（財）日弁連交通事故相談センター「Q&A 新自動車保険相談―日弁連交通事故相談センター設立 40 周年記念」23 ～ 25 頁（ぎょうせい、2007 年）

佐久間邦夫＝八木一洋「交通損害関係訴訟―リーガル・プログレッシブ・シリーズ」61 ～ 62 頁（青林書院、2009 年）

塩崎勤＝小賀野晶一＝島田一彦「交通事故訴訟―専門訴訟講座」124 ～ 126 頁（民事法研究会、2008 年）

森冨義明＝村主隆行「裁判実務シリーズ 9　交通関係訴訟の実務」112 ～ 113 頁（商事法務、2016 年）

第2編 第2部 第2章　自賠責保険

Q23 故意に人を轢いた場合でも自賠責保険金が支払われるか。

A23 積極的に人を轢いた場合や心中の場合など故意が明白な場合には、被害者請求による場合を除き自賠責保険金は支払われない。

解　説

　自賠法14条は、「保険会社は、…保険契約者又は被保険者の悪意によって生じた損害についてのみ、てん補の責めを免れる。」として悪意による免責を規定しているところ、同条の「悪意」とは、「わざと」とほぼ同義であり故意が明白な場合をいう。したがって、積極的に人を殺傷する意思で轢いた場合や心中の場合などには免責されるが、人を轢いても構わないといういわゆる刑法上の未必の故意の場合は「悪意」に当たらず免責されないこととなる。

　なお、自賠法14条により保険会社が免責となったとしても、無理心中や積極的殺傷行為の被害者（遺族）は、同法16条1項により保険会社に対して直接請求ができる。他方、合意心中の場合、被害者は運行供用者として「他人」性が否定されるため、直接請求によっても保険会社に支払責任は生じない。

【参考文献】
　　伊藤文夫＝佐野誠「自賠責保険のすべて　12訂版」89〜91頁（保険毎日新聞社、2014年）
　　木宮高彦＝羽成守＝坂東司朗＝青木荘太郎「注釈自動車損害賠償保障法　新版」174〜176頁（有斐閣、2003年）

Q24 自賠責保険を重複して契約している場合、保険金はどのように支払われるか。

A24 締結した時が最も早い自賠責保険契約により保険金が支払われる。

第5節　自賠責保険によって支払われる金額はどのように決まるのか

解説

　1台の自動車について複数の自賠責保険契約が締結されている場合、保険会社は、締結が最も早い契約以外の契約については、重複する保険期間において発生した事故にかかる損害の填補等の責任を免れるため（自賠法82条の3第1項）、複数の契約のうち締結した時が最も早い自賠責保険契約に基づき保険金が支払われることとなる。

　なお、同時に契約を締結した場合など締結が最も早い契約が複数ある場合、保険会社は当該契約に関し支払うべき保険金額をその契約の数で除した金額を超えた部分については免責されるため（同条2項）、当該保険契約にかかる各保険会社から、それぞれ支払うべき保険金額をその契約の数で除した金額が支払われることとなり、結局のところ合計して1契約分の保険金額となる。

【参考文献】
　伊藤文夫＝佐野誠「自賠責保険のすべて 12訂版」89～90頁（保険毎日新聞社、2014年）
　木宮高彦＝羽成守＝坂東司朗＝青木荘太郎「注釈自動車損害賠償保障法　新版」327～330頁（有斐閣、2003年）

・第5節　自賠責保険によって支払われる金額はどのように決まるのか

1　自賠責保険によって支払われる金額

 自賠責保険の支払限度額はいくらか。

 死亡に関する損害は3000万円、傷害に関する損害は120万円、後遺障害に関する損害は等級に応じて75万円から4000万円と分類される。

解説

　保険金額は、下記の表のとおり、死亡、傷害、後遺障害の場合に大きく分

149

第2編 第2部 第2章　自賠責保険

けられ、損害の内容によって金額が変わる（自賠法 13 条 1 項、同令 2 条 1 項、別表第一・第二）。

事項	死亡		傷害		後遺障害								
	死亡	死亡に至るまでの傷害	重傷	軽傷	別表第一		別表第二						
					第1級	第2級	第1級	第2級	第3級	第4級	第5級	第6級	第7級
保険金額	3,000	120	120		4,000	3,000	3,000	2,590	2,219	1,889	1,574	1,296	1,051
							第8級	第9級	第10級	第11級	第12級	第13級	第14級
							819	616	461	331	224	139	75

(万円)

【参考文献】

伊藤文夫＝佐野誠「自賠責保険のすべて 12 訂版」92 ～ 102 頁（保険毎日新聞社、2014 年）

㈶日弁連交通事故相談センター「Q&A 新自動車保険相談―日弁連交通事故相談センター設立 40 周年記念」44 ～ 46 頁（ぎょうせい、2007 年）

北河隆之＝中西茂＝小賀野晶一＝八島宏平「逐条解説自動車損害賠償保障法」125 ～ 126 頁（弘文堂、2014 年）

Q26 自賠責保険の金額はどのようにして算定されるのか。

A26 自動車損害賠償責任保険の保険金等及び自動車損害賠償共済の共済金等の支払基準（以下、「支払基準」という。）に基づいて算定される（自賠法 16 条の 3 第 1 項）。

解説

自賠責保険損害調査事務所が、支払基準に基づいて、損害額を査定する。なお、支払基準は、保険会社が訴訟外で保険金等を支払う場合に従うべき基準に過ぎない（最判平成 18 年 3 月 30 日民集 60 巻 3 号 1242 頁）。

【参考文献】

㈶日弁連交通事故相談センター「Q&A 新自動車保険相談―日弁連交通事故相談センター設立 40 周年記念」44 ～ 46 頁（ぎょうせい、2007 年）

赤い本 2017 年版（上）413 ～ 424 頁

2 休業損害

 休業損害の1日当たりの収入はどのように算定されるのか。

 原則として、休業による収入の減少があった場合、休業日数1日につき5,700円として算定される。立証資料等により1日につき5,700円を超えることが明らかな場合は、1万9,000円を限度としてその実額が支払われる。

解説

(1) 金額の算定方法について

支払基準第2、2、(1)参照。

ア　給与所得者（アルバイト・パート）の場合

休業損害の日額は、事故前3か月間の1日当たり平均収入額と5,700円のいずれか高い金額となり、その他手当等に、現実に収入減が生じていれば、その減少額が休業損害として認められる。

イ　事業所得者の場合

休業損害の日額は、事故前1年間の1日当たり平均収入額と5,700円のいずれか高い金額となり、代替労力を利用したときは、休業損害に代えて、当該代替労力を利用するのに要した必要かつ妥当な実費が認められる。

ウ　家事従事者の場合、休業による収入の減少があったものとみなされ1日あたり5,700円として算定されるが、事故による収入の減少がない者については、休業損害は認められない。

(2) 立証資料について

給与所得者の立証資料は、勤務先が発行する休業損害証明書や前年分の源泉徴収票がある。源泉徴収義務がない個人が雇用主である場合（所得税法184条）、雇用主が源泉徴収手続きを怠っている場合でも、雇用主が作成した雇用証明書、給与明細書、賃金台帳、所得金額が記載された納税証明書・課税証明書等により、証明することもできる。

事業所得者の立証資料は、前年分の確定申告書の控え、所得金額が記載された納税証明書・課税証明書等により実収入を証明する必要がある。これらの書類がない場合、報酬、料金、契約金及び賞金の支払調書等により損害が

認定できる場合もある。

【参考文献】
伊藤文夫＝佐野誠「自賠責保険のすべて12訂版」95頁（保険毎日新聞社、2014年）
㈶日弁連交通事故相談センター「Q&A新自動車保険相談—日弁連交通事故相談センター設立40周年記念」73～74頁（ぎょうせい、2007年）

 休業損害の対象となる日数はどのように計算されるのか。

 実休業日数を基準とし、被害者の傷害の態様、実治療日数その他を勘案して治療期間の範囲内とされる。

解説

給与所得者の場合、休業日数は原則として勤務先が発行する休業証明書によって認定される。また、事業所得者及び家事従事者の場合、休業日数は原則として実治療日数となるが、傷害の態様、業種等を勘案し、治療期間の範囲内で休業日数が認定される（支払基準第2、2、(2)参照）。

【参考文献】
伊藤文夫＝佐野誠「自賠責保険のすべて12訂版」95頁（保険毎日新聞社、2014年）
㈶日弁連交通事故相談センター「Q&A新自動車保険相談」75～76頁（ぎょうせい、2007年）

3　逸失利益

 自賠責保険における後遺障害逸失利益はどのように算定されるのか。

 後遺障害逸失利益は、基礎収入（年収）×該当等級の労働能力喪失率×中間利息控除係数（後遺障害確定時の年齢における就労可能年数のライプニッツ係数）によって算定される。

第5節　自賠責保険によって支払われる金額はどのように決まるのか

解説

　自動車損害賠償責任保険の保険金等及び自動車損害賠償責任共済の共済金
等の支払基準「第3　後遺障害による損害　1　逸失利益」参照。

　なお、基礎収入は、年間収入額（資料に基づく現実の収入額）又は年相当額
（「支払基準」で定められる平均給与額）となる。

【参考文献】

　伊藤文夫＝佐野誠「自賠責保険のすべて12訂版」96頁（保険毎日新聞社、2014年）

　㈶日弁連交通事故相談センター「Q&A新自動車保険相談―日弁連交通事故相談セン
　　ター設立40周年記念」77～81頁（ぎょうせい、2007年）

Q30　自賠責保険における後遺障害逸失利益の基礎収入は
どのように算定されるのか。

A30　原則、事故前1年間の収入額と後遺障害確定時の
年齢に対応する年齢別平均給与額の年相当額のいず
れか高い額を基礎収入と算定する。

解説

　自動車損害賠償責任保険の保険金等及び自動車損害賠償責任共済の共済金
等の支払基準「第3　後遺障害による損害　1　逸失利益(1)～(3)」参照。

【参考文献】

　伊藤文夫＝佐野誠「自賠責保険のすべて12訂版」96～97頁（保険毎日新聞社、
　　2014年）

　㈶日弁連交通事故相談センター「Q&A新自動車保険相談―日弁連交通事故相談セン
　　ター設立40周年記念」77～81頁（ぎょうせい、2007年）

153

第2編 第2部 第2章 自賠責保険

 自賠責保険における死亡逸失利益はどのように算定されるのか。

 死亡逸失利益は、基礎収入（年収）×（1－生活費控除率）×中間利息控除係数（死亡時の年齢における就労可能年数のライプニッツ係数）によって算定される。

　自動車損害賠償責任保険の保険金等及び自動車損害賠償責任共済の共済金等の支払基準「第4　死亡による損害　2　逸失利益(1)～(3)」参照。

【参考文献】
　伊藤文夫＝佐野誠「自賠責保険のすべて 12 訂版」99 頁（保険毎日新聞社、2014 年）
　㈶日弁連交通事故相談センター「Q&A 新自動車保険相談―日弁連交通事故相談センター設立 40 周年記念」77～81 頁（ぎょうせい、2007 年）

 自賠責保険における死亡逸失利益の基礎収入はどのように算定されるか。

原則、事故前1年間の収入額と死亡時の年齢に対応する年齢別平均給与額の年相当額のいずれか高い額を基礎収入と算定する。

解　説

　自動車損害賠償責任保険の保険金等及び自動車損害賠償責任共済の共済金等の支払基準「第4　死亡による損害　2　逸失利益(1)～(2)」参照。

【参考文献】
　伊藤文夫＝佐野誠「自賠責保険のすべて 12 訂版」99 頁（保険毎日新聞社、2014 年）
　㈶日弁連交通事故相談センター「Q&A 新自動車保険相談―日弁連交通事故相談センター設立 40 周年記念」78～79 頁（ぎょうせい、2007 年）

第5節　自賠責保険によって支払われる金額はどのように決まるのか

4　自賠責保険以外の保険との関係

Q33 健康保険指定医療機関から、「交通事故の場合は健康保険を利用できない」と言われたが、本当に使用できないのか。

A33 使用できる。

解説

　健康保険の利用を拒否する医療機関が稀にあるが、交通事故の場合でも健康保険を利用できる。健康保険指定医療機関は、健康保険の健康保険診療を拒否することはできない。国民健康保険について、大阪地判昭和60年6月28日交民18巻3号927頁は、国民健康保険法の趣旨及び目的に照らして、拒むことができないと述べている。

　また、相手方保険会社から、治療費の一括払いの対応を打ち切られ、自費での通院を考えた際、治療費の自己負担額を減らすために、健康保険への変更も可能である。もっとも、健康保険法に基づいて使用できる治療内容や薬剤に制限があるので、十分な治療を受けられるかを検討すべきである。

155

コラム

健康保険と一括対応

被害者側に健康保険を利用しようとしたところ、加害者側の保険会社から健康保険を利用する場合は、いわゆる治療費の一括払いができないと言われることがありますが、健康保険を利用した上での一括払いは強制できません。

いわゆる一括払いを行うかどうかは、原則的に保険会社の任意ですので、強制的に一括払いを行わせることは困難です。

もっとも、一括対応を行うことによって、保険会社側には、遅延損害金の負担軽減や治療内容の把握を行える等のメリットがあります。

また、加害者側保険会社が、一括対応を拒否する理由の一つとして、事務処理が複雑になる可能性があるため、医療機関が健康保険を利用する場合には一括対応に応じないことがあるようです。このような場合は、医療機関と調整することによって、一括払いが可能になることも考えられますので、交渉してみてはいかがでしょうか。

なお、健保使用一括については、健康保険法第 74 条等により、患者の一部負担金は患者が支払うことを義務付けていることから、医療機関が反対することがあるようです。

 被害者が国民健康保険や労働者災害補償保険を利用して治療した場合、自賠責保険請求の点で気をつけることはあるか。

 治療費が安く済み、自賠責の上限金額を有効に利用できる利点があるが、労災保険の求償の点で、被害者に不利になることがあるため、この点気を付ける必要がある。

解 説

(1) 健康保険による診療

ア　健康保険を利用するメリット

交通事故の治療においても、健康保険を使って診療を行うことはできる（本節 Q33）。健康保険を使わずに自由診療で処理する場合、医療機関の裁量で値段を設定することが可能となるため、治療費が高額となり、自賠責

第5節　自賠責保険によって支払われる金額はどのように決まるのか

保険の限度額を軽く超えてしまうことがあるため、むしろ健康保険は積極的に利用すべきである。

イ　求償関係

　健康保険を利用した場合でも、自費で負担した分を自賠責保険に請求することができる。他方で、保険者は被保険者の第三者に対する損害賠償請求権を取得する。なお、自賠責保険においては、被害者請求と健康保険からの求償の関係では、被害者請求を優先している（最判平成20年2月19日民集62巻2号534頁）。

(2)　労働者災害補償保険等

ア　社会保険の利用

　交通事故が同時に労災事故である場合、労働者災害補償保険（以下、「労災保険」という。）による給付を受けることもできる。被害者にも過失がある事案や加害者が任意保険に加入していないなど保険金額の満足な給付を受けられない場合は、社会保険による給付を受けることが被害者にとって利益となる。したがって、利用できる社会保険による給付がある場合、これを利用すべきである。

イ　求償関係

　健康保険とは異なり、現在自賠責保険において、労災保険からの求償と被害者請求の間に優劣をつけておらず、先に請求したほうに支払いをする運用となっている（早い者勝ち）。

　そのため、国民健康保険の場合は、被害者請求を優先する取り扱いだが、労災保険の場合は、被害者請求に優先権がない（早い者勝ち）のため、被害者は早期に被害者請求を行うべきである。

【参考文献】

　東京地裁民事交通訴訟研究会「民事交通訴訟における過失相殺率の認定基準　全訂5版」別冊判タ38号2〜4頁

　東京弁護士会弁護士研修センター運営委員会「弁護士専門研修講座　交通事故の法律相談と事件処理　民事交通事故訴訟の実務Ⅲ」118〜119頁（ぎょうせい、2015年）

157

第2編 第2部 第2章　自賠責保険

5　過失相殺

Q35 被害者に落度（過失）がある場合、自賠責保険ではどのように扱われるか。

A35 被害者に重大な過失がある場合には、積算した損害額が保険金額に満たない場合には積算した損害額から、保険金額以上となる場合には保険金額から定められた減額割合に従い減額をされる扱いになっている。

解　説

　下記の表の割合で支払額を減額する取り扱いが規定されており、自賠責保険会社は同基準に基づき保険金を支払うことになる。ただし、傷害による損害額が20万円未満の場合はその額とし、減額により20万円以下となる場合は20万円とする。

減額適用上の被害者の過失割合	減額割合	
	後遺障害又は死亡に係るもの	傷害に係るもの
7割未満	減額なし	減額なし
7割以上8割未満	2割減額	2割減額
8割以上9割未満	3割減額	
9割以上10割未満	5割減額	

　なお、受傷と死亡又は後遺障害の間に因果関係の有無の判断が困難な場合、死亡による損害および後遺症による損害について、積算した損害額が保険金額に満たない場合には積算した損害額から、保険金額以上となる場合には保険金額から5割の減額を行う。

158

【参考文献】
　㈶日弁連交通事故相談センター「Q&A 新自動車保険相談―日弁連交通事故相談センター設立 40 周年記念」129 頁（ぎょうせい、2007 年）
　水津正臣＝藤村和夫＝堀切忠和「実務家のための交通事故の責任と損害賠償」48 頁（三協法規出版、2011 年）
　損害保険料率算出機構自賠責損害調査センター「自賠責保険（共済）損害調査のしくみ」（2016 年）8 頁
　森冨義明＝村主隆行「裁判実務シリーズ 9　交通関係訴訟の実務」31 ～ 32 頁（商事法務、2016 年）

第6節　自賠責保険への請求は、いつまでにすればいいのか（時効）

 自賠責保険の請求権はどのくらいで時効になってしまうのか。

 自賠責保険の被害者請求権の時効は 3 年とされている（ただし、改正前の平成 22 年 3 月 31 日以前発生の事故についての時効は 2 年である）。

解説

(1)　被害者請求権の時効

　自賠責保険の被害者請求権の時効は 3 年である（自賠法 19 条）。ただし、改正前の平成 22 年 3 月 31 日以前発生の事故は、2 年である。

　時効の起算日は、①傷害による損害は事故日の翌日、②後遺障害による損害は症状固定日の翌日、③死亡による損害は死亡日の翌日となる。

　なお、加害者に資力がない場合、示談交渉が長引いて時効になるのを防ぐために、自賠責保険会社で、時効中断申請手続をとり、時効中断を承認する書類の発行を受けるべきである。

　自賠責保険金を受領後に、後日訴訟で自賠責保険の認定を上回る後遺障害等級認定がされたために、自賠責保険に追加払いを求める場合等のように、追加払いを請求する場合にも同様の対応を検討すべきである。

159

(2) 加害者請求権の時効

自賠責保険の加害者請求権の時効は、保険法95条により、3年間とされる。なお、平成22年3月31日以前の事故については、前項と同様に2年である。時効の起算日は、加害者が賠償金を支払ったときである。

(3) 政府保障事業に対する填補金請求の時効

保障事業に対する填補金請求の時効は、3年である（自賠法75条）。

起算点は、加害者とみられるものに対する敗訴判決が確定したときとする判例がある（最判平成8年3月5日民集50巻3号383頁）。

【参考文献】
 (財)日弁連交通事故相談センター「Q&A新自動車保険相談─日弁連交通事故相談センター設立40周年記念」138～140頁（ぎょうせい、2007年）
 塩崎勤＝小賀野晶一＝島田一彦「専門訴訟講座①交通事故訴訟」689～690頁（民事法研究会、2008年）

第7節　自賠責の結果に不満な時はどうしたらいいのか

 自賠責保険の算定結果に不満な時はどうしたらいいのか。

 保険会社への情報提供請求や異議申立、自賠責保険・共済紛争処理機構への紛争処理申請、国土交通大臣への違反の通知等の手段を採ることができる。

解説

保険会社は、保険金等の支払いを行ったときは、遅滞なく支払った保険金等の金額、後遺障害の該当する等級、当該等級に該当すると判断した理由等を記載した書面を被保険者又は被害者に交付する（自賠法16条の4第2項）。

被保険者又は被害者は、通知された認定理由だけでは趣旨が明らかでないときは、保険会社に対して書面による詳しい説明を求めることができる（同法16条の5第1項）。

被保険者又は被害者は保険金の支払い又は支払の手続に関し自賠法16条

第7節 自賠責の結果に不満な時はどうしたらいいのか

の7各号に掲げる事由がある場合には、国土交通大臣に対し申し出ることができる。

また、自賠法23条の5に基づき、「一般財団法人自賠責保険・共済紛争処理機構」が指定紛争処理機関として、国土交通大臣及び金融長官の指定を受けている。

自賠責保険・共済紛争処理機構では、弁護士・医師・学識経験者等からなる紛争処理委員が調停を行うという形で紛争処理を行う。費用や紛争処理の流れ等については、同機構のホームページを参照されたい。

【参考文献】
㈶日弁連交通事故相談センター「Q&A 新自動車保険相談—日弁連交通事故相談センター設立40周年記念」101～103頁（ぎょうせい、2007年）
一般財団法人自賠責保険・共済紛争処理機関のホームページ
（http://www.jibai-adr.or.jp）

健康保険を利用した際の後遺障害認定手続

健康保険を利用して治療する場合、自賠責所定の書式ではなく、健康保険の診断書・診療報酬明細書の用紙で発行されることになりますが、損害保険料率算出機構による後遺障害等級認定手続で、不利益となることはありません。

損害保険料率算出機構では、各医療機関備え付けの診断書でも必要事項の記載があれば、自賠責保険金の支払手続や後遺障害等級認定の手続を行っているためです。

Q38 自賠責の後遺障害等級認定に不満があるときは、どのようにすればよいか。

A38 自賠責保険会社又は任意保険会社に対し、異議申し立てをする。

161

第2編 第2部 第2章　自賠責保険

解説

(1)　申　立　先

　被害者請求の場合、自賠責保険会社に対して異議申立書を提出する。

　事前認定の場合、被害者が任意保険会社に対し異議申し立てを行い、任意保険会社が損保料率機構に対して事前認定に対する再認定の依頼をすることになる。

(2)　異議申立に際して必要な準備

　等級認定の理由を知るため、保険会社に申し入れて、調査事務所に説明を求める。また、弁護士を依頼している場合には、弁護士会からの照会請求に対して認定理由を開示する扱いになっている。

　開示された後遺障害診断書の記載内容を十分検討して、検査資料等（X線、CT、MRI検査）の提出漏れがないよう調査する。

(3)　異議申立のポイント

　別途資料を提出する必要がある。

　具体的には、①主治医の意見書や地域の中核的病院で医療水準が高度だと評価されている医療機関での専門医による新たな後遺障害診断書、②前回未提出の各検査の結果、及び新たに直近で再検査を受けた各種検査の結果、③事故の衝撃の程度、負傷の程度が疑われていると推測されるときは、交通事故の刑事記録、④類似の判例や類似の症例の添付することなどが考えられる。

> 【参考文献】
> 　㈶日弁連交通事故相談センター「Q&A新自動車保険相談―日弁連交通事故相談センター設立40周年記念」104～106頁（ぎょうせい、2007年）
> 　森冨義明＝村主隆行「裁判実務シリーズ①交通関係訴訟の実務」32頁（商事法務、2016年）

Q39 裁判の結果、自賠責保険での後遺障害認定と異なる判決が出たが、自賠責保険から追加して支払いがあるのか。

A39 実務上、裁判の結果を尊重して判決の認定を前提とした支払いがされている。

解説

　例えば、後遺症の等級認定が自賠責では 14 級とされたが、裁判の結果 12 級となった場合、既判力等の拘束力は自賠責保険会社等には及ばないため、損害の差額の支払いを自賠責保険会社に求める必要がある。この請求に対し、自賠責保険会社が任意の支払いに応じない場合、被害者としては、自賠責保険会社を相手に訴訟を提起する必要がある。

　もっとも、実務上は、判決において、自賠責保険の支払額を超える損害賠償額が認定された場合には、その内容が適切であれば、判決内容を尊重して追加払いされることが多い。なお、この場合も自賠責保険の限度額を超えた支払いはできない。

【参考文献】

　㈶日弁連交通事故相談センター「Q&A 新自動車保険相談―日弁連交通事故相談センター設立 40 周年記念」125〜128 頁（ぎょうせい、2007 年）

第 8 節　政府保障事業

 ひき逃げ事故に遭い、犯人も不明である場合、自賠責保険からの補償は受けられるか。

 加害者がわからないひき逃げ事故や被保険者以外の者による事故（泥棒運転など）の場合、自賠責保険からの支払いを受けることはできないが、政府保障事業に対する填補金請求ができる。

解説

(1)　政府保障事業の目的

　政府保障事業は、自賠責や他の制度で救済されない被害者に対し、最終的に最小限度の救済を与えることにその目的がある。

(2)　政府保障事業の対象

　政府保障事業の対象となるのは、①加害車両の保有者が明らかではなく、被害者が自賠法 3 条に基づく損害賠償請求をすることができない場合（自賠法 72 条 1 項前段）と、②自賠責保険の被保険者以外の者のみが運行供用者責

第2編 第2部 第2章　自賠責保険

任を負う事故の場合（同条同項後段）がある。

(3)　填補限度額

死亡、傷害、後遺障害の場合につき、いずれの限度額も自賠責保険と同一である（自賠法施行令20条、本章Q25参照）。

ただし、被害者が他の社会保障制度に基づいて給付を受けることができる場合には、その限度で、填補は行われない（自賠法73条）。

(4)　過　失　相　殺

平成19年4月1日以降に発生した事故については、自賠責と同様の過失相殺がなされる（本章Q35参照）。

(5)　時　　効

保障事業に対する填補金請求の時効は、3年とされ（自賠法75条）、また、消滅時効に関しては時効の援用を要しないものとされる（会計法31条1項）。

(6)　手続の長期化

保障事業の場合には、賠償責任者や事故状況等が判然とせず、事実関係の調査にかなりの時間がかかるため、請求手続から支払いまでに1年を要するということもまれではない。このような運用状況から、保障事業に対する請求手続中に加害者等に対する権利が時効にかからないよう注意する必要がある。

【参考文献】
㈶日弁連交通事故相談センター「Q&A 新自動車保険相談─日弁連交通事故相談センター設立40周年記念」133〜137頁（ぎょうせい、2007年）
赤い本2017年版（下）191〜196頁
塩崎勤＝小賀野晶一＝島田一彦「専門訴訟講座①交通事故訴訟」19頁（民事法研究会、2008年）

164

第1節　基本条項

第**3**章　任意保険

第1節　基本条項

1　被保険自動車の譲渡

Q₁ 自動車が譲渡された場合、同自動車を被保険自動車とする任意保険契約は、譲渡人から譲受人に承継されるか。

A₁ 原則として、譲渡人から譲受人に承継されない。ただし、保険会社が承認した場合には、任意保険契約は、譲渡人から譲受人に承継される。

解説

　自動車が譲渡された場合、同自動車を被保険自動車とする任意保険契約は、譲渡人から譲受人に承継されないのが原則である。

　なお、ここで、被保険自動車の「譲渡」とは、譲受人が被保険自動車の引渡しを受けこれを現実に支配すれば足り、所有権移転登録手続や売買代金の支払等、譲渡契約上の義務の履行の完了の有無は問わないと解されている（最判平成9年9月4日集民185号1頁・判タ958号112頁）。

　ただし、多くの保険会社では、約款において、譲渡人が、任意自動車保険関係を譲受人に譲渡することを保険会社に書面等により通知して承認請求を行った場合に、保険会社がこれを承認したときは、任意自動車保険関係は、譲受人に移転すると定められているのが通例である。そして、保険会社が被保険者の譲受人に対する譲渡についての承認請求書を「受領」している場合には、承認前であっても、承認請求書受領後の保険事故による損害について保険金を支払うものとされている。ここで、承認請求書を「受領」するのは、保険会社のほか、保険代理店でも差し支えないと解される。

165

【参考文献】
伊藤文夫＝丸山一朗＝末次弘明「損害保険の法律相談Ⅰ＜自動車保険＞」271〜276頁（青林書院、2016年）
「自動車保険の解説」編集委員会「自動車保険の解説2017」206〜208頁（保険毎日新聞社、2017年）

2　被保険自動車の入替え

被保険自動車を旧車両から新しく取得した新車両に入れ替えた場合、旧車両を被保険自動車とした任意保険契約は、新車両に引き継がれるのか。

旧車両から新車両に入れ替えた場合、任意保険契約は、当然には新車両に引き継がれず、保険会社の承諾を得る必要がある。

解説

新車両に任意保険契約を引き継がせるためには、車両を入れ替えたことを保険会社に書面等により通知して承認請求を行い、保険会社の承諾を得る必要がある。

ただし、多くの保険会社では、約款において、新車両取得日の翌日から30日以内に保険契約者が書面による入替えの承認請求を行い、保険会社がその書面を受領し、これを承認するまでの間は、入替え後の新車両を被保険車とみなして、保険適用がある旨の特約条項が定められている。この特約条項が適用されれば、承認請求前に生じた交通事故による損害についても保険金が支払われる。

【参考文献】
伊藤文夫＝丸山一朗＝末次弘明「損害保険の法律相談1＜自動車保険＞」277〜281頁（青林書院、2016年）
「自動車保険の解説」編集委員会「自動車保険の解説2017」208〜210頁（保険毎日新聞社、2017年）

3 任意保険会社に対する被害者直接請求

Q3 任意保険の被害者直接請求権とはどのような制度か。

A3 任意保険の被害者直接請求権とは、被害者が加害者に対してではなく、直接加害者加入の保険会社に賠償請求できる権利で、任意保険の約款に基づく権利であるため、約款に基づく条件がある。

解説

　本来、保険金請求権は、被保険者である交通事故加害者だけが有するもので、契約外の交通事故被害者は、保険会社に対して、何らの直接請求権もない。任意保険会社に対する被害者直接請求権とは、保険契約者と保険会社の当事者間の契約内容である約款のなかで、第三者である交通事故被害者の権利を規定したものである。これは、保険会社に当事者性を持たせ、保険会社の示談代行には弁護士法との関係で違法性があるのではないかとの疑問を解消するとともに、被害者救済をより充実させるために設けられたものである。

　これに対し、自賠責保険の被害者直接請求権は、自賠法 16 条によって創設された権利で、自賠法 3 条の運行供用者責任に基づく損害賠償請求権が成立していることを要件として、自賠責保険会社に請求するものである。

　任意保険がある場合は、通常、任意保険会社がサービスとして一括でこの自賠責保険へ直接請求できる部分も支払ってくれる。任意保険会社との交渉が決裂すると、こうした一括の扱いを解除して、自賠責の被害者請求をし、足りない部分を訴訟などで獲得していくことになる。

【参考文献】
　㈶日弁連交通事故相談センター「Q&A 新自動車保険相談―日弁連交通事故相談センター設立 40 周年記念」167 〜 169 頁（ぎょうせい、2007 年）
　「自動車保険の解説」編集委員会「自動車保険の解説 2017」56 〜 62 頁、65 〜 70 頁（保険毎日新聞社、2017 年）

第2編 第2部 第3章　任意保険

4　自賠責保険との相違点

Q4 任意保険の直接請求権と自賠責保険の直接請求権とはどのように異なるのか。

A4 自賠責保険で保険金が支払われない場合でも、一定の要件を具備した場合には保険金が支払われるといった点が異なる。

解　説

　任意保険会社に対する被害者直接請求権が自賠法16条の直接請求権と異なる点は、以下のような要件を具備したときに保険金が支払われる点である。

①　被保険者が被害者に対して負担する法律上の損害賠償責任の額について、被保険者と被害者との間で、判決が確定した場合、又は裁判上の和解若しくは調停が成立した場合

②　被保険者が被害者に対して負担する法律上の損害賠償責任の額について、被保険者と被害者との間で、書面による合意が成立した場合

③　被害者が被保険者に対する損害賠償請求権を行使しないことを被保険者に対して書面で承諾した場合

④　被保険者が被害者に対して負担する法律上の損害賠償責任の額から自賠責保険等によって支払われる金額及び被保険者が被害者に既に支払った損害賠償金の額を差し引いた損害賠償額が保険金額を超えることが明らかになった場合

⑤　法律上の損害賠償責任を負担すべきすべての被保険者について、次のいずれかに該当する事由があった場合

　ⅰ　被保険者又はその法定相続人の破産又は生死不明

　ⅱ　被保険者が死亡し、かつ、その法定相続人がいないこと

　したがって、保険会社に対し、訴訟上被害者直接請求権を行使する場合は、Ⓐ被保険者である加害者と保険会社を共同被告にし、Ⓑ「被保険者に対する判決の確定」を条件にした将来給付の訴えの形式にする必要がある。

168

第2節　対人・対物賠償責任保険

【参考文献】
　㈶日弁連交通事故相談センター「Q&A 新自動車保険相談―日弁連交通事故相談セン
　　ター設立 40 周年記念」167 ～ 169 頁（ぎょうせい、2007 年）
　「自動車保険の解説」編集委員会「自動車保険の解説 2017」56 ～ 62 頁、65 ～ 70 頁（保
　　険毎日新聞社、2017 年）

●第2節　対人・対物賠償責任保険 ･･･････････････

1　被保険者の範囲～許諾被保険者とは

Q5 対人賠償責任保険の被保険者とされる「許諾被保険者」とは、どのような者をいうのか。

A5 記名被保険者（保険証券に被保険者として記載しているもの）の承諾を得て被保険自動車を使用又は管理中の者を「許諾被保険者」といい、対人賠償責任保険について規定した約款（対人賠償条項）において、被保険者の範囲に含まれている。

解　説

　「承諾」とは、被保険自動車の使用又は管理についての承諾があれば足り、保険を利用することについての承諾の有無は問わない。記名被保険者からの直接的な承諾が必要であるが、被保険自動車を第三者が使用することを記名被保険者が知りながら、明示の反対をしなかった場合も直接の承諾を与えたものとして取り扱われる。なお、許諾被保険者が更に他人に自動車を使用させたような、いわゆる「また貸し」の借主は被保険者とならない（最判昭和 58 年 2 月 18 日集民 138 号 141 頁・判時 1074 号 141 頁）。

　また、自動車修理業、駐車場業、給油業、洗車業、自動車販売業、陸送業等の自動車取扱業者については、業務として受託した被保険自動車を使用、管理することについて、記名被保険者が承諾していても、「許諾被保険者」とはならない。対価を得て自動車を受託することを業としている者が、営業行為に伴う自動車の使用、管理に起因する危険対策費は、当然、営業コストとしての対価に含まれているものと見ることが出来るし、記名被保険者としても、自らの保険で自動車取扱業者の営業行為に付随するリスクをカバーす

169

第2編 第2部 第3章　任意保険

るつもりがないことが一般的と言えるからである。

【参考文献】
伊藤文夫＝丸山一朗＝末次弘明「損害保険の法律相談1＜自動車保険＞」330 ～ 335
頁（青林書院、2016 年）
「自動車保険の解説」編集委員会「自動車保険の解説 2017」45 ～ 46 頁（保険毎日新
聞社、2017 年）

2　対人・対物賠償責任保険の免責事由

Q6　対人賠償責任保険及び対物賠償責任保険の免責事由には、どのようなものがあるか。

A6　①被保険者等の故意や災害等により対人・対物事故が発生した場合（事故原因における免責事由）、②対人事故において、被害者が、被保険者・運転者本人、その家族、被保険者の業務に従事中の使用人、又は被保険者の使用者の業務に従事中の他の使用人（同僚）である場合（被害者との人的関係に関する免責事由）、③対物事故において、被害物件が、被保険者・運転者本人又はその家族の所有物である場合（被害物件に関する免責事由）がある。

解　説

⑴　総　論

保険約款において、保険金支払義務が免責される事由（免責事由）が定められており、この免責事由は、以下のとおり、事故原因における免責事由、被害者との人的関係に関する免責事由、被害物件に関する免責事由に分けられる。

⑵　事故原因における免責事由

被保険者等の故意や、災害等により事故が発生した場合などには、対人賠償責任保険・対物賠償責任保険とも保険金支払義務が免責され、保険金が支払われない。

⑶　被害者との人的関係に関する免責事由

対人事故により、以下の者の生命又は身体が害された場合、対人賠償責任保険に基づく保険金支払義務が免責され、保険金が支払われない。

170

第2節　対人・対物賠償責任保険

① 記名被保険者

② 被保険自動車を運転中の者又はその父母、配偶者若しくは子

③ 被保険者又はその父母、配偶者若しくは子

④ 被保険者の業務に従事中の使用人

⑤ 被保険者の使用者の業務に従事中の他の使用人（同僚）。ただし、被保険者が被保険自動車をその使用者の業務に使用している場合に限る。

上記①～③については、親族関係や被保険自動車の使用を許諾するだけの一定の密接な関係がある場合においては損害賠償が行われないのが通常であり、行われたとしても、これが保険で担保されるとすると、モラルリスクの問題も生じることから、免責とされているものである。なお、②③の「配偶者」には、内縁の夫又は妻も含まれる。

上記④⑤については、被保険者の業務に従事中の事故による損害については、自動車保険ではなく、労災保険により填補されるものとして、免責とされているものである。重複填補を避けるための分野調整、制度間調整を図る趣旨である。

(4) 被害物件に関する免責事由

以下の者が所有、使用又は管理する財物が被害物件である場合、対物賠償責任保険に基づく保険金支払義務が免責され、保険金が支払われない。

① 記名被保険者

② 被保険自動車を運転中の者又はその父母、配偶者若しくは子

③ 被保険者又はその父母、配偶者若しくは子

上記①～③が免責とされるのは、対人賠償責任保険の場合と同様の趣旨である。もっとも、対物賠償責任保険の場合は、対人賠償責任保険の場合と異なり、使用人や同僚の所有物が被害物件である場合にも保険金支払義務が免責されないので、保険金が支払われる。これは、人身損害の場合は労災保険の適用の対象となるのに対し、物的損害の場合は労災保険が適用されないためである。

【参考文献】

東京弁護士会弁護士研修センター運営委員会「弁護士専門研修講座　交通事故の法律相談と事件処理　民事交通事故訴訟の実務Ⅲ」122～124頁、126～127頁、157～160頁〔小堀優〕（ぎょうせい、2015年）

第2編 第2部 第3章　任意保険

3　対人賠償責任保険と自賠責との関係

Q7 対人賠償責任保険と自賠責保険とはどのような関係にあるのか。

A7 対人賠償責任保険は、被保険者の責任負担額が自賠責保険によって支払われる額を超過する場合に、その超過額を填補する「上積み保険」として位置づけられている。したがって、対人賠償責任保険の約款には、通常、自賠責保険等によって支払われる金額を超過する場合にかぎり、その超過額のみ保険金を支払う旨が規定されている。

解　説

(1)　上積み保険

　対人賠償責任保険は、被保険者の責任負担額が自賠責保険によって支払われる額を超過する場合に、その超過額を填補するものである。自賠責保険と対人賠償責任保険は、いわゆる二階建ての構造となっており、対人賠償責任保険は自賠責保険の「上積み保険」として位置付けられている。

　対人賠償責任保険の約款には、自賠責保険等によって支払われる金額を超過する場合にかぎり、その超過額に対してのみ保険金を支払う旨が規定されているのが通常である。したがって、被保険自動車に自賠責保険が付保されていない場合（被保険自動車が自賠責適用除外車である場合、自賠責無保険車である場合）には、自賠責保険が付保されていたならば支払われたであろう額（自賠責限度額）の超過額に対してのみ保険金が支払われることとなり、自賠責限度額については、被保険者（加害者）本人の負担となる。

(2)　自賠責保険との相違点

　ア　対象となる保険事故の範囲

　　自賠責保険の対象となる事故は、自動車の「運行」に起因したものでなければならないが（自賠法3条。本編第2部第2章第1節Q1参照）、対人賠償責任保険においては、約款上、自動車の「所有、使用又は管理」に起因したものであれば足りるとされており、広く被保険者の損害賠償責任を担保することとなる。

　イ　過失相殺の適用

　　自賠責保険においては、被害者に重過失（過失相殺率70％以上）が認め

172

第2節　対人・対物賠償責任保険

られる場合にだけ定率的に減額が適用されるが（本編第2部第2章第5節Q
35参照）、対人賠償責任保険は、民法722条の規定に従って、通常どおり
過失相殺が行われる。

ウ　親族間事故の取扱い

　自賠責保険においては、いわゆる親族間で発生した自動車事故であって
も、被害者が「他人（自賠法3条）」である限り、保険保護の対象となるが、
対人賠償責任保険においては、被保険者と被害者とが親子、夫婦といった
緊密な関係にある場合には、約款で免責事由とされている（本節Q6参照）。

エ　因果関係認否困難事案の取扱い

　自賠責保険では、事故と損害との間の因果関係の認否が困難な事案につ
いて、死亡・後遺障害による損害額の50％を認定する取扱いが行われて
いるが（本編第2部第2章第5節Q35参照）、対人賠償責任保険では、実務
上そのような取扱いはされていない。

【参考文献】

　伊藤文夫＝丸山一朗＝末次弘明「損害保険の法律相談1＜自動車保険＞」322～339
　　頁（青林書院、2016年）

　㈶日弁連交通事故相談センター「Q&A 新自動車保険相談—日弁連交通事故相談セン
　　ター設立40周年記念」148～149頁（ぎょうせい、2007年）

4　対物賠償責任保険が担保する損害の範囲

Q8 対物賠償責任保険では、どのような損害について保
険金が支払われるのか。物損に関連する慰謝料は支払
われないのか。

A8 発生した自動車事故と相当因果関係のある範囲の
物的損害について支払われる。ただし、物損に関
連する慰謝料は原則として認められない。

解　説

　対物賠償責任保険とは、被保険者が、自動車事故により他人の財物に破損、
汚損、滅失などの損害を与え、民法709条に基づく損害賠償責任を負った場
合に、損害を受けた者に対して支払われる保険金である。したがって、当該

173

第2編 第2部 第3章　任意保険

自動車事故と相当因果関係のある損害である限り、自動車等被害物件の修理費用等の直接損害に限られず、代車使用料、レッカー費用、休車損害等の間接損害についても保険金が支払われる。

　物損に関連する慰謝料は原則として認められない。これは、財産的損害に対する賠償がなされれば精神的苦痛も同時に慰謝されると考えられるためである。例外的に、「特段の事情」があれば民法710条に基づき物損に関連する慰謝料が認められるとされ、この「特段の事情」としては以下の2つを挙げる裁判例が多い。

①　被害物件が被害者にとって特別の主観的・精神的価値を有し（社会通念上相当と認められることを要する。）、単に財産的損害の賠償を認めただけでは償い得ないほど甚大な精神的苦痛を被った場合

②　加害行為が著しく反社会的、あるいは害意を伴うなどのため、財産に対する金銭賠償だけでは被害者の著しい苦痛が慰謝されないような場合

【参考文献】
東京弁護士会弁護士研修センター運営委員会『弁護士専門研修講座　交通事故の法律相談と事件処理　民事交通事故訴訟の実務Ⅲ』126頁〔小堀優〕（ぎょうせい、2015年）
赤い本2008年版（下）41～61頁〔浅岡千香子〕

● 第3節　人身傷害補償保険

1　人身傷害補償保険の支払要件

Q9 自動車保険における人身傷害補償保険は、他の保険と比べてどのような特徴があるか。

A9 自動車の運行に起因する事故等であって急激かつ偶然な外来の事故で傷害を負った場合、自己の保険会社から保険金が支払われる保険である。
　他の保険に比べ損害額算定に当たって自己の過失割合が考慮されないこと、保険金額が自己の保険会社基準で計算されることなどが特徴である。

第3節　人身傷害補償保険

解　説

(1)　人身傷害補償保険とは

　人身傷害補償保険とは、自動車の運行に起因する事故等であって、急激かつ偶然な外来の事故により被保険者等が身体に傷害を負うことによって被保険者等が被る損害に対し、加害者の賠償責任の有無にかかわらず、保険契約の人身傷害条項及び一般条項に従って保険金が支払われるという保険である。

　対象となる保険事故は、①被保険自動車に搭乗中の事故（被保険自動車事故型）、②被保険自動車以外の自動車に搭乗中の事故（自動車事故型）、③自動車に限らない交通事故（交通事故型）などがある。具体的な人身傷害補償保険でどの保険事故が対象となるかは約款によって様々であるが、主だったものとしては、①を原則としつつ特約で②へ拡張する、②を原則として特約で①へ限定する、③はほぼ特約で拡張する、などがある。保険事故の定め方が約款により微妙に異なるため、約款の確認が肝要である。

(2)　人身傷害補償保険の特徴

　人身傷害補償保険の特徴としては、①相手方の加入している保険会社から賠償を受ける場合とは異なり、故意又は極めて重大な過失を除き被保険者の過失割合が考慮されない、②自己の契約している保険会社の基準（裁判基準よりは低いが、自賠責保険よりは高い基準。いわゆる人傷基準。）に従って計算された損害額を填補する点がある。

　①につき、言い方を変えれば、被保険者自身に過失がある場合であってもそれが算定に影響しない保険金を受領することができるということであり、特に被保険者自身の過失が大きく相手方保険会社から損害額の十分な回収が見込めない場合には人身傷害補償保険を使うメリットが出てくる。

　②につき自社基準で計算される損害額のため、相手方保険会社提示の損害額の場合と比較して、交渉の余地が大きくはないことに注意を要する。

　そのほかにも、人身傷害補償保険金を支払った保険会社が加害者に求償請求する、被保険者が傷害の治療を受ける際に公的制度（健康保険、労災等）の利用等により費用軽減に努める義務がある（公的制度利用等で支払われた金額は支払保険金額から控除される。）などの特徴がある。

175

【参考文献】
　伊藤文夫＝丸山一朗＝末次弘明「損害保険の法律相談Ⅰ＜自動車保険＞」386〜394頁（青林書院、2016年）
　東京弁護士会弁護士研修センター運営委員会「弁護士専門研修講座　民事交通事故訴訟の実務Ⅱ」33〜35頁、69〜70頁〔芳仲美惠子〕（ぎょうせい、2014年）

2　外来性要件の意味と立証責任

Q10　人身傷害保険の支払事由とされる「急激かつ偶然の外来の事故」の要件については、保険会社、保険金請求者のいずれが立証責任を負うのか。

A10　保険金請求者が証明責任を負うが、事故と被保険者の傷害との間に相当因果関係があることを主張立証すれば足りる。

解説

(1)　「急激かつ偶然の外来の事故」

ア　「急激」とは、突発的なことであり、損害を生ぜしめる事故が緩慢に進行するような場合を含まない。これは、いわゆる傷害を補償し、疾病などは対象外とする趣旨である。

イ　「偶然」とは、保険契約成立の当時において、保険事故の発生と不発生とがいずれも可能であって、発生するか否かが不確定なことをいう。
　　自損事故においては、保険事故の発生が関係者の意図に基づかなければ、なお、偶然性を失わないと解されている。

ウ　「外来の事故」とは、被保険者の身体の外部からの作用ということを意味し、被保険自動車の外部からの作用を意味するものではない。

(2)　外来性要件の立証責任

　最判平成19年10月19日判時1990号144頁は、「本件特約にいう「外来の事故」とは、その文言上、被保険者の身体の外部からの作用による事故をいうと解されるので…、被保険者の疾病によって生じた運行事故もこれに該当するというべきである。本件特約は、傷害保険普通保険約款には存在する疾病免責条項を置いておらず、また、本件特約によれば、運行事故が被保険

者の過失によって生じた場合であっても、その過失が故意に準ずる極めて重大な過失でない限り、保険金が支払われることとされていることからすれば、運行事故が被保険者の疾病によって生じた場合であっても保険金を支払うこととしているものと解される。このような本件特約の文言や構造等に照らせば、保険金請求者は、運行事故と被保険者がその身体に被った傷害（本件傷害除外条項に当たるものを除く。）との間に相当因果関係があることを主張、立証すれば足りるというべきである。」と判示している。

同判例は、人身傷害補償特約における外来性要件の立証責任は、保険金請求者側にあるとしながらも、その程度は、事故と被保険者の傷害との間に相当因果関係があることを主張・立証すれば足りるとしたものである。約款で被保険者側の故意（又は重過失）や疾病による事故などが免責事由として規定されている場合、保険金請求者側がこれら免責事由に当たらないことを主張立証する必要はなく、保険会社側でこれら免責事由の立証ができなければ保険金支払義務を免れないこととなる。

【参考文献】
伊藤文夫＝丸山一朗＝末次弘明「損害保険の法律相談1＜自動車保険＞」369〜375頁（青林書院、2016年）
㈶日弁連交通事故相談センター「Q&A新自動車保険相談―日弁連交通事故相談センター設立40周年記念」90〜91頁（ぎょうせい、2007年）

3　人身傷害補償保険の被保険者

Q11 人身傷害保険における被保険者とされる「正規の乗用装置又は正規の乗用装置のある室内に搭乗中の者」とは、どのような者をいうのか。

A11 道路運送車両の保安基準に定める乗車装置のある室内にいる者をいう。
通路や床などにいて実際に座席に座っていなくとも含まれる。

(1)　「正規の乗用装置」とは、道路運送車両の保安基準（昭和26年運輸省令第67号）に定める乗用装置をいい、同基準の20条は「自動車の乗用装置は、

第2編 第2部 第3章 任意保険

乗用人員が動揺、衝撃等により転落又は転倒することなく安全な乗車を確保できるものとして、構造に関し告示で定める基準に適合するものでなければならない」と定めている。

「正規の乗用装置のある室内に搭乗中の者」には、正規の乗用装置のある室内であれば、通路や床などにいて実際に座席に座っていない者も、被保険者の範囲に含まれることとなる。

RV車などの普及により多様なシートアレンジを持つ車両が多くなったことを踏まえて、約款上、「正規の乗用装置のある室内に搭乗中の者（搭乗者）」の定義を、従前よりも広げた商品が多い。

「正規の乗車装置」とは、道路運送車両の保安基準に定める乗車装置をいう。「正規の乗車装置のある室内」には、通路や床などにいて実際に座席に座っていなくとも含まれる。「隔壁等により通行できないように仕切られている場所」とは車内から行き来できない荷台部分などをいう。

(2) 自動車の運転者が、高速道路において自損事故を起こし車外に避難した際、後続車に衝突、轢過されて死亡した事案において、当時の約款における搭乗者傷害条項である「被保険者が、被保険自動車の運行に起因する急激かつ偶然な外来の事故により身体に傷害を被り、その直接の結果として死亡した場合」に当たるかが争われた事案がある（最判平成19年5月29日判時1989号131頁）。

最高裁は、ⅰ車両内にとどまっていれば後続車の衝突等により身体の損傷を受けかねない切迫した危険にさらされ、その危険を避けるために車外に避難せざるを得ない状況に置かれたこと、ⅱ避難行動は、避難経路も含めて上記危険にさらされた者の行動として極めて自然なものであったこと、ⅲ轢過が自損事故と時間的にも場所的にも近接して生じていることを挙げ、避難行動とは異なる行動を採ることを期待することはできなかったものと評価し、運行起因事故である本件自損事故と運転者の轢過による死亡との間には相当因果関係があると認められると判断した。そして、搭乗者傷害条項においては、運行起因事故による被保険者の傷害は、運行起因事故と相当因果関係のある限り被保険者が被保険自動車の搭乗中に被ったものに限定されるものではないとの判断を示した。

最高裁は、運行起因事故によって車内にいても車外に出ても等しく身体の損傷を受けかねない切迫した危険が発生した場合、車内にいて負傷すれ

178

ば保険金の支払を受けることができ、車外に出て負傷すれば保険金の支払を受けられないというのは不合理であるとの価値判断を示しており、被保険自動車の搭乗中に傷害を被っていないという事実のみで、人身傷害保険の被保険者に当たらず、保険の支払いを受けられないと即断してはならない。

【参考文献】
　伊藤文夫＝丸山一朗＝末次弘明「損害保険の法律相談1＜自動車保険＞」386～395頁（青林書院、2016年）
　㈶日弁連交通事故相談センター「Q&A新自動車保険相談―日弁連交通事故相談センター設立40周年記念」159～160頁（ぎょうせい、2007年）

4　人身傷害補償保険の免責事由

Q12　人身傷害補償保険の免責事由（保険金が支払われない理由）には、どのようなものがあるのか。

A12　被保険者の「故意」に限定されず、「重大な過失」がある場合なども免責される。

対人や対物の賠償責任保険における被保険者の意識的行為に係る免責事由が「故意」に限定されているのに対し（保険法17条2項）、「重大な過失」を免責事由としている点が特徴的である。

主だった免責事由としては、以下のようなものが設定されている。

(1)　被保険者に関する事由
　①　極めて異常かつ危険な方法で自動車に搭乗中の者
　②　被保険者の故意又は重大な過失によって生じた傷害
　③　次のいずれかに該当する間に生じた傷害
　　ｉ　被保険者が法令に定められた運転資格を持たないで契約自動車を運転している場合
　　ⅱ　被保険者が道路交通法65条1項に定める酒気を帯びた状態又はこれに相当する状態で契約自動車を運転している場合
　　ⅲ　被保険者が麻薬、大麻、あへん、覚せい剤、シンナー等の影響によ

第2編 第2部 第3章　任意保険

り正常な運転ができないおそれがある状態で契約自動車を運転している場合

④　被保険者が、契約自動車の使用について、正当な権利を有する者の承諾を得ないで契約自動車に搭乗中に生じた傷害

⑤　被保険者の闘争行為、自殺行為又は犯罪行為によって生じた傷害

⑥　被保険者の脳疾患、疾病又は心神喪失によって生じた傷害

(2)　**事故の原因に関する事由**

①　戦争、外国の武力行使、革命、政権奪取、内乱、武装反乱その他これらに類似の事変又は暴動によって生じた傷害

②　地震もしくは噴火又はこれらによる津波によって生じた傷害

③　核燃料物質若しくは核燃料物質によって汚染された物の放射性、爆発性その他有害な特性の作用又はこれらの特性に起因する事故によって生じた傷害

④　③に規定した以外の放射線照射または放射能汚染によって生じた傷害

⑤　①から④までのいずれかの事由に随伴して生じた事故又はこれらに伴う秩序の混乱に基づいて生じた事故によって生じた傷害

⑥　契約自動車を競技若しくは曲技のために使用すること、又は、競技若しくは曲技を行うことを目的とする場所において使用すること。

【参考文献】

「自動車保険の解説」編集委員会「自動車保険の解説2017」157～159頁、379～382頁（保険毎日新聞社、2017年）

5　人身傷害補償保険と損害賠償請求権との関係

Q13　人身傷害補償保険と損害賠償請求権とで、いずれを先に請求するのかを検討するに当たって留意すべき点は何か。

A13　加害者に対する損害賠償請求を先行させた後に人身傷害補償保険を使用した場合、被害者の過失の有無により受け取れる保険金額が人身傷害補償保険を先に使用した場合より低額になる可能性があるので、この点に留意すべきである。

180

第3節　人身傷害補償保険

解　説

　人身傷害補償保険の保険金額は、大抵の場合、訴訟等で認められる損害賠償額基準よりも低額となっており、被害者に過失がある場合には、人身傷害補償保険が填補する範囲についての考え方の違いから、人身傷害補償保険から先に使用するのか、加害者に対する損害賠償請求を先行させた後に人身傷害補償保険を使用するのか、その請求順序によって、被害者が最終的に取得しうる総額が変わってくることがあり得る点で注意が必要である。

　以下では、具体例をもとに解説する。

　　損害賠償訴訟上の総損害額　　　　1,000万円

　　人身傷害補償保険の基準額　　　　300万円

　　被害者の過失　　　　　　　　　　30％

　　相手方に対する損害賠償認容額　　1,000万円×70％＝700万円

①　人身傷害補償保険を先行して使用した場合

　被害者は、人身傷害補償保険を先行して使用し、同保険から300万円を受け取っている。後に提起した訴訟において、総損害額が1,000万円、被害者側の過失が30パーセントと判断された場合、先に受領した人身傷害補償保険金300万円をどのように取り扱うのかが問題となる。

　このように、人身傷害補償保険を先に使用した場合については、最高裁の判例がある。

　判例によれば、人身傷害補償保険は、被保険者に過失があるときでも、その過失割合を考慮することなく算定される額の保険金を支払うものとされているのであって、保険金は、被害者が被る損害に対して支払われる傷害保険金として、被害者が被る実損をその過失の有無、割合にかかわらず補填する趣旨・目的の下で支払われるものと解されるとし、このような趣旨・目的に照らすと、保険金請求権者が、被保険者である被害者の過失の有無、割合にかかわらず、保険金の支払いによって民法上認められるべき過失相殺前の損害額を確保することができるように解することが合理的であるとした（いわゆる「裁判基準差額説」を採用。最判平成24年2月20日民集66巻2号742頁、判タ1366号83頁。同趣旨の判例として、最判平成24年5月29日集民240号261頁、判タ1374号100頁）。

　上記判例は、先に受け取った人身傷害補償保険金と相手方の本来の賠償

181

第2編 第2部 第3章　任意保険

責任額（裁判によって認定された被害者の損害額×相手方の過失割合）の合計額が、裁判によって認定された過失相殺前の被害者の損害額に達するまでは、先に受け取った人身傷害補償保険金の金額は、特に請求額・認容額から控除しなくてよい旨を判示するものである。このことは、被害者から見れば、裁判によって認定された損害額のうち、相手方から賠償を受けられないはずであった自己の過失分が、人身傷害補償保険によって補填されるような関係になる。

　設例のケースでは、先に被害者が受け取った人身傷害補償保険金が300万円、相手方の本来の賠償責任額が700万円であり、その合計額は裁判によって認定された過失相殺前の被害者の損害額1,000万円ちょうどとなる。

　したがって、設例のケースでは、裁判に先立って人身傷害保険金を受け取っていたとしても、単純に裁判によって認定された依頼者の損害額に相手方の過失割合を乗じた金額700万円の請求権が全額認容されることになる。設例のケースで原告訴訟代理人の立場に立った場合、人身傷害補償保険で先に支払を受けた300万円を、依頼者の請求する金額700万円（＝依頼者の主張する損害額1,000万円×相手方の過失7割）から損益相殺のように差し引いて請求することは誤りであるから、注意が必要である。

②　相手方に対する損害賠償請求訴訟を先行させた場合

　先に裁判を起こし判決等を得て、相手方から賠償金の支払いを受けた後に、人身傷害補償保険金を請求するケースにおいては、それは人身傷害補償保険金の請求に他ならないのであるから、保険会社ごとの人身傷害補償保険の基準によって支払う保険金を算出するべきであるとした裁判例があることに注意が必要である（大阪高判平成24年6月7日高民集65巻1号1頁、判タ1389号259頁。東京高判平成26年8月6日判タ1427号127頁。）。

　上記裁判例のような見解に立った場合、人身傷害補償保険金の請求の場面では、保険会社は裁判で認定された被害者の損害額には拘束されず、保険会社ごとの人身傷害補償保険の基準によることになるというのであるから、相手方の対人賠償保険等の支払いが先行している場合には、人身傷害補償保険の基準額から対人賠償保険等から支払われた金額が控除されることとなる。

　この場合、先の設例のケースでは、裁判によって相手方から相手方賠償責任額の700万円（被害者の損害額1,000万円×相手方の過失7割）の支払い

第3節　人身傷害補償保険

を受けた後に、人身傷害補償保険金を請求しようとした場合、人身傷害保険の保険金総額（300万円）から対人賠償保険等から支払われた金額（700万円）が控除されてしまうという結論があり得る。つまり、300万円の保険金額から、既払い額である700万円が差し引かれてマイナスとなる結果、支払われる金額は0円になる。この場合の依頼者の総回収額は700万円にとどまり、人身傷害補償保険を先行した場合（1,000万円全額）を大きく下回ることとなる。

　もっとも、このような不公正を是正するため、人身傷害補償保険の支払基準について保険会社各社の約款の改訂が進められており、判決等がある場合には、各保険会社があらかじめ約款で定めた支払基準ではなく、判決等で認められた基準（損害額）によるという内容に改訂されている場合がある。とは言え、約款の改訂未了の保険会社も存在すると思われ、裁判の前後どちらで人身傷害補償保険を使用するかを検討するに当たっては、事前に約款の確認と依頼者の保険会社の担当者と協議しておくことが必要である。

【参考文献】
日弁連交通事故相談センター「交通事故相談ニュース」No 29（2012年）
東京弁護士会弁護士研修センター運営委員会「弁護士専門研修講座　民事交通事故訴訟の実務Ⅱ」35〜40頁、70〜76頁〔芳仲美惠子〕（ぎょうせい、2014年）
赤い本2011年版93〜104頁〔森健二〕

第2編 第2部 第4章　その他自動車に関する保険

第4章　その他自動車に関する保険

●第1節　無保険車傷害保険

Q1 自動車事故で死亡又は後遺障害が生じたが、加害者が加入している対人賠償保険の免責条項に抵触していて賠償を受けられなかった場合に支払われる保険はあるか。

A1 人身傷害補償保険のほか、無保険車傷害保険がある。

解説

　無保険車傷害保険は、被保険者と契約している保険会社が加害者に代わって保険金を支払うという損害填補型の保険（傷害疾病損害保険）である。現在は、人身傷害補償保険が普及したことにより、これと類似する無保険車傷害保険は特約扱いとなった。

　なお、無保険車傷害保険は、賠償義務者があることが要件とされているため、事故の責任が100％被保険者にある場合には、保険金の支払いはなされない。

【参考文献】

　　山下友信＝永沢徹「論点体系　保険法1」355～356頁（第一法規、2014年）

　　㈶日弁連交通事故相談センター「Q&A 新自動車保険相談—日弁連交通事故相談センター設立40周年記念」277～279頁、288～289頁（ぎょうせい、2007年）

184

第1節　無保険車傷害保険

【自動車保険傷害条項対比表】

	人身傷害補償保険	無保険車傷害保険	自損事故保険	搭乗者傷害保険
適用場面	人身傷害一般	無保険車事故	単独事故等	被保険自動車の搭乗者が負傷
保険の類型	傷害疾病損害保険契約（損害填補型）	傷害疾病損害保険契約（損害填補型）	傷害疾病定額保険契約（定額給付型）	傷害疾病定額保険契約（定額給付型）
被保険者	①被保険自動車の搭乗者 ②被保険自動車の保有者 ③被保険自動車の運転者	①に同じ ④記名被保険者、その配偶者 ⑤④の同居の親族 ⑥④の別居の未婚の子	①〜③に同じ	①に同じ
支払の対象	死亡、後遺障害、傷害	死亡、後遺障害	死亡、後遺障害、傷害	死亡、後遺障害、傷害
過失相殺による減額	なし	あり	なし	なし
主な免責事由	①被保険者の故意等 ②無免許・飲酒運転等 ③正当な権利者の承諾なし ④闘争行為・自殺行為・犯罪行為 ⑤脳疾患・疾病・心神喪失 ⑥戦争・内乱等 ⑦地震・噴火・津波 ⑧核燃料物質に起因する場合等 ⑨競技・曲技等	①〜⑨に同じ ⑩被保険者の一定の親族等が賠償義務者の場合	①〜⑨に同じ	①〜⑨に同じ
保険代位	あり	あり	なし	なし

185

第2編 第2部 第4章　その他自動車に関する保険

Q₂ 無保険車傷害保険が適用される「無保険自動車」とはどのようなものか。

A₂ 一般的な保険約款では、①任意保険が付保されていない場合、②免責規定等によって保険金が支払われない場合、③相手自動車について適用される対人賠償保険等の保険金額が無保険車傷害保険の保険金額に達しない場合、④加害自動車が不明の場合（ひき逃げなど）の場合の自動車が「無保険自動車」となる。

解説

　相手自動車が2台以上ある場合には、それぞれの相手自動車について適用される対人賠償保険等の保険金額の合計額が無保険車傷害保険金額に達しないと認められる場合に限られる、とされることが多い。

　なお、具体的な事案については個別の約款を確認されたい。

【参考文献】
　㈶日弁連交通事故相談センター「Q&A 新自動車保険相談─日弁連交通事故相談センター設立40周年記念」280 ～ 282頁（ぎょうせい、2007年）

Q₃ 無保険車傷害保険の被保険者とはどのような者か。

A₃ 一般的な保険約款では、記名被保険者及びそれと一定の身分関係を有する者（事故当時胎児だった者も）が被保険者となるほか、被保険自動車に搭乗している者も被保険者となる。

解説

　記名被保険者と一定の身分関係にある者としては、配偶者又はそれらの同居の親族若しくは別居の未婚の子が挙げられる。これらの者は、歩行中など必ずしも被保険自動車に搭乗中でなくとも、無保険車事故があれば被保険者となる。したがって、被害者自身が加入している保険だけではなく、親族が無保険車傷害保険を付保していなかったかを確認する必要がある。

　なお、胎児について、現在では、約款上一般的に既に生まれていたものと

第 1 節　無保険車傷害保険

みなす規定がおかれている。そのような規定がなかった約款の下で、事故当時胎児だった者の保険金請求を認めた判例として最判平成 18 年 3 月 28 日民集 60 巻 3 号 875 頁がある。

なお、具体的な事案においては個別の約款を確認されたい。

【参考文献】

　山下友信＝永沢徹「論点体系　保険法 1」363 ～ 364 頁（第一法規、2014 年）

　伊藤文夫＝丸山一朗＝末次弘明「損害保険の法律相談 I〈自動車保険〉」396 頁（青林書院、2016 年）

　㈶日弁連交通事故相談センター「Q&A 新自動車保険相談—日弁連交通事故相談センター設立 40 周年記念」284 ～ 286 頁（ぎょうせい、2007 年）

　山下友信＝洲崎博史「保険法判例百選」74 ～ 75 頁〔小林俊明〕（有斐閣、2010 年）

Q4 無保険車傷害保険では、どのような損害が支払いの対象となるか。

A4 死亡又は後遺障害が生じた場合の治療費、休業損害、逸失利益等人身損害のすべてが支払いの対象となる。ただし、遅延損害金は対象とならない。

解説

無保険車傷害保険においては、被保険者に死亡又は後遺障害が生じたことが保険金支払義務の発生要件とされているため、重い傷害を負ったとしても、その傷害が完治して後遺障害が残らなかった場合には保険金の支払いはなされない。

無保険車傷害保険金は、被害者等の被る損害の元本を填補するものであり、遅延損害金については填補されない。なお、保険金の遅延損害金は、約款で定める履行期の翌日から発生し、その利率は商事法定利率である年 6 分である（最判平成 24 年 4 月 27 日集民 240 号 223 頁、判時 2151 号 112 頁）。

また、加害者に対する損害賠償請求訴訟を提起した際の弁護士費用についても、事故と相当因果関係があると認められる範囲で保険金の支払対象となる（東京高判平成 14 年 6 月 26 日判時 1808 号 117 頁）。

支払われる無保険車傷害保険金額の計算は、損害額を算定し、そこから他

187

第2編 第2部 第4章　その他自動車に関する保険

の保険による給付等一定の金額を控除する方法で行われる。損害額の算定は通常の人身賠償で用いられている算定方法によって行われ、過失相殺も適用される。

【参考文献】

山下友信＝永沢徹「論点体系　保険法1」358～363頁（第一法規、2014年）

㈶日弁連交通事故相談センター「Q&A新自動車保険相談―日弁連交通事故相談センター設立40周年記念」290～295頁（ぎょうせい、2007年）

山下友信＝洲崎博史「保険法判例百選」76～77頁〔原口宏房〕（有斐閣、2010年）

Q5 無保険者傷害保険の免責事由にはどのようなものがあるか。

A5 被保険者の故意によって生じた場合、無免許・飲酒運転等によって生じた場合、正当な権利者が承諾しないのに搭乗した場合、自殺行為や犯罪行為によって生じた場合、賠償義務者が被保険者の配偶者等特別な関係にある場合などがある。

解説

賠償義務者が被保険者と特別な関係にある場合でも、無保険自動車が2台以上ある場合で、当該特別な関係のない者が運転する他の無保険自動車がある場合には例外的に免責とはならない。

なお、詳細については、個別の約款を確認されたい。

【参考文献】

㈶日弁連交通事故相談センター「Q&A新自動車保険相談―日弁連交通事故相談センター設立40周年記念」299～302頁（ぎょうせい、2007年）

梶村太市＝西村博一＝井手良彦「プラクティス交通事故訴訟」30～31頁（青林書院、2016年）

188

第 2 節　自損事故保険

Q6 人身傷害補償保険と無保険車傷害保険の双方に加入している場合、その関係はどうなるか。

A6 人身傷害補償保険と無保険車傷害保険の適用関係は個別の約款において定められている。

解説

　約款のパターンとしては、保険金額が多い方を適用する条項、無保険車傷害保険を人身傷害補償保険の適用がない場合の特約とする条項などがある。

　なお、人身傷害補償保険と無保険車傷害保険は、約款上、いずれか一方のみしか適用されない。したがって、例えば、無保険車傷害保険から支払われない被害者過失部分について人身傷害補償保険から再度填補するようなことはできない（大阪地判平成 21 年 2 月 16 日判タ 1332 号 103 頁、大阪地判平成 22 年 8 月 26 日交民 43 巻 4 号 1042 頁）。

【参考文献】
　山下友信＝永沢徹「論点体系　保険法 1」356 頁（第一法規、2014 年）
　㈶日弁連交通事故相談センター「Q&A 新自動車保険相談―日弁連交通事故相談センター設立 40 周年記念」278 頁（ぎょうせい、2007 年）
　東京弁護士会弁護士研修センター運営委員会「弁護士専門研修講座　交通事故の法律相談と事件処理　民事交通事故訴訟の実務Ⅲ」140 頁（ぎょうせい、2016 年）

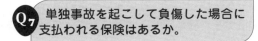

第 2 節　自損事故保険

Q7 単独事故を起こして負傷した場合に支払われる保険はあるか。

A7 人身傷害補償保険のほか、自損事故保険がある。

解説

　自損事故保険は、被保険自動車に搭乗中の者が事故で死傷した場合に支払われる定額給付型の保険（傷害疾病定額保険）である。相手がいない単独事

第 2 編 第 2 部 第 4 章　その他自動車に関する保険

故のほか、加害者に過失がないなど自賠法 3 条による給付を受けられない場合にも保険金を請求できる。

　人身傷害補償保険と類似する保険であり、人身傷害補償保険が適用される場合には自損事故保険は適用されないとされるほか、近時は人身傷害補償保険が付保される場合には自損事故保険が付保されないものが多くなりつつある。

【参考文献】
　山下友信 = 永沢徹「論点体系　保険法 1」336 〜 337 頁（第一法規、2014 年）
　㈶日弁連交通事故相談センター「Q&A 新自動車保険相談—日弁連交通事故相談センター設立 40 周年記念」241 頁（ぎょうせい、2007 年）

Q8 自損事故保険金が支払われるための要件は何か。

A8 被保険自動車の運行に起因する急激かつ偶然な外来の事故であることである。
そのほか、被保険自動車の運行中に落下中の物に衝突した場合などにも保険金が支払われる。

解　説

　自動車の「運行」については自賠法 2 条 2 項の定義に従い、「運行に起因する」については自賠法 3 条の「運行によって」と同義と解されている。これらの詳細については自賠責保険（本編第 2 部第 2 章第 4 節 Q14）の項を参照。

　また、日本坂トンネル事故などを契機として、被保険自動車の運行中に飛来中若しくは落下中の他の物と衝突した場合、火災に遭った場合又は被保険自動車が落下した場合などにも、運行起因性を問題にすることなく保険金が支払われるようになった。この「運行中」には、停車中や走行と密接に接着した駐車を含むものとされ、「運行に起因する」よりも広い概念となっている。

第3節　搭乗者傷害保険

【参考文献】

　山下友信＝永沢徹「論点体系　保険法1」336 〜 340 頁（第一法規、2014 年）

　㈶日弁連交通事故相談センター「Q&A 新自動車保険相談—日弁連交通事故相談セン
　　ター設立 40 周年記念」244 〜 248 頁（ぎょうせい、2007 年）

Q9　自損事故保険の免責事由にはどのようなものがあるか。

A9　被保険者の故意によって生じた場合、無免許・飲酒運転等によって生じた場合、正当な権利者が承諾しないのに搭乗した場合、自殺行為や犯罪行為によって生じた場合などがある。

解説

詳細については、個別の約款を確認されたい。

【参考文献】

　㈶日弁連交通事故相談センター「Q&A 新自動車保険相談—日弁連交通事故相談セン
　　ター設立 40 周年記念」249 〜 251 頁（ぎょうせい、2007 年）

　梶村太市＝西村博一＝井手良彦「プラクティス交通事故訴訟」29 頁（青林書院、
　　2016 年）

●第3節　搭乗者傷害保険

Q10　被保険自動車の搭乗者が、搭乗中に生じた事故により傷害を受けた場合に支払われる保険はあるか。

A10　人身傷害補償保険のほか、搭乗者傷害保険がある。

解説

　搭乗者傷害保険は、被保険自動車のみを特定し、それに搭乗中の不特定の者の死亡又は傷害に対して保険金が支払われる定額給付型の保険（傷害疾病定額保険）である。

191

第2編 第2部 第4章　その他自動車に関する保険

現在は、人身傷害補償保険が普及したことにより、これと類似する搭乗者傷害保険は特約扱いとなっている場合が多い。

【参考文献】
　　山下友信＝永沢徹「論点体系　保険法1」341頁（第一法規、2014年）
　　㈶日弁連交通事故相談センター「Q&A新自動車保険相談—日弁連交通事故相談センター設立40周年記念」260頁（ぎょうせい、2007年）
　　東京弁護士会弁護士研修センター運営委員会「弁護士専門研修講座　交通事故の法律相談と事件処理　民事交通事故訴訟の実務Ⅲ」142～143頁（ぎょうせい、2016年）

Q11 搭乗者傷害保険金が支払われるための要件は何か。

A11 被保険自動車の運行に起因する急激かつ偶然な外来の事故であることである。
そのほか、被保険自動車の運行中に落下中の物に衝突した場合などにも保険金が支払われる。

解説

自損事故保険（本章第2節Q8）と同様であるので参照されたい。

なお、高速道路で自損事故を起こして走行不能となり、車両を降りて路肩付近に避難したところ、その直後に後続車に轢かれて死亡した事故について、搭乗者傷害保険の請求を認容した判決がある（最判平成19年5月29日判時1989号131頁）。

【参考文献】
　　㈶日弁連交通事故相談センター「Q&A新自動車保険相談—日弁連交通事故相談センター設立40周年記念」260～261頁（ぎょうせい、2007年）
　　山下友信＝洲崎博史「保険法判例百選」80～81頁〔池野千白〕（有斐閣、2010年）

第3節 搭乗者傷害保険

Q12 搭乗者傷害保険の被保険者とはどのような者か。

A12 被保険自動車の正規の乗車装置又は当該装置のある室内に搭乗中の者である。ただし、極めて異常かつ危険な方法で搭乗中の者は除かれる。

解説

「正規の乗車装置」とは、道路交通法55条1項の「乗車のために設備された場所」と同義であり、乗車人員が動揺、衝撃等により転落又は転倒することなく、安全な乗車を確保できる構造を備えた場所をいう(道路運送車両の保安基準(昭和26年運輸省令67号)20条1項)。

また、「搭乗中」とは、正規の乗車装置に乗車するためにドアや座席に手や足等をかけてから、降車のために車外に両足をつける時までの間をいう。

従前は、被保険自動車の正規の乗車用構造装置のある場所に搭乗中の者とされていたが、文言の不明確さが指摘されたことから改定された。

改定前につき、助手席の窓から上半身を車外に出すなどしていた際に生じた事故(最判平成元年3月9日判時1315号134頁)、いわゆるステーションワゴンの後部座席を折りたたんで、荷台部分と一体として利用していた場所に乗車中の事故(最判平成7年5月30日民集49巻5号1406頁)について、判例はいずれも被保険者性を否定した。当該平成7年判例では、「『正規の乗車用構造装置のある場所』とは、乗車用構造装置がその本来の機能を果たしうる状態に置かれている場所をいう」としているところ、他方で改定後でも「本来の機能を果たしうる状態に置かれている」ことを要する旨が明文で定められたわけではないことから、その判断基準はなお意義を有しているとする評価がある。

【参考文献】
　㈶日弁連交通事故相談センター「Q&A新自動車保険相談―日弁連交通事故相談センター設立40周年記念」261〜262頁、266〜269頁(ぎょうせい、2007年)
　山下友信=洲崎博史「保険法判例百選」78〜79頁〔前田雅弘〕(有斐閣、2010年)

第2編 第2部 第4章　その他自動車に関する保険

Q13 搭乗者傷害保険の免責事由にはどのようなものがあるか。

A13 被保険者の故意によって生じた場合、無免許・飲酒運転等によって生じた場合、正当な権利者が承諾しないのに搭乗した場合、自殺行為や犯罪行為によって生じた場合などがある。

解 説

詳細については、個別の約款を確認されたい。

【参考文献】
　㈶日弁連交通事故相談センター「Q&A 新自動車保険相談—日弁連交通事故相談センター設立 40 周年記念」270 ～ 273 頁（ぎょうせい、2007 年）
　梶村太市＝西村博一＝井手良彦「プラクティス交通事故訴訟」32 頁（青林書院、2016 年）

Q14 搭乗者傷害保険金を受領した場合、加害者に請求できる賠償金は減額されるか。

A14 減額されない。

解 説

　搭乗者傷害保険は定額給付型の保険であり、損害填補型ではないから、保険金が支払われた場合であっても、保険会社は被保険者に代位しない。

　また、搭乗者傷害保険金は、損益相殺の対象とはならない（最判平成 7 年 1 月 30 日民集 49 巻 1 号 211 頁）。

　したがって、被保険者は、搭乗者傷害保険金と損害賠償金を重ねて受け取ることができる。

　ただし、搭乗者傷害保険金を受領したことをもって慰謝料算定の際の斟酌事由にはなり得ることに注意を要する。

194

第4節　車両保険

【参考文献】

㈶日弁連交通事故相談センター「Q&A 新自動車保険相談─日弁連交通事故相談セン
　ター設立 40 周年記念」274 ～ 276 頁（ぎょうせい、2007 年）

東京弁護士会弁護士研修センター運営委員会「弁護士専門研修講座　交通事故の法
　律相談と事件処理　民事交通事故訴訟の実務Ⅲ」143 頁（ぎょうせい、2016 年）

山下友信 = 洲崎博史「保険法判例百選」82 ～ 83 頁〔落合誠一〕（有斐閣、2010 年）

Q15 人身傷害補償保険と搭乗者傷害保険の双方に加入している場合、その関係はどうなるか。

A15 人身傷害補償保険から保険金が支払われる場合にも、別個に搭乗者傷害保険金が支払われる。

解説

　人身傷害補償保険は、搭乗者の傷害についても広く補償されるため、搭乗者傷害保険と類似する。

　もっとも、搭乗者傷害保険は定額給付型の保険であり、損害填補型の人身傷害補償保険とは異なるため、別個に保険金が支払われる。

【参考文献】

梶村太市 = 西村博一 = 井手良彦「プラクティス交通事故訴訟」31 ～ 32 頁（青林書院、2016 年）

●第4節　車両保険

Q16 車両保険の請求者は、保険事故の発生時において事故が被保険者の意思に基づかないこと（保険事故の偶発性）を立証する責任を負うか。

A16 原則として負わない。ただし、盗難事案等においては、外形上盗難があったといえるだけの事実を証明する必要がある。

195

第2編 第2部 第4章 その他自動車に関する保険

解説

車両保険は、交通事故や自然災害等の偶然な事故によって被保険自動車に損害を受けた場合に保険金が支払われるものである。約款に記載されている衝突、接触等は例示であり、偶然な事故であれば保険金が支払われる。

この「偶然な事故」は、保険法2条6号にいう「偶然の事故」を規定したものであり、保険事故の発生時において事故が被保険者の意思に基づかないこと（保険事故の偶発性）をいうものではないと解される。したがって、保険金請求者は、偶発性の立証責任を負わない（最判平成18年6月1日民集60巻5号1887頁）。

盗難事案の場合においても、被保険自動車の持ち去りが被保険者の意思に基づかないものであることを立証する必要はなく、被保険者以外の者が被保険者の占有に係る被保険自動車をその所在場所から持ち去ったことという外形的な事実を主張立証すれば足りる（最判平成19年4月17日民集61巻3号1026頁）。

【参考文献】
山下友信＝永沢徹「論点体系　保険法1」376〜384頁（第一法規、2014年）
山下友信＝洲崎博史「保険法判例百選」88〜91頁〔神谷高保、加瀬幸喜〕（有斐閣、2010年）

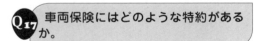

Q17 車両保険にはどのような特約があるか。

A17 車両価額に関する特約、担保する損害の範囲に関する特約、費用に関する特約などがある。

解説

詳細は、個別の約款を確認されたい。

【参考文献】
㈶日弁連交通事故相談センター「Q&A 新自動車保険相談─日弁連交通事故相談センター設立40周年記念」324〜327頁（ぎょうせい、2007年）

196

第4節　車両保険

 所有権留保が設定された自動車につき、車両保険の保険金を請求できるのは誰か。

A₁₈　所有権留保付売買の買主である。

解説

被保険自動車が所有権留保付きである場合、所有権留保の目的は、専ら買主の未払代金債務の履行を担保することにある。したがって、車両保険の被保険利益は所有権留保付売買の買主にあるから、同人が車両保険の保険金を請求できる（名古屋高判平成11年4月14日金判1071号28頁）。逆に、留保所有権者である信販会社からは、車両保険の保険金を請求できない（大阪地判平成13年9月27日判時1773号149頁）。

また、いわゆる名義残りや名義貸しの場合に、単に車検証上に所有者として登録されている者にも被保険利益はないから、これらの者から車両保険の保険金を請求することはできない。

【参考文献】
山下友信＝永沢徹「論点体系　保険法1」385頁（第一法規、2014年）
㈶日弁連交通事故相談センター「Q&A新自動車保険相談―日弁連交通事故相談センター設立40周年記念」328〜330頁（ぎょうせい、2007年）

 保険金が支払われた後の権利関係はどうなるか。

A₁₉　保険法25条1項により、請求権代位が生じる。また、全損として保険金が支払われた場合は、保険法24条により残存物代位が生じる。

【参考文献】
山下友信＝永沢徹「論点体系　保険法1」389〜390頁（第一法規、2014年）
梶村太市＝西村博一＝井手良彦「プラクティス交通事故訴訟」34頁（青林書院、2016年）

197

車両保険の免責事由にはどのようなものがあるか。

A20 保険契約者や記名被保険者の故意によって生じた場合、無免許・飲酒運転等によって生じた場合、駐車違反によるレッカー移動等公権力の行使によって生じた場合、詐欺・横領によって生じた場合、被保険自動車の欠陥等によって生じた場合などがある。

解 説

詳細については、個別の約款を確認されたい。

【参考文献】
㈶日弁連交通事故相談センター「Q&A新自動車保険相談―日弁連交通事故相談センター設立40周年記念」336～339頁（ぎょうせい、2007年）
梶村太市＝西村博一＝井手良彦「プラクティス交通事故訴訟」34頁（青林書院、2016年）

第5節　弁護士費用保険（権利保護保険（LAC））

 権利保護保険で保険会社から弁護士費用が支払われるとすると、不法行為に基づく弁護士費用相当額の損害賠償請求との関係はどうなるか。

 裁判例は分かれているが、約款に調整のための規定があり、実務的には、保険会社との間で十分な事前打合せを行う必要がある。
なお、そうした調整が行われる前提として、弁護士費用保険から弁護士費用が支払われるとしても、加害者側が弁護士費用相当額の賠償義務を負うことに変わりはない。

解 説

（1）　権利保護保険とは、約款所定の被害事故により被保険者が被った法律相談や訴訟提起等に際して生じる弁護士費用等の経済的損失を、保険給付に

第5節　弁護士費用保険

よって填補する保険で、損害保険の一種と解されている。ちなみに、日弁連が「権利保護保険」の商標登録もしている。

権利保護保険は、2000年7月の日弁連と保険会社との協定により同年10月からスタートし、その後、自動車保険の特約に付帯されて販売されるようになって、件数が急拡大している。そして、約款によっては、契約者の家族も被保険者になっており、また、交通事故以外の日常生活に起因する損害賠償請求が支払い対象とされている（要件は、保険会社及び商品によって異なるので、保険会社に確認が必要である）。さらに、貸金、離婚、労働等のいわゆる一般民事事件に関する弁護士費用が対象となる権利保護保険商品も現れている。

したがって、こうした事件の相談を受けた弁護士としては、利用できる保険がないか、相談者やその家族が加入している自動車保険や損害保険等について、特約の有無などを確認するようアドバイスすべきである。

なお、被害事故であることが前提のため、自己に100％の過失がある加害事故には利用できない（その場合は、示談代行付きの賠償責任保険での対応となる）。また、一部保険会社には、無責事故（被保険者に賠償責任がない事案）で相手方から請求されている場合も対象とする商品がある。

(2)　さて、この保険で弁護士費用が支払われる場合、賠償義務者に対する弁護士費用相当額の損害賠償請求との関係が問題となる。弁護士費用保険の保険給付は保険料の対価であり、損害賠償義務とは発生原因ないし根拠を異にするとして、損害賠償として支払われた弁護士費用とは関係なく保険金の支払いを認めた裁判例もある（大阪地判21年3月24日交民42巻2号418頁、東京地判平成24年1月27日交民45巻1号85頁。反対東京高判平成25年12月25日LEX/DB25502499）。しかし、保険約款には、損害賠償額に弁護士費用を含めた場合の、保険給付等との調整や保険代位の規定が置かれている（先に加害者側から弁護士費用等の賠償金の支払いを受けた場合は、当該弁護士費用等を控除して保険給付がなされ、また、先に権利保護保険に基づき保険給付がなされた場合には、保険給付の範囲で、かつ、被保険者の権利を害しない範囲で、被保険者が加害者に対して有する弁護士費用に相当する損害賠償請求権を代位取得できるとされている）。

したがって、実務的には、相手方から支払われるべき弁護士費用と保険給付の取扱いについて、保険会社との間で十分な事前打合せを行うべきで

第2編 第2部 第4章　その他自動車に関する保険

あろう。

　なお、そうした調整が行われる前提として、弁護士費用保険から弁護士費用が支払われるとしても、加害者側が弁護士費用相当額の賠償義務を負うことに変わりはないので、賠償義務者に対する訴訟提起等に当たっては、弁護士費用保険が付されていない場合と同様に、弁護士費用相当額を請求することで問題ない。

【参考文献】

　佐瀬正俊「権利保護保険の意義と日弁連の歩み」保険毎日新聞連載（2015年5月18日掲載）

　「権利保護保険期待と課題」（2015年10月16日保険毎日新聞社制作）2頁以下

　山下典孝「保険法の観点から」保険毎日新聞連載（2015年7月13日掲載）、前掲「権利保護保険期待と課題」26頁以下

● 第6節　その他の保険条項、特約条項 ・・・・・・・・・・・・・・

Q22 自家用の保険契約後、有償運送中に事故が生じた場合、保険金の請求はできるか。

A22 営業用に使用したとされ、請求できない場合もある。

解 説

　自動車の用途を自家用として契約したにもかかわらず、実際には有償運送のように供していた事案で、保険者免責が認められた判例として東京地判昭和48年11月6日判時735号79頁がある。

【参考文献】

　山下友信＝永沢徹「論点体系　保険法1」314頁（第一法規、2014年）

　白石悟史＝和泉宏陽＝澄川賢＝萩原正裕＝福嶋弘榮＝萩庭一元「交通事故と保険の基礎知識」49頁（自由国民社、2016年）

200

第7節　社会保険による填補

Q23 任意保険に運転者家族限定特約を付加した場合、保険の対象者となる「同居の親族」はどのような者か。

A23 同一家屋に居住し起居を共にしている親族である。

解説

「同居の親族」といえるためには、例えば世帯主であることや、同一生計を営んでいる必要はなく、扶養関係がある必要もない。その上で、記名被保険者と当該親族の生活の実態に即して判断されることになる（東京高判平成18年9月13日金判1255号16頁）。

【参考文献】
　山下友信＝洲崎博史「保険法判例百選」92～93頁〔清水耕一〕（有斐閣、2010年）

第7節　社会保険による填補

Q24 被害者は、その損害について、社会保険による給付を受けることができるか。

A24 社会保険からの給付を受けることができる。なお、費目によっては損益相殺の対象となる。

解説

　交通事故も労災保険における災害に該当するので、要件を満たす場合は労災保険の給付を受けることができる。
　また、交通事故による負傷の治療についても健康保険を利用することができる。詳細は本編第2部第2章第5節のQ33を参照されたい。
　これらの給付を受けるためには、加害者に対する後の代位求償のため、第三者行為災害届（労災保険の場合）や第三者の行為による傷病届（健康保険の場合）を提出する。
　このように、代位求償の対象となる費目については、その社会保険金について、損益相殺の対象となる。

他方で、代位求償がされない特別支給金等は損益相殺が認められないとする判例がある（最判平成 8 年 2 月 23 日判時 1560 号 91 頁等）。

【参考文献】
　梶村太市＝西村博一＝井手良彦「プラクティス交通事故訴訟」41 〜 44 頁（青林書院、2016 年）
　加藤了＝大嶋芳樹＝羽成守「交通事故の法律相談［全訂第 4 版］」221 頁（学陽書房、2011 年）

第 8 節　自動車保険金に対する課税

 自動車保険の保険金に対しては課税されるか。

 被害者自身が保険金の支払いを受けた場合、所得税や住民税は課税対象とならない。
　他方、被害者が死亡した場合、当該死亡によって取得した損害保険契約による保険金のうち、偶然な事故に基因する死亡に伴って支払われる保険金には、保険料の負担者に応じて、相続税（被相続人が負担していた場合）、贈与税（第三者が負担していた場合）又は所得税（一時所得）（保険金受取人が負担していた場合）の課税対象となる。

【解説】

詳細は、第 6 編『保険と税務』の Q 1、解説(2)②を参照。

【参考文献】
　㈶日弁連交通事故相談センター「Q&A 新自動車保険相談―日弁連交通事故相談センター設立 40 周年記念」353 頁（ぎょうせい、2007 年）

第9節　交通事故と年金

第9節　交通事故と年金

Q26 年金受給者が交通事故により死亡した場合、将来受給することができたはずの年金は逸失利益となるか。

A26 年金の種類によって結論が異なる。

解 説

逸失利益性を判断する際には、給付と保険料との対価給関係・年金給付の存続の確実性・年金給付の目的が、主な判断要素となる。

(1) **逸失利益性が肯定される年金の例**

① 老齢基礎年金・老齢厚生年金

② 障害基礎年金・障害厚生年金

(2) **逸失利益性が否定される年金の例**

① 障害年金の加給分

② 遺族年金

【参考文献】

河邉義典・最高裁判所判例解説民事篇平成 11 年度（下）594 頁（最判平成 11 年 10 月 22 日民集 53 巻 7 号 1211 頁）（法曹会、2002 年）

小野憲一・最高裁判所判例解説民事篇平成 12 年度（下）894 頁（最判平成 12 年 11 月 14 日判決民集 54 巻 9 号 2683 頁）（法曹会、2002 年）

赤い本 2017 年版（上）158 頁

（公財）交通事故紛争処理センター「交通事故紛争処理の法理—交通事故紛争処理センター設立 40 周年記念論文集」419 頁（ぎょうせい、2015 年）

Q27 交通事故により死亡した者の相続人が、遺族年金の受給権を取得した場合に、損害賠償請求金額に影響はあるか。

A27 損益相殺的な調整が行われる。

203

第2編 第2部 第4章 その他自動車に関する保険

解 説

交通事故により死亡した者の相続人が、遺族年金の受給権を取得した場合、支給を受けることが確定した遺族年金を、被害者の給与収入等を含めた逸失利益全般から控除することにより、損益相殺的な調整を行うものとされている（最判平成16年12月20日集民215号987頁、判時1886号46頁）。

【参考文献】

赤い本2017年版（上）247頁

（公財）交通事故紛争処理センター「交通事故紛争処理の法理—交通事故紛争処理センター設立40周年記念論文集」427頁（ぎょうせい、2015年）

第5章 自転車事故と保険

Q1 自転車を運転中、他人を負傷させた場合に支払われる保険はあるか。

A1 個人賠償責任保険がある。

解説

　自転車は、自賠責保険を含む自動車保険の被保険自動車にはならない。そこで、自転車を運転したことによる損害賠償責任については、個人賠償責任保険によって対応することになる。個人賠償責任保険の詳細については、第3編第5章を参照されたい。

　近時は、自転車事故に特化した自転車保険も販売されている。その実態は個人賠償責任保険に傷害保険が付帯されたものである。

　多くの場合、個人賠償責任保険の被保険者は、記名被保険者のほか、その配偶者、同居の親族、別居の未婚の子を含む。したがって、加害者本人だけではなく、親族の契約する保険についても調査する必要がある。

　TSマークのある自転車の場合には、TSマーク付帯保険の賠償責任保険が支払われる場合がある。TSマークについては本章Q3参照。

【参考文献】
　高木宏行＝岸郁子「自転車事故の法律相談」158～160頁（学陽書房、2014年）

Q2 自転車事故で傷害を負った場合に保険金が支払われる保険はあるか。

A2 傷害保険がある。また、自動車事故の人身傷害補償保険を利用することができる場合があるほか、社会保険からの給付も受けられる。

解説

　自転車事故の場合、負傷者自身が被保険者となっている傷害保険があれば、

その保険金が支払われる。

　傷害保険は、単独での商品のほか、自転車保険、子ども総合保険等にも付帯されている。また TS マークのある自転車の搭乗者であれば、TS マーク付帯保険の傷害保険が支払われる場合がある。TS マークについては本章 Q3 参照。

　自動車保険の人身傷害補償保険においても、自転車事故を対象とするものがあるので、自身や親族が自動車保険を契約している場合には約款を確認する必要がある。

　また、労災保険や健康保険を用いることもできる。なお、自転車事故であっても、自動車事故と同様、自由診療でなければならないということはない。

【参考文献】
　高木宏行＝岸郁子「自転車事故の法律相談」163～164 頁、168～171 頁（学陽書房、2014 年）

 TS マークが貼付されている自転車の搭乗者に事故が生じたとき、どのような保険金が支払われるか。

 TS マークが貼付されている自転車の搭乗者に対する傷害保険金と、第三者に対する賠償責任保険金が支払われる。

解説

　TS マークとは自転車安全整備士が点検整備した普通自転車に貼付されるもので、（公財）日本交通管理技術協会が実施する自転車安全整備制度によるものである。TS マークには、傷害保険と賠償責任保険がセットで付帯されている（TS マーク付帯保険）。

　保険期間は、TS マークに記載されている点検日から 1 年間である。したがって、補償を受けるためには最低年 1 回の点検を受けていなければならない。

　もっとも、TS マーク付帯保険は、傷害補償においては入院、死亡又は重度後遺障害を負った場合に、賠償責任補償においては第三者に死亡又は重度後遺障害を負わせた場合にそれぞれ限定されている。また、金額も比較的低

額に設定されていることから、多額の損害賠償には対応しきれないことにも注意すべきである。

　なお、TSマークには青色（第一種）と赤色（第二種）の2種類があり、付帯保険の保障内容が異なっている。

【参考文献】
　高木宏行＝岸郁子「自転車事故の法律相談」166〜167頁（学陽書房、2014年）
　（公財）日本交通管理技術協会HP（http://www.tmt.or.jp/）

第3編
個人の活動、生活と保険

第3編 第1章 高齢者と保険

第1章 高齢者と保険

● 第1節 高齢者の認知機能の低下と保険

Q₁ 認知機能が低下している高齢者が保険契約を締結した場合、その保険契約は有効か。

A₁ 意思能力を欠いた法律行為として無効となる場合がある。

解説

認知機能が低下している高齢者が締結した保険契約は、意思能力を欠いた法律行為として無効となる場合がある。特に、認知機能が低下している高齢者が複雑な商品性を有する保険契約を締結する場合には、より高度な理解力が要求されるため、保険契約が無効となる可能性が高まる。高齢者が成年後見制度を利用している場合には、本章第4節「成年後見と保険」を参照。

【参考文献】
我妻榮＝有泉亨＝清水誠＝田山輝明「我妻・有泉コンメンタール民法」59頁（日本評論社、第2版、2008年）
谷口知平＝石田喜久夫「新版注釈民法(1)」246頁（有斐閣、1988年）
斎藤輝夫（監修）「Q&A 家事事件と保険実務」60〜61頁（日本加除出版、2016年）

Q₂ 高齢で認知機能が低下している保険契約者が受取人を変更する場合にどのような問題があるか。

A₂ 意思能力を欠いた法律行為として無効になるなど、その有効性が争われる場合がある。

解説

保険法は、保険事故が発生するまでの間に、保険契約者が保険金受取人を変更することを認めている（保険法43条、72条）が、高齢で認知機能が低下している保険契約者が受取人を変更する場合、保険金受取人変更の意思表示

210

に瑕疵があったとして、その効果が争われる場合がある。

近時の裁判例としては、保険契約者が受取人変更の手続をした時点では、その意思能力は相当程度低下していたといえるものの、変更手続がなされるに至った経緯などを考慮すれば、保険契約者が意思無能力であったとは認められないとした事例（大分地判平成 23 年 10 月 27 日 LEX/DB 25444491）、保険契約者が死亡するまで、変更後の保険金受取人が保険契約者の身の回りの世話をしていた状況などを考えると、受取人名義変更請求は保険契約者の意思に基づくものと認められ、保険契約者の意思能力が失われていたとはいえないとされた事例（東京地判平成 25 年 12 月 12 日 LEX/DB 25516919）がある。

【参考文献】
「保険事例研究会レポート　第 282 号」（公益財団法人生命保険文化センター、2014 年）
天野康弘「介護状態にある保険契約者の保険金受取人変更手続きと意思能力」共済と保険 2016 年 1 月号 28 頁以下（一般社団法人日本共済協会、2016 年）

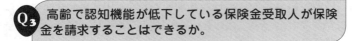

Q3 高齢で認知機能が低下している保険金受取人が保険金を請求することはできるか。

A3 高齢者が意思能力を欠いている場合には請求できないが、救済制度がある。

解説

保険金受取人が保険金を請求するには、保険金受取人に意思能力があることが必要であるから、保険金受取人が高齢で認知機能が低下しており、意思能力すら欠いている状態であれば保険金を請求することはできない。

このような場合に備え、主に生命保険契約においては指定代理請求制度が設けられている。これは、被保険者が受取人で、被保険者本人に「特別な事情」がある場合、契約者があらかじめ指定した代理人が被保険者に代わって、保険金等を請求できる制度であり、意思能力の喪失により保険金請求の意思表示ができない場合などが「特別な事情」に該当する。代理人を指定する際には、契約者は被保険者の同意を得る必要がある。

また、損害保険契約においては、類似した制度として代理請求人制度が設けられているが、保険契約者の指定や被保険者の同意を要しない点で、指定

211

第3編 第1章 高齢者と保険

代理請求制度と異なる。

【参考文献】

斎藤輝夫（監修）「Q&A 家事事件と保険実務」67 頁以下（日本加除出版、2016 年）

公益財団法人生命保険文化センターホームページ

一般社団法人日本損害保険協会ホームページ

Q4 高齢者に対する保険販売について、消費者トラブルが発生した場合、契約を解消することはできるか。

A4 保険業法によるクーリング・オフなどで契約を解除できる場合がある。

解 説

高齢者に対する保険販売に関するトラブルとして、銀行窓口販売や自宅を訪れた保険会社の営業職員により、(1) 契約期間が長く、中途解約すると「元本割れ」する保険を契約させる、(2) 子や孫を被保険者とした保険の契約であることなど、契約の重要な内容について高齢者に理解させずに契約させる、(3) 高齢者の収入や資産に比べて、高額な保険料の支払いをさせるなどのトラブルがある。このような契約がなされた場合、次のような解消方法が考えられる。

① 保険業法によるクーリング・オフ。保険期間が 1 年を超えるもので、保険業法で定めた適用除外に該当しない保険契約については、クーリング・オフ期間内であれば申込みの撤回又は解除が可能である（保険業法 309 条）。クーリング・オフ期間は原則として、クーリング・オフに関する書面を受け取った日または申込日のいずれか遅い日から起算して 8 日間である。保険業法によるクーリング・オフの適用がない場合でも、保険会社が自主的にクーリング・オフ規定を設けている場合がある。なお、投資性のある保険契約のうち、クーリング・オフが適用されないものは、「特定早期解約」を行うことができる旨を定めることとされている（保険業法施行規則 11 条 3 の 2 号）が、実務上は広くクーリング・オフの適用対象になっており、実際に特定早期解約を適用する場合はほとんどない。

② 消費者契約法による取消（消費者契約法 4 条）。

第1節　高齢者の認知機能の低下と保険

③　民法による錯誤無効。なお、高齢者に対する保険商品の勧誘に際しては、適合性原則（金融商品取引法40条1号、金融商品販売法3条2項）に留意する必要がある。

【参考文献】

　石田満「保険業法2015」763頁以下（文眞堂、補訂版、2015年）
　消費者庁企画課「逐条解説　消費者契約法」106頁以下（商事法務、第2版、2010年）
　独立行政法人国民生活センターホームページ

Q5　責任能力を欠く高齢者が自動車の運転による交通事故を起こし人身事故の加害者となった場合、加害車両に付保された自賠責保険を使用することはできるか。

A5　使用できる。

解説

　加害車両に付保された自賠責保険を使用するには、加害者が自賠法3条による運行供用者責任を負うことが必要となるが、運行供用者責任には民法の規定が適用されるため（自賠法4条）、民法713条により責任能力を欠く高齢者は運行供用者責任を負わないのではないかという疑問が生ずる。

　この点、自賠法3条の運行供用者責任については、民法713条は適用されないとし、責任能力を欠く者も自賠法3条による運行供用者責任を負うとの裁判例がある。

　例えば、大阪地判平成17年2月14日判タ1187号272頁は、自賠法の趣旨に則り民法のどの規定が適用されるのか否かを検討する必要があるところ、①被害者の保護・救済の観点から故意・過失の立証責任を転換して実質的な無過失責任を負わせる自賠法3条の趣旨、②自動車の構造上の欠陥又は機能の障害と同様に、人の心神喪失も車両圏内の要因・事情と言えるから、これを理由とする免責を認めるのは相当ではないこと、③運行供用者が他者に運転を委ねていて、その運転者が運転中に心神喪失状態になって事故を起こした場合には、運行供用者は当然に運行供用者責任を負うと解されることとの均衡を理由にこれを肯定した。

213

第3編 第1章 高齢者と保険

　また、東京地判平成25年3月7日判タ1394号250頁は、自賠法3条は、被害者の保護や損害の公平な分担の観点から民法709条の特則を定めるものであり、このような趣旨に照らすと、行為者の保護を目的とする民法713条は自賠法3条の運行供用者責任には適用されないとして、これを肯定した。

　これらの裁判例によれば、有効な自賠責保険契約の存在を前提とし、自賠法2条3項の「保有者」でもある高齢者が、責任能力を欠いている状態で人身事故を起こしても、加害車両に付保された自賠責保険を使用することができる。

> **Q6** 認知症の高齢者や未成年者、精神障害者などが、線路に立ち入る等、財物の損壊を伴わない形で、他人に損害を与えた場合に備える保険はあるか。

> **A6** 財物損壊を伴わない損害賠償について、監督義務を負う別居の親族についても補償の対象とする個人賠償責任保険がある。

解説

　未成年者（民法712条）、精神障害者（民法713条）については責任能力がないため、その者自身は損害賠償責任を負わない。

　しかし、上記の者の監督義務者（民法714条）が損害賠償責任を負うことがある。親権者の他にどのような者が監督義務者に当たるかについては、JR東海認知症事故訴訟の最高裁判決（最判平成28年3月1日判時2299号32頁）の判断要素が参考になる。

　従前の個人賠償責任保険では、自転車事故など他人の財物を損壊した事による損害賠償について補償の対象としており、線路内に人が立ち入ったことによる振替輸送代など財物損壊を伴わない損害賠償については補償の対象外とされていた。

　しかし、上記最高裁判決で問題になった事案を受けて、保険会社でも保険の内容を改定し、責任無能力者の監督義務を負う別居の親族を補償対象に追加する、線路内に立ち入る等財物損壊を伴わない損害賠償についても補償の対象とするなどの対応をしている。

214

第 1 節　高齢者の認知機能の低下と保険

【参考文献】

今西順一「未成年者・精神障害者の監督者責任―Q&A と事例」3 ～ 12 頁（新日本法規出版、2016 年）

コラム

認知症の家族の事故等による賠償責任に備えて

　認知症に罹患した当時 91 歳の男性（要介護 4）が駅構内の線路に立ち入り、列車に衝突して死亡した事故により、列車に遅延が生ずるなどして損害を被ったとして、JR 東海が、男性の妻と別居していた長男に民法 709 条又は同法 714 条に基づいて損害賠償金の支払いを求めた事案で最高裁により判断が示されるということで、認知症の親が事故を起こして損害を与えた場合の家族の賠償責任がマスコミで大きく取り上げられたりしました。一審は、JR 東海の請求どおり、妻と長男の 2 人に対する約 720 万円の請求を認容しましたが、二審では、同居していた妻に対する請求のみを一部（約 360 万円）認容しました。これに対して、最高裁は、妻や長男に賠償責任はないとして請求を棄却しましたが（最判平成 28 年 3 月 1 日判時 2299 号 32 頁）、最高裁は上記事案において妻や長男が法定の監督義務者又はそれに準ずべき者に該当しないと判断したにすぎず、事案によっては家族の賠償責任が認められる可能性もあります。

　そこで、認知症の家族の事故等による賠償責任に備えて「個人賠償責任保険」に加入しておくことが考えられます（なお、個人賠償責任保険については第 3 編第 5 章第 1 節「個人賠償保険」Ｑ 1 ～Ｑ 4 を参照）。上記最高裁判決をうけて、個人賠償責任保険について、損保会社では保険の内容を改定しており、被保険者が責任無能力者であった場合に、責任無能力者の親権者や法定の監督義務者が被保険者として、これらの者の賠償責任を補償対象とするように改定されたものもあります。また、個人賠償責任保険の支払要件として「他人の身体の障害又は他人の財物の損壊」とされていたものについて、線路に立ち入って列車を止めた場合の損害でも補償されるように改定されたものもあります。認知症の家族の事故等による賠償責任に備えて個人賠償責任保険に加入する場合などは、被保険者や補償の対象となる損害の範囲など、契約内容を確認しておく必要があります。

第3編 第1章　高齢者と保険

第2節　介護と保険

Q7 加齢などによって介護が必要となった人が、自立した日常生活を営むために利用することができる公的な保険制度があるか。

A7 介護保険制度を利用することができる。

解説

　介護保険制度は、国民の共同連帯の理念に基づき平成12年にスタートした社会保険制度であり、被保険者の要介護状態又は要支援状態に関し、必要な保険給付を行うものである（介護保険法2条1項）。

　保険者は市町村及び特別区であり、市区町村の区域内に住所を有する65歳以上の者が第一号被保険者、市区町村の区域内に住所を有する40歳以上65歳未満の医療保険加入者が第二号被保険者である（介護保険法9条）。

　第一号被保険者は、原因を問わず要支援、要介護状態になった場合に介護サービスを受けることができる。第二号被保険者は「加齢に伴う疾患や損傷」である特定疾病により要支援、要介護状態になった場合に介護サービスを受けることができる。

　要介護状態（介護保険法8条1項）は、どの程度介護が必要かによって「要介護1」から「要介護5」までの5段階に分かれており、在宅サービスや施設サービス、地域密着型サービスなどの介護給付を受けることができる（給付の内容については介護保険法40条）。要支援状態（介護保険法7条2項）は、「要支援1」と「要支援2」の2段階に分かれており、在宅サービスや地域密着型サービスなどの予防給付を受けることができる（給付の内容については介護保険法52条）。

　介護保険のサービスを利用するためには、利用者となる人が住んでいる市区町村の窓口に本人または家族などが、要介護・要支援の認定を受けるための申請をすることが必要である（介護保険法19条、27条、32条）。

216

第2節　介護と保険

【参考文献】
　厚生労働省ホームページ
　「介護保険制度の解説　平成27年8月版」66頁、76頁（社会保険研究所、第9版、
　　2015年）

Q8 要介護となった要因が第三者の行為による場合でも
介護保険給付を受けることができるか。

A8 第一号被保険者については受けることができる。

解説

　第一号被保険者の場合、要介護状態になった要因を問わず要介護状態が認
められれば保険給付は受けられる。もっとも、介護保険サービスの提供にか
かった費用は加害者が負担するのが原則であり、市区町村が一時的に立て替
えたあとで加害者に求償を行うことになる（介護保険法21条）。平成28年4
月1日から、介護保険法施行規則33条の2の新設により、第一号被保険者
が交通事故等の第三者行為を起因として介護保険サービスを受けた場合は届
出が必要となった。

　一方、第二号被保険者については、要介護状態の要因が老化に起因する一
定の疾病（特定疾病）であることを条件に要介護認定がなされているため、
第三者の行為が要因の場合には介護保険サービスを受けることはできない。

【参考文献】
　「介護保険制度の解説　平成27年8月版」78頁、118頁（社会保険研究所、第9版、
　　2015年）
　東京都福祉保健局ホームページ（介護保険最新情報 Vol.541）
　　（http://www.fukushihoken.metro.tokyo.jp/kourei/hoken/kaigo_lib/info/saishin/
　　saishinkako491_541.html）
　服部真里子「最新　図解で分かる　介護保険のしくみ」68頁（日本実業出版社、2015年）

217

第3編　第1章　高齢者と保険

Q9 介護保険料を滞納した場合にはどのような不利益があるか。

A9 保険給付の全部又は一部の支払いの差し止めなどの不利益を受ける。

解説

　介護保険料を1年以上滞納すると、介護保険サービスを利用した際の利用料の全額が一時自己負担（償還払い）となる（介護保険法66条）。1年半以上滞納すると、利用している介護保険サービスの給付費の一部又は全部が差し止められ、それでも滞納していると差し止めた給付費から滞納保険料が差し引かれる（介護保険法67条）。2年以上滞納すると、滞納期間に応じて自己負担が3割に引き上げられる（介護保険法67条）。

【参考文献】
　「介護保険制度の解説　平成27年8月版」184頁以下（社会保険研究所、第9版、2015年）
　日本弁護士連合会高齢者・障害者の権利に関する委員会「Q&A高齢者・障害者の法律問題」128頁（民事法研究会、第2版、2007年）

Q10 生活保護を受給している場合に、介護保険料を負担する必要があるか。

A10 負担する必要はない。

解説

　介護保険法の制定とともに、生活保護の内容として介護扶助の項目が新たに設けられたため（生活保護法11条5号、15条の2）、これにより生活保護の受給者は保険料や、1割負担の利用料を支払わずに介護保険サービスを利用することができる。

　支給限度基準額（要介護度に応じて設定される保険対象費用の上限）以上のサービスや介護保険法に定めのない食事などのサービスは、利用者の全額負担とされているため、生活保護受給者は事実上このようなサービスを受けら

第2節　介護と保険

れないといった懸念がある。

　もっとも、食費・居住費等の負担については、生活保護受給者を含む低所得者を対象に負担限度額が設定されており、限度額を超える分は介護保険から給付される制度（特定入所者介護サービス費）がある。

【参考文献】
　「介護保険制度の解説　平成 27 年 8 月版」107 頁、174 頁以下（社会保険研究所、第9 版、2015 年）
　日本弁護士連合会高齢者・障害者の権利に関する委員会「Q&A 高齢者・障害者の法律問題」107 頁以下（民事法研究会、第 2 版、2007 年）

Q₁₁ 介護認定の結果に対して不服申立てをすることができるか。

A₁₁ 不服申立てをすることができる。

解　説

　不服申立ては審査請求による（介護保険法 183 条）。審査請求は、原則として認定があったことを知った日の翌日から起算して 3 か月以内に都道府県の介護保険審査会に審査請求しなければならない（介護保険法 192 条）。

　審査請求の内容に不服がある場合、取消訴訟・義務付け訴訟を提起することとなる（行政事件訴訟法 8 条、37 条の 3）。審査請求を経ずに保険給付に関する処分について、取消訴訟・義務付け訴訟を提起することはできない（介護保険法 196 条）。

　なお、審査請求では時間がかかることから、実務上、市区町村に区分変更申請を提出して再度認定を受ける方法も行われているようである。区分変更申請は、状態が悪化して現在の認定介護度が合わない場合に、要介護度を変更するための制度であるが、30 日くらいで結果が出るとされており、早期に不服申立てを実現する手段の一つとなっている。

219

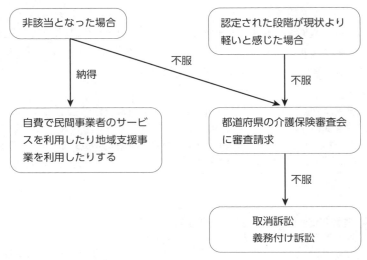

※区分変更申請をして早期に結論を得る運用もなされている。

【参考文献】
服部真里子「最新　図解で分かる　介護保険のしくみ」70頁（日本実業出版社、2015年）
宇賀克也「行政法概説Ⅱ　行政救済法」30〜40頁、131頁以下（有斐閣、第5版、2015年）

第3節　高齢者施設内外での事故と保険

Q12 高齢者が入居する介護施設において、施設内で入居者が怪我をする事故が発生し、設備も壊れてしまった。この場合に発生する責任について保険で対応することはできるか。

A12 施設賠償責任保険により対応が可能である。

解説

　入居者の負った怪我について、介護事業者は債務不履行責任、不法行為責任を負う可能性がある。債務不履行責任については、適切な介護サービスの

第3節　高齢者施設内外での事故と保険

提供をすることが介護事業者と入居者との間の契約の内容となっているから、介護事業者は入居者の生命・身体に対する安全配慮義務を負っているといえる。

不法行為責任については、介護事業者が使用する施設職員に故意・過失があれば使用者責任（民法715条）が発生する。介護施設そのものが通常有すべき安全性を欠いていた場合には、工作物責任が発生する（民法717条）。

一方で施設の破損については、施設職員の故意・過失が原因であればその施設職員が債務不履行責任、不法行為責任を負う可能性があるが、入居者の故意・過失が原因である場合には、責任能力の観点から責任追及は困難だと思われる。

このような事故によって発生する責任については、施設賠償責任保険により損害賠償金及び争訟費用等が支払われる。特に施設の破損に関しては、入居者に損害賠償請求をすることが困難であることから、施設賠償責任保険を利用するメリットがある。

なお、施設賠償責任保険については、第5編第3章第3節「施設賠償責任保険」Q7～Q9を参照。

【参考文献】
「新・賠償責任保険の解説」編集委員会「新・賠償責任保険の解説」17～19頁、59～67頁、148～169頁（保険毎日新聞社、2014年）

Q13 介護施設に入居する高齢者が施設を抜け出し、施設外で事故が発生し、第三者にも損害が発生した。この場合に発生する損害賠償責任に対応する保険はあるか。

A13 施設賠償責任保険による対応が考えられる。

解説

介護施設設置者は、第三者の損害に対して不法行為責任を負う可能性がある。介護施設設置者が入居者を監督する義務を負っている場合もあり、監督義務の懈怠が理由で第三者に損害が発生した場合には、不法行為責任が発生する（民法709条）。入居者が責任能力のない場合には、714条の責任が発生

221

第3編 第1章 高齢者と保険

する可能性もある。

このような責任について施設賠償責任保険で対応することが考えられる。なお、相手方に対する損害賠償だけでなく、示談交渉の際に、弁護士に依頼した場合の弁護士費用についても保険金での支払いは特約等で対応可能な場合もあるので、保険加入の際、よく確認されたい。

【参考文献】

「新・賠償責任保険の解説」編集委員会「新・賠償責任保険の解説」17 ～ 19 頁、59 ～ 67 頁、148 ～ 169 頁（保険毎日新聞社、2014 年）

●第4節　成年後見と保険

Q14 成年後見人は、被後見人を保険契約者とする保険契約を締結したり、保険金を請求することができるか。保佐人や補助人の場合はどうか。

A14 被後見人の場合、成年後見人が締結、請求できる。被保佐人や被補助人の場合には、保佐人や補助人に代理権が付与されている場合には、保佐人や補助人が締結、請求できる。

解 説

成年後見人は被後見人の財産行為につき包括的代理権を有しているので（民法859条1項）、被後見人を保険契約者として保険契約を締結したり、保険金を請求することができる（なお、成年後見人による新たな保険契約の締結が被後見人との間で利益相反に当たる場合については本節Q17を参照。また、成年後見監督人が選任されている場合については本節Q15を参照。）。

保佐人は一定の重要な財産行為につき同意権を有するものの（民法13条1項各号）、財産行為全般の包括的代理権は有さないが、保護の必要性に応じ特定の法律行為につき代理権が付与されることがある（民法876条の4第1項）。したがって、保佐人は保険契約の締結や保険金請求の代理権を付与されている場合には、被保佐人に代わってこれらの行為を行うことができる。補助人も財産行為全般の包括代理権を有さず、保険契約の締結や保険金請求の代理権を付与されている場合に限り（民法876条の9第1項）、被補助人に代わっ

222

第4節　成年後見と保険

てこれらの行為を行うことができる。

	代理権
後見人	包括的
保佐人	特定の法律行為
補助人	特定の法律行為

【参考文献】
　小林昭彦＝大鷹一郎＝大門匡「一問一答 新しい成年後見制度—法定後見・任意後見・
　　成年後見登記制度・家事審判手続等、遺言制度の改正等の解説」（商事法務、2006 年）
　齋藤輝夫（監修）「Q&A　家事事件と保険実務」3 頁、5 ～ 8 頁（日本加除出版、2016 年）
　内田貴「民法Ⅰ総則・物権総論」109 ～ 118 頁（東京大学出版会、第 4 版、2008 年）

Q15 後見監督人が選任されている場合、成年後見人が保険契約を締結したり、保険金を請求する際に後見監督人の同意を得る必要があるか。

A15 必要がある。

解　説

　成年後見監督人が選任されている場合、成年後見人が被後見人に代わって一定の重要な財産行為をするときには、成年後見監督人の同意を得る必要がある（民法 864 条）。保険契約の締結や保険金の請求は、原則として後見監督人の同意が必要とされる「重要な財産に関する権利の得喪を目的とする行為」（民法 13 条 1 項 3 号）に当たると考えられる。

　したがって、成年後見人が上記各行為を行う際には後見監督人の同意が必要であり、これに反する場合は取り消し得る（民法 865 条 1 項）。

　なお、保佐監督人や補助監督人が選任されていても、保佐監督人の権限を定める民法 876 条の 3 第 2 項や補助監督人の権限を定める民法 876 条の 8 第 2 項は、後見監督人の同意権を定める同法 864 条を準用しないため、上記各行為に対する保佐監督人や補助監督人の同意は不要である。

223

第3編 第1章　高齢者と保険

【参考文献】

小林昭彦＝大鷹一郎＝大門匡「一問一答 新しい成年後見制度―法定後見・任意後見・
　成年後見登記制度・家事審判手続等、遺言制度の改正等の解説」（商事法務、2006 年）
齋藤輝夫（監修）「Q&A 家事事件と保険実務」4 頁、6 頁、8 頁（日本加除出版、2016 年）

Q16 成年被後見人が保険契約者である保険について、被
後見人本人が保険金を請求した場合、成年後見人はど
のように対処すべきか。被保佐人や被補助人の場合は
どうか。

A16 取り消すか、追認するかを判断し、保険会社に伝
える。補助人に同意権が付与されている場合にも
同様である。

解 説

　成年被後見人は、日用品の購入その他日常生活に関する行為を除き、単独
で財産行為をすることができず、取り消し得る行為となる（民法 9 条）。保
険金の請求は、原則として重要な財産行為に当たり、日常生活に関する行為
とは言えないので、被後見人本人が保険金を請求した場合、成年後見人は、
当該行為を取り消すか（民法 9 条）、追認するか（民法 122 条）を判断し、保
険会社に伝える（民法 123 条）。取消権の消滅時効は、追認し得るときから 5
年間である（民法 126 条）。ただし、被後見人本人からの請求を受けた保険会
社が催告権を行使したときは、成年後見人が催告期間内に確答を発する必要
がある（民法 20 条 1 項）。

　被保佐人は、一定の重要な財産行為を行うにつき、保佐人の同意を得る必
要があり、同意を得ない行為は取り消し得る（民法 13 条 1 項、4 項）。保険金
の請求は、原則として「重要な財産に関する権利の得喪を目的とする行為（民
法 13 条 1 項 3 号）」に当たるため、被保佐人本人が保険金を請求した場合、
保佐人は、当該行為を取り消すか（民法 13 条 4 項）、追認するか（民法 122 条）
を判断し、保険会社に伝える（民法 123 条）。

　補助人に保険金請求の同意権が付与されていない場合、被補助人の請求は
単独で有効であるが、補助人に上記同意権が付与されている場合は（民法 17
条 1 項）、取り消し得る行為となるため（同条 4 項）、補助人は当該行為を取

224

第4節　成年後見と保険

り消すか（民法 17 条 4 項）、追認するか（民法 122 条）判断し、保険会社に伝える。

	取消権
後見人	包括的
保佐人	法定事項及び特定の法律行為
補助人	特定の法律行為

【参考文献】

　小林昭彦＝大鷹一郎＝大門匡「一問一答 新しい成年後見制度―法定後見・任意後見・
　　成年後見登記制度・家事審判手続等、遺言制度の改正等の解説」（商事法務、2006 年）
　齋藤輝夫（監修）「Q&A 家事事件と保険実務」11 〜 15 頁（日本加除出版、2016 年）
　内田貴「民法 I 総則・物権総論」109 〜 118 頁（東京大学出版会、第 4 版、2008 年）

Q17 被後見人が受取人であった保険契約につき、成年後見人が自分を受取人に変更してしまった。このような受取人変更は有効か。それが理由で成年後見人が解任された場合、新たに選任された成年後見人はどのように対応すべきか。

A17 成年後見人が自分を受取人に変更しても、無権代理行為であって、相対的無効である。新たな成年後見人は、その法律効果を確定させるため、追認の可否を判断すべきことになる。

解 説

　被後見人が受取人であった保険契約につき、成年後見人が自らを受取人に変更する行為は、被後見人との関係で利益相反行為に当たる。利益相反行為については、後見監督人がいる場合は後見監督人が、いない場合は請求により選任された特別代理人が権限を有する（民法 860 条）。これに反する成年後見人の利益相反行為は、無権代理となり、その効果は相対的無効である（民法 113 条ないし 118 条）。

225

第 3 編 第 1 章　高齢者と保険

【参考文献】
齋藤輝夫（監修）「Q&A 家事事件と保険実務」28 〜 30 頁、33 〜 34 頁（日本加除出版、2016 年）
内田貴「民法 I 総則・物権総論」109 〜 118 頁（東京大学出版会、第 4 版、2008 年）

第1節　相続事件における保険契約の調査方法

第**2**章　相続 と 保険

第1節　相続事件における保険契約の調査方法

Q1 相続関係の事件を受任した場合、被保険者の加入していた保険契約（主に生命保険）の存否、内容等については、どのように調査すればよいか。

A1 以下の方法が考えられる。
① 保険証券等の関連書類や通帳の保険料引落履歴等から契約のある保険会社を推定し、問い合わせる方法
② 勤務先等の所属団体を通じて団体保険に加入している可能性がある場合、その団体に問い合わせる方法
③ すべての各保険会社へ個々に問い合わせる方法
④ 弁護士法23条の2に基づく照会により、各生命保険会社へ個別に、あるいは一般社団法人日本共済協会へ一括して問い合わせる方法

解 説

　従前は、一般社団法人日本共済協会のみならず、一般社団法人生命保険協会に対しても一括して23条照会を行うことができたが、後者については平成29年5月23日協会到着分をもって対応が終了した。

【参考文献】
　東京弁護士会調査室「弁護士会照会制度」191頁、196頁（商事法務、第5版、2016年）
　第一東京弁護士会業務改革委員会第8部会「弁護士法第23条の2　照会の手引」151
　　～154頁、215頁（第一東京弁護士会、6訂版、2016年）
　群馬弁護士会「立証の実務　改訂版」87～88頁（ぎょうせい、2016年）

227

第３編 第２章 相続と保険

●第２節 生命保険と相続財産 ● ● ● ● ● ● ● ● ● ● ● ● ● ● ● ● ● ●

Q2 保険契約者兼被保険者の法定相続人が保険金受取人に指定されている場合、被保険者死亡の際の保険金請求権は、保険契約者兼被保険者の相続財産に含まれるか。

A2 相続財産には含まれない。

解 説

　生命保険契約において、指定された保険金受取人が保険契約者兼被保険者と別人である場合、当該保険金受取人は、（受益の意思表示をすることなく）当然に保険金請求権を取得する（第三者のためにする生命保険契約。保険法42条）。

　保険契約者兼被保険者の法定相続人が保険金受取人に指定された場合、その保険金請求権は、第三者のためにする生命保険契約の効果として、契約の効力発生と同時に（原始的に）当該相続人固有の権利となる。即ち、被相続人である保険契約者兼被保険者の財産を承継的に取得するわけではないため、保険金請求権は相続財産には属さないことになる（大判昭和11年5月13日民集15巻877頁、最判昭和40年2月2日民集19巻1号1頁）。

　ただし、例外として、保険金受取人の指定がされなかった場合について、本章Q 12を参照されたい。

【参考文献】
　山下友信＝永沢徹「論点体系　保険法２」52 〜 53頁（第一法規、2014年）
　山下友信ほか「保険法」275 〜 276頁、278頁（有斐閣、第３版補訂版、2015年）
　山下友信＝洲崎博史「保険法判例百選」144 〜 145頁〔宮島司〕（有斐閣、2010年）
　甘利公人＝福田弥夫＝今井和男＝北村聡子「Q&A保険法と家族—保険契約と結婚・
　　離婚・遺言・相続—」155 〜 157頁（日本加除出版、2010年）

228

第2節　生命保険と相続財産

Q₃ 保険契約者兼被保険者である被相続人の死亡後、保険金受取人に指定されている相続人が相続放棄をした場合、保険金受取人に指定されている相続人は、死亡保険金を請求することはできるか。

A₃ 死亡保険金を請求することができる。

解 説

　保険契約者兼被保険者と保険金受取人が異なる場合、保険金請求権は保険金受取人固有の権利となり相続財産には含まれない（本章Q2参照）。

　したがって、当該保険金受取人は自己の固有の権利として保険金請求権を有しているので、相続放棄をしても保険金請求権は失わない。

【参考文献】
　山下友信＝永沢徹「論点体系　保険法2」52頁（第一法規、2014年）
　山下友信ほか「保険法」278頁（有斐閣、第3版補訂版、2015年）
　甘利公人＝福田弥夫＝今井和男＝北村聡子「Q&A保険法と家族—保険契約と結婚・
　　離婚・遺言・相続—」155～157頁（日本加除出版、2010年）

Q₄ 被相続人が保険契約者兼被保険者であり、法定相続人が保険金受取人に指定されている保険契約について、保険契約者兼被保険者（被相続人）の債権者は、被相続人の死亡により具体化した保険金請求権を差し押さえることができるか。

A₄ 差し押さえることはできない。

解 説

　仮に、生命保険契約の死亡保険金請求権が保険契約者兼被保険者の相続財産に属するならば、保険契約者の債権者は当該保険金請求権を差し押さえることが可能ということになる。

229

第3編 第2章　相続と保険

しかし、保険契約者と保険金受取人が異なる場合、保険金請求権は保険金受取人固有の権利となり相続財産には含まれない（本章Ｑ２参照）。

したがって、保険契約者兼被保険者（被相続人）の債権者は、保険金請求権を差し押さえることはできないことになる。

ただし、保険事故発生時の解約返戻金相当額については債権者の追及を免れないという考え方も有力である。

【参考文献】
　山下友信＝永沢徹「論点体系　保険法２」52頁（第一法規、2014年）
　山下友信ほか「保険法」278頁（有斐閣、第３版補訂版、2015年）
　斎藤輝夫（監修）「Q&A家事事件と保険実務―成年後見・高齢者・相続・遺言・離婚未成年・親族―」124～126頁（日本加除出版、2016年）
　甘利公人＝福田弥夫＝今井和男＝北村聡子「Q&A保険法と家族―保険契約と結婚・離婚・遺言・相続―」17頁（日本加除出版、2010年）

Q5　保険金受取人が複数の相続人中の１人である場合、その相続人が得た死亡保険金請求権は、他の相続人との関係で特別受益の持戻し（民法903条）の対象になるか。

A5　原則として対象とならないが、他の共同相続人との間で到底是認できないほど著しい不公平が生じている場合には、例外的に持戻しの対象となる場合がある。

解 説

(1)　平成16年最高裁決定の判断

保険契約者兼被保険者と保険金受取人が異なる場合、死亡保険金請求権は保険金受取人固有の権利となり相続財産には含まれない（本章Ｑ２参照）。

また、死亡保険金請求権は、被保険者死亡時に初めて発生するものであり、保険契約者の払い込んだ保険料と等価関係に立つものでも、被保険者の稼働能力に代わる給付でもないから、実質的に保険契約者又は被保険者の財産に属していたものとみることはできない（最判平成14年11月5日民集56巻8号2069頁）。

最決平成 16 年 10 月 29 日民集 58 巻 7 号 1979 頁は、これらの考え方を踏まえて、死亡保険金請求権又はこれを行使して取得した死亡保険金について、特別受益として持戻しの対象となることを原則として否定した。

他方で、例外的に持戻しの対象となる場合について、以下のように判示した。

「保険金受取人である相続人とその他の共同相続人との間に生ずる不公平が民法 903 条の趣旨に照らし到底是認することができないほどに著しいものであると評価すべき特段の事情が存する場合には、同条の類推適用により、当該死亡保険金請求権は特別受益に準じて持戻しの対象となると解するのが相当である。上記特段の事情の有無については、保険金の額、この額の遺産の総額に対する比率のほか、同居の有無、被相続人の介護等に対する貢献の度合いなどの保険金受取人である相続人及び他の共同相続人と被相続人との関係、各相続人の生活実態等の諸般の事情を総合考慮して判断すべきである。」

(2) 平成 16 年最高裁決定以降の下級審裁判例

上記平成 16 年最高裁決定以降、特別受益に準じて持戻しの対象にすることを肯定した下級審裁判例には、①東京高決平成 17 年 10 月 27 日家月 58 巻 5 号 94 頁、②名古屋高決平成 18 年 3 月 27 日家月 58 巻 10 号 66 頁などがある。

他方、持戻しを否定した下級審裁判例には、③大阪家堺支審平成 18 年 3 月 22 日家月 58 巻 10 号 84 頁がある。

【参考文献】
　山下友信＝洲崎博史「保険法判例百選」146 〜 147 頁〔金子敬明〕（有斐閣、2010 年）
　山下友信＝永沢徹「論点体系　保険法 2」58 〜 60 頁（第一法規、2014 年）
　山下友信ほか「保険法」279 〜 280 頁（有斐閣、第 3 版補訂版、2015 年）
　甘利公人＝福田弥夫＝今井和男＝北村聡子「Q&A 保険法と家族—保険契約と結婚・離婚・遺言・相続—」168 〜 171 頁（日本加除出版、2010 年）

第3編 第2章 相続と保険

Q6 保険契約者兼被保険者である被相続人が保険金受取人を指定・変更する行為は、遺留分減殺請求の対象となるか。

A6 保険金受取人を変更する行為は遺留分減殺請求権の対象とはならない。保険金受取人を指定する行為についても、同様に解される。

解説

　自己の遺留分を侵害された遺留分権利者及びその承継人は、遺留分を保全するのに必要な限度で、遺贈・贈与の減殺を請求することができる（民法1031条）。

　そこで、保険契約者兼被保険者である被相続人が保険金受取人を指定・変更する行為は民法1031条に規定する遺贈又は贈与に当たり、遺留分減殺請求の対象となるのかが問題となる。

　この点、最高裁判例（最判平成14年11月5日民集56巻8号2069頁）は、「自己を被保険者とする生命保険契約の契約者が死亡保険金の受取人を変更する行為は、民法1031条に規定する遺贈又は贈与に当たるものではなく、これに準ずるものということもできないと解するのが相当である」と判示した。

　その理由として、①死亡保険金請求権は、指定された保険金受取人が自己の固有の権利として取得するのであって、保険契約者又は被保険者の相続財産を構成するものではないこと、②死亡保険金請求権は、被保険者の死亡時に初めて発生するものであり、保険契約者の払い込んだ保険料と等価の関係に立つものではなく、被保険者の稼働能力に代わる給付でもないのであって、死亡保険金請求権が実質的に保険契約者又は被保険者の財産に属していたものとみることもできないこと、を挙げている。

　上記最高裁判例の考え方によれば、保険金受取人の変更行為は民法1031条に規定する遺贈又は贈与には当たらないため、遺留分減殺請求権の対象とはならないことになる。また、かかる最高裁判例の考え方は、保険金受取人を指定する行為にも同様に妥当すると解される。

　なお、死亡保険金請求権が相続財産に含まれるかの問題（上記理由①）については、本章Q2を参照されたい。

【参考文献】
山下友信＝永沢徹「論点体系　保険法2」58〜60頁（第一法規、2014年）
山下友信ほか「保険法」279〜280頁（有斐閣、第3版補訂版、2015年）
甘利公人＝福田弥夫＝今井和男＝北村聡子「Q&A 保険法と家族—保険契約と結婚・離婚・遺言・相続—」164〜167頁（日本加除出版、2010年）

●第3節　相続と死亡保険金受取人をめぐる諸問題

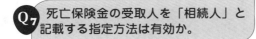

Q7 死亡保険金の受取人を「相続人」と記載する指定方法は有効か。

A7 基本的には、有効である。生命保険契約の保険金受取人指定は、氏名による方法に加えて、「相続人」と記載する方法により行うことも認められている。
　もっとも、約款上保険金受取人の指定を氏名による方法に限定し、「相続人」との記載による指定方法が認められていないケースもあるので、各保険の約款を確認する必要がある。

解説

　保険金の受取人の指定は、通常、保険契約申込書に特定人の氏名を記載することにより行われる。これは、保険者が保険金を支払うに際し、保険金受取人が誰であるかその特定が可能であることを要求するものである。

　もっとも、保険金受取人を単に「相続人」として、特定人の氏名を挙げることなく抽象的に指定している場合でも、保険契約者の意思を合理的に推測して、保険事故発生の時において被指定者を特定し得る以上は、このような指定も有効とされており、一般的には被保険者の相続人が受取人になるものと考えられている。

第3編 第2章 相続と保険

【参考文献】
　山下友信「保険法」491 ～ 492 頁（有斐閣、2005 年）
　山下友信＝米山高生「保険法解説—生命保険・傷害疾病定額保険」290 頁（有斐閣、
　　2010 年）
　山下友信ほか「保険法」280 ～ 281 頁（有斐閣、第 3 版補訂版、2015 年）
　甘利公人＝福田弥夫＝今井和男＝北村聡子「Q&A 保険法と家族—保険契約と結婚・
　　離婚・遺言・相続—」118 頁（日本加除出版、2010 年）

Q8 死亡保険金の受取人が「相続人」と指定されていた
場合、どの時点の相続人が受取人となるか。

A8 特段の事情のない限り、被保険者が死亡したとき
の相続人が受取人となる。

解説

　被保険者が死亡した際に相続人となるべき者は、保険契約の締結時以降、
変動が生じる可能性があるため、いつの時点の相続人が受取人になるか（契
約当時の相続人か、被保険者死亡時の相続人か）が問題となる。

　判例は、特段の事情のない限り、被保険者死亡時の相続人が受取人となる
とした（最判昭和 40 年 2 月 2 日民集 19 巻 1 号 1 頁）。

　保険契約者が保険金受取人を単に「相続人」と指定する趣旨は、保険事故
発生時までに被保険者の相続人となるべき者に変動が生じる場合にその都度
保険金受取人の変更手続をする手間を省くためであると解するのが、保険契
約者の通常の意思に合致し、かつ合理的である（最判平成 6 年 7 月 18 日民集
48 巻 5 号 1233 頁）。

　前掲昭和 40 年最高裁判例も、かかる考え方を採用したものと考えられる。

　誰が相続人となるかといった相続人の判定については、民法の規定に従う
こととなる。したがって、例えば代襲相続人は死亡保険金受取人として指定
された「相続人」に含まれるが、内縁の妻は法定相続人ではないので受取人
にならないとされる（大阪地判昭和 53 年 3 月 27 日判時 904 号 104 頁、東京地判
平成 8 年 3 月 1 日金判 1008 号 34 頁）。

234

第3節　相続と死亡保険金受取人をめぐる諸問題

【参考文献】
　山下友信＝洲崎博史「保険法判例百選」144 ～ 145 頁〔宮島司〕、208 ～ 209 頁〔久保大作〕
　　（有斐閣、2010 年）
　山下友信「保険法」491 ～ 492 頁（有斐閣、2005 年）
　山下友信＝米山高生「保険法解説―生命保険・傷害疾病定額保険」290 ～ 291 頁（有
　　斐閣、2010 年）
　山下友信ほか「保険法」281 頁（有斐閣、第 3 版補訂版、2015 年）
　甘利公人＝福田弥夫＝今井和男＝北村聡子「Q&A 保険法と家族―保険契約と結婚・
　　離婚・遺言・相続―」118 ～ 119 頁、140 ～ 141 頁（日本加除出版、2010 年）
　斎藤輝夫（監修）「Q&A 家事事件と保険実務　成年後見・高齢者・相続・遺言・離
　　婚未成年・親族」110 頁（日本加除出版、2016 年）

Q9 死亡保険金の受取人が「相続人」と指定されているが、被保険者が死亡したときの相続人が不存在の場合、誰が受取人となるか。

A9 保険契約者が保険金受取人となる。

解説

　保険金受取人について「相続人」というように抽象的な指定がされる場合、被保険者死亡時に抽象的指定の要件を満たす者がいないという場合もありうる。そのような場合には、保険契約者の自己のためにする契約となり、保険契約者が保険金受取人となる。

　保険契約者が被保険者を兼ねる場合に、保険金受取人として「相続人」が指定されたが相続人が不存在であれば、保険契約者が保険金受取人となるものの、相続人不存在として保険金も民法 951 条以下により処理されることになる。

【参考文献】
　山下友信「保険法」492 頁（有斐閣、2005 年）
　斎藤輝夫（監修）「Q&A 家事事件と保険実務　成年後見・高齢者・相続・遺言・離
　　婚未成年・親族」110 頁（日本加除出版、2016 年）

235

第3編 第2章　相続と保険

Q10 死亡保険金受取人が「相続人」と指定されており、保険事故発生時に複数の法定相続人がいた場合、保険金の取得割合はどのように決まるか。

A10 保険金の取得割合は、特段の事情のない限り、相続分の割合によることになる。

解説

　保険金受取人を「相続人」とした保険金受取人が、受取人の範囲を定めたにすぎないのか、それとも法定相続分による取得割合をも定めたものなのか、その意思をどのように解釈するかが問題となる。

　判例は、保険金受取人を単に「相続人」とする指定には、相続人に対してその相続分の割合により保険金を取得させる趣旨が含まれていると解するのが、保険契約者の通常の意思に合致し、かつ、合理的であるとし、保険金の取得割合は、特段の事情のない限り、相続分の割合になるとした（最判平成6年7月18日民集48巻5号1233頁）。

【参考文献】
　山下友信「保険法」493〜495頁（有斐閣、2005年）
　山下友信＝米山高生「保険法解説—生命保険・傷害疾病定額保険」290〜291頁（有斐閣、2010年）
　山下友信ほか「保険法」281頁（有斐閣、第3版補訂版、2015年）
　甘利公人＝福田弥夫＝今井和男＝北村聡子「Q&A保険法と家族—保険契約と結婚・離婚・遺言・相続—」141〜142頁（日本加除出版、2010年）
　斎藤輝夫（監修）「Q&A家事事件と保険実務　成年後見・高齢者・相続・遺言・離婚未成年・親族」111〜114頁（日本加除出版、2016年）
　山下友信＝洲崎博史「保険法判例百選」208〜209頁〔久保大作〕（有斐閣、2010年）

第3節　相続と死亡保険金受取人をめぐる諸問題

Q11 保険契約者が、全財産を知人に包括遺贈する旨の遺言をしたが、生命保険契約の死亡保険金の受取人は「相続人」と指定していた場合、受遺者と相続人のいずれが保険金を受け取ることになるか。

A11 相続人が保険金受取人となる。

解説

　包括遺贈とは、遺言者が財産の全部又は一部を一定の割合で示して遺贈することをいう（民法964条）。包括受贈者は相続人と同一の権利義務を有するが（民法990条）、「相続財産」に対して権利義務を有するものであり、相続人そのものになるのではない。

　保険金請求権は保険金受取人固有の権利であり、相続財産には属しない（本章Q2参照）。

　したがって、受遺者ではなく、相続人が保険金受取人となる。

【参考文献】

　　斎藤輝夫（監修）「Q&A家事事件と保険実務　成年後見・高齢者・相続・遺言・離婚・未成年・親族」105〜108頁（日本加除出版、2016年）

　　山下友信＝米山高生「保険法解説　生命保険・傷害疾病定額保険」322〜323頁（有斐閣、2010年）

Q12 契約上、保険金受取人の指定がされていなかった場合、誰が死亡保険金の受取人となるのか。

A12 保険金受取人を保険契約者自身とした自己のためにする保険契約であると合理的かつ客観的に判断されるため、保険契約者自身が死亡保険金の受取人となると考えられる。

解説

　保険金受取人の指定については、「何びとを保険金受取人に指定したかは、保険契約者の保険者に対する表示を合理的かつ客観的に解釈して定めるべき

もの」(最判昭和 58 年 9 月 8 日民集 37 巻 7 号 918 頁) とされている。保険金受取人欄が空欄のままであり、保険金受取人の指定がされていなかった場合には、他人を受取人としないと解釈することが合理的かつ客観的に妥当であると考えられる。そのため、このような場合には、自己のための保険契約と判断され、保険契約者自身が死亡保険金の受取人になる。

この考え方に基づくと、保険契約者兼被保険者である場合には、被保険者の死亡に伴い給付された死亡保険金であっても相続財産に含まれることになり、遺産分割の対象となるから注意が必要である。

【参考文献】
山下友信「保険法」490 頁 (有斐閣、2005 年)
斎藤輝夫 (監修)「Q&A 家事事件と保険実務　成年後見・高齢者・相続・遺言・離婚・未成年・親族」118 〜 119 頁 (日本加除出版、2016 年)
山下友信＝洲崎博史「保険法判例百選」138 〜 139 頁〔木下孝治〕(有斐閣、2010 年)
山下友信ほか「保険法」275 〜 276 頁 (有斐閣、第 3 版補訂版、2015 年)

Q13 保険事故発生前に保険金受取人が死亡し、その後保険金受取人の変更手続きがされていない状態で保険事故が発生した場合、保険金は誰がどのような割合で受け取ることになるか。

A13 約款に特別な定めがない限り、保険金受取人の相続人全員が、人数に応じた均等の割合で保険金を受け取ることになる。

保険事故発生前に保険金受取人が死亡した場合、その相続人の全員が保険金受取人となる (保険法 46 条)。また、死亡した保険金受取人の相続人が保険事故発生前に死亡した場合には、更にその相続人の順次の相続人が保険金受取人となる (最判平成 5 年 9 月 7 日民集 47 巻 7 号 4740 頁参照)。

受け取る保険金の割合については、約款に特段の定めのない限り、原則として金銭債権に関する分割債権の原則 (民法 427 条) に従って、等しい割合となるとされている (前掲最高裁判例)。したがって、相続人が複数存在する場合には、各相続分に応じた割合ではなく、人数に応じて均等に分割される

第3節　相続と死亡保険金受取人をめぐる諸問題

こととなる。

　上記最高裁判例は、平成20年改正前商法676条2項の解釈に関するものであるが、保険法にも、保険金受取人の相続人が複数存在する場合の権利取得割合について、民法427条の特則となるような規定は特に置かれていない。

　したがって、保険法下においても、相続人が複数存在する場合には原則として、民法427条の規定に従い、人数に応じて均等に分割されることになると解される。ただし、保険法が権利取得割合についての特別な規定を設けなかったのは、それを個々の生命保険契約の定めに委ねることにしたためである。したがって、約款に特別な定めがある場合には、相続人各人の権利取得割合は、当該約款の定めに従うことになる。

　なお、保険金受取人死亡後に、保険契約者が新たに保険金受取人を変更した場合には、当然ながら変更後の保険金受取人が権利者となるため、上述のような問題は生じない。

【参考文献】
　山下友信＝永沢徹「論点体系　保険法2」92～93頁（第一法規、2014年）
　山下友信ほか「保険法」290～292頁（有斐閣、第3版補訂版、2015年）
　山下友信＝洲崎博史「保険法判例百選」152～153頁〔大塚英明〕（有斐閣、2010年）
　甘利公人＝福田弥夫＝今井和男＝北村聡子「Q&A保険法と家族―保険契約と結婚・
　　離婚・遺言・相続―」158～160頁（日本加除出版、2010年）

Q14　遺言により保険金受取人を変更できるか。

A14　変更できる。ただし、保険契約者の相続人がその旨を保険者に通知する必要がある。

解説

(1)　保険法が適用される場合（平成22年4月1日以降の契約）

　保険金受取人の変更は、遺言によってもすることができる（保険法44条1項）。そして、遺言による保険金受取人の変更は、その遺言が効力を生じた後、保険契約者の相続人がその旨を保険者に通知しなければ、これをもって保険者に対抗することができない（同2項）。保険者は、上記規定によって二重

239

払いの危険から保護される。

保険金受取人を変更する遺言が、遺言の様式を満たしていない場合など、遺言としての効力を認められない場合は、保険金受取人の変更も認められないと解される。

(2) **改正前商法が適用される場合（平成 22 年 3 月 31 日までの契約）**

保険法の施行日は平成 22 年 4 月 1 日であるため、同法 44 条は上記施行日以後に締結された保険契約のみについて適用される（遡及適用されない）。保険法施行以前の改正前商法には、遺言による保険金受取人変更についての規定がなく、その可否等について争いがあった。

したがって、特に保険法施行前に締結された保険契約については、遺言による保険金受取人の変更の可否について各保険会社の取り扱いを確認するなどの注意が必要となる。

【参考文献】
甘利公人＝福田弥夫＝今井和男＝北村聡子「Q&A 保険法と家族―保険契約と結婚・離婚・遺言・相続―」122 ～ 125 頁、134 ～ 136 頁（日本加除出版、2010 年）
山下友信ほか「保険法」287 ～ 289 頁（有斐閣、第 3 版補訂版、2015 年）
山下友信＝永沢徹「論点体系　保険法 2」77 ～ 87 頁（第一法規、2014 年）

Q15 保険契約者兼被保険者と保険金受取人が同時に死亡した場合、誰が死亡保険金受取人となるか。

A15 保険金受取人の相続人（保険契約者兼被保険者を除く。）が死亡保険金受取人となる。保険契約者兼被保険者の相続人は死亡保険金受取人とならない。

解説

保険金受取人が保険事故の発生前に死亡したときは、その相続人の全員が保険金受取人となる（保険法 46 条。本章 Q 13 参照）。他方、保険法に同時死亡に関する規定はない。

このため、同時死亡した保険契約者兼被保険者が保険金受取人の「相続人」に含まれるのか否かが、問題となる。

結論としては、民法上、同時死亡の場合には相続は生じない（民法 32 条の

2、同882条)ことから、同時死亡した保険契約者兼被保険者は、保険金受取人の相続人に含まれないことになる（最判平成21年6月2日民集63巻5号953頁、最判平成21年6月2日判時2050号151頁参照）。

例を挙げるならば、同時死亡したのが夫婦（A、B）であり、その間に子（C）がいる場合には、子（C）が保険金受取人となる（保険法46条）。

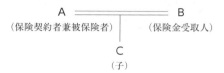

他方、夫婦（A、B）の間に子がなかった場合には、保険金受取人であった配偶者（B）の尊属や兄弟姉妹（E）のみが保険金受取人の相続人となり、保険契約者兼被保険者（A）の尊属や兄弟姉妹（D）は保険金受取人の相続人にはならないということになる。

【参考文献】
山下友信＝永沢徹「論点体系　保険法2」94～95頁（第一法規、2014年）
斎藤輝夫（監修）「Q&A家事事件と保険実務　成年後見・高齢者・相続・遺言・離婚・未成年・親族」98～100頁（日本加除出版、2016年）
甘利公人＝福田弥夫＝今井和男＝北村聡子「Q&A保険法と家族　保険契約と結婚・離婚・遺言・相続」161～163頁（日本加除出版、2010年）
山下友信＝米山高生「保険法解説　生命保険・傷害疾病定額保険」338～339頁（有斐閣、2010年）
山下友信ほか「保険法」292～293頁（有斐閣、第3版補訂版、2015年）
山下友信＝洲崎博史「保険法判例百選」154～155頁〔福島雄一〕（有斐閣、2010年）

第3編 第2章　相続と保険

Q16 保険金受取人の変更手続中に被保険者が死亡した場合、新旧どちらの保険金受取人が保険金を受け取ることになるか。

A16 保険者に保険金受取人の変更の通知がなされていれば、新保険金受取人が保険金を受け取ることになる。

解 説

(1)　保険法が適用される場合（平成22年4月1日以降の契約）

　保険金受取人の変更の意思表示が保険者に到達したときは、その通知の発信時に遡って効力が発生する（保険法43条3項、72条3項）。そのため、新保険金受取人が保険金を受け取ることになる。

　なお、保険金受取人の変更の通知が保険者に到達する前に保険者が変更前の保険金受取人に保険金を支払ったとしても、その保険金の支払は有効となる（保険法43条3項ただし書、72条3項ただし書）。ただし、保険金受取人の変更の通知が保険者に到達すれば、その通知を発信した時に遡って効力が生ずるため、新保険金受取人は旧保険金受取人に対して不当利得返還請求を行うことができる。

(2)　改正前商法が適用される場合（平成22年3月31日までの契約）

　改正前商法では、保険契約者は、保険金受取人の変更を保険者に通知しなければ、その変更について保険者に対抗できないと定めていた（改正前商法677条1項）。

　これは保険者に対する対抗要件であって、改正前商法は効力発生要件を明確に定めていない。

　保険金受取人の変更には保険者の同意を必要としないので、その性質は保険契約者の一方的意思表示による単独行為であると解されている。そのため、保険契約者が保険金受取人変更の意思表示を行うことにより、その効力自体は発生する。ただし、保険者が通知を受けていない限りは、指定変更の事実を否認して、旧保険金受取人に保険金を支払うことで免責されることになる（二重払いの防止）。この場合、新保険金受取人は旧保険金受取人に対して不当利得返還請求を行うことができることになる。

242

第3節　相続と死亡保険金受取人をめぐる諸問題

【参考文献】
斎藤輝夫（監修）「Q&A 家事事件と保険実務　成年後見・高齢者・相続・遺言・離婚・未成年・親族」101 〜 104 頁（日本加除出版、2016 年）
山下友信＝米山高生「保険法解説　生命保険・傷害疾病定額保険」297 〜 304 頁（有斐閣、2010 年）
山下友信＝永沢徹「論点体系　保険法 2」61 〜 69 頁（第一法規、2014 年）

被保険者死亡後に、死亡保険金受取人が保険金請求権を放棄した場合、当該保険金請求権は誰に帰属するか。

下級審裁判例によれば、保険金請求権の放棄により保険金請求権は確定的に消滅するとされており、誰にも帰属しないことになる。ただし、かかる考え方に対して、保険契約者兼被保険者の相続人に帰属するとする有力説もある。

解説

　死亡保険金受取人が、保険契約者兼被保険者の死亡後に保険金請求権を放棄し、その後に保険契約者兼被保険者の相続人が保険金を請求した事案について、大阪高判平成 11 年 12 月 21 日金判 1084 号 44 頁は、保険金受取人は保険金請求権を自由に処分することが可能であるから、保険金受取人が保険金請求権を放棄すれば、保険金請求権は確定的に消滅するとした。かかる考え方は、その後の下級審裁判例でも踏襲されているようである（神戸地尼崎支判平成 26 年 12 月 16 日判時 2260 号 76 頁）。
　この考え方に基づけば、死亡保険金受取人による保険金請求権の放棄により請求権が消滅するから、誰も保険金を受領できないことになる。
　しかし、保険契約者の合理的意思を尊重すべきである、保険金受取人の放棄によって保険者が保険金支払い債務を免れるのは妥当でないなどの観点から、放棄によって当該契約は保険契約者兼被保険者の自己のためにする保険契約になる、とする学説も有力である。かかる考え方に基づけば、保険金請求権は保険契約者兼被保険者の相続人に帰属し、保険金を受領できることになる。

第３編 第２章　相続と保険

　なお、この点に関する各保険会社の対応は分かれているようであり、事案に応じて保険会社への確認等が必要である。

【参考文献】
　山下友信＝米山高生「保険法解説—生命保険・傷害疾病定額保険」295 〜 296 頁（有斐閣、2010 年）
　山下友信＝洲崎博史「保険法判例百選」142 〜 143 頁〔笹岡愛美〕（有斐閣、2010 年）
　斎藤輝夫（監修）「Q&A 家事事件と保険実務　成年後見・高齢者・相続・遺言・離婚・未成年・親族」120 〜 121 頁（日本加除出版、2016 年）

Q18 保険金受取人が被保険者を故意に殺害した場合、死亡保険金を請求することはできるか。

A18 保険金受取人が被保険者を故意に殺害して死亡させた場合には、免責事由に当たるため、死亡保険金を請求することはできない（保険法 51 条 3 号、80 条 3 項）。

解説

　保険者は、保険金受取人が被保険者を故意に殺害して死亡させた場合には死亡保険金給付の責任を免れる（保険法 51 条 3 号、80 条 3 項）。約款にも免責規定が設けられている。これは、被保険者を故意に殺害した者（以下、「故殺者」という。）が死亡保険金を入手することは公益上好ましくないと考えられるからである。ただし、故殺者以外の保険金受取人に対する保険者の保険金給付責任は、免責されない（同条柱書ただし書）。

　では、この免責は、以下の場合にも適用されるのだろうか。

(1)　**故殺者が保険金受取人であるが、保険金取得目的がない場合**

　例えば保険金受取人が被保険者と心中を図ったような場合、保険金取得目的がないことになるが、最判昭和 42 年 1 月 31 日民集 21 巻 1 号 77 頁は、殺害当時殺害者に保険金取得の意図がなかったときにも、保険者は保険金額支払の責任を免れると判断しており、保険金受取人及びその相続人は、保険金請求権を行使することはできない。

244

第4節　死亡保険金の請求等をめぐる諸問題

(2)　被保険者を殺害した保険金受取人が他の保険金受取人の保険金請求権を相続する場合

　東京高判平成 18 年 10 月 19 日判タ 1234 号 179 頁は、一度発生した保険金請求権は独立した財産権として相続財産を構成することを理由に、「(特段の事情のない限り) 事故招致者であっても、いったん発生した保険金請求権を相続し、その行使又は処分をすることができ (る)」と判断している。かかる判例の考え方に従えば、保険金請求権を行使することができることになる。

　しかし、この結論については、信義誠実の原則や公益的観点、保険の偶然性の要件などの観点から批判する見解もある。

　なお、故殺者と保険金請求権を巡るその他の判例として、最判平成 14 年 10 月 3 日民集 56 巻 8 号 1706 頁 (法人役員による被保険者故殺)、大阪地判昭和 62 年 10 月 29 日生命保険判例集 5 巻 172 頁 (保険金受取人の法定代理人による被保険者故殺) などがある。

> 【参考文献】
> 　山下友信＝永沢徹「論点体系　保険法 2」144 ～ 146 頁、152 ～ 159 頁 (第一法規、
> 　　2014 年)
> 　山下友信＝洲崎博史「保険法判例百選」168 ～ 175 頁〔家田崇、藤田友敬、久保田光
> 　　昭、志田惣一〕(有斐閣、2010 年)

・第 4 節　死亡保険金の請求等をめぐる諸問題 ・・・・・・・・・・

Q19 死亡保険金の請求手続において必要とされる資料にはどのようなものがあるか。

A19 例えば、日本生命保険相互会社の場合には基本的に以下の書類が必要となる (同社ホームページ参照)。
① 同社所定の死亡保険金請求書
② 死亡診断書又は死体検案書
③ 住民票 (被保険者の死亡事実の記載があるもの)
④ 事故を証明する書類 (災害死亡の場合)
⑤ 請求人の本人確認資料 (運転免許証等)

第3編 第2章 相続と保険

解 説

請求書や必要書類に関する説明書類等は、保険会社に連絡して入手すればよい。

なお、死亡保険金受取人が「被保険者の相続人」と指定されている場合等、相続関係を明らかにしなければ保険金受取人が確定しない場合には、相続人は、通常は被保険者の出生から死亡までのすべての期間の戸籍を保険会社に提出しなければ保険金の支払いを受けることができない。

【参考文献】

斎藤輝夫（監修）「Q&A 家事事件と保険実務　成年後見・高齢者・相続・遺言・離婚・未成年・親族」140 〜 143 頁（日本加除出版、2016 年）

掛川雅仁「〔改訂版〕ケース別　相続手続　添付書類チェックリスト」（新日本法規、2017 年）

Q20 死亡保険金受取人が複数の相続人となる場合、相続人間における遺産分割協議に基づく保険金請求は認められるか。

A20 遺産分割協議書に基づく保険金請求は認められない。

解 説

まず、死亡保険金受取人が死亡保険契約者兼被保険者と別人である場合、死亡保険金請求権は、契約の効力発生と同時に死亡保険金受取人固有の権利となる（本章Q2参照）。

したがって、死亡保険金受取人が複数の相続人となった場合、同人らは死亡保険金請求権をそれぞれ固有の財産として取得することから、死亡保険金請求権は遺産分割協議の対象とはならない。そのため、遺産分割協議書に基づく保険金請求は認められない。

246

第4節　死亡保険金の請求等をめぐる諸問題

【参考文献】

山下友信＝永沢徹「論点体系　保険法2」52頁（第一法規、2014年）

山下友信ほか「保険法」278頁（有斐閣、第3版補訂版、2015年）

斎藤輝夫（監修）「Q&A 家事事件と保険実務　成年後見・高齢者・相続・遺言・離婚・未成年・親族」172〜176頁（日本加除出版、2016年）

甘利公人＝福田弥夫＝今井和男＝北村聡子「Q&A 保険法と家族—保険契約と結婚・離婚・遺言・相続—」152〜154頁（日本加除出版、2010年）

Q21 保険金受取人が「法定相続人」と指定され、法定相続人が複数いる場合の保険金請求の手続はどうなるか。

A21 代表者の定めや他の法定相続人の同意があれば、法定相続人の1人が保険金全額を請求できる。

解説

保険約款上、保険金受取人が複数存在する場合には代表者を定め、その代表者が他の保険金受取人を代理する旨の規定が定められているのが通例である。

したがって、代表者が定められていれば、その代表者が他の保険金受取人（法定相続人）を代理して保険金全額を請求できる。

予め代表者が定められていない場合でも、通常は約款の規定に基づき、他の保険金受取人（法定相続人）の同意があれば特定の者が保険金受取人代表として全額を請求できる。

また、他の保険金受取人（法定相続人）の同意が得られない場合でも、法定相続分については請求できるものと解されている（東京地判昭和61年4月22日判時1227号136頁、東京地判平成19年3月28日生命保険判例集19巻129頁）。

ただし、いずれの場合であっても、法定相続人の範囲及び各相続割合を判明させることが必要となるため、実務上は戸籍書類の取寄せが必要となる。

247

第3編 第2章 相続と保険

【参考文献】

甘利公人＝福田弥夫＝今井和男＝北村聡子「Q&A 保険法と家族─保険契約と結婚・離婚・遺言・相続─」152〜154頁（日本加除出版、2010年）

斎藤輝夫（監修）「Q&A 家事事件と保険実務　成年後見・高齢者・相続・遺言・離婚・未成年・親族」95〜97頁（日本加除出版、2016年）

山下友信＝永沢徹「論点体系　保険法2」162〜163頁（第一法規、2014年）

第5節　保険契約者の死亡をめぐる諸問題

Q22 保険契約者が被保険者よりも先に死亡した場合、契約者の地位は誰に承継されるか。

A22 契約者の相続人全員の準共有となる。

解説

　保険契約者たる地位は一つの財産として相続財産に含まれるため、遺産分割が完了するまでは原則として相続人の準共有となる（民法898条、264条）。

　したがって、相続人が複数いる場合に、契約者名義を相続人の1人に変更したり、保険契約を解約して解約返戻金を請求したりする場合には、原則として相続人全員の同意が必要となる（民法251条）。

　なお、生命保険契約の約款上、保険契約者が2人以上あるときには、そのうちの1人を代表者として定め、当該代表者が保険契約に関して他の保険契約者を代理する旨が定められているのが通例である。

　また、複数の保険契約者の中に行方不明者等がいる場合に備えて、代表者が決定されない場合には保険者が保険契約者の1人に対して行った行為は他の保険契約者に対しても効力を有する旨の規定が約款に定められていることが多い。

【参考文献】

山下友信「保険法」591頁（有斐閣、2005年）

山下友信＝永沢徹「論点体系　保険法2」126頁（第一法規、2014年）

斎藤輝夫（監修）「Q&A 家事事件と保険実務　成年後見・高齢者・相続・遺言・離婚・未成年・親族」144〜145頁、208〜210頁、214〜216頁（日本加除出版、2016年）

第5節　保険契約者の死亡をめぐる諸問題

Q23 死亡した保険契約者の相続人が複数いる場合、その内の1人からの契約解除は認められるか。

A23 原則として相続人全員の同意がなければ契約解除は認められない。ただし、約款に代表者の定めに関する規定がある場合、代表者を選定した上で、代表者から契約解除をするのであれば認められる（本章Q22参照）。

【参考文献】
　山下友信「保険法」591頁（有斐閣、2005年）
　山下友信＝永沢徹「論点体系　保険法2」126頁、168頁（第一法規、2014年）
　斎藤輝夫（監修）「Q&A　家事事件と保険実務　成年後見・高齢者・相続・遺言・離婚・未成年・親族」208～210頁（日本加除出版、2016年）

Q24 保険契約者と被保険者が異なる生命保険契約において、死亡した保険契約者の相続人が複数いる場合、契約者名義をその相続人の1人に変更した上で契約を存続させることができるか。

A24 相続人全員の同意があれば、契約者名義を相続人の1人に変更の上、契約を存続させることができる。

解　説

　生命保険契約者たる地位は、遺産分割が完了するまでは原則として相続人の準共有となるため、契約者名義を相続人の1人に変更したり、保険契約を解約して解約返戻金を請求したりする場合には、相続人全員の同意が必要となる（本章Q22参照）。

　ただし、代表者による契約者変更手続など、約款に異なる規定が置かれている場合があるので、確認が必要である。

249

第 3 編 第 2 章　相続と保険

【参考文献】
　山下友信＝永沢徹「論点体系　保険法 2」126 頁、168 頁（第一法規、2014 年）
　斎藤輝夫（監修）「Q&A 家事事件と保険実務　成年後見・高齢者・相続・遺言・離婚・
　未成年・親族」214 ～ 216 頁（日本加除出版、2016 年）

Q25 外国籍の保険契約者や死亡保険金受取人が死亡した場合、どのような問題があるか。

A25 準拠法が日本法とならない可能性がある。

解説

　保険契約者が死亡した場合、その相続人が契約者たる地位を承継する（本章 Q 22 参照）。

　また、死亡保険金受取人が保険事故発生前に死亡した場合、その相続人全員が保険金受取人となる（保険法 46 条。本章 Q 13 参照）。

　法の適用に関する通則法第 36 条は、相続は被相続人の本国法によることを定めているため、被相続人の本国法が相続につき日本法によるべきと定めている場合（反致。同法 41 条）などを除き、日本法は相続の準拠法とならない。

　したがって上記いずれの場合も、相続人の範囲等については、原則として被相続人の本国法に従って確定されることになる。

　なお、保険金受取人（の相続人）は、相続によってではなく、保険契約の効果に基づく固有の権利として保険金請求権を取得する（本章 Q 2 参照）。そして、保険金受取人の相続人が複数いる場合には、約款に特別の定めのない限り、各相続人がそれぞれ等しい割合で保険金請求権を取得するものとされている（本章 Q 13 参照）。諸外国の相続法については参考文献を参照されたい。

【参考文献】
　第一東京弁護士会人権擁護委員会国際人権部会「外国人の法律相談 Q&A 第三次改訂
　版」177 ～ 186 頁（ぎょうせい、2014 年）
　斎藤輝夫（監修）「Q&A 家事事件と保険実務　成年後見・高齢者・相続・遺言・離婚・
　未成年・親族」147 ～ 151 頁（日本加除出版、2016 年）

第6節　生命保険以外の保険と相続財産

● 第6節　生命保険以外の保険と相続財産 ● ● ● ● ● ● ● ● ● ● ● ●

Q26 傷害疾病定額保険契約において、保険契約者兼被保険者の法定相続人が保険金受取人に指定されている場合、同保険の死亡保険金請求権は、保険契約者兼被保険者の相続財産に含まれるか。

A26 相続財産には含まれない。

解説

　傷害疾病定額保険契約とは、保険契約のうち、保険者が人の傷害疾病に基づき一定の保険給付を行うことを約するものをいう（保険法2条9号）。

　傷害疾病定額保険契約については、生命保険と同じく、保険金受取人が保険金請求者となる（保険法2条5号、71条）。また、保険金受取人が傷害疾病定額保険契約の当事者以外の者であるときは、当該保険金受取人は（受益の意思表示をすることなく）当然に保険金請求権を取得する（第三者のためにする傷害疾病定額保険契約。保険法71条）。

　傷害疾病定額保険の保険金請求権は、第三者のためにする傷害疾病定額保険契約の効果として、保険金受取人の固有財産となる。

　したがって、傷害疾病定額保険の死亡保険金請求権は、保険契約者兼被保険者の相続財産には含まれない。

　傷害疾病定額保険契約と生命保険契約とは共通する部分が多く、保険金請求権と相続財産との関係や、死亡保険金受取人をめぐる問題については、概ね生命保険と同様の議論が妥当する（本章Q2～Q18参照）。

【参考文献】
　　山下友信＝永沢徹「論点体系　保険法2」287頁、305頁、343～349頁（第一法規、2014年）
　　山下友信ほか「保険法」345～346頁（有斐閣、第3版補訂版、2015年）
　　斎藤輝夫（監修）「Q&A家事事件と保険実務　成年後見・高齢者・相続・遺言・離婚・未成年・親族」167～171頁、238～243頁（日本加除出版、2016年）

第3編 第2章 相続と保険

Q27 傷害疾病損害保険契約について、被保険者が傷害疾病によって死亡した場合の保険金請求権は、被保険者の相続財産に含まれるか。

A27 相続財産に含まれると解される。

解説

　傷害疾病損害保険契約とは、損害保険契約のうち、保険者が人の傷害疾病によって生ずることのある損害（当該傷害疾病が生じた者が受けるものに限る）をてん補することを約するものをいう（保険法2条7号）。

　一般的に、損害保険については利得禁止原則（保険により利得することは認められないという原則）により、保険金請求権者は損害を被る被保険者に限定される（保険法2条4号イ）。

　したがって、損害保険の一種である傷害疾病損害保険の保険金請求権も、被保険者にいったん帰属した後、相続により法定相続人に承継取得されるものと考えられる。

　以上により、保険金請求権は被保険者の相続財産に含まれると解される。

【参考文献】

　　山下友信＝永沢徹「論点体系　保険法1」49〜51頁、55頁、420〜422頁、429〜430頁（第一法規、2014年）

　　山下友信ほか「保険法」77〜78頁、346〜347頁（有斐閣、第3版補訂版、2015年）

　　斎藤輝夫（監修）「Q&A家事事件と保険実務　成年後見・高齢者・相続・遺言・離婚・未成年・親族」167〜171頁、238〜243頁（日本加除出版、2016年）

Q28 人身傷害補償保険について、被保険者が死亡した場合、死亡による損害部分の保険金請求権は、被保険者の相続財産に含まれるか。

A28 下級審裁判例には、被保険者の相続財産には属さないとしたものがあるが、裁判例は少なく学説も分かれており、定説のない状況である。

第6節　生命保険以外の保険と相続財産

解説

　人身傷害補償保険においては、保険金請求権者について、約款上、「被保険者が死亡した場合は、その法定相続人」等と定められているのが一般的であるところ、被保険者が死亡した場合に支払われる保険金が、被保険者の相続財産を構成するのか、それとも法定相続人の固有財産となるのかが、人身傷害補償保険の性質と関連して問題となる。

　人身傷害補償保険の性質に関しては、保険法上どの契約類型に属するのかについて、見解が分かれている。

　損害保険（傷害疾病損害保険）に属するとすれば、被保険者の死亡による損害部分の保険金請求権はいったん被保険者に帰属した後、相続により法定相続人に承継される（被保険者の相続財産になる）との考え方に結びつきやすくなる。

　他方、人身傷害補償保険契約（特約）の効果として、契約の効力発生と同時に法定相続人の固有財産になる（被保険者の相続財産にはならない）との見解もある。

　下級審裁判例には、後者の立場から保険金請求権は被保険者の相続財産には属さないとしたものがある（盛岡地判平成 21 年 1 月 30 日 LEX/DB 25480033）が、現状では裁判例も少なく、学説も分かれており定説のない状況である。

　今後の判例学説の集積が待たれるところである。

【参考文献】
　斎藤輝夫（監修）「Q&A 家事事件と保険実務　成年後見・高齢者・相続・遺言・離婚・未成年・親族」167 〜 171 頁、238 〜 243 頁（日本加除出版、2016 年）
　山下友信＝永沢徹「論点体系　保険法 1」423 〜 426 頁（第一法規、2014 年）

253

第3編 第3章　離婚・子どもと保険

第**3**章　離婚・子どもと保険

・第1節　離婚と関連のある保険の種類、保険商品について

Q₁　離婚と関連する保険の種類はどのようなものがあるか。また、離婚そのものを対象にする保険にはどのようなものがあるか。

A₁　離婚と関係する保険として、財産的価値から問題となるものとしては、生命保険、医療保険、学資保険などが挙げられる。
離婚に伴って手続が問題となるものとしては、生命保険、医療保険、学資保険などのほか、健康保険等の公的保険などが挙げられる。
離婚そのものを対象にする保険は、日本では現段階では確認できていない。

解　説

(1) **離婚と関連する保険の種類**

　ア　財産的価値のある保険として離婚に関連するものとしては、生命保険、医療保険、学資保険などが挙げられ、主に財産分与の際に問題になる。
　　　その他、保険料の支払について、婚姻費用分担額に影響するか問題になる場合もある。

　イ　保険についての手続のうち、離婚に関連するものとしては、生命保険、医療保険、学資保険などがある。離婚にあたって、契約者、被保険者、受取人等の変更等手続が問題となる。
　　　健康保険等の公的保険についても、健康保険の脱退、加入等の手続が問題となる。

(2) 離婚そのものを対象とする保険商品は、アメリカでは一時販売されていたようであるが、現在のところ、日本には存在しない。
　　離婚の際の弁護士費用に備えるものとしては権利保護保険が考えられる。

254

第2節　財産分与について

●第2節　財産分与について・・・・・・・・・・・・・・・・・・・・・・

Q₂ 保険契約は財産分与の対象になるか。

A₂ 生命保険、学資保険などの保険契約のうち貯蓄性のあるものは財産分与の対象となり得る。
詳細は本節Q3〜Q7を参照。

解 説

　保険契約が結ばれ保険料が払い込まれ、かつ、満期が到来し保険金が支払われた後に離婚となった場合には、生命保険金は清算の対象とされている。他方、保険料の支払中に離婚となった場合には、保険料が夫婦の共有財産の原資とされた等、婚姻中の夫婦の協力によって支払われてきたと評価されるべきときには、財産分与手続において清算の対象と考えられ、解約返戻金相当額を明らかにし、これを清算の対象とすることが多い。

【参考文献】
　甘利公人＝福田弥夫＝今井和男＝北村聡子「Q&A 保険法と家族　保険契約と結婚・離婚・遺言・相続」109 〜 111 頁（日本加除出版、2010 年）
　宇田川濱江＝白井典子＝鬼丸かおる＝中村順子「離婚給付算定事例集　養育費・財産分与・慰謝料」36 頁、40 頁（新日本法規、2010 年）

Q₃ 夫婦共働きの家庭で、夫の収入だけで保険料を支払っていた場合は財産分与の対象となるか。

A₃ 夫婦の共有財産と認められる事情があれば財産分与の対象となる。

解 説

　夫婦のいずれに属するか明らかでない財産が夫婦の共有財産となる一方、夫婦の一方が婚姻中自己の名で得た財産はその特有財産となると規定されている（民法 762 条 1 項、2 項）。特有財産は、財産分与の対象とはならない。

255

第3編 第3章　離婚・子どもと保険

　もっとも、民法768条3項は、財産分与について、家庭裁判所は、当事者双方がその協力によって得た財産の額その他一切の事情を考慮して、分与させるべきかどうか並びに分与の額及び方法を定めると規定している。

　そのため、夫婦の一方の給料が振り込まれる同人名義の預貯金口座の預貯金のように、夫婦の一方が婚姻中自己の名で得た財産に該当する場合であっても、夫婦で協力して形成した財産と認められる事情があれば、財産分与の対象と認められる。

　したがって、夫の収入のみから保険料を支払っていた場合であっても、夫婦が協力して形成した財産と認められる事情があれば財産分与の対象となる。

　その一方で、婚姻後もそれぞれが各自の収入、預貯金を管理し、それぞれが必要なときに夫婦の生活費用を支出するという形態をとっているような場合で、夫が、生活費用とは別に自らの収入から保険料を支払っていたときには、夫の特有財産と評価されると考えられる（参考：東京家審平成6年5月31日家月47巻5号52頁）。

【参考文献】
　　甘利公人＝福田弥夫＝今井和男＝北村聡子「Q&A 保険法と家族　保険契約と結婚・離婚・遺言・相続」109〜111頁（日本加除出版、2010年）
　　宇田川濱江＝白井典子＝鬼丸かおる＝中村順子「離婚給付算定事例集　養育費・財産分与・慰謝料」36頁、40頁（新日本法規、2010年）

Q4 結婚前から加入していた保険について、結婚後も引き続き保険料を支払っていた場合は財産分与の対象となるか。

A4 婚姻前に保険料を支払っていた部分及び婚姻後に特有財産から支払っていたと評価される部分は、解約返戻金から控除する必要がある。

解説

　本章Q2に記載したとおり、貯蓄性のある保険契約については財産分与の対象となり得るが、財産分与の対象となるといえるためには、夫婦のいずれ

256

第2節　財産分与について

に属するか明らかでない財産か、夫婦が協力して形成した財産と認められる事情が必要となる。

そのため、婚姻前に保険料を支払っていた部分や婚姻後に特有財産から支払っていたと評価される部分（親の遺産から保険料を支払った等）については、夫婦が協力して形成された財産とは言い難いため、それらの部分を控除する必要がある。

【参考文献】
宇田川濱江＝白井典子＝鬼丸かおる＝中村順子「離婚給付算定事例集　養育費・財産分与・慰謝料」40頁（新日本法規、2010年）

 離婚する直前に交通事故に遭い、損害保険から受け取った保険金は、財産分与の対象となるか。

 事故の被害者が受けた精神的損害に対応する部分については特有財産となり、逸失利益に対応する部分については、離婚成立の前日までの部分について財産分与の対象となり得る。

解説

大阪高決平成17年6月9日家月58巻5号67頁は、「財産分与の対象財産は、婚姻中に夫婦の協力により維持又は取得した財産であるところ、上記保険金のうち、傷害慰謝料、後遺障害慰謝料に対応する部分は、事故により受傷し、入通院治療を受け、後遺障害が残存したことにより相手方が被った精神的苦痛を慰謝するためのものであり、抗告人が上記取得に寄与したものではないから、相手方の特有財産というべきである。

これに対し、逸失利益に対応する部分は、後遺障害がなかったとしたら得られたはずの症状固定時以後の将来における労働による対価を算出して現在の額に引き直したものであり、上記稼働期間中、配偶者の寄与がある以上、財産分与の対象となると解するのが相当である」と判示している。

これによれば、保険金のうち、傷害慰謝料、後遺障害慰謝料に対応する部分については、事故の被害者が受けた精神的損害を慰藉するためのものであり、配偶者の寄与がなく特有財産に当たる一方で、休業損害や症状固定後の後遺障害による逸失利益に対応する部分については、配偶者の寄与が考えら

第3編 第3章　離婚・子どもと保険

れることから、離婚成立の前日までの部分について財産分与の対象になると
考える。

【参考文献】

　宇田川濱江＝白井典子＝鬼丸かおる＝中村順子「離婚給付算定事例集　養育費・財
　産分与・慰謝料」146 ～ 147 頁（新日本法規、2010 年）

Q6 保険契約が財産分与の対象となる場合、どのような分け方があるか。

A6 保険契約を解約する方法、保険契約を維持したままとする方法等、いくつかの方法があり得る。

解説

　まず、保険契約を解約して解約返戻金を分ける方法が考えられる。

　保険契約を解約しない方法としては、離婚成立時又は別居時までに払い込
んできた保険料額を計算した相当額、又は、その時点での解約返戻金の金額
を基準に金銭で清算する方法などがある。

　その際には、実態に即し、より保険を必要としている側に保険契約者の地
位を変更することも考えられる。例えば、学資保険について、離婚後、親権
者となる側を契約者及び受取人に変更する場合などである。

【参考文献】

　甘利公人＝福田弥夫＝今井和男＝北村聡子「Q&A 保険法と家族　保険契約と結婚・
　離婚・遺言・相続」111 頁（日本加除出版、2010 年）

　宇田川濱江＝白井典子＝鬼丸かおる＝中村順子「離婚給付算定事例集　養育費・財
　産分与・慰謝料」36 頁（新日本法規、2010 年）

Q7 私的年金保険は、財産分与の対象となるか。

A7 保険料の支払いについて夫婦が共同して形成した財産といえるのであれば、財産分与の対象となり得るが、その評価や分与方法については様々な考え方がある。

第3節　婚姻費用・養育費と保険

解説

　私的年金についても、被保険者たる配偶者が他方配偶者との協力によって
保険料の支払いを行ってきたのであれば、夫婦が共同して形成した財産とし
て、財産分与の対象となり得る。

　しかしながら、年金保険については、年金受給年齢に達していない場合に
は、具体的支給額が確定しておらず、財産分与において離婚時における価値
をどのように評価するかは、現段階では統一的な裁判例も存在しない。

　名古屋高判平成21年5月28日判時2069号50頁では、確定拠出年金の掛
金について、その一部に同居期間中の蓄財等を原資とする部分が存在するこ
とは否定できないとしつつも、確定拠出年金が財産として現実化するのは、
定年退職時であって、定年退職まで15年以上あることから、年金の受給の
確実性が明確ではなく、別居時の価額を算出することもかなり困難だとして、
清算的財産分与の対象とはせず、扶養的財産分与の要素としてこれを斟酌す
るのが相当だと判断した。

　他方、既に離婚時又は別居時に年金支給額が確定している分については、
価額を評価することが可能となるので、他の保険契約と同様、清算的財産分
与の対象とすべきである。

【参考文献】
　東京弁護士会法友全期会家族法研究会「離婚・離縁事件実務マニュアル第3版」180
　　頁（ぎょうせい、2015年）

●第3節　婚姻費用・養育費と保険 ・・・・・・・・・・・・・・・・・・

Q8 婚姻費用を算定するに当たり、義務者（婚姻費用を
負担する側）が権利者（婚姻費用を請求する側）の保
険料を支払っていた場合、保険料の支払いは考慮され
るのか。

A8 保険料の支払いは、原則として婚姻費用の算定に
考慮されない。

第3編 第3章 離婚・子どもと保険

解 説

　妻を被保険者として、夫が契約者となっている生命保険契約であれば、保険料の支払いは、夫の資産を形成するための支出といえるため、婚姻費用の支払いの一部とはいえない。

　また、妻が契約者となっている生命保険契約についても、妻の資産を形成するための支出といえるため、婚姻費用の支払いの一部とはいえない。

　審判例で婚姻費用からの控除が認められたものは、各種公共料金等、権利者が生活において使用するものの対価であり（東京高決平成 23 年 11 月）、生命保険契約は、権利者が生活において使用するものの対価とはいえず、婚姻費用の支払いの一部とはいえない。妻が契約者となっている以上、妻が保険契約の継続を希望するのであれば妻が保険料の支払いを継続すれば足りる。

　これに対し、権利者が使用している自動車の保険料を義務者が負担している場合、自動車の保険料は、自賠責分は法律上自動車を使用するために必須のものであり、任意保険の分についても使用のために事実上必要なものであって、他方で自動車の価値の維持・増加のための管理費用であるとはいえないから、現に自動車を使用する者が負担すべきであるとして、婚姻費用からの控除を認めた事例がある（東京高決平成 26 年 6 月）。

【参考文献】
　森公佳＝森元みのり「簡易算定表だけでは解決できない養育費・婚姻費用算定事例集」
　230 頁（新日本法規、2015 年）

●**第 4 節　離婚後の問題点** ・・・・・・・・・・・・・・・・・・・・・・

Q9 生命保険契約の受取人を前妻の「妻乙川花子」としたまま、保険契約者兼被保険者が死亡した場合、被保険者の現在の妻は、保険金を受け取れるか。

A9 現在の妻が保険金を受け取るのは難しいと思われる。

第4節　離婚後の問題点

解説

　最判昭和58年9月8日判タ512号114頁は、「保険金受取人の指定は保険契約者が保険者を相手方としてする意思表示であるから、これによって保険契約者が何びとを保険金受取人として指定したかは、保険契約者の保険者に対する表示を合理的かつ客観的に解釈して定めるべきもの」とした。

　その上で、「妻」という表示は、単に氏名による保険金受取人の指定におけるその受取人の特定を補助する意味を有するにすぎないと理解するのが合理的であり、保険契約者が、乙川花子において、被保険者の妻たる地位を失ったために、主観的には当然に保険金受取人の地位を失ったものと考えていても、右の地位を失わせる意思を保険契約に定めるところに従い保険金受取人の変更手続によって保険者に対して表示しない限り、乙川花子は、被保険者との離婚によって保険金受取人の地位を失うものではないと判断した。

　今回のケースでも、受取人の変更がなされていない以上、現在の妻が保険金を受け取るのは難しいと言わざるを得ない。

　保険金の受取人が配偶者である場合、離婚時に受取人の変更を求めておくと、このような紛争を防ぐことができると思われる。

【参考文献】

　甘利公人＝福田弥夫＝今井和男＝北村聡子「Q&A保険法と家族　保険契約と結婚・離婚・遺言・相続」50頁（日本加除出版、2010年）

Q10 合意分割の按分割合について、裁判所はどう判断するのか。

A10 特段の事情がない限り、0.5である。

解説

　年金分割の按分割合は、合意分割については、当事者間で合意するか、家庭裁判所が決定するかいずれかで決める（厚年法78条の2第1項）。三号分割については、按分割合は当然に0.5となる（厚年法78条の14第2項及び3項）。

　合意分割の按分割合について、当事者間の協議が調わないとき、又は協議

261

をすることができないときには、家庭裁判所は、「当該対象期間における保険料納付に対する当事者の寄与の程度その他一切の事情を考慮して、請求すべき按分割合を定めることができる。」(厚年法78条の2第2項) とされているが、按分割合は特段の事情がない限り、0.5となる (広島高決平成20年3月14日家月61巻3号60頁、名古屋高決平成20年2月1日家月61巻3号57頁等)。

その理由としては、同条項の文言が清算的要素に重きを置いていると読み取れること、被用者年金が老後の所得保障の役割を果たしていること、按分割合が当然に0.5となる三号分割との均衡等が挙げられる。

特段の事情を認め、「保険料納付に対する夫婦の寄与を同等の50%とみることは相当でない」として0.3と定めた裁判例がある (東京家審平成25年10月1日判時2218号69頁)。

特段の事情として、別居が一定期間存在することが主張されることがあるが、年金分割の制度目的に夫婦の老後の所得保障があるため、それのみでは特段の事情とは認められない場合が多いものと考えられる。

【参考文献】
- 最高裁判所事務総局家庭局(監修)「離婚時年金分割制度関係執務資料」51～53頁(司法協会、2007年)
- 野田愛子=安倍嘉人(監修)「改訂 人事訴訟法概説—制度の趣旨と運用の実情—」492～495頁(日本加除出版、2007年)
- 秋武憲一=岡健太郎「離婚調停・離婚訴訟改訂版」214～216頁(青林書院、2013年)
- 牧真千子「判批」平成21年度主要民事判例解説(別冊判タ29号)160～161頁(有斐閣、2010年)

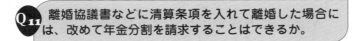

Q11 離婚協議書などに清算条項を入れて離婚した場合には、改めて年金分割を請求することはできるか。

A11 改めて年金分割の請求をすることができる。

解説

年金分割の請求権は、厚生労働大臣等に対する請求権であり、いわゆる公法上の権利である。したがって、私人である夫婦の一方が他方に対して、年

第4節　離婚後の問題点

金分割の請求権を放棄するということはできない。よって、夫婦間で離婚協議書などに清算条項を入れて離婚したとしても、夫婦であった者の一方は、清算条項によって年金分割の請求権の行使を制限されることはなく、改めて年金分割を請求することができる。

【参考文献】

秋武憲一「新版離婚調停」368頁（日本加除出版、2013年）
年金分割問題研究会「離婚時年金分割の考え方と実務─年金の基礎知識から分割の
　シミュレーションまで─」167頁（民事法研究会、第2版、2013年）

Q12 離婚協議書等に年金分割の審判及び調停の申立てをしない旨の合意がある場合には、年金分割を請求することはできるか。

A12 当事者間で按分割合について合意ができなければ、合意分割の請求はできない。三号分割のみ可能である。

解説

　年金分割の審判及び調停の申立てをしないとする合意をした場合には、そのような合意は手続の利用に関する合意として有効なものと考えられる。

　実際に、このような合意は、それが公序良俗に反するなどの特別の事情がない限り、有効であるとし、請求すべき按分割合に関する審判の申立てを却下した裁判例がある（静岡家浜松支審平成20年6月16日家月61巻3号64頁）。

　このような合意をした場合には、当事者間で按分割合について合意をすることができなければ、按分割合についての家庭裁判所の決定を得ることができず、合意分割をする上で必要となる按分割合が決まらず、年金分割の請求をすることはできない。一方、三号分割については按分割合が当然に0.5とされていることから、年金分割の請求をすることは可能である。

【参考文献】

秋武憲一「新版離婚調停」368頁（日本加除出版、2013年）
年金分割問題研究会「離婚時年金分割の考え方と実務─年金の基礎知識から分割の
　シミュレーションまで─」167～168頁（民事法研究会、第2版、2013年）

263

第3編 第3章　離婚・子どもと保険

Q13 年金分割の請求期間に制限はあるか。

A13 請求期間には制限がある。

解　説

　年金分割の請求は、離婚等をしたときから2年を経過したときはすることができなくなる（厚年法78条の2第1項ただし書、厚年則78条の3第1項）。

　ただし、請求すべき按分割合を定めた審判が確定した日、調停が成立した日、判決が確定した日及び和解が成立した日のそれぞれ翌日から起算して1月を経過していなければ請求することができる（厚年則78条の3第2項）。

　また、年金分割の請求をする前に、当事者の一方が死亡した場合には年金分割の請求をすることはできない。ただし、死亡以前に、請求すべき按分割合が決まっていた場合には、死亡した日から起算して1か月以内であれば年金分割の請求をすることができる（厚年令3条の12の7）。

　なお、請求すべき按分割合を定めた審判についての抗告審の決定に対して、特別抗告あるいは許可抗告をしても、これらの申立てによっては決定の確定を遮断することはできないと考えられており、年金分割の請求期間を経過してしまう場合があるので注意を要する。

【参考文献】

　最高裁判所事務総局家庭局（監修）「離婚時年金分割制度関係執務資料」33～35頁（司法協会、2007年）

　野田愛子＝安倍嘉人（監修）「改訂　人事訴訟法概説—制度の趣旨と運用の実情—」482～484頁（日本加除出版、2007年）

　秋武憲一「新版離婚調停」364頁（日本加除出版、2013年）

　河西知一＝久保原和也「事件類型別法律家のための年金・保険Q&A」60～61頁、68～71頁（新日本法規出版、2010年）

　笠井正俊＝越山和広「新・コンメンタール民事訴訟法」1122～1131頁（日本評論社、第2版、2013年）

第5節　子どもと保険について

● 第5節　子どもと保険について ● ● ● ● ● ● ● ● ● ● ● ● ● ● ●

Q₁₄ 学校が体育祭などの怪我をする危険性がある行事を主催する場合に、万一の怪我に備える保険はあるか。

A₁₄ ある。上記事例の損害を填補する保険として、保険会社によっては、レクリエーション保険という内容の商品を販売している（ほぼ同様の内容について、山行保険や行事保険、山岳保険という名称で販売している保険会社もある。）。

解 説

(1)　レクリエーション保険の内容

①具体例

　典型的なレクリエーション保険は、レクリエーション行事参加中に参加者が被った怪我などについて補償するものである。

　たとえば、運動会での競技の参加中に怪我を負ったような場合に、保険金が支払われる。また、運動会だけでなく、ハイキング、運動会、サイクリング、スキー、花見、映画鑑賞、盆踊りなど、レクリエーションの内容としては様々な行事が想定されており、一般には、行事の危険度に応じて保険料に違いがでてくるようである。

②往復中の事故

　この保険は、行事参加中に被った怪我を補償するものなので、原則としては、所定の場所に集合した時から、所定の場所で解散するまでの間で、かつ責任者の管理下にある間に発生した事故による怪我が対象となる。ただし、申込時に、参加者名簿がある場合など一定の場合には、自宅と集合場所との往復中の事故も補償の対象とするという内容の商品にしている保険会社も多いようである。

(2)　契約者・被保険者

　通常は、行事主催者が保険契約者となり、被保険者は行事参加者全員となる（一部の人を除いて加入することはできないとか、20名以上の加入申し込みが必要などの条件を設定している保険会社が多いようである。）。

265

第3編 第3章　離婚・子どもと保険

⑶　保険期間

　保険期間については、行事ごとに加入できるという場合と、年間で包括契約をできるものも存在する。

【参考文献】

　三井住友海上火災保険株式会社「リクリエーション傷害補償プラン」
　損害保険ジャパン日本興亜株式会社「レクリエーション補償プランのご案内」

Q15 子ども会の引率者が、会の活動として子どもたちと共にハイキングなどに行く場合に子どもたちの万一の怪我などに備える保険はあるか。

A15 ある。上記事例の損害を填補する保険としては、子ども会賠償責任保険という内容の商品が販売されている。

解　説

⑴　子ども会賠償責任保険とは

　子ども会賠償責任保険は、一般には、子ども会活動中の事故により、第三者が死亡したり、財物に損害を与えたことにより、主催者が負うべき責任を補償するものである。

　なお、子ども会とは、就学前3年の幼児から高校3年生年齢相当までを構成員とし、地域を基盤とした異年齢の集団及びその活動を支える指導者と育成者の総称である。

⑵　契約当事者

　契約者は子ども会の連合組織の代表者、被保険者は子ども会に所属する者となる。

⑶　契約期間

　通常1年間で、更新制としているものが多いようである。

【参考文献】

　公益社団法人全国子ども会連合会「子ども会賠償責任保険の補償内容のご案内」

266

第5節　子どもと保険について

Q16 地元のサッカークラブが、子どもたちの試合中の怪我に備えるための保険はあるか。

A16 ある。上記事例の損害を填補する保険として、保険会社によっては、スポーツ安全保険という保険を販売している。

解説

　スポーツ安全保険は、スポーツ活動や文化活動などを行う団体のための損害保険である。スポーツや文化などのグループ活動を主催する団体が保険契約者となり、その団体に属する者を被保険者とし、団体の管理下において発生した損害を補償する団体契約となる。

　この保険は、加入手続きを行った「団体の管理下」における活動中の事故及び、加入手続きを行った団体が指定する集合・解散場所と被保険者の自宅との通常の往復経路中の事故（ただし、自動車運転中の事故は除く。）につき、保険金が支払われる。学校管理下の事故は対象外となる。

【参考文献】
　公益社団法人スポーツ安全協会「放課後子ども教室に参加される皆様へ」

Q17 子どもが進学する際に必要となる学費について不安があるが、これに備える保険はあるか。

A17 ある。子どもの教育資金の確保を目的とした保険として学資保険がある。

解説

　学資保険は、子どもが所定の年齢に達した時や満期時に給付金が払われる仕組みになっているものが一般である。給付金は、祝金や学資金と呼ばれることが多いが、保険会社によって表現は異なる。また、契約者が万一死亡した場合には、それ以降の保険料の支払いなしに学資金を予定通り受領できるとする内容のものが多い。

第3編 第3章 離婚・子どもと保険

Q18 生活保護を受けながら、学資保険に加入することはできるか。

A18 できる。生活保護の給付金を原資として学資保険の保険料を支払うことは可能である。ただし、満期給付金は生活保護法の趣旨目的にかなった使い方をする必要がある。

解 説

　生活保護の受給者が、子どもの進学に備えて学資保険に加入し、保険会社から満期給付金を受領したところ、福祉事務所長がこれを収入として認定し保護費を減額したという事案で、保護変更処分の取消しを求めて争われた裁判例がある。最高裁は、「学資保険に加入し、給付金等を原資として保険料月額 3,000 円を支払っていたことは、生活保護法の趣旨目的にかなったものであるということができるから、本件返戻金は、それが同法の趣旨目的に反する使われ方をしたなどの事情がうかがわれない本件においては、・・・収入認定すべき資産に当たらないというべきである」と判示した（最判平成 16 年 3 月 16 日判タ 1148 号 128 頁)。

●第 6 節　学校と保険

Q19 児童・生徒等が、学校行事中に大怪我を負った場合、何らかの保険金の給付を受けることができる制度はないか。

A19 独立行政法人日本スポーツ振興センターが実施する災害共済給付制度が適用されれば、災害共済給付金の給付を受けられる可能性がある。

解 説

　災害共済給付制度とは、幼稚園、小学校、中学校、義務教育学校、高等学校、高等専門学校等の管理下において、幼児、児童、生徒又は学生に災害（負傷、疾病、障害又は死亡）が発生したときに、災害共済給付金の給付を行う、国・

268

第6節　学校と保険

学校の設置者・保護者の三者の負担による保険類似の共済制度である。

　具体的には、学校の設置者が保護者等の同意を得て、日本スポーツ振興セ
ンターとの間に災害共済給付契約を締結し、共済掛金を支払うこと（保護者
および設置者が、それぞれ一定額を負担する。）によって、災害共済給付制度へ
の加入が行われる。

　国公立・私立学校の別は問われず、平成27年度統計によれば、小学校・
中学校の99.9％、高等学校でも98％以上の学校で本制度に加入している（幼
稚園・保育所についても、加入率は80％以上となっている。）。そのため、設例
のケースでは、災害共済給付の支給要件が満たされる限り、給付金の給付を
受けられる可能性が高いと思われる。

Q20　災害共済給付金の支給を受けるためには、いかなる
要件を満たす必要があるか。

A20　「学校の管理下において生じた」「災害」に該当す
る必要がある。

解　説

　災害共済給付金の支給要件は、独立行政法人日本スポーツ振興センター法
に定められている。

⑴　要件事実

ア　「災害」

　「児童生徒等の負傷」（スポ振法施行令5条1項1号）、「学校給食に起因す
る中毒その他児童生徒等の疾病」（同2号）、「児童生徒等の死亡」（同4号）、
「負傷」又は「疾病」が治った場合において存する障害（同3号）、及びこ
れらに準ずるものとして文部科学省令で定めるもの（同5号）をもって、
災害共済給付に係る「災害」と規定されている（スポ振法施行令5条1項柱
書）。

イ　「学校の管理下において生じたもの」

　上記アの「災害」は「学校の管理下において生じたもの」であることが
必要である（スポ振法施行令5条1項各号・2項各号）。「学校」が国公立・
私立いずれかであるかは問われない。

269

第3編 第3章　離婚・子どもと保険

　各教科や学校行事などの授業中、遠足・修学旅行・部活動などの課外活動中、休憩時間中を問わないほか、通常の経路・方法によって通学・通園する場合もこれに該当する。

(2)　立 証 責 任

　請求原因である「学校の管理下における災害」であることの立証責任は、給付金の支給を請求する側が負う。そのため、学校の管理下において例えばいじめや暴行があったことを原告において立証できるかという、いじめの加害者本人に対する損害賠償請求や学校に対する国家賠償請求と同様の事実認定上の問題がある（裁判例として、東京地判平成 26 年 1 月 23 日など）。

Q21　「学校の管理下において生じた」「災害」に当たる場合であっても、災害共済給付金の支給が受けられない場合はあるか。

A21　国家賠償等の損害賠償をすでに受けている場合や、生徒又は学生に故意・重過失がある場合には、支給を受けられない場合がある。

解 説

(1)　**国家賠償等との調整規定**

　児童、生徒、学生又は幼児が国家賠償法等により損害賠償を受けている場合、その価額の限度において災害共済給付を行わないことができる、とされている（スポ振法施行令 3 条 3 項）。

　因みに、災害共済給付金の支給を受けた後に国家賠償法等により損害賠償を請求する場合、災害共済給付を受けた金額は（医療費、各種見舞金とも）損益相殺の対象になる、と解されている（大津地判平成 25 年 5 月 14 日判時 2199 号 68 頁、神戸地判平成 21 年 10 月 27 日判時 2064 号 108 頁など）。

(2)　**故意・重過失による場合**

　ア　従前の規定

　　従前は、高等学校・高等専門学校の災害共済給付については、生徒又は学生が、故意の犯罪行為により、又は故意に負傷・疾病・死亡した場合、災害共済給付を行わない、とされていた（スポ振法施行令 3 条 7 項）。他方、

270

第6節　学校と保険

故意ではないが自己の重過失による場合、災害共済給付を行わないことができる（裁量的不支給）、とされていた（スポ振法施行令3条8項）。

なお、同規定のもとでも、「例えば、精神障害によって正常の認識、行為選択能力が著しく阻害され、又は自殺行為を思いとどまる精神的な抑制力が著しく阻害されている状態で自殺が行われたと認められる場合」には「故意」に当たらない、と解釈されていた（平成17年10月11日日ス振健災第123号通知「1　災害共済給付基準関係」4（2）。裁判例として、東京地判平成26年5月30日判タ1413号304頁）。

イ　平成28年9月7日改正

平成28年9月7日、法施行令が改正され、高等学校・高等専門学校の災害共済給付について、生徒又は学生が、いじめ防止対策推進法に規定する「いじめ」、学校教育法第11条ただし書に規定する「体罰」、その他の当該生徒又は学生の責めに帰することができない事由により生じた強い心理的な負担により故意に負傷し、疾病にかかり、又は死亡したときには、災害共済給付を行うこととされた（スポ振法施行令新3条7項ただし書）。改正法施行令は、給付の範囲を従前の運用基準よりも実質的に拡大するものといえよう。改正法施行令は、平成28年4月1日以降の災害に遡って適用される。

ウ　双方に加害行為があった場合

なお、高等学校・高等専門学校の生徒又は学生同士がけんかにより負傷・死亡した場合、「故意の犯罪行為により・・・負傷・・・・死亡した場合」に当たり、災害共済給付金が支給されないのではないかとの疑問が生ずる。生徒同士がけんかによって負傷した場合に、災害共済給付金が支給された事例は確認できたが、双方が加害行為に及んだ末に負傷に至った事案か否かは不明である。また、死亡案件については、支給事例を確認できなかった。

⑶　立証責任

上記ア乃至イに当たることについての立証責任は、日本スポーツ振興センターが負うと解されている。

⑷　支給事例データベース

因みに、災害共済給付金が支給された事例については、独立行政法人日本スポーツ振興センターのHP内に事例データベースがあるので、必要に応じ

て活用されたい。
(5) また、災害共済給付金が支給された事例については、独立行政法人日本スポーツ振興センターの HP 内に事例データベースがあるので、必要に応じて活用されたい。

 災害共済給付金の消滅時効期間は何年か。

各給付内容につき、給付事由が生じた日から2年間となる。

解説

給付金の消滅時効は、後記Q23で分類する給付金の各々につき、給付事由が生じた日から2年間となる（法32条）。本節Q23の通り、医療費については、1か月ごとの支給となるので、各月ごとに時効期間が進行する。

なお、医療費の支給期間は、初診から最長10年間である（法施行令3条2項）。消滅時効と支給期間とを混同しないよう、注意を要する。

 災害共済給付制度では、いかなる内容の給付を受けられるのか。

 事案に応じ、医療費、障害見舞金、死亡見舞金などの給付を受けられる。

解説

給付の内容については、
① 負傷・疾病の場合には、医療費（法施行令4条3項。1か月ごとの支給）
② ①に加えて後遺障害を負った場合には、後遺障害等級に応じて障害見舞金
③ 死亡の場合には、死亡原因に応じて死亡見舞金
が、それぞれ支給される（別表参照）。

第6節　学校と保険

（別表）給付対象となる災害の範囲と給付金額

災害の種類	災害の範囲		給付金額
負　傷	学校の管理下の事由によるもので、療養に要する費用（＝初診から治癒までの間の医療費総額。以下同じ）が5,000円以上のもの		医療費 • 医療保険並の療養に要する費用の4/10 　（うち1/10は、療養に伴って要する費用として加算される分） 　ただし、高額療養費の対象となる場合、自己負担額に療養に要する費用月額の1/10を加算した額 • 入院時食事療養費の標準負担額がある場合、当該額を加算
疾　病	学校の管理下の事由によるもので、療養に要する費用が5,000円以上のもののうち文部科学省令で定めるもの （給食等による中毒・熱中症・溺水・異物嚥下・外部衝撃等による疾病・負傷による疾病など）		
障　害	学校の管理下の負傷及び上記疾病が治った後に残った障害（1級〜14級）		障害見舞金 　　　82万円〜3,770万円 （通学中の災害の場合、 　　　41万円〜1,885万円）
死　亡	学校の管理下の事由による死亡・上記疾病に直接起因する死亡		死亡見舞金　　　2,800万円 （通学中の場合、1,400万円）
	突然死	学校の管理下において運動等の行為が起因・誘因となって生じたもの	
		学校の管理下において運動等の行為と関係なく生じたもの	死亡見舞金　　　1,400万円 （通学中の場合も同額）

上記のほか、

④　学校の管理下における死亡で、損害賠償を受けたこと等により死亡見舞金を支給しない場合には、供花料（17万円）

⑤へき地にある義務教育諸学校の管理下における災害について、通院日数×1,000円のへき地通院費

が支給される。

　なお、共済給付金の請求権者は、学校設置者（法施行令4条1項）あるいは保護者・成年に達した生徒若しくは学生である（法施行令4条2項。ただし、保護者・生徒若しくは学生が請求する場合、学校設置者を通しての請求となる。）。

第 3 編 第 4 章　年金保険

第4章　年 金 保 険

●第 1 節　国民年金総論

Q₁ 国民年金の強制加入被保険者には、どのような種類があるか。

A₁ 第 1 号被保険者、第 2 号被保険者及び第 3 号被保険者の三種類がある。

解説

　国民年金に強制加入される被保険者は、第 1 号被保険者、第 2 号被保険者及び第 3 号被保険者の三種類がある。

　第 1 号被保険者は、日本国内に住所を有する 20 歳以上 60 歳未満の者であって、第 2 号、第 3 号被保険者及び厚生年金保険法の老齢給付等受給権者のいずれにも該当しない者である（国年法 7 条 1 項 1 号）。

　第 2 号被保険者は、厚生年金の被保険者である（国年法 7 条 1 項 2 号。Q 8 参照。）。

　第 3 号被保険者は、第 2 号被保険者の配偶者であり、主として第 2 号被保険者の収入により生計を維持される 20 歳以上 60 歳未満の者である（国年法 7 条 1 項 3 号）。

【参考文献】
　堀勝洋「年金保険法―基本理論と解釈・判例」133 ～ 143 頁（法律文化社、第 4 版、2017 年）
　西村健一郎「社会保障法入門」76 頁（有斐閣、第 3 版、2017 年）
　西村健一郎「社会保障法」227 ～ 228 頁（有斐閣、2007 年）

Q₂ 外国人でも国民年金に加入する義務があるのか。

A₂ 強制加入被保険者の要件を充足する外国人は、国民年金への加入義務がある。

第1節　国民年金総論

解説

　以前は、国民年金法に国籍要件があったが、昭和56年の「難民の地位に
関する条約への加入に伴う出入国管理令その他関係法律の整備に関する法
律」の施行に伴い、昭和57年1月以後、同要件が撤廃された。そのため、
強制加入被保険者の要件を充足する外国人には、国民年金の加入義務がある。
　なお、2国間協定に基づき、2国の年金保険法の重複適用に基づく保険料
の重複負担の回避、加入期間の通算等の措置がとられている場合がある。

【参考文献】
　堀勝洋「年金保険法—基本理論と解釈・判例」192〜197頁（法律文化社、第4版、
　　2017年）
　西村健一郎「社会保障法入門」9〜11頁、76頁（有斐閣、第3版、2017年）

Q3 国民年金の保険料の免除が認められ
るのはどのような場合か。

A3 要件に該当すれば被保険者の意思に関係なく自動的に保険料が
免除される場合（法定免除）と被保険者が一定の事情に基づき
免除申請した場合に免除される場合（申請免除）とがある。

解説

(1)　国民年金の保険料の免除が認められる場合には、法定免除と申請免除の
　2種類がある。
(2)　法定免除には、①1、2級の障害基礎年金又は障害厚生年金等の受給権
　者であるとき（国年法89条1項1号、国年令6条5第1項）、②生活保護法
　による生活扶助又は「ハンセン病問題の解決の促進に関する法律」による
　援護を受けるとき（国年法89条1項2号、国年則74条）、③国立保健所、
　国立ハンセン病療養所等に入所しているとき（国年法89条1項3号、国年
　則74条の2）に認められる。
　　法定免除の要件に該当する場合、法律上保険料納付義務が発生しない。
　ただし追納をすることはできる（国年法94条1項。なお、法定免除の要件に
　該当した場合でも保険料納付の特例が設けられている（国年法89条2項）。）。

275

また、既に納付した保険料は免除の対象とされず（国年法89条1項）、そのため既納付分は還付されない。

　　全額免除を受けた場合、老齢基礎年金、障害基礎年金、遺族基礎年金の受給資格期間に免除期間は算入される。ただし、老齢基礎年金の年金額へは2分の1の反映となる（国年法27条8号）。
(3)　申請免除は、①前年の所得が扶養親族等の有無及び数に応じて政令で定める一定額以下であるとき、②被保険者等の属する世帯の他の世帯員が生活保護法による生活扶助以外の扶助を受けるとき、③地方税法に定める障害者又は寡婦であって、前年の所得が政令で定める額以下のとき、④天災等により保険料を納付することが著しく困難であると認められるときに、申請に基づき認められる。申請免除には、全額免除と一部免除（4分の3免除、半額免除及び4分の1免除）がある（国年法90条ないし90条の2）。
(4)　その他、保険料の納付の特例として、学生納付特例（国年法90条の3）、若年者納付猶予（平成16年改正法附則19条2項）、中年者納付猶予がある。

【参考文献】
　堀勝洋「年金保険法―基本理論と解釈・判例」559～571頁（法律文化社、第4版、2017年）
　西村健一郎「社会保障法」246～247頁（有斐閣、2007年）

Q4 国民年金の保険料を未納している場合に、どのような不利益があるか。

A4 保険料の納付は、老齢基礎年金、障害基礎年金及び遺族基礎年金の支給要件に関わるため、未納がある場合、各年金が受けられなかったりするおそれがある（老齢基礎年金については、受給額にも影響がある）。

解　説

(1)　老齢基礎年金は、国民年金の保険料納付済期間、免除期間等の合計が25年（平成29年8月1日以後は10年）以上であることが支給要件とされている（国年法26条ただし書）。そのため、保険料未納の状況によっては、老齢基礎年金を受給できないおそれがある。また、老齢基礎年金の額は、

原則として「78万0900円×改定率×保険料納付済期間の月数÷480月」で計算されるため（国年法27条本文）、保険料の未納期間に応じて、受給できる老齢基礎年金額が減少する。
(2) 障害基礎年金は、初診日の前日において、その初診日の属する月の前々月までに国民年金の被保険者期間があり、かつ、その被保険者期間にかかる保険料納付済期間と保険料免除期間とを合算した期間がその被保険者期間の3分の2未満でないことが支給要件とされている（国年法30条1項ただし書。「3分の2要件」）。そのため、国民年金保険料が未納の状況によっては、その他の支給要件が充足されていたとしても障害基礎年金が支給されないおそれがある。
(3) さらに、遺族基礎年金についても、死亡日の前日を基準として、障害年金と同様の3分の2要件がある（国年法37条1項ただし書）ため、同様の不利益が生じうる。

【参考文献】
堀勝洋「年金保険法―基本理論と解釈・判例」373～376頁、381～386頁、453～456頁、506～508頁（法律文化社、第4版、2017年）
西村健一郎「社会保障法」233～234頁、236～241頁（有斐閣、2007年）

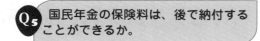

Q5 国民年金の保険料は、後で納付することができるか。

A5 納付期限の2年以内であれば納付できるが、2年を過ぎると時効により納付できなくなる。ただし、後納制度や追納制度がある。

 解説

保険料を徴収する権利は2年で時効消滅するため（国年法102条4項）、納付期限の2年以内であれば納付できるが、過去の保険料は2年を超えては納めることができない。

もっとも、「年金事業運営改善法」により平成27年10月1日から平成30年9月30日までの間、過去5年前まで遡って納めることができる「5年後納制度」が特例として認められている。

第 3 編 第 4 章 年金保険

　また、保険料免除期間（納付特例（猶予）期間を含む）については、厚生労働大臣の承認を受けて、その承認の日の属する月前 10 年以内の期間の保険料について、その全部又は一部を追納することができる（国年法 94 条 1 項本文（追納制度））。

【参考文献】
　堀勝洋「年金保険法—基本理論と解釈・判例」572 ～ 576 頁（法律文化社、第 4 版、2017 年）

Q6 国民年金法の給付にはどのようなものがあるか。

A6 老齢基礎年金、障害基礎年金、遺族基礎年金、付加年金、寡婦年金、死亡一時金がある。

解説

　国民年金法の給付には、老齢基礎年金、障害基礎年金、遺族基礎年金、付加年金、寡婦年金、死亡一時金がある（国年法 15 条）。

　各年金の詳細については、老齢基礎年金については本章 Q 14、Q 15、障害基礎年金については本章 Q 20 ～ Q 23、遺族基礎年金については本章 Q 28 ～ Q 30、寡婦年金は本章 Q 31、死亡一時金は本章 Q 32 を参照されたい。

　国民年金法の給付を受けるためには、受給権者は厚生労働大臣に裁定請求を行う必要がある（国年法 16 条）。

　なお、国年法の本則上の給付ではないが、国民年金に加入していた外国人が、被保険者資格を喪失して出国した場合に、所定の要件を満たせば脱退一時金が支給される（国年法附則 9 条の 3 の 2）。

【参考文献】
　堀勝洋「年金保険法—基本理論と解釈・判例」186 ～ 192 頁、229 頁、235 ～ 240 頁（法律文化社、第 4 版、2017 年）
　西村健一郎「社会保障法」230 頁、244 頁（有斐閣、2007 年）

第2節　厚生年金総論

●第2節　厚生年金総論 ・・・・・・・・・・・・・・・・・・・・・・・・・・・・

Q7 どのような事業所が厚生年金法の強制適用を受けるのか。

A7 ①厚生年金法6条1項1号に掲げられている種類の事業の事業所で、常時5人以上の従業員を使用する個人の事業所及び②国、地方公共団体又は法人の事業所で常時従業員を使用するもの等が強制適用事業所となる。

解説

　個人の事業所については、厚生年金法6条1項1号に掲げられた16業種の事業所であって、常時5人以上の従業員を使用するものに、厚生年金法が強制適用される（厚年法16条1項1号。法定16業種以外の業種としては、第1次産業（農林水産畜産業）、接客娯楽業（飲食店、映画館、理美容業等の事業）、法務業（弁護士、税理士、社会保険労務士等）、宗務業（寺社、協会等）の事業などがある。）。

　これに対し、国、地方公共団体又は法人の事業所で常時従業員を使用するものは、業種を問わず、従業員が1人であっても厚生年金法が適用される（厚年法6条1項2号）。

　なお、船員が乗り組む船舶も強制適用事業所とされる（同項3号）。

　また、強制適用事業所ではない事業所でも、厚生労働大臣の認可を受けて、適用事業所とすることができる（厚年法6条3項。任意包括適用事業所）。

【参考文献】
　堀勝洋「年金保険法―基本理論と解釈・判例」160～163頁（法律文化社、第4版、2017年）
　西村健一郎「社会保障法」250～251頁（有斐閣、2007年）

279

第3編 第4章 年金保険

Q8 どのような者が法律上当然に厚生年金の被保険者となるか。

A8 適用事業所に使用される70歳未満の者は、原則として厚生年金の被保険者となる。

解説

適用事業所（強制適用事業所及び任意適用事業所）に使用される70歳未満の者は、適用除外者を除き厚生年金の被保険者となる（厚年法9条）。

使用関係の有無等は、契約の文言のみを見て判断するのではなく、就労の実態に照らして個別具体的に判断する必要がある（平成26年1月17日年管管発0117第1号）。

適用事業所に使用される者であっても、一時的・臨時的に使用される者や一定の短時間労働者等は、厚生年金の適用除外者とされる（厚年法12条）。

なお、国・地方の公務員及び私立学校の教職員（以下「公務員等」という。）には共済年金制度が設けられていたが、平成27年10月1日施行の「被用者年金一元化法」により、公務員等も厚生年金の被保険者とされた。ただし、改正前の共済年金にあった職域部分（3階部分）は廃止されたが、施行日前の期間分は経過的に支給され、施行日以後の期間分は、共済各法に基づき「退職等年金給付」が支給される（国家公務員共済組合法74条以下）。

【参考文献】
堀勝洋「年金保険法―基本理論と解釈・判例」79～82頁、164～178頁（法律文化社、第4版、2017年）

Q9 被保険者資格の取得及び喪失の効力はどのようにして生じるか。

A9 厚生労働大臣の確認によって効力を生じる。

解説

被保険者資格の取得及び喪失は、厚生労働大臣の確認によってその効力を

280

生ずる（厚年法 18 条 1 項）。

　確認は、事業主の届出（厚年法 27 条）、被保険者又は被保険者であった者の請求（厚年法 31 条 1 項）により、又は厚生労働大臣の職権によって行う（厚年法 18 条 2 項）。なお、事業主が届出義務を怠っている場合に、労働者（被保険者）に生じた損害を賠償する義務があるとする裁判例がある（奈良地判平成 18 年 9 月 5 日労判 925 号 53 頁。第 4 編第 1 部第 7 章「労働と公的医療保険」を参照）。

　厚生労働大臣の確認がなされると、その効力は確認がなされた日に生じるのではなく、被保険者資格の得喪の事由が生じたときに遡って生じる。

【参考文献】
　堀勝洋「年金保険法―基本理論と解釈・判例」180 〜 183 頁（法律文化社、第 4 版、2017 年）
　西村健一郎「社会保障法」252 頁（有斐閣、2007 年）

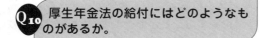

Q10　厚生年金法の給付にはどのようなものがあるか。

A10　老齢厚生年金、障害厚生年金及び障害手当金、遺族厚生年金がある。

解説

　厚生年金法の給付には、老齢厚生年金、障害厚生年金、障害手当金、遺族厚生年金がある（厚年法 32 条）。

　各年金の詳細については、老齢厚生年金についてはQ 16 からQ 18、障害厚生年金及び障害手当金についてはQ 24 〜 Q 26、遺族厚生年金についてはQ 33、Q 34 を参照されたい。

　厚生年金保険法の給付を受けるためには、受給権者は実施機関に裁定請求を行う必要がある（厚年法 33 条）。

　なお、厚生年金法の本則上の給付ではないが、厚生年金の被保険者期間が 6 か月以上ある外国人が、被保険者資格を喪失して出国した場合に、所定の要件を満たせば脱退一時金が支給される（厚年法附則 29 条）。

第3編 第4章　年金保険

【参考文献】
　堀勝洋「年金保険法―基本理論と解釈・判例」186 〜 192 頁、229 頁、235 〜 240 頁（法律文化社、第 4 版、2017 年）
　西村健一郎「社会保障法」254 頁（有斐閣、2007 年）

 国民年金・厚生年金に関する処分に不服がある場合に、どのような不服申立てをすることができるか。

 国民年金法・厚生年金法に基づく審査請求、再審査請求、取消訴訟等がある。

解　説

(1)　審査請求

　国民年金に関する処分のうち、①被保険者資格に関する処分、②給付に関する処分、③保険料その他国民年金法の徴収金に関する処分に不服がある場合、社会保険審査官に対して審査請求をすることができる（国年法101条1項）。

　厚生年金に関する処分のうち、①ア 被保険者の資格、イ 標準報酬、ウ 給付に関する処分については社会保険審査官に対し、②ア 保険料その他厚生年金法の徴収金の賦課徴収処分、イ 滞納処分については社会保険審査会に対し、それぞれ審査請求をすることができる（厚年法 90 条、91 条）。

　上記の処分以外の処分については、行政不服審査法が適用される（行審法 1 条 2 項）。

　社会保険審査官及び社会保険審査会に対する審査請求は、処分があったことを知った日の翌日から起算して 3 か月以内にしなければならない（社審法 4 条 1 項本文、32 条 2 項）。ただし、正当な事由により 3 か月の期間内に審査請求をすることができなかったことを疎明したときは、3 か月の期間を超えて審査請求をすることができる（同法 4 条 1 項ただし書、32 条 3 項）。

　なお、審査請求をした日から 2 か月以内に審査官の決定がないときは、審査請求人は審査官が審査請求を棄却したものとみなすことができる（国年法 101 条 2 項、厚年法 90 条 3 項）。

(2)　再審査請求

　社会保険審査官の決定に不服がある者は、社会保険審査会に対して再審査

請求をすることができる（国年法 101 条 1 項、厚年法 90 条 1 項）。

再審査請求は、審査官の決定書の謄本が送付された日の翌日から起算して 2 か月以内にしなければならない（社審法 32 条 1 項）。

⑶ 訴　訟

平成 28 年の改正行政不服審査法が施行されたことに伴う改正前は、処分についての再審査請求に対する審査会の裁決を経た後でなければ、処分取消しの訴えを提起することはできなかった。

しかし、改正後は、審査官の決定を経た後であれば訴訟提起できることになった（審査請求前置主義。国年法 101 条の 2、厚年法 91 条の 3）。処分取消しの訴えは、処分又は裁決があったことを知った日から 6 か月以内にしなければならない（行訴法 14 条）。

なお、審査請求前置主義の下でも、行訴法 8 条 2 項に定める理由がある場合には、審査官の決定がなくても取消訴訟を提起できる。

（社会保障審査制度に基づく不服申立て概要）

国民年金・厚生年金に関する処分

処分があったことを知った日の翌日から 3 月以内

社会保険審査官（社会保険審査会）に対する審査請求

認容　　　棄却・却下

再審査請求（2 月以内）　　訴訟（6 月以内）　　訴訟（行訴法 8 条 2 項の場合）

【参考文献】

　堀勝洋「年金保険法―基本理論と解釈・判例」209 ～ 222 頁（法律文化社、第 4 版、2017 年）

第3編 第4章 年金保険

Q12 国民年金及び厚生年金を受ける権利に時効はあるか。

A12 原則5年で時効消滅する。

解説

　年金給付（保険給付）を受ける権利（基本権）は5年で時効消滅する（国年102条1項、厚年法92条1項）。ただし、国民年金法の死亡一時金を受ける権利は2年を経過したときに消滅する（国年法102条4項）。

　また、年金給付（保険給付）を受ける権利に基づき支払期月ごとに又は一時金として支払うものとされる（保険）給付の支給を受ける権利（支分権）の消滅時効も5年である（国年法102条1項、厚年法92条1項）。

【参考文献】
　堀勝洋「年金保険法―基本理論と解釈・判例」342～345頁（法律文化社、第4版、2017年）

●第3節　老齢給付

Q13 国民年金法及び厚生年金法に基づく老齢給付にはどのようなものがあるか。

A13 老齢基礎年金及び老齢厚生年金がある。

解説

　老齢基礎年金は、国民年金の被保険者であった者で所定の要件を満たすものに、65歳になったときに支給される（国年法26条）。なお、国民年金の第1号被保険者には、任意で付加保険料を納付した者に支給される付加年金制度がある（国年法43条）。

　老齢厚生年金は、厚生年金の被保険者であった者で所定の要件を満たすものに支給される（厚年法42条）。老齢厚生年金には、①65歳から支給される

284

第 3 節　老齢給付

本来支給の老齢厚生年金と、②60 歳以上 65 歳未満の者に支給される特別支給の老齢厚生年金がある。

【参考文献】
　堀勝洋「年金保険法——基本理論と解釈・判例」372 〜 377 頁、388 〜 390 頁、（法律文化社、第 4 版、2017 年）
　西村健一郎「社会保障法」233 頁、254 〜 255 頁（有斐閣、2007 年）

Q14 老齢基礎年金の支給要件はどのようなものか。

A14 ①保険料納付済期間又は保険料免除期間を有すること、②65 歳に達したこと、③保険料納付済期間、保険料免除期間等を合算した期間が 25 年あることが支給要件とされる。

解説

　老齢基礎年金の支給要件としては、①保険料納付済期間又は保険料免除期間を有すること、②65 歳に達したこと、③保険料納付済期間、保険料免除期間等を合算した期間が 25 年あることがあげられる。

　上記③の期間は、平成 29 年 8 月 1 日以後 10 年とされる。上記③の期間には、学生納付特例期間や納付猶予期間、合算対象期間（旧国民年金法により国民年金の被保険者となることができた者が任意加入をしなかった期間等）も含まれるが、上記①にはこれらは含まれない。

【参考文献】
　堀勝洋「年金保険法——基本理論と解釈・判例」373 〜 377 頁（法律文化社、第 4 版、2017 年）
　西村健一郎「社会保障法」233 頁（有斐閣、2007 年）

Q15 老齢基礎年金の支給を早くしたり、遅くしたりすることができるか。

A15 いずれも一定の場合に認められる。

第3編 第4章 年金保険

解説

⑴ 老齢基礎年金の支給の繰上げ

60歳以上65歳未満の者で、請求日の前日において受給資格期間を満たしている者は、厚生労働大臣に老齢基礎年金の支給繰上げを請求することができる（国年法附則9条の2第1項）。この場合、その請求があった日から、老齢基礎年金が減額されて支給される（同条3、4項）。

老齢基礎年金の支給を繰り上げると、年金額が政令で定める額を減じて支給される（同条4項、国年令12条）。その他、支給繰上げに伴う不利益（繰上げ支給中に障害者になっても障害基礎年金の受給権が生じない、寡婦年金の受給権が生じない（国年法附則9条の2の3）等）もある。

⑵ 老齢基礎年金の支給の繰下げ

老齢基礎年金の受給権者であって、66歳に達する前に同年金の裁定請求をしていなかった者は、厚生労働大臣に支給繰下げの申出をすることができる（国年法28条1項）。この場合、国民年金法18条1項の特則として、当該老齢基礎年金は、その申出があった日の属する月の翌月から始められる（国年法28条2項）。そして、支給の繰り下げがなされた者には、政令で定める額が増額された老齢基礎年金が支給される（国年法28条4項）。

【参考文献】
　堀勝洋「年金保険法―基本理論と解釈・判例」377～381頁（法律文化社、第4版、2017年）
　西村健一郎「社会保障法」234～235頁（有斐閣、2007年）

Q16 老齢厚生年金の支給要件はどのようなものか。

A16 ①厚生年金の被保険者期間を有すること、②65歳以上であること、③保険料納付済期間、保険料免除期間等を合算した期間が25年以上あることが支給要件とされる。

解説

老齢厚生年金の支給要件としては、①厚生年金の被保険者期間を有するこ

第3節　老齢給付

と、②65歳以上であること、③保険料納付済期間、保険料免除期間等を合算した期間が25年以上あることがあげられる。

上記③の期間は、平成29年8月1日以後10年とされる。上記③の期間には、学生納付特例期間や納付猶予期間、合算対象期間（旧国民年金法により国民年金の被保険者となることができた者が任意加入をしなかった期間等）も含まれるが、上記①にはこれらは含まれない。

【参考文献】
　堀勝洋「年金保険法―基本理論と解釈・判例」373～377頁（法律文化社、第4版、2017年）
　西村健一郎「社会保障法」233頁（有斐閣、2007年）

Q17 65歳未満の者について、老齢厚生年金が支給される場合があるか。

A17 特別支給の老齢厚生年金が支給される場合がある。また、一定の場合に支給の繰上げが認められている。

解説

老齢厚生年金は、①65歳から支給される本来支給の老齢厚生年金と、②60歳以上65歳未満の者に支給される特別支給の老齢厚生年金がある。

特別支給の老齢厚生年金は、①60歳以上65歳未満であること、②昭和36年4月2日以後に生まれた男性又は昭和41年4月2日以後に生まれた女性ではないこと、③厚生年金の被保険者期間が1年以上であること、④保険料納付済期間と保険料免除期間等を合算した期間が25年（平成29年8月1日以後は10年）以上あることが支給要件となる（厚年法附則8条）。

もっとも、特別支給の老齢厚生年金の支給開始年齢は、段階的に引き上げられており、将来的には特別支給の老齢厚生年金は存在しなくなる。

そのため、一定の場合に、65歳以上の者に支給される本来支給の老齢厚生年金の繰上支給が認められるようになった（厚年法附則7条の3第1項）。

第3編 第4章 年金保険

【参考文献】

堀勝洋「年金保険法―基本理論と解釈・判例」393 ～ 395 頁、412 ～ 416 頁（法律文化社、第 4 版、2017 年）

Q18 年金を受給しながら就労をしたときに、年金が支給されないことがあるか。

A18 一定の場合に老齢厚生年金の全部又は一部の支給停止がある（在職老齢年金）。

解説

老齢基礎年金については、就労をしていたとしても全額の支給がされる。しかし、老齢厚生年金については、一定の場合に老齢厚生年金の全部又は一部の支給停止がある（厚年法 46 条。在職老齢年金）。

現在、① 60 歳以上 65 歳未満の者と、② 65 歳以上の者とで異なる在職老齢年金が定められている。

①の場合、賃金（総報酬月額相当額）と老齢厚生年金の基本月額の合計がア 月額 28 万円以下の場合、年金は全額支給される、イ 月額 28 万円を超え 47 万円までの場合、28 万円を超える額の 2 分の 1 の額の年金が支給停止され、ウ 月額 47 万円を超える場合、超えた分だけ年金月額が減少する。

これに対し、②の場合、賃金（総報酬月額相当額）と老齢厚生年金の基本月額の合計が ア 月額 47 万円以下の場合、年金は全額支給される、イ 月額 47 万円を超える場合、超える額の 2 分の 1 の額の年金が支給停止される。

【参考文献】

堀勝洋「年金保険法―基本理論と解釈・判例」395 ～ 400 頁（法律文化社、第 4 版、2017 年）

西村健一郎「社会保障法入門」95 ～ 96 頁、76 頁（有斐閣、第 3 版、2017 年）

第 4 節　障害給付

Q19 国民年金法及び厚生年金法に基づく障害給付にはどのようなものがあるか。

A19 障害基礎年金及び障害厚生年金、障害手当金がある。

解説

国民年金法の障害給付として、障害基礎年金がある（国年法 30 条）。障害基礎年金が支給されるのは、障害等級が 1 級又は 2 級の者である。なお、障害基礎年金の詳細については Q 20 〜 Q 23 を参照されたい。

厚生年金保険法の障害給付としては、障害厚生年金と障害手当金がある。障害厚生年金は、障害等級が 1 級又は 2 級の場合のほか、3 級の者にも支給される。また障害手当金は、障害厚生年金の障害の程度に至らないが、労働が制限を受ける者に支給される一時金である。障害厚生年金の詳細については Q 25、障害手当金の詳細については Q 26 を参照されたい。

【参考文献】
　堀勝洋「年金保険法―基本理論と解釈・判例」439 頁、476 〜 478 頁（法律文化社、第 4 版、2017 年）
　西村健一郎「社会保障法」236 頁、258 〜 260 頁（有斐閣、2007 年）
　西村健一郎「社会保障法入門」80 〜 81 頁、97 〜 98 頁（有斐閣、第 3 版、2017 年）

Q20 障害基礎年金の支給要件はどのようなものか。

A20 ①傷病の初診日において国民年金の被保険者等であること（初診日被保険者要件）、②障害認定日において、その傷病により政令で定める障害等級の 1 級又は 2 級の状態にあること（障害要件）③初診日の前日までに一定の保険料納付要件を満たしていること（保険料納付要件）が支給要件となる。

第3編 第4章 年金保険

解 説

(1) 初診日被保険者要件

ア 傷病の初診日において、国民年金の被保険者であること又は国民年金の被保険者であった者であって、日本国内に住所を有し、かつ60歳以上65歳未満であることが障害基礎年金の支給要件とされている（国年法30条1項）。

　初診日とは、傷病について初めて医師（歯科医師を含む）の診療を受けた日のことをいう（国年法30条1項）。

イ ただし、初診日が20歳未満であったため国民年金の被保険者でなかった場合でも、①20歳に達するまでに障害認定日があるときは、20歳に達した日において、②障害認定日が20歳に達した日後であるときはその障害認定日において、障害等級に該当する状態にあるときには、障害基礎年金が支給される（国年法30条の4）。

ウ この点、平成3年度前は、20歳以上の学生には国民年金法が強制適用されず、任意加入だったことから、任意加入しなかった学生が20歳以後に初診日がある障害者になった場合に無年金となる状態が生じた（学生無年金障害者）。そして、その救済を怠ったこと等が違憲であることや立法不作為による国家賠償責任等を争った訴訟（学生無年金障害者訴訟）において、最高裁はいずれもその主張をしりぞけた（最判平成19年9月28日民集61巻6号2345頁）。ただし、平成16年12月に特定障害者に対する特別障害給付金の支給に関する法律が制定され、過去の学生無年金障害者に対して、一定の特別障害給付金が支給されるようになった。

(2) 障 害 要 件

　障害認定日（初診日から起算して1年6か月経過した日またはその期間内で傷病が固定し治ったとされる日）において、その傷病により政令で定める障害等級の1級又は2級の障害の状態にあるときに、障害基礎年金が支給される（国年法30条）。障害等級の1級は日常の生活の用を弁ずることを不能にする程度であり、2級は日常生活が著しい制限を受けるか又は日常生活に著しい制限を加えることを必要とする程度である。障害等級の認定に関しては、「国民年金・厚生年金保険障害認定基準」が定められている（昭和52年7月15日庁保発第20号、昭和54年11月1日庁保発31号、昭和61年3月31日庁保発

290

第4節　障害給付

15号、平成14年3月15日庁保発12号等）。

　なお、障害認定日以降で、65歳に達する日の前日までの間に、症状が悪化して1級又は2級の障害の状態になった場合にも障害基礎年金の請求ができる（事後重症制度。国年法30条の2）。

⑶　**保険料納付要件**

　初診日の前日において、その初診日の属する月の前々月までに被保険者期間があり、かつ、保険料納付済期間等が被保険者期間の3分の2未満でないこと（3分の2要件。国年法30条1項ただし書）又は初診日の属する月の前々月までの直近1年間に保険料未納期間がないこと（直近1年間要件。昭和60年改正法附則20条）が支給要件となる。なお、直近1年間要件は、3分の2要件の例外であり、傷病の診断日が平成38年4月1日前までとなっている特例措置である。

【参考文献】
　堀勝洋「年金保険法―基本理論と解釈・判例」439〜456頁（法律文化社、第4版、2017年）
　西村健一郎「社会保障法」236〜237頁（有斐閣、2007年）
　西村健一郎「社会保障法入門」80〜83頁（有斐閣、第3版、2017年）

Q21 国民年金に加入していなかったが、初診日以後に保険料を納付した場合にも障害基礎年金を受給できるか。

A21 受給できない。

解説

　障害基礎年金を受給するためには、初診日の属する月の前々月までに被保険者期間があることが必要であるため（国年法30条）、国民年金に加入していなかった者が、初診日以後に保険料を納付した場合には、障害基礎年金を受給することはできない。

291

第 3 編　第 4 章　年金保険

【参考文献】
　　堀勝洋「年金保険法―基本理論と解釈・判例」453 〜 456 頁（法律文化社、第 4 版、
　　　2017 年）
　　西村健一郎「社会保障法入門」80 〜 83 頁（有斐閣、第 3 版、2017 年）

Q₂₂ 傷病の初診日に 20 歳未満だった者が、20 歳になっ
たときに障害等級 1 級又は 2 級の状態のときに、障
害基礎年金が支給されるか。

A₂₂ 支給される。

解説

　傷病の初診日に 20 歳未満であった者が、20 歳に達するまでに障害認定日
があり、20 歳に達した日において障害等級に該当する障害の状態であると
き、あるいは、その者が 20 歳に達した日後の障害認定日において障害等級
に該当する障害の状態のときには、障害基礎年金が支給される（国年法 30 条
の 4 ）。

　この場合、その者は保険料を納付した期間はないが（国年法は、厚生年金
法の被保険者を除き、20 歳未満の者に適用されないため）、20 歳前に障害者となっ
た者の所得保障の要請等から、昭和 61 年の基礎年金制度導入により制定さ
れたものである。

　なお、この年金は、保険料が納付されていない者に支給される年金である
ため、受給権者の所得に応じて、その全部又は 2 分の 1 が支給停止される（国
年法 36 条の 3 ）。

【参考文献】
　　堀勝洋「年金保険法―基本理論と解釈・判例」460 〜 465 頁（法律文化社、第 4 版、
　　　2017 年）
　　西村健一郎「社会保障法」236 〜 237 頁（有斐閣、2007 年）
　　西村健一郎「社会保障法入門」81 頁（有斐閣、第 3 版、2017 年）

第4節 障害給付

Q23 障害基礎年金の受給権は、どのような場合に消滅するか。

A23 ①受給権者の死亡、②障害の程度が3級の状態にもなくなり一定の時期に達したとき、③別の障害により障害が併合認定され、新たな障害基礎年金が支給される場合に消滅する。

解説

障害基礎年金の受給権は、以下の場合に消滅する（国年法35条、31条）。

① 受給権者が死亡したとき（国年法35条1号）。
② 厚生年金法の障害等級3級の障害の状態にもない者が、65歳に達したとき（国年法35条2号）。ただし、65歳に達した日において、かかる状態にもなくなった日からその障害の程度に該当することなく3年を経過していないときは、受給権は消滅しない（同号ただし書）。
③ 厚生年金法の障害等級3級の状態にもなくなった日から、その程度の障害の状態に該当することなく3年を経過したとき（国年法35条3号）。ただし、3年を経過した日において、受給権者が65歳未満であるときは、受給権は消滅しない（同号ただし書）。
→②、③により、受給権者が65歳に達するか、障害等級3級の状態に該当しなくなってから3年を経過するか、いずれか遅い方で受給権が消滅することになる。
④ 受給権者にさらに障害基礎年金を支給すべき事由が生じ、前後の障害を併合した障害の程度による障害基礎年金が支給されたとき（国年法31条2項）。

なお、障害基礎年金は、受給権者が障害等級に該当する程度の障害の状態に該当しなくなった場合は、その間支給停止となる（国年法36条2項）。

【参考文献】
堀勝洋「年金保険法―基本理論と解釈・判例」456頁、460頁（法律文化社、第4版、2017年）
西村健一郎「社会保障法」238頁（有斐閣、2007年）

第3編 第4章 年金保険

 障害厚生年金の支給要件はどのようなものか。

 ①傷病の初診日において厚生年金の被保険者であること（初診日被保険者要件）、②障害認定日において、その傷病により政令で定める障害等級の1級、2級又は3級の状態にあること（障害要件）③初診日の前日までに一定の保険料納付要件を満たしていること（保険料納付要件）が支給要件となる。

解説

障害厚生年金の支給要件としては、①傷病の初診日において、厚生年金の被保険者であったこと（初診日被保険者要件、厚年法47条1項）、②障害認定日において、その傷病により政令で定める障害等級の1級、2級又は3級の状態にあること（障害要件、厚年法47条2項）③初診日の前日において、その初診日の属する月の前々月までに国民年金の被保険者期間があり、かつ、保険料納付済期間等が被保険者期間の3分の2未満でないこと（3分の2要件。厚年法47条1項ただし書）又は初診日の属する月の前々月までの直近1年間に国民年金の保険料未納期間がないこと（直近1年間要件（傷病の診断日が平成38年4月1日前までとする特例措置昭和60年改正法附則64条））が支給要件（保険料納付要件）となる。

障害基礎年金が1級又は2級の障害の程度の者にしか支給されないのに対し、障害厚生年金は3級の障害の程度の者にも支給される。1級及び2級の障害の状態の基準は障害基礎年金と共通であり、3級の障害の程度については、厚年令の別表第1に規定されている（厚年令3条の8）。

障害の程度が1級又は2級の状態にあり、障害厚生年金が受給できる場合、障害基礎年金も併せて支給される。

【参考文献】
堀勝洋「年金保険法―基本理論と解釈・判例」439～456頁（法律文化社、第4版、2017年）
西村健一郎「社会保障法」236～237頁（有斐閣、2007年）
西村健一郎「社会保障法入門」80～83頁（有斐閣、第3版、2017年）

第4節　障害給付

Q25 障害厚生年金の受給権は、どのような場合に消滅するか。

A25 ①受給権者の死亡、②障害等級に該当する程度になくなり一定の時期に達したとき、③別の障害により障害が併合認定され、新たな障害厚生年金が支給される場合に消滅する。

解説

障害厚生年金の受給権は、以下の場合に消滅する（厚年法53条、48条）。

①受給権者が死亡したとき（厚年法53条1号）。

②障害等級に該当する程度の状態にない者が、65歳に達したとき（厚年法53条2号）。ただし、65歳に達した日において、かかる状態にもなくなった日からその障害の程度に該当することなく3年を経過していないときは、受給権は消滅しない（同号ただし書）。

③障害等級の該当する程度の状態になくなった日から、その程度の障害の状態に該当することなく3年を経過したとき（厚年法53条3号）。ただし、3年を経過した日において、受給権者が65歳未満であるときは、受給権は消滅しない（同号ただし書）。

　→②、③により、受給権者が65歳に達するか、障害等級の状態に該当しなくなってから3年を経過するか、いずれか遅い方で受給権が消滅することになる。

④受給権者にさらに障害厚生年金を支給すべき事由が生じ、前後の障害を併合した障害の程度による障害厚生年金が支給されたとき（厚年法48条2項）。

　なお、障害厚生年金は、受給権者が障害等級に該当する程度の障害の状態に該当しなくなった場合は、その間支給停止となる（厚年法54条2項）。

【参考文献】

堀勝洋「年金保険法―基本理論と解釈・判例」470頁、475～476頁（法律文化社、第4版、2017年）

西村健一郎「社会保障法」259頁（有斐閣、2007年）

第3編 第4章 年金保険

 障害手当金の支給要件はどのようなものか。

 ①傷病の初診日において厚生年金の被保険者であること、②初診日から5年を経過する日までの間の傷病の治った日において、その傷病により政令で定める障害の状態にあること、③初診日の前日までに一定の保険料納付要件を満たしていること（保険料納付要件）が支給要件となる。

解説

障害手当金は、①傷病の初診日において厚生年金の被保険者であること、②初診日から5年を経過する日までの間の傷病の治った日において、その傷病により政令（厚年令3条の9、別表2）で定める障害の状態にあること、③初診日の前日までに一定の保険料納付要件（3分の2要件又は直近1年間要件。Q20参照）が支給要件となる（厚年法55条）。

なお、障害手当金は、国民年金法・厚生年金法の年金受給者、国家公務員災害補償法、労災法、労働基準法等による障害補償給付、障害給付等を受ける権利を有する者には支給されない（国年法56条）。

【参考文献】
堀勝洋「年金保険法―基本理論と解釈・判例」476～478頁（法律文化社、第4版、2017年）
西村健一郎「社会保障法」259～260頁（有斐閣、2007年）
西村健一郎「社会保障法入門」98頁（有斐閣、第3版、2017年）

第5節 遺族給付

 国民年金法及び厚生年金法に基づく遺族給付にはどのようなものがあるか。

 国民年金法の遺族基礎年金、寡婦年金及び死亡一時金、厚生年金法の遺族厚生年金がある。

第 5 節　遺族給付

解　説

　国民年金法の遺族給付としては、遺族基礎年金（国年法 37 条以下）、国民
年金の第 1 号被保険者としての保険料納付済み期間と免除期間の合計が 25
年以上ある夫が死亡した場合にその妻に支給される寡婦年金（国年法 49 条
以下）、国民年金の第 1 号被保険者で保険料を 3 年以上納付した者が死亡し
た場合に支給される死亡一時金（国年法 52 条の 2 以下）がある。

　厚生年金法の遺族給付としては、遺族厚生年金（厚年法 58 条以下）がある。

【参考文献】

　　堀勝洋「年金保険法―基本理論と解釈・判例」479 〜 482 頁、513 〜 520 頁（法律文化社、
　　　第 4 版、2017 年）

　　西村健一郎「社会保障法」239 頁、242 〜 243 頁（有斐閣、2007 年）

　　西村健一郎「社会保障法入門」83 〜 84 頁、98 〜 99 頁（有斐閣、第 3 版、2017 年）

**Q28　遺族給付が支給される配偶者は、法律婚の配偶者の
ほか、事実婚の配偶者も含まれるか。**

A28　含まれる。

解　説

　遺族給付が支給される配偶者には、法律婚の配偶者だけではなく、事実婚
の配偶者も含まれる（国年法 5 条 7 項、厚年法 3 条 2 項）。事実婚の配偶者と
いえるためには、社会通念上、夫婦としての共同生活と認められる事実関係
を成立させようとする合意が当事者間にあり、かつ、その事実関係が存在す
ることが必要だと考えられている（東京地判平成元年 9 月 26 日判タ 741 号 103 頁、
「生計維持関係等の認定基準及び認定の取扱いについて」平成 23 年 3 月 23 日年発
0323 第 1 号厚生労働省年金局長通知参照）。

　法律婚の配偶者と事実婚の配偶者が同時に存在する場合（重婚的内縁関係）、
原則として法律婚の配偶者に遺族給付が支給される。ただし、法律婚の婚姻
関係が実体を失って形骸化し、かつ、その状態が固定化して近い将来解消さ
れる見込みのないときは、法律婚の配偶者に遺族給付は支給されない（最判

第3編 第4章 年金保険

58年4月14日民集37巻3号270号)。このとき、事実婚の配偶者が生計維持要件等を満たせば、同配偶者に遺族給付がなされる。

【参考文献】
堀勝洋「年金保険法―基本理論と解釈・判例」482～497頁(法律文化社、第4版、2017年)
西村健一郎「社会保障法」239～240頁、242～243頁(有斐閣、2007年)

 遺族基礎年金の支給要件はどのようなものか。

 国民年金の被保険者又は被保険者であった者が死亡した場合等に、その者によって生計維持されていた子のある配偶者又は子に支給される。

解説

(1) 死亡要件

遺族基礎年金は、以下の①から④のいずれかに該当するときに、後述(2)の遺族に対して支給される(国年法37条)。

① 国民年金の被保険者が死亡(自殺、失踪宣告による法定死等も含む)したとき(ただし、死亡の日の属する月の前々月までに国民年金の被保険者期間があり、かつ、当該期間に係る保険料納付済期間と免除期間の合算が、当該期間の3分の2以上あること(3分の2要件。国年法37条ただし書)か、直近1年間に未納未加入期間等がないこと(「直近1年間要件」。昭和60年改正法附則20条2項)が必要。)。

② 国民年金の被保険者であった者であって、日本国内に住居を有し、かつ、60歳以上65歳未満であるものが死亡したとき(ただし、3分の2要件又は直近1年間要件が必要。)。

③ 老齢年金の受給権者が死亡したとき。

④ 保険料納付済期間及び保険料免除期間等を合算した期間が25年以上ある者が死亡したとき。

(2) 遺族

遺族基礎年金は、被保険者等の死亡当時、被保険者等により生計を維持し

第5節 遺族給付

ていた以下の①及び②の遺族に対し支給される（国年法37条の2第1項）。
① ②の子と生計を同じくしていた配偶者（②の子がいない場合には、支給されない点で、遺族厚生年金と異なる。）。
② 18歳に達する日以後の最初の3月31日までの間にあるか、又は20歳未満であって1級または2級の障害にある、現に婚姻していない子。

生計を維持していたかについては、生計維持関係等の認定日において、生計が同一であること及び生計維持認定対象者の収入・所得要件を満たすこと（前年収入年額850万円未満又は前年所得年額655.5万円未満であること等）が認定基準と定める通知がある（「生計維持関係等の認定基準及び認定の取扱いについて」平成23年3月23日年発0323第1号厚生労働省年金局長通知）。もっとも、かかる認定基準により認定することが実態と著しくかけ離れたものとなり、かつ、社会通念上妥当性を欠くこととなる場合は、これとは異なる取扱いをすることも認められている（同通知）。

【参考文献】
堀勝洋「年金保険法―基本理論と解釈・判例」501～509頁（法律文化社、第4版、2017年）
西村健一郎「社会保障法入門」84頁（有斐閣、第3版、2017年）

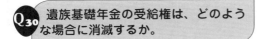

Q30 遺族基礎年金の受給権は、どのような場合に消滅するか。

A30 受給権者の死亡、婚姻、養子となったとき等の場合に消滅する。

解説

遺族基礎年金の受給権は、以下の場合に消滅する（国年法40条）。

(1) 配偶者と子に共通の事由
①死亡したとき、②婚姻したとき、③直系血族・直系姻族以外の者の養子になったとき。

(2) 配偶者特有の事由
その子のすべてが年金額の改定事由（国年法39条3項）のいずれかに該当するに至ったとき。

(3) 子特有の事由

①離縁によって死亡した被保険者等であった者の子でなくなったとき、②18歳に達した以後の最初の3月31日が終了したとき（障害等級に該当する障害の状態にあるときを除く）、③障害等級の状態にある子がその事情がやんだとき、④20歳に達したとき。

【参考文献】
> 堀勝洋「年金保険法―基本理論と解釈・判例」512～513頁（法律文化社、第4版、2017年）
> 西村健一郎「社会保障法」241頁（有斐閣、2007年）

Q31 寡婦年金の支給要件はどのようなものか。

A31 国民年金の第1号被保険者としての保険料納付済期間と免除期間の合計が25年以上ある夫が死亡した場合にその妻（65歳未満）に支給される。

解説

寡婦年金は、以下の①から⑤のすべてに該当する場合に、死亡した夫の妻に支給される（国年法49条1項）。

① 夫が死亡したこと。

② 夫の死亡日の属する月の前月までの夫の第1号被保険者としての被保険者期間に係る保険料納付済期間と免除期間を合算した期間が25年以上あること。

③ 妻が、夫の死亡当時、65歳未満であり、夫によって生計を維持され、かつ、婚姻期間が10年以上継続したこと。

④ 夫が障害基礎年金の受給権者であったことがないこと、又は老齢基礎年金の受給を受けていなかったこと。

⑤ 妻が老齢基礎年金の支給の繰上げをしていないこと（国年法附則9条の2の3）。

第5節 遺族給付

【参考文献】
堀勝洋「年金保険法——基本理論と解釈・判例」513〜515頁（法律文化社、第4版、2017年）
西村健一郎「社会保障法」242頁（有斐閣、2007年）

 死亡一時金の支給要件はどのようなものか。

 国民年金の第1号被保険者で保険料を3年以上納付した者が死亡した場合にその者の遺族に支給される。

解 説

死亡一時金は、死亡日の属する月の前月までに第1号被保険者等としての被保険者期間にかかる保険料納付済期間が3年以上ある者が死亡した場合に、その者と生計を同一にしていた配偶者、子、父母、孫、祖父母又は兄弟姉妹に支給される（国年法52条の2）。支給の順位は上述した順序となる（国年法52条の3第2項）。

ただし、以下の消極要件に該当する場合は、支給されない（国年法52条の2第1項ただし書、同条2項）。

① その者が老齢基礎年金又は障害基礎年金の支給を受けたことがあること。
② 死亡者の死亡日において、その者の死亡により遺族基礎年金を受けることができる者がいるとき。
③ 死亡者の死亡日において胎児である子がある場合で、その胎児である子が生まれた日においてその子又は死亡した者の配偶者が遺族基礎年金を受けることができるとき。

【参考文献】
堀勝洋「年金保険法——基本理論と解釈・判例」516〜519頁（法律文化社、第4版、2017年）
西村健一郎「社会保障法」243〜244頁（有斐閣、2007年）

第3編 第4章 年金保険

Q33 遺族厚生年金の支給要件はどのようなものか。

A33 厚生年金の被保険者又は被保険者であった者が死亡した場合等に、その者によって生計維持されていた遺族に支給される。

解 説

(1) 死 亡 要 件

遺族基礎年金は、以下の①から④のいずれかに該当するときに、後述2の遺族に対して支給される（厚年法58条1項）。

① 厚生年金の被保険者が死亡したとき（ただし、「3分の2要件」か「直近1年間要件」が必要（Q20参照）。）。

② 厚生年金の被保険者であった者が、被保険者資格を喪失した後に、被保険者であった間に初診日がある傷病により、その初診日から起算して5年を経過する日前に死亡したこと（ただし、「3分の2要件」か「直近1年間要件」が必要。）。

③ 1級又は2級の障害等級に該当する障害厚生年金の受給者が死亡したこと。

④ 老齢厚生年金の受給者又は保険料納付済期間及び保険料免除期間等を合算した期間が25年以上ある者が死亡したとき。

(2) 遺 族

遺族基礎年金は、被保険者等の死亡当時、被保険者等により生計を維持していた①配偶者、子、②父母、③孫又は④祖父母に対し支給される（厚年法59条1項。支給の順位は、①から④の順序の先順位者とされる（厚年法59条2項）。）。

ただし、妻以外の者は、被保険者等の死亡の当時、以下のア及びイの要件に該当する必要がある（同条1項）。

ア 夫、父母又は祖父母については、55歳以上であること。

イ 子又は孫については、18歳に達する日以後の最初の3月31日までの間にあるか、又は20歳未満であって1級又は2級の障害にあり、かつ現に婚姻をしていないこと。

なお、生計を維持していたかの認定基準についてはQ20を参照。

302

第5節　遺族給付

【参考文献】
　堀勝洋「年金保険法―基本理論と解釈・判例」519〜524頁（法律文化社、第4版、2017年）
　西村健一郎「社会保障法」260〜261頁（有斐閣、2007年）
　西村健一郎「社会保障法入門」98〜101頁（有斐閣、第3版、2017年）

 遺族厚生年金の受給権は、どのような場合に消滅するか。

 受給権者の死亡、婚姻、養子となったとき等の場合に消滅する。

解説

　遺族基礎年金の受給権は、以下の場合に消滅する（厚年法63条）。
(1)　受給権者が、①死亡したとき、②婚姻したとき、③直系血族・直系姻族以外の者の養子になったとき、④離縁によって死亡した被保険者等との親族関係が終了したとき。
(2)　**妻特有の事由**
　　ア　遺族厚生年金の受給権を取得した当時30歳未満であった妻が、その遺族厚生年金と同一の支給事由に基づく遺族基礎年金の受給権を取得しないときは、その遺族厚生年金の受給件を取得した日から起算して5年を経過したとき。
　　イ　遺族厚生年金と同一の支給事由に基づく遺族基礎年金の受給権を有する妻が、30歳に到達する日前にその遺族基礎年金の受給権が消滅したときは、遺族基礎年金の受給権が消滅した日から起算して5年を経過したとき。
(3)　**子又は孫特有の事由**
　　ア　18歳に達した以後の最初の3月31日が終了したとき（障害等級に該当する障害の状態にあるときを除く）。
　　イ　障害等級の状態にある子がその事情がやんだとき。
　　ウ　20歳に達したとき。

303

第3編 第4章 年金保険

⑷ **父母、孫又は祖父母特有の事由**

被保険者等の死亡の当時胎児であった子が出生したとき。

【参考文献】

堀勝洋「年金保険法―基本理論と解釈・判例」532 ～ 533 頁（法律文化社、第 4 版、2017 年）

西村健一郎「社会保障法」262 頁（有斐閣、2007 年）

西村健一郎「社会保障法入門」102 ～ 103 頁（有斐閣、第 3 版、2017 年）

第1節　個人賠償責任保険

第**5**章　個人賠償に関する保険

第1節　個人賠償責任保険

1　保険契約の概要

Q₁ 子どもが公園でサッカー練習をしていて、第三者にボールをぶつけてケガをさせたような場合に、第三者に対する損害賠償金を支払うための保険はないか。

A₁ 個人賠償責任保険が考えられる。

解説

　個人賠償責任保険とは、個人又はその家族が、日常生活で誤って他人を傷害したり、他人の物を破損・滅失させたりしたことにより、損害賠償債務等を負った場合の損害を補填する保険契約である。

　個人賠償責任保険は、独立した保険契約として締結される場合と、それ以外では、火災保険、傷害保険、自動車保険の特約として契約される場合が多い。

　個人賠償責任保険における被保険者は、契約者以外に、契約者と「生計を共にする同居の親族」であるが、更に、契約者と「生計を共にする別居の未婚（これまでに婚姻歴がないこと）の子」も被保険者に含まれる。したがって、親が契約すれば、親から仕送りを受けている未婚の学生等についても補償の対象となる。

【参考文献】
　日本損害保険協会 HP
　東京海上日動火災保険 HP

305

第3編 第5章　個人賠償に関する保険

2　補償の対象等

Q₂ 個人賠償責任保険においては、他人に対して与えた損害のすべてが補償の対象となるのか。

A₂ 他人の「身体」や「財物」に損害を与えた場合が対象となるので、名誉毀損やプライバシー侵害は補償の対象外となる。国外事故が対象になるかは、保険会社によって異なる。補償の対象となる損害は、損害賠償金とこれに付随する費用等である。

解　説

補償が想定される場合としては、以下が挙げられる（日本損害保険協会HPによる）。

(1)　買い物中に陳列商品を落として破損させた

(2)　飼い犬が他人を噛んでケガをさせた

(3)　子供が駐車場に停めてあった他人の車をキズつけた

(4)　自転車で走行中に歩行者とぶつかり後遺障害を負わせた

(5)　マンション自宅風呂場からの漏水により、階下の戸室の家財に損害を与えた

(6)　ガス爆発により隣の建物を損壊させた

(7)　ベランダの鉢植えが落下して歩行者の頭に当たり死亡させた

【参考文献】
　日本損害保険協会HP
　東京海上日動火災保険HP

第 1 節　個人賠償責任保険

Q₃ 個人賠償責任保険において、保険金支払いの対象となる損害等は具体的にはどのようなものか。

A₃ 以下が挙げられる。
① 被害者に対する損害賠償金（治療費、修理費、慰謝料等）
② 弁護士費用、訴訟・調停・和解・仲裁になった場合にそれに要する費用

解 説

個人賠償責任保険の適用が想定される事故類型に関する裁判例としては、以下の裁判例がある。

(1) 自転車でスイミングスクールから自宅に帰る途中の小学5年生（12歳）が、道路を歩行中の女性（62歳）と正面衝突し、女性に急性硬膜下血腫、脳挫傷、頭蓋骨骨折等の重傷を負わせ、意識障害（植物状態）、意思疎通不能、四肢拘縮等の後遺症が残存した（1級相当と認定）。裁判所は、加害者小学生の親に対して約9,520万円の損害賠償を命じた（神戸地判平成25年7月4日判時2197号84頁以下）。

(2) 小学校4年生のA及びBが、公園内において軟式野球ボールを用いてキャッチボールをしていた際、Aの投球が、付近で遊んでいた小学校5年生Cの心臓部に当たり、Cが心臓振盪を引き起こして4時間後に死亡した。裁判所は、ABの親に対して、Cの両親に対する総額約6,067万円の損害賠償を命じた（仙台地判平成17年2月17日判タ1225号281頁以下）。

(3) 散歩中の飼い犬（ラブラドールレトリバー、雌、1歳5か月）が、歩行者の背後から歩行者に向かって「ワン」と一声吠えたため、驚愕した歩行者がその場に倒れ込んで左下腿骨骨折の傷害（入院治療はなく自宅療養のみ）を負った。裁判所は、飼い主に対し、170万円の慰謝料を含む約438万円の損害賠償を命じた（横浜地判平成13年1月23日判タ1118号215頁以下）。

307

第3編 第5章 個人賠償に関する保険

Q4 個人賠償責任保険において、保険金が支払われない場合はあるのか。

A4 免責事由に該当する場合、例えば以下のような場合には保険金支払いがされない。

(1) 契約者、被保険者の故意による損害賠償責任 → 闘争行為（ケンカ）は対象外

(2) 地震・噴火又はこれらによる津波に起因する損害賠償責任

(3) 被保険者と同居の親族に対する損害賠償責任

(4) 被保険者が所有、使用、管理する財物の正当な権利を有する者に対する損害賠償責任

(5) 被保険者の職務遂行に直接起因する損害賠償責任

(6) 被保険者の心神喪失に起因する損害賠償責任

(7) 航空機・船舶・車両の所有、使用、管理に起因する損害賠償責任

【参考文献】
日本損害保険協会 HP
東京海上日動火災保険 HP

第2節　スポーツと保険

Q5 スポーツなどを行う団体が、万が一の事故等に備えて入っておくべき保険はあるか。

A5 公益財団法人スポーツ安全協会が扱っているスポーツ安全保険がある。加入手続きを行った4名以上のスポーツ・文化・レクリエーション・ボランティアなどの活動を行う団体等の構成員を被保険者（補償対象）とし、（公財）スポーツ安全協会が加入の取りまとめ機関・契約者となって、損害保険会社8社との間に傷害保険と賠償責任保険の一括契約をしてくれる。

【参考文献】
公益財団法人スポーツ安全協会 HP

308

第2節　スポーツと保険

Q6 スポーツ安全保険に加入すれば、どんなケガでもカバーされるのか。

A6 団体での管理下における団体活動中（往復中を含む）の、急激で偶然な外来の事故により被った傷害に対する補償が受けられる。

解説

傷害保険が適用される事例

①団体活動としてのサッカーの試合中に転んで骨折した

②団体活動の往復中、車にはねられてケガをした

傷害保険が適用されない事例

①むち打ち症・腰痛など医学的他覚所見がないもの。

②野球肩・テニス肘・疲労骨折・靴ずれなど「急激・偶然・外来の要件」を満たさないスポーツ特有の障害など。

【参考文献】

公益財団法人スポーツ安全協会HP

Q7 スポーツ安全保険に加入すれば、他人をケガさせた場合にも保険が使えるか。

A7 団体での管理下における団体活動中（往復中を含む。）に、又はそれらを行うために被保険者が所有・使用・管理する動産に起因して、他人にケガをさせたり、他人の物を壊したことにより法律上の損害賠償責任を負うなどした場合が対象となる。

解説

賠償責任保険が適用される事例

①野球の試合中、バッターが打ったボールが道路を走行中の他人の車に当たって車を壊した場合。

②団体活動への往復中に、自転車を運転していて、誤って通行人にぶつか

309

第3編 第5章　個人賠償に関する保険

りケガをさせた場合。

賠償責任保険が適用されない事例

　野球の試合中に、バッターが打ったボールが、相手チームの選手に当たっ
てケガをさせた場合や、かけていた眼鏡を破損させた場合（スポーツの通常
のプレー中に不可避的に起きる事故の場合は、一般的に法律上の賠償責任は発生
しないと考えられるため。）。

【参考文献】

　公益財団法人スポーツ安全協会 HP

Q8 スポーツの準備中に起こった事故で
も、スポーツ安全保険が使えるか。

A8 「団体の管理下における団体活動」及び「往復中」の事故であ
れば、スポーツの準備中に起こった事故でも、スポーツ保険に
よって補償を受けることができる。具体的には、活動場所への
集合、準備、活動、後片付け、解散までの活動が補償の対象
となる。スキューバダイビング保険に関する事例であるが、ス
キューバダイビング教室で、エアボンベの準備をしているとき
にエアボンベが爆発した事故による負傷も、保険対象となると
した裁判例がある（東京地判昭和 63 年 2 月 1 日判タ 676 号
134 頁）。

解 説

　本判決の事案は、スキューバダイビング教室の参加者が、海洋でのダイビ
ング実習を受けるため、ボンベの準備をしている際に、他の参加者が車から
ボンベを下して準備しているときにボンベが破裂する事故が発生し、傷害を
負ったというものである。

　本判決は、参加者らに準備体操を行わせ、機材の装着をも指示するなどし
て指導監督しているうちに本件事故が発生したのであるから、保険対象とな
る「指導に従事中」に該当するとした。

310

第2節　スポーツと保険

Q9 スポーツ団体がスポーツ保険に加入していなかったことで責任を問われる場合はあるか。

A9 国立大学ヨット部主催スクール中の部員の死亡事故につき、スポーツ安全傷害保険加入手続義務違反が問われた裁判例はあるが、当該事例では義務違反は認められなかった（大阪地判昭和61年5月14日判タ617号105頁）。

解説

　本判決の事案は、国立大学ヨット部主催のヨットスクール中に発生したヨット部員の死亡事故につき、同ヨット部がスポーツ安全傷害保険に加入していなかったため、原告（遺族）が、部長らに対し、主位的な不法行為責任に加え、予備的にスポーツ安全傷害保険加入手続義務違反を理由とする不法行為責任を追及したものである。

　本判決は、右保険に加入することが妥当であったといえなくはないとしたものの、右保険に加入する手続きを行うことが、ヨット部の活動にとって不可欠であったとまでいうことができず、かつ、部員との間で右手続きを行うことを特約した事実もないとして、右不法行為責任を否定した。

Q10 ゴルファー保険に入っていれば、ゴルフに関係する事故には保険金が支払われるのか。

A10 路上で素振り中に事故を起こしたときや、キャディが帯同していない状況でホールインワンがあったときには、保険金が支払われないとした裁判例がある。

解説

　具体的には、①路上で素振りをしていたゴルフクラブを通行人に当てて死亡させた行為がゴルフ保険約款にいう「ゴルフの練習」に該当しないとし、請求が認められなかった事例（大阪地判昭和63年3月29日判タ671号225頁）、②ホールインワン特約条項の保険金支払い要件である「キャディの帯同」は、

311

第3編 第5章 個人賠償に関する保険

保険実務上十分な合理性があると認められ、例文と解することはできないとし、たとえホールインワンを達成した事実が他の方法により証明されたとしても、帯同の要件を満たさない請求は認められないとされた事例（東京地判平成9年10月28日判タ974号202頁）がある。

なお、③ホールインワン特約条項中、キャディのいないゴルフ場での「ゴルフ場の使用人でホールインワン達成を目撃した1名以上の署名等」の要件に関し、「目撃」とは、当時の状況、関係者の証言等から、ホールインワンしたことの蓋然性が高いと認めた場合も含まれるとして、請求が認められた事案（東京簡判平成18年8月30日、平18（ハ）5412号LEX/DB 25420788）もある。

【参考文献】

　生命保険新実務講座編集委員会、生命保険文化研究所「生命保険新実務講座(7)法律」
　60頁（有斐閣、1991年）

●第3節　旅行保険

1　旅行保険一般

Q11 旅行中に事故に遭ってケガをした場合、何らかの保険により補償を受けられないか。

A11 旅行保険により補償を受けられる可能性がある。

解説

旅行保険とは、国内、海外旅行に起因する人身、財物の損害を補填する保険契約である。

保険の契約形態としては、国内旅行傷害保険と海外旅行傷害保険がある。また、クレジットカード契約に付帯されている場合もある。

保険の一般的な対象範囲は以下のとおりである。

(1)　国内旅行傷害保険

①責任期間

保険期間初日の午前0時から末日の午後12時（24時）までの間で、かつ、

第3節　旅行保険

旅行の目的をもって住居を出発して住居に帰着するまでである。そのため、保険期間内であっても、住居に帰着した段階で、保険の責任期間が終了する場合がある。

②天災等を原因とする傷害についての免責

　地震、噴火又はこれらによる津波を原因とするケガは保険金支払いの対象外である。

③被保険者

　被保険者は、旅行者に限られる。

(2)　海外旅行傷害保険

①責 任 期 間

　国内旅行傷害保険と同じ。いったん日本を出国してしまった後は契約できない。

②天災等を原因とする傷害についての扱い

　地震、噴火又はこれらによる津波を原因とするケガも保険金支払いの対象となる。

③被 保 険 者

　旅行者自身以外に、海外からの観光客や留学生に対しても、在留期間が3か月未満の場合は契約が可能である。

④訪問地（目的地）の変更は、契約の保険期間内であれば原則可能。

【参考文献】

　日本損害保険協会 HP

　東京海上日動火災保険 HP

2　国内旅行傷害保険

Q12 国内旅行傷害保険を契約していた場合、旅行中のケガであれば、すべて保険金が支払われるのか。また、支払われる保険金の内容はどのようなものか。

A12 国内旅行中の急激かつ偶然な外来の事故によりケガをした場合が補償の対象となる。保険金の内容は、事故に起因する損害と付随する損害に関するものである。

313

第3編 第5章　個人賠償に関する保険

解説

　急激性、偶然性、外来性については第2編第2部第3章第3節 Q10 参照のこと。支払われる保険金の内容は以下の通りである。

(1)　死亡保険金

(2)　後遺障害保険金

(3)　入院保険金

(4)　手術保険金

(5)　通院保険金

＊個人賠償責任、携行品損害、救援者費用等、航空機欠航・着陸地変更費用等を補償する特約を締結している場合はその部分の補償もされる。

【参考文献】

日本損害保険協会 HP

東京海上日動火災保険 HP

Q13 国内旅行傷害保険を契約していて、国内旅行中にケガをしたのに、保険金が支払われない場合には、どのような場合があるか。

A13 免責事由に該当する場合は保険金が支払われない。

解説

　以下の場合、国内旅行傷害保険の保険金が支払われない（東京海上日動火災の場合）。

(1)　契約者、被保険者、保険金受取人の故意又は重過失によるケガ

(2)　けんか、自殺行為、犯罪行為によるケガ

(3)　無免許運転、酒気帯び運転、麻薬等を使用した運転中に生じたケガ

(4)　脳疾患、疾病、心神喪失によるケガ

(5)　妊娠、出産、流産によるケガ

(6)　外科的の手術等の医療措置（保険金が支払われるケガを治療する場合を除く）によるケガ

第3節　旅行保険

(7)　戦争、内乱、暴動等によるケガ

(8)　核燃料物質の有害な特性等によるケガ

(9)　ピッケル、アイゼン等の登山用具を使用する山岳登はん、職務以外での航空機操縦、ボブスレー、スカイダイビング、ハンググライダー搭乗等の危険な運動中のケガ

(10)　自動車等の乗用具による競技・試運転・競技場でのフリー走行等を行っている間のケガ

(11)　むち打ち症、腰痛その他の症状で医学的他覚所見のないもの

【参考文献】

　日本損害保険協会 HP

　東京海上日動火災保険 HP

3　海外旅行傷害保険

Q14　海外旅行傷害保険とは、どのような保険か。

A14　海外旅行中の急激かつ偶然な外来の事故によりケガをした場合を補償する保険契約で、基本的な内容は国内旅行傷害保険の場合と同じである。

解説

本節 1 「旅行保険一般」Q 11 参照。

Q15　海外旅行傷害保険を契約していた場合、保険金の支払いがされるのはどのような場合か。

A15　死亡や傷害が発生した場合、その他特約により支払事由となる保険事故が発生した場合に保険金が支払われる。

315

第3編 第5章　個人賠償に関する保険

解　説

(1)　傷害死亡保険金

事故発生日からその日を含めて180日以内に死亡した場合

(2)　傷害後遺障害保険金

事故発生日からその日を含めて180日以内に身体に後遺障害が生じた場合

(3)　治療・救援費用保険金

治療費用部分

①海外旅行中の急激かつ偶然な外来の事故によるケガにより、医師の治療を受けた場合

②海外旅行開始後に発病した病気により、旅行終了後72時間を経過するまでに医師の治療を受けた場合（旅行終了後に発病した病気については、原因が旅行中に発生したものに限られる）

③海外旅行中に感染した特定の感染症（コレラ、ペスト、天然痘、発疹チフス、ラッサ熱、マラリアほか）により、旅行終了日からその日を含めて30日を経過するまでに医師の治療を受けた場合

救護費用部分（救援者に要する経費、遺体処理費用を含む）

①海外旅行中の急激かつ偶然な外来の事故によるケガにより、事故日からその日を含めて180日以内に死亡した場合

②海外旅行中の急激かつ偶然な外来の事故によるケガや海外旅行中に発病した病気により、3日以上続けて入院した場合（病気の場合は旅行中に医師の治療を開始したときに限られる）

③病気、妊娠、出産、早産、流産が原因で海外旅行中に死亡した場合

④海外旅行中に発病した病気により、旅行中に医師の治療を開始し、旅行終了日からその日を含めて30日以内に死亡した場合

⑤乗っている航空機・船舶が遭難した場合、事故により生死が確認できない場合、警察等の公的機関によって緊急捜索・救助活動が必要な状態と確認された場合等

(4)　疾病死亡保険金

①海外旅行中に病気で死亡した場合

②海外旅行中に発病した病気により、旅行終了後72時間を経過するまで

316

第3節　旅行保険

に医師の治療を受け、旅行終了日からその日を含めて 30 日以内に死亡
した場合（旅行終了後に発病した病気については、原因が旅行中に発生した
ものに限られる。）

③海外旅行中に感染した特定の感染症（コレラ、ペスト、天然痘、発疹チフス、
　ラッサ熱、マラリアほか）により、旅行終了日からその日を含めて 30 日
　以内に死亡した場合

＊個人賠償責任、携行品損害、偶然事故対応費用、航空機寄託手荷物損害、
　航空機遅延による損害は、特約設定で補償拡大が可能である（保険会社
　によっては基本契約の中に取り込まれている。）。

【参考文献】
　日本損害保険協会 HP
　東京海上日動火災保険 HP

Q16 海外旅行傷害保険に加入していても、保険金が支払われない場合があるのか。

A16 免責事由に該当する場合は保険金が支払われない。

解 説

(1)　契約者、被保険者、保険金受取人の故意又は重過失

(2)　けんか、自殺行為、犯罪行為によるケガ

(3)　無免許運転、酒気帯び運転、麻薬等を使用した運転中に生じたケガ

(4)　脳疾患、疾病、心神喪失によるケガ

(5)　妊娠、出産、流産によるケガ

(6)　放射線照射、放射能汚染

(7)　戦争、内乱、暴動等によるケガ

(8)　海外旅行開始前又は終了後に発生したケガ

(9)　むち打ち症、腰痛その他の症状で医学的他覚所見のないもの

【参考文献】
　日本損害保険協会 HP
　東京海上日動火災保険 HP

第3編 第5章　個人賠償に関する保険

Q17 クレジットカードに海外旅行傷害保険が付帯されているため、海外旅行傷害保険に重複加入している場合、どのような取扱いとなるか。

A17 死亡保険等は合算して支払いがされる場合があり、その他の保険は損害額を按分して支払いがされる。

解 説

(1)　一般の海外旅行傷害保険とクレジットカード付帯の保険が重複する場合

①死亡保険金、後遺障害保険金については保険金額を合算して保険金が支払われる（クレジットカード付帯の保険が複数存在する場合は最も高い保険金額を限度に保険金額に応じて按分）。例えば死亡保険金について「一般の海外旅行傷害保険 1,000 万円」＋「クレジットカード付帯の保険 2,000 万円」の場合には 3,000 万円が支払われる。②その他の保険金については保険金額を合算した金額を限度として、その範囲内で実際の損害額を按分して保険金が支払われる（ただし 1 回の事故について限度額がある場合はその金額が上限となる）。例えば「一般の海外旅行傷害保険 1,000 万円」＋「クレジットカード付帯の保険 200 万円」の場合で実際にかかった費用が 300 万円であったとき、一般の海外旅行傷害保険を先に請求した場合は一般の海外旅行傷害保険から 300 万円、クレジットカード付帯の保険を先に請求した場合はクレジットカード付帯の保険から 200 万円と一般の海外旅行傷害保険から 100 万円が支払われ、保険金の按分は保険金が支払われた後に保険会社間で調整される。

(2)　クレジットカード付帯の保険が重複する場合

①死亡保険金、後遺障害保険金については最も高い保険金額を限度として、それぞれの保険から按分して保険金が支払われる。

②その他の保険金については保険金額を合算した金額を限度として、その範囲内で実際の損害額を按分して保険金が支払われる（ただし 1 回の事故について限度額がある場合はその金額が上限となる）。

【参考文献】

日本損害保険協会 HP

東京海上日動火災保険 HP

第4節　ペットと保険

Q18 旅行保険の支払いをめぐって争われた裁判例はあるか。

A18 「急激かつ偶然な外来の事故」に該当するのかが争われた裁判例がある。

解　説

(1)　ニューヨーク旅行中にバス停でバス待ちしていたところ、前に並んでいた体格の大きな男性が突然意識を失って倒れてきて、その下敷きとなり（第1事故、左脛骨高原骨折）、また、ラスベガスのホテルにてスロットマシンの高い回転椅子から飛び降りた際に腰をひねり太ももの付け根を強打（第2事故、左大腿骨頸部骨折）した原告に対し、裁判所は4つの保険会社に対して総額4,906万円の保険金支払を命じた（原告の直接の受傷、後遺障害の程度が主要な争点）東京地判平成24年4月19日（LEX/DB 25493626）。

(2)　高齢者（84歳）のホテル（宮城県）での入浴中の溺水による死亡事故に基づく1,000万円の保険金請求について、心筋梗塞等の心疾患を起こして意識喪失に陥ったために溺水死亡した可能性があり、外来性の証明が不十分として、裁判所は請求を棄却した（東京地判平成12年9月19日判タ1086号292頁以下）。

●第4節　ペットと保険

1　ペット保険の概要

Q19 ペットが動物病院で治療を受けた場合に使える保険はあるか。ペットが他人に怪我をさせた場合に使える保険についてはどうか。

A19 いずれの場合もペット保険に加入していれば、補償を受けられる可能性がある。

解説

ペット保険は、動物病院において医療サービスを受けた際に、飼い主が負担する費用の全部又は一部を補償する保険で、保険法における損害保険契約（保険法2条6号）の一種である。また、ペット保険の特約として、飼い主の損害賠償責任を補償する個人賠償責任保険が付されている商品もある（詳細は、個人賠償責任保険の項を参照）。なお、個人賠償責任保険は、ペット保険だけでなく、自動車保険等の特約として付されている場合もある。

ペットには人のような公的保険制度（健康保険）がなく自由診療であり、医療の発展やペットの長寿化が進む中、ペット保険は広まりを見せている。かつてペット保険は法令による規制がなく、任意団体による共済の形で始まった。誰でも許認可等なしに保険業を始めることができる反面、監督官庁がなく、保険金未払、保険事業者の倒産、悪徳業者によるトラブルなども指摘された。このため、保険業法の改正（平成18年4月1日施行）によって、ペット保険を扱えるのは登録・免許を受けた保険会社又は少額短期保険業者のみとなった。

【参考文献】
堀龍兒＝淵邊善彦＝渋谷寛「ペットの法律相談」157〜163頁（青林書院、2016年）
渋谷寛＝佐藤光子＝杉村亜紀子「ペットのトラブルQ&A」187〜191頁（民事法研究会、2013年）

2　ペット保険の加入に当たっての注意事項

Q20 ペット保険に関する相談を受ける際、どのようなことに注意したらよいか。

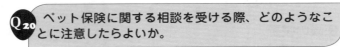

A20 保険約款等の契約内容をあらかじめ確認しておく必要がある。

解説

ペット保険は、保険事業者や保険商品によって様々なサービスがあるが、近年、補償条件の理解不足によるトラブルも指摘されている。保険約款に記載された内容は、保険契約者が契約申込みの際に知らなかったとしても、特

段の事情がない限り、契約内容として効力が認められることから、加入にあたっては、保険約款等の内容をきちんと確認しておく必要がある。

具体的には、①保険対象ないし引受条件（犬猫に限定する保険、加入の年齢制限、飼育状況や健康状態による条件を設ける保険などもある。）、②補償内容（治療額の一定割合を補償するもの、治療費全額を補償するもの、治療内容に関わらず一定額を補償するものなどがある。）、③免責事由（自然災害などのほか、飼い主や獣医師等に責任がある場合、避妊・去勢手術など健康体へ施す処置の場合、妊娠・出産・予防接種などに由来する治療の場合、時間外診療や救急対応の場合などは補償の対象外とされることがある。）、④待機期間（初回加入時から一定期間内の発症は補償されない。）、⑤保険金の支払方法（動物病院での会計時に割引を受ける方法、治療費支払後に給付金を受け取る方法などがあり、前者の場合、保険事業者と提携している病院でなければ補償が受けられないことが多い。）などに注意が必要である。

【参考文献】
　堀龍兒＝淵邊善彦＝渋谷寛「ペットの法律相談」157 ～ 163 頁（青林書院、2016 年）
　渋谷寛＝佐藤光子＝杉村亜紀子「ペットのトラブル Q&A」187 ～ 191 頁（民事法研究会、2013 年）

3　ペット保険に関するトラブルの解決方法

Q21 ペット保険の加入後、補償条件が思っていた内容と違っていた。契約を解消して支払済みの保険料の返金を求めたいが、どうしたらよいか。また、ペット保険の契約期間中、動物病院で治療を受けたが、保険事業者から治療費の補償が受けられないと言われてしまった。保険事業者の対応は不当と考えており、補償を求めたいが、どうしたらよいか。

A21 消費生活センターへの相談や民事調停、民事訴訟などの裁判上の手続のほか、クーリング・オフ、金融ADR の活用も選択肢となる。

第3編 第5章 個人賠償に関する保険

解 説

(1) クーリング・オフ（契約申込みの撤回又は解約）

　ペット保険は保険期間が1年間のものが多く、これらは保険業法上のクーリング・オフの適用対象から除外される（保険業法309条1項）。ただし、保険事業者や商品によっては、自主的にクーリング・オフの対象とする場合などもあるので、保険約款等を確認されたい。

(2) 金融 ADR（裁判外紛争解決手続）の活用

　日本損害保険協会そんぽ ADR センター及び日本少額短期保険協会少額短期ほけん相談室が、指定紛争解決機関として設置されており、相談、苦情受付、紛争解決（和解斡旋、解決支援）等の業務を行っている。

(3) 民事調停、民事訴訟などの裁判上の手続

　話合いや金融 ADR によっても解決できない場合、裁判上の手続を検討することになる。なお、ペット保険の契約締結に関する裁判例として、更新契約が成立し契約が継続していることを認めた裁判例（東京地判平成27年8月10日 LEX/DB 25532213）がある。

【参考文献】

　堀龍兒＝淵邊善彦＝渋谷寛「ペットの法律相談」157～163頁（青林書院、2016年）

●第5節　海上レジャーと保険 ･･････････････････

1　船舶保険の内容と免責事由

Q22 船の保険には、どのような内容の保険があり、どの範囲が対象となっているのか。

A22 船の保険には、船舶保険と、P&I（protection&indemnity insurance、船主責任保険組合）保険がある。
　船舶保険は、船舶そのものが保険の目的となっている。Ｐ＆Ｉ保険は、船舶保険によって填補されない責任損害及び費用損害を填補する保険である。

322

第5節　海上レジャーと保険

解説

　P&I保険が担保するのは、①船員に関する責任及び費用、②船客に関する責任及び費用、③船員及び船客以外の人に関する責任及び費用、④密航者または難民等に関する費用、⑤他船との衝突による責任及び費用、⑥財物等に関する責任、⑦汚濁に関する責任、⑧曳航に関する責任、⑨第三者との契約に関する責任、⑩防疫に関する費用、⑪積荷に関する責任及び費用、⑫共同海損、⑬過怠金、⑭責任防衛のための費用、⑮組合の容認する特例、になる。

　船舶に乗船していた船客に損害が発生した場合、P&I保険から支払いがされることになるのが通常である。

【参考文献】
　木村栄一＝大谷孝一＝落合誠一「海上保険の理論と実務」361頁、373頁〔今泉敬忠〕（弘文堂、2011年）

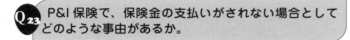

Q23　P&I保険で、保険金の支払いがされない場合としてどのような事由があるか。

A23　P&I保険には、免責事由が定められており、免責事由に該当する場合には保険金の支払いがされない。

解説

　具体的には、①組合員の故意、②戦争危険等、③原子力危険、④封鎖侵犯・不法貿易等、⑤不穏当な航海又は慎重を欠く航海、⑥掘削等の特殊作業、⑦重複保険等が、免責事由として定められている。

【参考文献】
　木村栄一＝大谷孝一＝落合誠一「海上保険の理論と実務」380頁〔今泉敬忠〕（弘文堂、2011年）

第3編 第5章 個人賠償に関する保険

2 貨物海上保険の内容と免責事由

 貨物海上保険とは、どの航路を使用している船舶が対象で、どの範囲が保険の対象となるのか。

 貨物海上保険（内航貨物海上保険）は、国内の沿岸を輸送される船舶を対象とし、貨物が保険の対象となる保険である。

解説

貨物海上保険は、直接損害のみ担保するのが原則だが（担保危険）、特定の間接損害については例外的にその損害を填補することとしている（共同海損、双方過失衝突条項）。

【参考文献】
　木村栄一＝大谷孝一＝落合誠一「海上保険の理論と実務」295頁、304～305頁〔近内保利〕（弘文堂、2011年）

 貨物海上保険で、保険金の支払いがされない場合として、どのような事由があるか。

貨物海上保険では、免責事由が定められており、免責事由に該当する場合には保険金の支払いがされない。

解説

具体的には、①保険契約者・被保険者等の故意又は重過失、②貨物の自然損耗、固有の性質若しくは欠陥、③荷造りの不完全、④輸送用具の載貨不適正、輸送方法の不良、輸送従事者の不適格、⑤運送の遅延、⑥間接損害（約款所定の費用損害を除く）、⑦戦争・内乱その他の変乱、魚雷・機雷、捕獲・だ捕・抑留・押収、公権力による処分、ストライキ、騒じょう、⑧原子力危険、⑨貨物が陸上にある間の地震・噴火・津波などが、免責事由として定められている。

324

【参考文献】
木村栄一＝大谷孝一＝落合誠一「海上保険の理論と実務」297頁〔近内保利〕（弘文堂、2011年）

● 第6節　クレジットカードの盗難・紛失の保険

 クレジットカード盗難保険の契約者は誰か。またカード契約者はどのような立場となるのか。

 クレジットカード盗難保険の契約者はクレジットカード発行会社と保険会社であり、クレジットカード会員は被保険者となる。

解説

　クレジットカード盗難保険契約は、クレジットカード発行会社と保険会社との間で締結される。そして、クレジットカード会員（利用者）が被保険者となる。

　日本国内のクレジットカード発行会社の多くは、保険会社との間でクレジットカード盗難保険契約を締結しているため、国内で発行されているクレジットカードの多くはクレジットカード盗難保険が付帯されており、当該盗難保険が付帯されている場合、クレジットカード会員は自動的に被保険者となる。

　したがって、クレジットカード会員が、カード発行を申込む際に、クレジットカード盗難保険への加入を特に申し入れなくても自動的に被保険者となる。

【参考文献】
山岸憲司＝片岡義広＝内山義隆「リース・クレジットの法律相談」438〜439頁（青林書院、第3版、2010年）

第3編 第5章　個人賠償に関する保険

Q27 クレジットカードの盗難や紛失の後に不正利用された場合、カード会員は、どのような仕組みにより損害が填補されるのか。

A27 クレジットカードの会員規約に会員保障制度がある場合、保障期間内であれば、会員保障制度により損害が填補される。

解説

　クレジットカードの会員規約には「会員保障制度」（発行会社各社により名称は異なる場合がある。）という条項が存在する場合がほとんどである。

　会員保障制度とは、会員が紛失・盗難により他人にクレジットカード又はカード情報等を不正利用された場合に、一定の要件のもとに、会員の損害を填補するものである（会員が、紛失・盗難の事実を警察署及びクレジットカード会社に届出をすることを要し、クレジットカード会社が当該届出を受理した日の60日前以降に発生した損害を填補するとされているものが多いようである。）。

　損害の填補については、限度額の上限がなくカード利用限度額まで填補される場合も多い。

【参考文献】
　山岸憲司＝片岡義広＝内山義隆「リース・クレジットの法律相談」438〜439頁（青林書院、第3版、2010年）

Q28 クレジットカードの会員保障制度において、損害の填補が受けられない場合はあるか。

A28 カード会員の故意又は重過失に起因する損害などについては、損害の填補が受けられない場合がある。
　なお個別具体的な判断については、クレジットカード発行会社各社で対応が異なることもある。

解説

　損害の填補が受けられない場合の主な具体例は以下のとおりである。

326

第6節　クレジットカードの盗難・紛失の保険

(1)　**暗証番号の管理が不適切**

　カード利用者がクレジットカードの盗難（紛失）とともに暗証番号を知られてしまい、カードが利用された場合や、暗証番号を他人に推察され易い番号（誕生日や単純な数字の組み合わせ等）で設定していたような場合に、暗証番号を用いた決済が行われると損害の填補が受けられないことがある。

(2)　**家族による不正利用**

　クレジットカードの利用は、カード名義人のみが行えると会員規約等に定められており、たとえ家族であっても利用することはできない。

　カード名義人以外の利用であれば会員規約違反となるため、損害の填補を受けられないことがある。

(3)　**クレジットカード裏面の署名欄の不備**

　クレジットカード裏面の署名欄に、カード名義人が署名を行うことが会員規約等で定められている。したがって、署名欄に署名を行っていない場合、会員規約違反となり、損害の填補を受けられないことがある。

【参考文献】
　山岸憲司＝片岡義広＝内山義隆「リース・クレジットの法律相談」439～440頁（青林書院、第3版、2010年）
　ＪＣＢクレジットカード会員規約（平成29年3月31日現在）

損害の填補を受けられないような事情が存在する場合には、カード利用者の側が必ず責任を負うのか。

原則としてカード利用者が責任を負うが、一部免責される可能性がある（京都地判平成25年5月23日判時2199号52頁）。

解説

　未成年である子どもが、親のクレジットカードを盗み、飲食等の高額な不正利用を風俗営業店（いわゆるキャバクラ）で行ったという事案で、カード利用者である親に対するクレジットカード発行会社の支払い請求を一部否定した裁判例がある。

　本来、クレジットカード発行会社の会員規約によれば、会員の家族等によ

第3編 第5章 個人賠償に関する保険

る不正利用の場合には損害の填補を受けられないのが原則である。

　しかし、この裁判例の事案においては、①未成年者と風俗営業店との接客契約が公序良俗（民法90条）に違反することのみならず、風俗営業店が未成年であることを知り又は知り得たことから公序良俗違反行為に対する寄与度が大きかったこと、②クレジットカード発行会社による未成年者への本人確認が不十分であったこと（信義則上クレジットカード発行会社が負うとされる、不正利用が疑われる場合における本人確認の義務の違反）等の事情により、子どもの不正利用による損害のすべてについて親が責任を負うべきではないと判断された。その結果、上記事情が認められる約475万円について、カード会社の請求が権利の濫用に当たるとして、親の支払義務を否定した。

　この裁判例からは、会員規約に違反する事情があるため会員保障制度による損害の填補が受けられない事情があったとしても、クレジットカード発行会社に、クレジットカード利用契約における義務違反があると認められる場合には、常にカード利用者に全責任を負わせるとするのは妥当でなく、一部免責されることがあり得るということが示されたといえる。

【参考文献】

　独立行政法人国民生活センター「暮らしの判例　未成年の息子が、父親のカードで高額な不正使用をしたことについて、カード会社の注意義務違反が認められた事例」（2015年1月号）

　山岸憲司＝片岡義広＝内山義隆「リース・クレジットの法律相談」439～440頁（青林書院、第3版、2010年）

第6章 専門家賠償責任保険

Q1 専門家賠償責任保険は、一般の賠償責任保険とどのような違いがあるか。注意すべき点は何か。

A1 いかなる事実をもって保険事故というか、重過失が免責事由となるか否かについて、違いがある。そして、保険事故については、当該事案に適用される約款の規定に注意する必要がある。また、保険事故及び免責事由について訴訟上争点となったものがあるため注意が必要である。

解説

(1) 専門家賠償責任保険の種類

専門家賠償責任保険としては、医師賠償責任保険、薬剤師賠償責任保険、獣医師賠償責任保険、建築家賠償責任保険、弁護士賠償責任保険、公認会計士賠償責任保険、税理士賠償責任保険、司法書士賠償責任保険、行政書士賠償責任保険、柔道整復師賠償責任保険、会社役員賠償責任保険（D&O 保険）などがある。

多額の損害賠償責任を負うことになる専門家の経済的救済と、賠償責任が認められた場合に、確実に賠償を受けさせることによって被害者を経済的に救済する役割を担っている。

(2) 専門家賠償責任保険と一般の賠償責任保険との違い

ア 保険事故の定め方の違い

専門家賠償責任保険と一般の賠償責任保険とでは、約款での保険事故の定め方が異なっている。

すなわち、一般の責任保険の約款では、発生した事故により被保険者が他人に対する財産的給付をなすべき法的責任を負ったことを保険事故とする方式が原則である（いわゆる責任負担方式）。

しかし、専門家賠償責任保険では、被保険者が他人から損害賠償請求を受けたことを保険事故とする方式（いわゆる請求方式）や被保険者が他人に対して損害賠償責任を負ったことが発見されたことを保険事故とする方

329

第3編 第6章 専門家賠償責任保険

式（いわゆる発見方式）が採用されている。その理由として、専門家による保険事故の性質上、責任発生の時期が不明確なものや責任発生時と実際の損害賠償請求時との間に長期間経過するものが多く、保険事故発生の時点が明確である上記2方式は、保険者の保険金支払事務やリスク算定を容易にすることが挙げられる。

発見方式を採用しているものとして、医師賠償責任保険・建築家賠償責任保険などがあり、請求方式を採用しているものとして、日本医師会医師賠償責任保険・弁護士賠償責任保険・公認会計士賠償責任保険・税理士賠償責任保険・司法書士賠償責任保険・行政書士賠償責任保険・会社役員賠償責任保険などがある。医師については、請求方式と発見方式の2種の約款が併存しており、1つの医療過誤事件に複数の医師が関与している場合、損害調査に当たって問題が生じると指摘されている。

また、請求方式にいう「損害賠償を請求された場合」や発見方式にいう「事故が発見された場合」の意義、建築家賠償責任保険についての「滅失・き損」の意義について解釈が問題となった裁判例があることから注意が必要である（東京地判平成18年2月8日判時1928号136頁、広島高岡山支判平成14年1月31日金法1152号12頁、名古屋高判平成20年6月24日金判1300号36頁など）。

イ　重過失が免責事由となるか否かの違い

また、専門家賠償責任保険においては、被害者救済の観点から重過失が免責から除外されている（保険法17条2項）。そのため、約定免責事由について、弁護士賠償責任保険の「他人に損害を与えるべきことを予見しながら行った行為に起因する賠償責任」の意義や、税理士職業賠償責任保険の過少申告等があった場合の「本来納付すべき税額」の意義が問題となっているので注意が必要である（東京高判平成10年6月23日金判1049号44頁、最判平成15年7月18日民集57巻7号838頁など）。

【参考文献】

山下友信ほか「保険法」197頁（有斐閣、第3版補訂版、2015年）
甘利公人＝福田弥夫「ポイントレクチャー保険法」138頁（有斐閣、第2版、2017年）
太田秀哉「特集・医療と法　専門家賠償保険」ジュリスト1339号82頁
山下友信＝永沢徹「論点体系　保険法1」394頁（第一法規、2014年）

第4編
労働と保険

第4編 第1部 第1章 労災保険法の適用範囲

第1部 労災保険

第1章 労災保険法の適用範囲

第1節 労働者

Q₁ 法人の役員にも労災保険は適用されるか。

A₁ 労働者性が認められる場合は、法人の役員であっても労災保険が適用される。

解説

労災保険が適用されるのは、適用事業で使用されている「労働者」である。

労災保険法上の「労働者」は、労働基準法9条の「労働者」と同義である。

労働者性の本質は、使用従属関係にあるから、会社の取締役などの役員で、事業主体との関係において使用従属関係に立たない者は、「労働者」にはあたらない。

一方、会社の役員であっても、代表権を持たず、工場長や部長として代表取締役の指揮命令を受けて労働に従事し、その対価として賃金を受けている場合などは、使用者との使用従属関係が認められるため、「労働者」に当たり、労災保険が適用される。

裁判例として、株式会社の執行役員の労働者性を肯定した事例（船橋労基署長［マルカキカイ］事件・東京地判平成23年5月19日労判1034号62頁）などがある。

【参考文献】

菅野和夫「労働法」170〜175頁、609頁（弘文堂、第11版補正版、2017年）

冨田武夫＝牛嶋勉（監修）「最新実務労働災害」13〜14頁（三協法規出版、改訂2版、2015年）

第2節　特別加入制度

Q₂ 中小事業主や一人親方は労災保険に加入できるか。

A₂ 労災保険の特別加入制度がある。

解説

　労災保険が適用されるのは原則として労働者に限られるが、労災保険法は、中小企業事業主等、一人親方その他の自営業者、特定作業従事者、海外派遣者について、任意に加入した者に適用を認める特別加入制度を設けている（同法33条から35条）。

　特別加入するためには、所轄の都道府県労働局長に対して申請を行い、その承認を得ることが必要である。

　特別加入制度は、労働者に関して成立している労災保険関係を前提としているから、特別加入者の災害が業務災害として保護される場合の範囲は、あくまで労働者の行う業務に準じた業務の範囲にとどまる。つまり、労働者の行う業務と無関係の業務に従事中に災害が発生しても、保険給付の対象とならない。

　特別加入者の労災給付の対象となる「業務」について、行政解釈・最高裁は、特別加入申請書に記載された業務を基準に判断している（姫路労基署長［井口重機］事件・最判平成9年1月23日判時1593号127頁等）。

【参考文献】

　荒木尚志「労働法」240頁（有斐閣、第3版、2016年）
　菅野和夫＝安西愈＝野川忍「論点体系 判例労働法3」192頁（第一法規、2014年）
　山口浩一郎＝西村健一郎「実務者のための労災保険制度Q&A」176〜179頁（公益財団法人労災保険情報センター、2016年）

第4編 第1部 第1章 労災保険法の適用範囲

●第3節　自賠責保険との関係 ●●●●●●●●●●●●●●●●●●●●

Q₃ 就業中の自動車事故の場合、労災保険と自賠責保険のどちらに先に請求するのか。

A₃ 労災保険と自賠責保険を任意に選択することができる。

解説

　同一の事由によって自賠責保険の保険金と労災保険給付の両方から二重の補填を受け取ることはできない（労災法12条の4）。

　どちらに先に請求すべきかについて法の定めはないが、行政通達は、給付事務の円滑化を図るため、原則として自賠責保険の支払いを労災保険の支払いに先行して行うとしている（昭和41年12月16日基発1305号）。

　もっとも、行政通達に拘束されるわけではないため、被災労働者（被害者）としては、負傷の程度、第三者（相手方）の保険の加入状況、双方の過失割合などを考慮して、選択することになる。

　労災保険と自賠責保険の主な相違点としては、傷害の場合、自賠責保険においては120万円という支払いの上限があること、労災保険の場合は過失相殺がないが、自賠責保険の場合は、被害者に重過失（70%以上）があると損害額から減額されることなどがある。

【参考文献】
　冨田武夫＝牛嶋勉（監修）「最新実務労働災害」194 ～ 195 頁（三協法規出版、改訂2版、2015 年）
　高橋健「労災保険実務標準ハンドブック」369 ～ 371 頁（日本法令、2015 年）

第1節　事故による負傷、死亡の場合

第2章　業　務　災　害

●第1節　事故による負傷、死亡の場合 ‥‥‥‥‥‥‥‥‥‥‥

1　業務上判断

Q1 事故による負傷、死亡の場合の「業務上」の判断基準は、どのようなものか。

A1 業務遂行性、業務起因性の2段階で判断する。

解 説

　傷病等が「業務上」発生したといえるためには、「業務起因性」、すなわち、傷病等が業務に内在する危険の発現と評価できることが必要である。

　災害性の傷病等の業務起因性の判断にあたっては、行政・裁判実務上、「業務遂行性」が重要な第1次的判断基準とされている。業務遂行性とは、労働者が事業主の支配・管理下にあることをいう。

　したがって、まず業務遂行性が認められるかどうかを判断し、業務遂行性がある場合は、さらに業務起因性の有無を判断して、「業務上」かどうかが決まるという2段階の審査がなされる。

【参考文献】
　菅野和夫「労働法」611～614頁（弘文堂、第11版補正版、2016年）
　荒木尚志「労働法」250頁（有斐閣、第3版、2016年）
　菅野和夫＝安西愈＝野川忍「論点体系 判例労働法3」206頁（第一法規、2014年）

2　就業中の災害

Q2 就業時間中の災害は、すべて業務上と認められるのか。

A2 原則として業務遂行性、業務起因性が認められる。

335

第4編 第1部 第2章 業務災害

解説

　就業時間中の労働者は、労働契約に基づき使用者の指揮命令下で業務に従事しているのが通例なので、原則として業務遂行性、業務起因性が肯定される。

　もっとも、本来の業務とは関係のない労働者の私的行為や、業務からの逸脱行為があったことが認められると、業務起因性は否定される。

　最高裁の事例で、大工が自らの挑発行為によって元同僚とけんかとなり殴打されて死亡した事案について、被災労働者の一連の行為は業務に通常随伴または関連する行為ともいえないとして、業務起因性を否定したものがある（倉敷労基署長事件・最判昭和49年9月2日民集28巻6号1135頁）。

　下級審の肯定例として、トラック運転手が無免許の助手に運転業務を交代して荷台に乗っていた際、路面に転落して死亡した事故について、被災労働者が一切の業務放棄をしたとはいえないとして、業務起因性を認めたもの（中野労基署長事件・長野地判昭和39年10月6日判時392号43頁）などがある。

【参考文献】
　　菅野和夫＝安西愈＝野川忍「論点体系 判例労働法3」208〜209頁（第一法規、2014年）
　　山口浩一郎＝西村健一郎「実務者のための労災保険制度Q&A」33〜35頁（公益財団法人労災保険情報センター、2016年）

3　休憩時間中の災害

Q₃ 休憩時間中の災害も業務上と認められるか。

A₃ 原則として業務起因性が否定される。

解説

　労働者は、休憩時間中も、事業場施設内において行動している限り、事業主の支配・管理下にあるため、業務遂行性は認められる。

　もっとも、休憩時間の利用は労働者の自由であるので、休憩時間中の災害

は、私的行為に起因するものと推定され、業務起因性は原則として認められない。

例外的に業務起因性が肯定されるのは、事業場施設又は施設管理の状況（欠陥等）に起因する場合や、業務付随行為（用便等の生理的必要行為、作業に伴う必要行為又は合理的行為）と認められる場合である。

【参考文献】
> 菅野和夫＝安西愈＝野川忍「論点体系 判例労働法3」212～214頁（第一法規、2014年）
> 山口浩一郎＝西村健一郎「実務者のための労災保険制度Q&A」36～38頁（公益財団法人労災保険情報センター、2016年）

4　就業時間前後の災害

Q4 就業時間前後に発生した災害でも業務上と認められるか。

A4 就業時間前後の準備行為・後始末行為は、特段の事情のない限り、業務遂行性、業務起因性が認められる。

解説

労働者は、就業時間前後の準備行為と後始末行為を行っている際も、事業主の支配・管理下にあるといえるため、業務遂行性は認められる。

また、準備行為又は後始末行為は、業務行為に通常付随するものであり、業務行為の延長といえるから、特段の事情のない限り、業務起因性も認められる。

就業時間前後の行為が、準備行為又は後始末行為に当たるかは、作業の種類、作業管理の状況、事業場の慣行、事業場施設の状況等を考慮し、それが労働者にとって合理的行為かどうか、又は業務を遂行する上で必要な行為かどうか、によって判断する。

第4編 第1部 第2章 業務災害

【参考文献】
菅野和夫＝安西愈＝野川忍「論点体系 判例労働法3」211～212頁（第一法規、2014年）
山口浩一郎＝西村健一郎「実務者のための労災保険制度Q&A」39～40頁（公益財団法人労災保険情報センター、2016年）

5 出張中の災害

 出張中に発生した災害は、どのような場合に業務上と認められるのか。

 労働者の積極的な私的行為や恣意的行為による災害でない限り、一般に業務遂行性・業務起因性が認められる。

解説

出張中の労働者は、移動や宿泊などを含む出張過程の全般について、事業主の包括的な支配を受けているといえる。

出張中の個々の行為が私的行為であっても、それは出張に通常伴う行為であるから、労働者が積極的に行った私用・私的行為や恣意的行為の結果でない限りは、業務遂行性、業務起因性が認められる。

裁判例としては、出張中の宿泊先で、夕食時の飲酒による酔いのために階段で転倒死亡した事故について、業務と全く関連のない私的行為や恣意的行為ないしは業務逸脱行為ではないことから、業務上と認めた事例（大分労基署長［大分放送］事件・福岡高判平成5年4月28日判タ832号110頁）などがある（なお、同裁判例は、いかなる事実を重視するかによって結論が異なり得る微妙な事例ではある。）。

【参考文献】
菅野和夫＝安西愈＝野川忍「論点体系 判例労働法3」215～217頁（第一法規、2014年）
冨田武夫＝牛嶋勉（監修）「最新実務労働災害」50～51頁（三協法規出版、改訂2版、2015年）
村中孝史＝荒木尚志「労働判例百選」92～93頁［上田達子］（有斐閣、第9版、2016年）

第1節　事故による負傷、死亡の場合

6　社内行事への参加中の災害

Q₆ 時間外に行われた社内行事（宴会、懇親会等）へ参加中に災害が発生した場合、業務上といえるか。

A₆ 行政解釈は、特別の事情がない限り、業務遂行性を認めず、裁判例でも業務遂行性が否定される例が多い。

解 説

　宴会などの行事への参加は、一般的には、本来業務とは異なり、業務行為としての性格が希薄である場合が多い。

　行政解釈は、宴会、懇親会、慰安旅行等の各種行事について、特別の事情のない限り、業務遂行性を認めていない（昭和22年12月19日基発516号等）。裁判例では、当該行事が企業経営にとって必要か、当該参加行為が業務従事行為といえるかどうかが、判断に当たって重視されているが、業務遂行性が否定される例が多い。

　裁判例として、会社の忘年会について事業運営上緊要なものとは認められず、参加の強制もなかったとして、業務遂行性を否定した事例（福井労基署長事件・名古屋高金沢支判昭和58年9月21日労民集34巻5・6号809頁）などがある。

【参考文献】
　菅野和夫「労働法」613頁（弘文堂、第11版補正版、2016年）
　菅野和夫＝安西愈＝野川忍「論点体系 判例労働法3」217～219頁（第一法規、2014年）
　山口浩一郎＝西村健一郎「実務者のための労災保険制度Q&A」50～52頁（公益財団法人労災保険情報センター、2016年）

339

7 天災地変による災害

 地震、暴風雨等の天災地変に起因する災害は、業務上の災害といえるか。

 天災地変による災害を被りやすい業務上の事情と相まって、災害が発生したと認められる場合は、業務上の災害といえる。

解説

　地震、暴風雨、水害、落雷、土砂崩れ等の天災地変は、業務とは無関係の自然現象であるから、業務遂行中に発生したものであっても、一般的に業務起因性が認められない。

　もっとも、天災地変による災害を被りやすい業務上の事情があって、天災地変が契機となって起きた災害については、業務災害として認められる余地がある。

　業務上とされた裁決例として、住宅新築現場で墨付作業中の大工が落雷で感電し死亡した事例（昭和35年3月31日裁決昭34労第92号）、集中豪雨の際に作業中の製管工が、堤防破壊のため押し流されて溺死した事例（昭和38年5月31日裁決昭37労第163号）がある。

【参考文献】
　菅野和夫＝安西愈＝野川忍「論点体系 判例労働法3」219〜221頁（第一法規、2014年）
　山口浩一郎＝西村健一郎「実務者のための労災保険制度Q&A」58〜60頁（公益財団法人労災保険情報センター、2016年）

8 他人の暴行による災害

 同僚、上司等からの暴行による負傷の場合には、業務上の災害といえるか。

 業務従事中の他人の暴行によるものは、明らかに業務に起因しないものを除き、業務起因性が推定される。

第2節　業務上の疾病

解　説

　他人の暴行による災害は、他人の故意に起因するものであるから、一般には業務と災害との相当因果関係は否定され、業務起因性は認められない。

　もっとも、近年、行政通達は、他人の故意に基づく暴行が業務従事中に行われた場合には、それが加害者の私的怨恨や被害者の自招行為によるものなど、明らかに業務に起因しないものを除き、業務に起因すると推定するとしている（平成21年7月23日基発0723 - 12）。

　裁判例でも、作業中における同じ会社の従業員からの暴行について、業務起因性を認めた事例がある（新潟労基署長【中野建設工業】事件・新潟地判平15年7月25日労判858号170頁）。

【参考文献】

　菅野和夫＝安西愈＝野川忍「論点体系 判例労働法3」221～222頁（第一法規、2014年）

　山口浩一郎＝西村健一郎「実務者のための労災保険制度Q&A」53～55頁（公益財団法人労災保険情報センター、2016年）

　冨田武夫＝牛嶋勉（監修）「最新実務労働災害」66～68頁（三協法規出版、改訂2版、2015年）

●第2節　業務上の疾病 ・・・・・・・・・・・・・・・・・・・・・・・・

1　基本的考え方

Q9 業務上の疾病認定の基本的な考え方はどのようになっているか。

A9 業務上の疾病については、災害性の疾病と非災害性の疾病（職業病等）の2つに分けて考えられる。どちらも業務上疾病認定を受けるためには業務起因性が認められることが必要である。

解　説

(1)　災害性疾病と非災害性疾病

　災害性疾病は、時間、場所が明確な災害を通して発生する疾病をいう。こ

341

れに対し、非災害性疾病とは、長期間、業務に関連して有害要素（労働条件や環境等）にさらされることによって発生する疾病をいう。

災害性疾病と非災害性疾病、いずれも業務と疾病との間に相当因果関係（業務起因性）が認められなければならないが、その認定に当たっては医学的知識、知見を要する。

さらに、非災害性疾病においては、複数の要因が競合して発生する場合が多いことから、その業務起因性の判断は容易ではない。

(2) 法、規則による規定

そこで、上記のような業務起因性の認定の困難さを緩和させるための規定が、法、及びそれを受けた規則に定められている。

まず、労働基準法（以下、「労基法」という。）75条2項は「・・・業務上の疾病及び療養の範囲は、厚生労働省令で定める」と規定し、これを受けた労働基準法施行規則（以下、「労規則」という。）35条は「法第75条第2項の規定による業務上の疾病は、別表第1の2に掲げる疾病とする」として、別表1の2において、業務の内容及び疾患の内容について列挙している。これは列挙されている業務から、同疾病が生じ得る蓋然性が高いことを示すことにより、原告の業務起因性についての立証の困難性を緩和することを目的としている。

【参考文献】

菅野和夫「労働法」614頁（弘文堂、第11版補正版、2017年）
荒木尚志「労働法」251～252頁（有斐閣、第3版、2016年）
菅野和夫＝安西愈＝野川忍「論点体系　判例労働法3」223～226頁（第一法規、2014年）

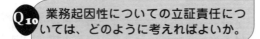

Q10　業務起因性についての立証責任については、どのように考えればよいか。

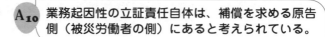

A10　業務起因性の立証責任自体は、補償を求める原告側（被災労働者の側）にあると考えられている。

解説

上記Q9の解説のとおり、別表1の2において、業務上の疾病が規定され

第2節　業務上の疾病

ている。これは、上記のとおり、原告の立証の困難性を緩和するために設けられた規定であるが、業務起因性の立証自体は、補償を求める原告側が行わなければならない。

もっとも、別表1の2に例示された疾病について、（列挙された）「当該疾病を発症させるに足りる条件のもとで業務に従事してきた」こと、及び「当該疾病に罹患した」ことが立証された場合、業務起因性が事実上推定されるため、原告の立証困難性は緩和されることになる。

【参考文献】
菅野和夫「労働法」614頁（弘文堂、第11版補正版、2017年）
荒木尚志「労働法」251〜252頁（有斐閣、第3版、2016年）
菅野和夫＝安西愈＝野川忍「論点体系　判例労働法3」223〜226頁（第一法規、2014年）

Q11 各疾病についての認定基準が通達において示されているが、認定基準とはどのような意味を持つか。

A11 認定基準を満たしている疾病については、原則として業務上疾病として取り扱われるという意味を持つ。

解説

Q9、10のとおり、業務上の疾病について、別表1の2において定められている。しかし、同別表の文言、表現においても読み手によって解釈の余地がある。判断する者ごとに解釈が異なると、認定の迅速性が害されるとともに、結果として同じような状況下で同じような症状であるにもかかわらず、判断が分かれる可能性があり、公平性を害することになる。

そこで、別表1の2における具体的な認定基準について、通達が出されている。同通達は裁判所等を拘束するものではないが、一般的には同通達の基準を満たしている疾病については、業務上の疾病として取り扱われるものと考えられる。もっとも、別表1の2の疾病すべてについて通達が出されているわけではない。

343

第4編 第1部 第2章 業務災害

【参考文献】

菅野和夫＝安西愈＝野川忍「論点体系 判例労働法3」224～226頁（第一法規、2014年）

高橋健「労災保険実務 標準ハンドブック」240頁（日本法令、2015年）

2 腰痛の労災認定

Q12 業務が原因での腰痛と判断されるのは、どのような場合をいうか。

A12 業務と腰痛との間に相当因果関係（業務起因性）が認められることが必要である。

解　説

(1) 認 定 基 準

腰痛は加齢的、身体的要因、そのほか日常生活の積み重ねも影響を与えることから、疾病の中でも特に複合的な要因が競合し得る。その意味では、災害性の腰痛としてもその認定は容易ではない。

ただ、災害性の腰痛、あるいは非災害性の腰痛のいずれにしても、通達による基準を満たすかどうか、まず検討されるべきである。

(2) ぎっくり腰について

ぎっくり腰は日常生活や労働状況、力の程度に関わりなく発症する可能性があることから、一般的に業務との関連性、結びつきが強いとはいい難い。しかし、他の災害性の腰痛のように、

①腰部への負傷（内部組織の損傷を含む）又は腰部への急激な力の作用が業務中の突発的なできごととして客観的に認められる場合や腰部への急激な力が、通常の動作と異なる動作又は姿勢によって生じたものであるような場合で、

②腰部へかかる力が腰痛を発症させ、又はもともとの腰痛の持病等を著しく悪化させたと医学的に認められる場合には、業務上の疾病と認定される場合がある（昭和51年10月16日基発第750号）。

(3) 長距離トラック運転手の腰痛について

長距離トラック運転手の腰痛のような場合には、一般的に非災害性の腰痛に分類され得るが、当然に業務上の疾病と認定されるわけではない。

344

長距離トラック運転手は、長時間にわたって腰部の伸展を行うことのできない同一作業姿勢を継続して行う業務といえ、3か月から数年程度業務に従事していることが一つの目安とはなるが（上記昭和51年10月16日基発第750号）、その他にも、その者の年齢や体格、症状の内容等を考慮して業務上の疾病に当たるか判断されることになる。

【参考文献】
菅野和夫「労働法」615頁（弘文堂、第11版補正版、2017年）
高橋健「労災保険実務　標準ハンドブック」243頁（日本法令、2015年）

3　過労死の労災認定

Q13　過労死の労災認定のポイントはどのようなものか。

A13　別表1の2第8号、平成13年12月12日基発1063号通達により、業務上の過重負荷を受けたものと認定できるかどうかがポイントとなる。

解説

(1)　脳・心臓疾患の業務上認定

従来、脳・心臓疾患が業務の影響により発症し、死亡した（過労死）ことの業務上認定は、労規則別表1の2の第11号（いわゆる包括規定）により行っていたが、平成22年の労働基準法施行規則の改正によって、別表1の2の第8号により行われることとなった。

具体的な認定は、通達（平成13年12月12日基発1063号）の内容に基づいて行われる。

(2)　認定基準について

①発症の直前から前日までの間に異常な出来事に遭遇したこと
②発症前の概ね1週間に特に過重な業務を行っていたこと
③発症前6か月間にわたって著しい疲労の蓄積をもたらす特に過重な業務を行っていたこと

上記のいずれかの業務上の過重負荷を受けたことによって発症した脳・心臓疾患について、業務上の疾患と認定され得ることになる。

第4編 第1部 第2章 業務災害

【参考文献】
　菅野和夫「労働法」615 ～ 618 頁（弘文堂、第 11 版補正版、2017 年）
　荒木尚志「労働法」252 ～ 254 頁（有斐閣、第 3 版、2016 年）
　菅野和夫＝安西愈＝野川忍「論点体系　判例労働法 3」228 ～ 235 頁（第一法規、2014 年）

4　精神障害の労災認定

Q14 うつ病等の精神障害の労災認定のポイントはどのようなものか。

A14 別表 1 の 2 第 9 号、平成 23 年 12 月 26 日基発 1226 第 1 号の通達による認定基準により、精神障害の業務起因性を認定できるかどうかがポイントとなる。

解 説

(1)　心理的負荷による精神障害

　従来、心理的負荷による精神障害等の業務上認定についても列挙疾病に挙がっていなかったが、平成 22 年の改正によって、別表 1 の 2 の第 9 号により行われることとなった。

　具体的な認定は、上記のように通達（平成 23 年 12 月 26 日基発 1226 第 1 号）の内容に基づいて行われる。

(2)　認定基準について

　①対象の疾病を発症していること

　②発症前概ね 6 か月の間に、業務による強い心理的負荷が認められること

　③業務以外の心理的負荷及び個体側要因により発症したとはいえないこと

　上記の基準をすべて満たす場合には、業務起因性が認められ、業務上の疾病と認定され得ることになる。

【参考文献】
　菅野和夫「労働法」618 ～ 620 頁（弘文堂、第 11 版補正版、2017 年）
　荒木尚志「労働法」254 ～ 255 頁（有斐閣、第 3 版、2016 年）
　菅野和夫＝安西愈＝野川忍「論点体系　判例労働法 3」241 ～ 244 頁（第一法規、2014 年）

第4編 第1部 第3章 通勤災害

第3章 通勤災害

1 通勤災害の「通勤による」

Q₁ 通勤災害の認定における「通勤による」とは何か。

A₁ まず、前提となる「通勤」とは、労働者災害補償保険法（以下、「労災法」という。）7条2項各号に定める移動をいい、「通勤による」とは、「通勤」と災害（また負傷等）との間に相当因果関係があることをいう（通勤起因性）。

解説

(1) 通勤

　通勤災害の認定を受けるためには、通勤によって、負傷、疾病、障害、死亡の結果が生じていることが必要である。そして、その前提となる「通勤」（同7条1項）とは、

　　①住居と就業の場所との間の往復（同条第2項1号）

　　②厚生労働省令で定める就業の場所から他の就業の場所への移動（同条項2号）

　　③住居と就業場所の往復に先行し、又は後続する住居間の移動（厚生労働省令で定める要件に該当するものに限る）（同条項3号）

をいう。

(2) 通勤による

　通勤によって生じた災害といえるためには、通勤に通常伴う危険が具体化したものといえなければならないから、典型的には、通勤中の交通事故等はこれに当たると考えられるが、通勤途中に第三者により殺害されたとしても、通勤がたまたま犯行の機会として選ばれたにすぎないときは、通勤に通常伴う危険が具体化したものとはいえない（大阪高判平成12年6月28日労判798号7頁）。

347

第4編 第1部 第3章 通勤災害

【参考文献】
菅野和夫「労働法」626〜628頁（弘文堂、第11版補正版、2017年）
荒木尚志「労働法」257〜258頁（有斐閣、第3版、2016年）
菅野和夫＝安西愈＝野川忍「論点体系　判例労働法3」251〜254頁（第一法規、2014年）

2　通勤災害の「就業に関し」

Q₂ 通勤災害の認定における「就業に関し」とは何を意味するか。

A₂ 移動行為が業務と密接な関連をもって行われることを要する（就業関連性）。

解説

　通勤災害と認められるためには、移動が「就業に関し」てなされていなければならない（労災法7条2項）。

　これは、業務に就くため、また業務を終えたためにする移動行為を意味する。就業前後（就業中含む）の移動に関し、業務と密接な関連性を要することにより、適正妥当な範囲で通勤災害を認めるとする趣旨である。

　ここでは、業務終了後の活動（その後に退勤）などが問題となる。

　業務終了後の活動（組合活動やサークル活動等）については、社会通念上就業と帰宅との直接的関連を失わせるほどの長時間の滞在であったかどうか、が一つの基準となるが、私的な理由に基づく滞留（事業場所で）が概ね2時間を超えない程度であれば、業務関連性が認められ得るものと考えられる（昭和49年8月28日基収2533号、昭和49年9月26日基収2023号、昭和49年11月15日基収1881号）。

　また、いわゆる懇親会等については、使用者により参加が命じられているものか否かも一つの指標となる（一般的に、参加が命じられていれば「業務」に該当するといえる。）。

　なお、混雑を避けるため、早出をしたり、寝坊してしまった場合など、通常の出勤時間と時間的に若干の前後があっても、就業との関連性は否定されない（平成18年3月31日基発0331042号）。

第4編 第1部 第3章 通勤災害

【参考文献】

菅野和夫「労働法」626 ～ 628 頁（弘文堂、第 11 版補正版、2017 年）

荒木尚志「労働法」257 ～ 258 頁（有斐閣、第 3 版、2016 年）

菅野和夫＝安西愈＝野川忍「論点体系　判例労働法 3」255 ～ 256 頁（第一法規、2014 年）

3　通勤災害の「合理的経路・方法」

Q₃ 通勤災害の認定における「合理的な経路・方法」とは何を意味するか。

A₃ 「合理的な経路・方法」とは、（労災法 7 条 2 項各号の）移動の際に、一般に労働者が用いるものと認められる経路及び手段等をいう。

解説

(1)　意　義

通勤災害と認められるためには、移動行為が「合理的な経路及び方法」により行われていなければならないが（労災法 7 条 2 項各号）、ここでいう「合理的な経路及び方法」とは、単に最短（住居と就業場所、あるいは就業場所から別の就業場所等）の経路だけを指すのではなく、社会通念上、合理的といえる経路であればよい。

(2)　具 体 例

まず、会社への申請経路とは異なる経路で通勤している場合でも、乗り換え等の利便性の観点から通常使用することが考えられる経路であり、それが極端な迂回とならなければ、それぞれ合理的な経路であると考えられている。

これに対し、無免許運転（バイクや車）（更新手続忘れでなく、一度も免許を取ったことがない）での通勤中に事故を起こした場合には、そもそも無免許運転自体は法律違反であることから、通勤行為として合理的な方法とはいえず、その通勤途中における災害は通勤災害とは認められないと考えられる。

なお、飲酒運転や免許不携帯などについては、ただちに合理性を欠くものとはいい難いが、諸般の事情を考慮して、支給制限（労災法 12 条の 2 の 2）が行われる可能性がある（以上につき、平成 18 年 3 月 31 日基発 0331042 号）。

349

第4編 第1部 第3章 通勤災害

【参考文献】
菅野和夫「労働法」626 ～ 628 頁（弘文堂、第 11 版補正版、2017 年）
荒木尚志「労働法」257 ～ 258 頁（有斐閣、第 3 版、2016 年）
菅野和夫＝安西愈＝野川忍「論点体系　判例労働法 3」256 ～ 257 頁（第一法規、2014 年）

4　通勤の逸脱・中断

Q4 通勤の経路を外れたり、途中で中断した場合は通勤とは認められなくなるか。

A4 通勤の逸脱・中断については原則として通勤災害の適用対象外となるが、例外的に通勤災害の適用が認められる場合がある（労災法 7 条 3 項）。

解説

(1)　逸脱、中断

「逸脱」とは、通勤の途上において、通勤（又は就業）とは関係のない目的で合理的な経路をそれることをいう。

「中断」とは、通勤の途上において、通勤とは関係のない行為を行うことをいう。

(2)　ささいな行為

経路上の店において、ごく短時間、お茶やビールを飲む場合や、近くの公衆トイレを利用する等の行為は、ささいな行為として、逸脱、中断とは扱われない（平成 18 年 3 月 31 日基発 0331042 号）。

もっとも、経路上の店であっても、長時間にわたってゆっくり座って食事等を行う場合にはささいな行為とは扱われず、逸脱、中断となり、通勤災害の適用対象とはならない（上記平成 18 年 3 月 31 日基発 0331042 号）。

(3)　逸脱・中断の例外

また、通勤の逸脱・中断があった場合には、原則として通勤災害の適用対象とはならないが、労災法 7 条 3 項ただし書は、「当該逸脱又は中断が、日常生活上必要な行為であって厚生労働省令で定めるものをやむを得ない事由により行うための最小限度のものである場合は、当該逸脱又は中断の間を除き、この限りでない。」と規定していることから、同条項ただし書に該当す

350

第4編 第1部 第3章 通勤災害

る場合には、通勤災害の適用対象として認められる。

⑷ 「厚生労働省令で定めるもの」について

　上記のように、逸脱・中断の例外となり得る行為については、労災法7条3項を受けた労災法施行規則8条に列挙されている。

　その中でも特に日常生活に関わる同条1号は「日用品の購入その他これに準ずる行為」と規定しているが、これは帰路において惣菜等を購入したり、独身者が食事のため食堂に立ち寄ったり、クリーニング店に寄ることなどが該当し、これらの場合には通勤災害の対象になるといえる（上記平成18年3月31日基発0331042号）。

　もっとも、「当該逸脱又は中断の間を除き」と規定されていることから、上記の例でいえば、惣菜を購入している店内や、逸脱、中断のため合理的な経路を外れた後、復する前は対象とならず、合理的な経路に復した後、再び「通勤」として認められることになる（札幌地判昭和63年2月12日労判515号49頁等）。

【参考文献】
菅野和夫「労働法」626〜628頁（弘文堂、第11版補正版、2017年）
荒木尚志「労働法」257〜258頁（有斐閣、第3版、2016年）
菅野和夫＝安西愈＝野川忍「論点体系　判例労働法3」257〜259頁（第一法規、2014年）

第4編 第1部 第4章 保険給付

第4章 保険給付

1 共通事項

Q₁ 保険給付にはいろいろな種類があるが、種類毎の給付理由と給付内容はどのようになっているか。

A₁ 以下の表のようになっている。

解説

保険給付の種類	給付理由	給付の内容	
		保険給付	特別支給金
療養（補償）給付	・業務災害又は通勤災害により療養する場合 ・（労災指定病院等間での）転医の場合	・必要な療養の給付 （労災指定病院等で治療する場合） ・必要な療養費の全額 （上記以外で治療する場合）	
休業（補償）給付	業務災害又は通勤災害により労働することができず、賃金を受けられない場合 （※無給の休業をする日に限る）	（休業4日目から）休業1日につき給付基礎日額の60％相当額	（休業4日目から）休業1日につき給付基礎日額の20％相当額
障害（補償）給付	業務災害又は通勤災害による傷病が症状固定した後に障害が残った場合	【障害（補償）年金】 障害の程度に応じ、給付基礎日額の313日分から131日分の年金	【障害特別支給金】 障害の程度に応じ、342万円から159万円までの一時金
			【障害特別年金】 障害の程度に応じ、算定基礎日額の313日分から131日分の年金
		【障害（補償）一時金】 障害の程度に応じ、給付基礎日額の503日分から56日分の一時金	【障害特別支給金】 障害の程度に応じ、65万円から8万円までの一時金
			【障害特別一時金】 障害の程度に応じ、算定基礎日額の503日分から56日分の一時金
遺族（補償）給付	業務災害又は通勤災害により死亡した場合	【遺族（補償）年金】 遺族の数等に応じ、給付基礎日額の245日分から153日分の年金	【遺族特別支給金】 300万円（一律）
			【遺族特別年金】 遺族の数等に応じ、算定基礎日額の245日分から153日分の年金
		【遺族（補償）一時金】 給付基礎日額の1000日分の一時金	【遺族特別支給金】 300万円（一律）
			【遺族特別一時金】 給付基礎日額の1000日分の一時金
葬祭料 葬祭給付	業務災害又は通勤災害により死亡した場合	(a)(b)のうちいずれか高い方 (a)315,000円＋給付基礎日額の30日分 (b)給付基礎日額の60日分	

352

第4編 第1部 第4章 保険給付

傷病（補償）年金	業務災害又は通勤災害による傷病が療養開始後1年6か月を経過した日又はその日以降において症状固定に至っていない場合で、かつ傷病等級に該当する場合 ※休業（補償）給付に代えて支給される	障害の程度に応じ、給付基礎日額の313日分から245日分の年金	【傷病特別支給金】 障害の程度により114万円から100万円までの一時金
			【傷病特別年金】 障害の程度に応じ、算定基礎日額の313日分から245日分の年金
介護（補償）給付	障害等級第1級の人又は第2級の神経系統の機能もしくは精神、又は胸腹部臓器の機能に著しい障害を有している人が、現に介護を受けている場合	【常時介護の場合】 ・介護用として支出した額（上限104,570円） ※親族等により介護を受けており介護費用を支出していない or 支出した額が56,790円以下 →56,790円 【随時介護の場合】 ・介護用として支出した額（上限52,290円） ※親族等により介護を受けており介護費用を支出していない or 支出した額が28,400円以下 →28,400円	
二次健康診断等給付	会社における一次健康診断の結果において所定の検査項目に「異常所見」があると診断された場合 （※現物支給）	二次健康診断 特定保健指導 二次健康診断の結果に基づく医師又は保健師の保健指導	

【参考文献】
　高橋健「労災保健実務標準ハンドブック」378～384頁（日本法令、2015年）
　菅野和夫「労働法」623～626頁（弘文堂、第11版補正版、2017年）

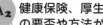
労災保険給付と他の社会保険給付との間の調整は、どのように行われるか。

健康保険、厚生年金や国民年金などそれぞれ調整の要否や方法が異なる。

解　説

(1) **健康保険との関係**

　かつては、労災保険が「業務上」災害であることを、健康保険が「業務外」災害であることをそれぞれ要件としていた。しかし、いずれであるか判別で

きない事例ではいずれも給付できないという弊害があったことから、健康保険法が改正され、健康保険の対象領域が「業務外」から「業務災害以外」の災害に変更された（健康保険法1条参照。施行は平成25年10月1日）。

したがって、はじめに労災保険の適用があるか（すなわち、「業務上」災害に該当するか）を検討し、これに該当しない場合に健康保険による保険給付が受けられるかを検討することになる。2つの保険の要件をいずれも満たすということはあり得ないため、両者の調整は必要とならない。

(2) **厚生年金、国民年金の給付との関係**

労災保険と厚生年金・国民年金（これら2つを併せて「厚生年金等」という。）では、いずれも対象者に障害が残った場合の保険給付や、対象者が死亡した際の遺族への保険給付について規定されている。

そして厚生年金等は「業務上」「業務外」の区別なく行われるため、同一事由による給付が労災保険と厚生年金等とで同時に行われることがある（これを「併給」という）。

そのような場合には、厚生年金等は全額支給されるが、労災保険は給付の種類ごとに定められる「調整率」を本来支給される労災保険給付の額に乗じて得た額が支給されることとなる（労災法別表第一第1号ないし3号、労災法施行令2条ないし7条）。

【参考文献】
「健康保険法等の一部を改正する法律等の施行について」（平成25年5月31日保発0531第1号）
山口浩一郎＝西村健一郎「実務者のための労災保険制度Q&A」23頁（公益財団法人労災保険情報センター、2016年）
高橋健「労災保険実務標準ハンドブック」395頁（日本法令、2015年）

 業務災害、通勤災害を被った労働者の側に過失がある場合であっても、労災保険は必ず支給されるのか。

 一定の要件を満たす場合には、労災保険が支給されず、若しくは一部のみしか支給されないことがある（労災法12条の2の2）。

第4編 第1部 第4章 保険給付

解 説

労働者が、故意に負傷、疾病、障害若しくは死亡又はその直接の原因となった事故を生じさせたときは、保険給付は行われない（労災法12条の2の2第1項）。

労働者が故意の犯罪行為若しくは重大な過失により、又は正当な理由がなくて療養に関する指示に従わないことにより、負傷、疾病、障害の程度を増進させ、若しくは回復を妨げたときは、政府は保険給付の全部又は一部を行わないことができる（同第2項）。

【参考文献】

菅野和夫「労働法」629頁（弘文堂、第11版補正版、2017年）
高橋健「労災保険実務標準ハンドブック」399頁（日本法令、2015年）

Q4 労災災害により負傷し、労災から保険給付を受けている従業員が自己都合退職することになったのだが、保険給付は継続されるのか。

A4 保険給付は継続される。

解 説

法令上、補償を受ける権利は労働者の退職によって変更されることはないとされているため（労働基準法83条1項）、退職後も変わらず労災保険給付は継続される。

【参考文献】

高橋健「労災保険実務標準ハンドブック」402頁（日本法令、2015年）

355

第4編 第1部 第4章 保険給付

2 休業（補償）給付

Q5 休日や出勤停止期間などの本来賃金請求権が発生しない期間について、休業（補償）給付の対象となるか。

A5 判例上は対象となるとされている。

解説

判例（最判昭和58年10月13日民集37巻8号1108頁）によれば、労働者が業務上の傷病により療養のため労働不能の状態にあって賃金を受けることができない場合であれば、雇用契約上賃金請求権を有しない日についても休業（補償）給付が支給されるものと解されている。

【参考文献】

菅野和夫「労働法」623頁（弘文堂、第11版補正版、2017年）

濱野惺・最高裁判所判例解説民事篇昭和58年度408～414頁（法曹会、1988年）

3 遺族（補償）給付

Q6 内縁の配偶者は遺族（補償）給付の受給資格を有するか。

A6 法令上は認められるが、戸籍上の配偶者が存在する場合にはその優劣が問題になる。

解説

(1) 受給資格者に関する規定

労災法16条の2第1項によれば、労働者の死亡の当時その収入によって生計を維持していた配偶者は受給資格者に当たるとされている。

そして同条において、妻又は夫とは、婚姻の届出をしていないが、事実上婚姻関係と同様の事情にあった者を含むとされているため、内縁の配偶者であっても受給資格を有することとなる。

(2) 婚姻関係が形骸化した戸籍上の配偶者も存在する場合の優劣

労働基準局は、戸籍上の配偶者と事実上の婚姻関係にあった者がいる場合、

356

第4編 第1部 第4章 保険給付

原則として前者が受給資格を有するとするが、例外的に届出による婚姻関係がその実態を失って形骸化し、かつ、その状態が固定化して近い将来解消される見込みがない場合には事実上の婚姻関係にあった者が受給資格を得ることを通達において規定している（平成10年10月30日基発第627号）。

具体的には、(1)婚姻関係が形骸化したといえるほどの長期間の別居、(2)別居期間中の交流の不存在、(3)別居期間中に夫婦関係の回復、別居状態の解消のための継続的努力をした形跡が双方に認められないことといった要件を全て満たす場合には、例外に該当するという運用基準が定められている。

(3)　争いのあった裁判例

①広島高判昭和56年7月30日労民集32巻3・4号510頁（内縁の妻が約17年間夫婦同然の生活を送った一方で、その間戸籍上の妻とも子を介した交流が続いていた事案で、はっきりした離婚の意思までは認められず重婚的内縁関係にあったとして内縁の妻の受給資格を認めなかった。）

②東京地判平成10年5月27日労判739号65頁（戸籍上の妻と約17年間別居し、死亡前約9年間は養育費の送金以外音信不通（養育費も死亡の約5年前から途絶える）となった事案で、戸籍上の妻と事実上離婚状態に至っていたとして内縁の妻の受給資格を認めた。）

【参考文献】
　菅野和夫「労働法」624頁（弘文堂、第11版補正版、2017年）
　高橋健「労災保険実務標準ハンドブック」511頁（日本法令、2015年）

Q7　遺族（補償）給付の受給資格者は、必ず遺族（補償）年金を受給することができるのか。

A7　妻であれば無条件で受給できるが、それ以外の夫、子、父母、孫、祖父母及び兄弟姉妹の場合は一定の要件を満たす場合に限り受給できる。遺族（補償）年金の受給要件を満たす者がいない場合は、遺族（補償）一時金が支給されることとなる。

解　説

(1)　法律上の要件

労災法16条の2第1項ただし書によれば、受給要件は以下の表のとおり

第4編 第1部 第4章 保険給付

である。

対象者	受給要件	条文
妻	なし	柱書
夫、父母、祖父母	60歳以上であること	1号
子、孫	18歳に達する日以後の最初の3月31日までの間であること	2号
兄弟姉妹	18歳に達する日以後の最初の3月31日までの間であること又は60歳以上であること	3号
その他	政令で定める障害の状態にあること	4号

⑵　**年金受給の順位**

　配偶者、子、父母、孫、祖父母及び兄弟姉妹の順序で年金を受給することができる（同条3項）。

⑶　**受給資格の消滅**

　受給資格者の死亡、婚姻、養子縁組や離縁の場合のほか、上記の受給要件を満たさなくなった場合には、その者の遺族(補償)年金受給資格は消滅する。この場合、後順位の者がいる場合には、その者が遺族（補償）年金の受給資格を得ることになる（労災法16条の4）。

【参考文献】

　菅野和夫「労働法」624～625頁（弘文堂、第11版補正版、2017年）

　高橋健「労災保険実務標準ハンドブック」503～504頁、512～513頁（日本法令、2015年）

第4編 第1部 第5章 労災保険給付と損害賠償の調整

第5章 労災保険給付と損害賠償の調整

1 第三者行為災害

Q1 事故の加害者（第三者）がいる労働災害の場合、加害者への損害賠償請求と労災保険給付はどのような関係になるか。

A1 労災保険法12条の4による調整が行われる。

解 説

(1) 労災保険法12条の4

　労災保険法12条の4は、使用者以外の「第三者」が故意・過失によって労働災害を引き起こした場合、政府が保険給付をしたときは、その価額の限度で、政府が受給権者の第三者に対する損害賠償請求権を取得し（1項）、また、受給権者が加害者たる第三者から同一の事由について損害賠償を受けたときは、その価額の限度で、政府は保険給付をしないことができる旨（2項）規定している。

(2) 同一の事由

　判例は、「同一の事由」であるとは、単に両者が同一の災害から生じた損害であるということではなく、保険給付（災害補償）の対象となる損害と民法上の損害賠償の対象となる損害が同性質のものであることを意味するものであるとしている（青木鉛鉄事件・最判昭和62年7月10日民集41巻5号1202頁）。たとえば、財産的損害のうちの積極損害（治療費等）、消極損害（逸失利益等）、精神的損害（慰謝料等）との間に同質性はない。

(3) 第三者と示談をして示談金の支払いを受けた場合

　労災保険では、①示談が真正に成立し、②示談内容が受給権者の第三者に対して有する損害賠償請求権の全部填補を目的としていることの要件を満たしていれば保険給付は行わないことになる（平成17年2月1日基発第0201009号）。

359

第4編 第1部 第5章　労災保険給付と損害賠償の調整

【参考文献】
菅野和夫「労働法」643 〜 644 頁（弘文堂、第 11 版補正版、2017 年）
冨田武夫＝牛嶋勉（監修）「最新実務労働災害」189 〜 193 頁（三協法規出版、改訂
　2 版、2015 年）
高橋健「労災保険実務標準ハンドブック」358 頁、361 頁、374 頁（日本法令、2015 年）

2　将来給付分の調整

Q₂ 損害賠償を行うに当たり、将来給付されることにな
る労災年金は、どのように扱われるのか。

A₂ 損害額から控除されない。

解説

　被災者・遺族が労働災害による傷病・障害・死亡に基づき労災保険の年金
給付を受給している場合、既に支給を受けた分（既受領分）が被災者・遺族
の加害者（使用者又は第三者）に対する損害賠償額から控除される。
　問題は、労災保険の将来の給付分が控除の対象になるか否かであるが、判
例は、労災保険及び厚生年金の給付が確定してもいまだ現実の給付がない以
上、受給権者は第三者に対する損害賠償の請求に当たり、将来の給付額を損
害額から控除することを要しないとした（仁田原、中村事件・最判昭和 52 年 5
月 27 日民集 31 巻 3 号 427 頁）。

【参考文献】
菅野和夫「労働法」645 頁（弘文堂、第 11 版補正版、2017 年）
ロア・ユナイテッド法律事務所「労災民事訴訟の実務」139 頁（ぎょうせい、2011 年）
冨田武夫＝牛嶋勉（監修）「最新実務労働災害」189 〜 190 頁（三協法規出版、改訂
　2 版、2015 年）

360

第4編 第1部 第6章 その他

第6章 その他

1 不服申立て

Q₁ 審査請求では、保険給付に関する決定についての不服を申し立てることになるが、「保険給付に関する決定」とは具体的にどのような処分をいうのか。

A₁ 直接受給権者の権利に法律的効果を及ぼすところの処分をいう。

解説

保険給付に関する決定というのは、直接受給権者の権利に法律的効果を及ぼすところの処分をいう。業務上外、平均賃金の額、傷病の治ゆ日又は障害等級等の認定は、保険給付をするか否かの行政処分の前提となる事実認定であって、それのみでは審査の対象となる決定ではないと理解される（昭和35年8月17日基発第691号）。

なお、審査請求については、都道府県労働局に配置されている労働者災害補償保険審査官に対する審査請求が第1審、労働保険審査会に対する再審査請求が第2審という制度になっている。また、処分取消しの行政訴訟については、労災保険審査官への審査請求手続を経た後でなければ提起できないが（不服申し立て前置）、再審査請求は前置とされない（労災保険法40条）。

【参考文献】
菅野和夫「労働法」628〜629頁（弘文堂、第11版補正版、2017年）
冨田武夫＝牛嶋勉（監修）「最新実務労働災害」189〜190頁（三協法規出版、改訂2版、2015年）
高橋健「労災保険実務標準ハンドブック」531〜533頁（日本法令、2015年）

361

第4編 第1部 第6章 その他

2 時 効

Q₂ 労災保険給付の受給に当たり時効があるか。

A₂ 各保険給付別に時効がある。

解 説

各保険給付を受ける権利は給付の種類毎に次の期間をもって消滅するとされている（労災法42条）。

①療養（補償）給付、休業（補償）給付、葬祭料（葬祭給付）、介護（補償）給付・・・2年を経過したとき

②障害（補償）給付、遺族（補償）給付・・・5年を経過したとき

【参考文献】

菅野和夫「労働法」629頁（弘文堂、第11版補正版、2017年）

冨田武夫＝牛嶋勉（監修）「最新実務労働災害」177〜180頁（三協法規出版、改訂2版、2015年）

高橋健「労災保険実務標準ハンドブック」544頁（日本法令、2015年）

3 損害賠償請求権

Q₃ 労働者は、労災保険による給付を受けた場合でも使用者に対し損害賠償請求ができるか。

A₃ 保険給付を超える損害について請求できる。

解 説

使用者に安全配慮義務違反や不法行為に基づき責任が発生する場合、保険給付を超える損害については、使用者は民法上の損害賠償義務を負う。したがって、被災者等は使用者に対して損害賠償請求をすることができる。

362

第4編 第1部 第6章 その他

【参考文献】

菅野和夫「労働法」630頁、643～645頁（弘文堂、第11版補正版、2017年）

冨田武夫＝牛嶋勉（監修）「最新実務労働災害」185頁（三協法規出版、改訂2版、2015年）

ロア・ユナイテッド法律事務所「労災民事訴訟の実務」119頁（ぎょうせい、2011年）

Q4　下請労働者が元請会社に対し損害賠償することはできるか。

A4　できる場合がある。

解説

　具体的な事情を総合して、元請企業と下請労働者間の「実質的な使用関係」あるいは「直接的又は間接的指揮監督関係」が認められる場合には、元請企業の下請労働者に対する安全配慮義務を認めた裁判例などがある（責任を認めたものとして三菱重工業神戸造船所事件・最判平成3年4月11日判タ759号95頁、筑豊じん肺事件・福岡高判平成13年7月19日判タ1077号72頁など、認めなかったものとして空港グランドサービス事件・東京地判平成3年3月22日判タ760号173頁など）。

【参考文献】

菅野和夫「労働法」642～643頁（弘文堂、第11版補正版、2017年）

冨田武夫＝牛嶋勉（監修）「最新実務労働災害」223～228頁（三協法規出版、改訂2版、2015年）

ロア・ユナイテッド法律事務所「労災民事訴訟の実務」126～127頁（ぎょうせい、2011年）

Q5　使用者等に対し具体的にどのような損害賠償を請求することができるか。

A5　積極損害、休業損害、後遺障害逸失利益又は死亡逸失利益、慰謝料等である。

解説

いずれも交通事故の場合の賠償項目、賠償額の算定が参考になる。
①積極損害（治療費、入院雑費、付添看護費、通院交通費、装具・器具購入費、改造費、弁護士費用など）
②休業損害
③逸失利益（死亡、後遺障害）
④慰謝料（死亡、後遺障害、入通院）

【参考文献】
　冨田武夫＝牛嶋勉（監修）「最新実務労働災害」399〜401頁（三協法規出版、改訂2版、2015年）
　ロア・ユナイテッド法律事務所「労災民事訴訟の実務」132〜136頁（ぎょうせい、2011年）

Q6 積極損害について、使用者等に対し損害賠償を請求する場合に、労災保険給付との調整はあるか。

A6 労災保険から支払われた保険給付の額は、使用者が支払うべき損害賠償額から控除される。

解説

労働基準法84条2項類推適用により（最判平成8年2月23日）、以下のようになる。
①積極損害について
　治療費、一定の治療用材料及び装具については労災保険から療養（補償）給付がされる。
　したがって、それ以外の入院雑費、付添看護費、通院交通費、装具・器具購入費、改造費、弁護士費用などを請求する。
②休業損害について
　労災保険により休業（補償）給付60％、休業特別支給金20％が支給される。もっとも、判例は、特別支給金を損害賠償額から控除することを認めていないため（コック食品事件・最判平成8年2月23日判時1560号91頁）、

休業(補償)給付のみを控除した残額を請求する。
③後遺障害逸失利益、死亡逸失利益
　労災保険の障害(補償)給付及び遺族(補償)給付のうち、既払いの一時金・年金については控除される。
　しかし、将来給付が予定されている労災保険の年金について、判例は、将来の給付額を損害賠償額から控除することを認めていない(三共自動車事件・最判昭和52年10月25日民集31巻6号836頁、最判平成5年3月24日民集47巻4号3039頁等)。
　そのため、この判例を受けて、二重給付回避のための法改正が行われ、使用者に一定額につき損害賠償の支払猶予が認められ、現実に労災保険の支払いがされたときには、その給付額の限度で損害賠償責任を免除されることになった(労災法64条1項)。
④慰謝料(死亡、後遺障害、入通院)
　精神的損害について労災保険は補償していないので、調整はない。

【参考文献】
菅野和夫「労働法」630頁、643〜645頁(弘文堂、第11版補正版、2017年)
冨田武夫＝牛嶋勉(監修)「最新実務労働災害」431〜435頁(三協法規出版、改訂2版、2015年)
ロア・ユナイテッド法律事務所「労災民事訴訟の実務」139〜140頁(ぎょうせい、2011年)

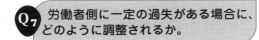

Q7　労働者側に一定の過失がある場合に、どのように調整されるか。

A7　過失相殺後に労災保険給付を控除する。

　解説

　過失相殺を行った上で損害額を算出し、そこから労災保険給付を控除する(大石塗装・鹿島建設事件・最判昭和55年12月18日民集34巻7号888頁)。なお、控除については保険給付と損害賠償とが相互補完性を有する関係にある場合にすべきものであって、休業補償給付及び傷病補償年金等の保険給付が現に

第4編 第1部 第6章 その他

認定された消極損害の額を上回るとしても、当該超過分を財産的損害のうちの積極損害や精神的損害（慰謝料）を填補するものとして、同給付額をこれらとの関係で控除することは許されない（青木鉛鉄事件・最判昭和62年7月10日民集41巻5号1202頁）。

【参考文献】

菅野和夫「労働法」646～647頁（弘文堂、第11版補正版、2017年）

冨田武夫＝牛嶋勉（監修）「最新実務労働災害」187～188頁、400～401頁、433頁（三協法規出版、改訂2版、2015年）

ロア・ユナイテッド法律事務所「労災民事訴訟の実務」137頁（ぎょうせい、2011年）

Q8 使用者と交渉又は訴訟において、和解による解決をする場合に注意すべきことはあるか。

A8 労災保険給付に影響を与えないよう留意する。

解　説

示談内容が被災者に対する損害賠償請求権の全部の填補を目的としているような場合、労災給付が行われない。

したがって、和解においては労災給付を超える損害に対しての賠償であるという趣旨を明確にしておく必要がある。

例えば、「労働者災害補償保険法、厚生年金保険法及び国民年金保険法に基づく既払い分と将来給付分により填補される損害を除くその余の損害について、金○○円の支払義務があることを認める」といった記載が考えられる。

【参考文献】

菅野和夫「労働法」645頁（弘文堂、第11版補正版、2017年）

冨田武夫＝牛嶋勉（監修）「最新実務労働災害」454頁（三協法規出版、改訂2版、2015年）

ロア・ユナイテッド法律事務所「労災民事訴訟の実務」173～174頁（ぎょうせい、2011年）

高橋健「労災保険実務標準ハンドブック」374頁（日本法令、2015年）

第4編 第1部 第6章 その他

Q₉ 労働者が使用者に対し民法上の損害賠償請求を行うために、どのような証拠をどのように集めたらよいか。

A₉ 労災に関する書類については労働基準監督署長に対し保有個人情報開示請求などを行い、労働条件・状況に関する書類については使用者に対し任意開示、訴訟において文書送付嘱託又は文書提出命令を申し立てることが考えられる。

解説

(1) 雇用契約書などの基本的な書類について

労働者自身が所持しているはずである。

(2) 労働者死傷病報告、災害調査復命書、是正勧告書などについて

労働者が所管労働基準監督署長宛てに保有個人情報開示請求を行うことができる。

また、これらの書類について、訴訟提起後に文書送付嘱託又は文書提出命令を申し立てることも考えられる。

もっとも、当然にすべての文書の開示が認められるわけではなく、民事訴訟法 220 条 4 号所定の文書であるなどとして開示がされない場合がある。

(3) 就業規則、業務日誌、タイムカード等の出勤記録、電話・FAX・メール等の通信記録などについて

使用者に任意開示を求める、証拠保全の申立てを行う、訴訟提起後に文書送付嘱託又は文書提出命令を申し立てることも考えられる。

もっとも、当然にすべての文書の開示が認められるわけではないことは前述のとおりである。

(4) 労災給付の金額及び内訳について

所管労働基準監督署長宛ての弁護士法 23 条の 2 による照会によって回答を得ることができる（使用者からも可能）。

【参考文献】

群馬弁護士会「立証の実務 改訂版」176 ～ 178 頁、184 ～ 186 頁（ぎょうせい、2016 年）

東京弁護士会調査室「弁護士会照会制度 第 5 版」142 ～ 143 頁（商事法務、2016 年）

第4編 第1部 第7章　労働と公的医療保険

第7章　労働と公的医療保険

Q1 勤務先が健康保険に加入していない場合には、労働者はどのような手段をとることができるか。

A1 厚生労働大臣又は当該健康保険組合（保険者等）に対し資格取得の確認を求めることができる。

解説

　被保険者の資格の取得及び得喪は、厚生労働大臣又は当該健康保険組合（保険者等）が確認することによって効力を生じる（健康保険法（以下、本章では「法」という。）39条1項）ことから、被保険者は、保険者等に対しいつでも資格を確認することができる（法51条1項）。

　そして、事業主が正当な理由がなく届出をしない又は虚偽の届出をした等の場合には、6月以下の懲役又は50万円以下の罰金となる（法208条）。

Q2 保険事故発生時に事業主が健康保険に加入していなかった場合に、遡及的に加入することができるか。

A2 できる。

解説

　原則としては遡及して加入することができ、保険者等が資格の取得を確認する（法51条1項）。

　しかし、保険料の徴収や保険給付を受ける権利は2年で時効消滅するため（法193条1項）、中断がない限り、2年までしか遡及できない。

　遡及加入の場合には、事業主は、その期間における労働者負担分の健康保険料も支払う必要がある。

368

第4編 第1部 第7章　労働と公的医療保険

Q₃ 健康保険に遡及加入した場合に、事業者が労働者負担分を一度に給与から控除することができるか。

A₃ できない。

解説

給与からの控除は、健康保険法上、前月分のみが源泉徴収をすることが可能となっているので（法167条）、それ以外の遡及分についての労働者負担分は、給与から控除することはできない。

もっとも、事業者が労働者負担分を納付している以上、被保険者である労働者は、事業主に対し私法上の債務を負うこととなる。そこで、事業者と労働者との合意の上で、支払方法を決める必要がある。

【参考文献】
健康保険組合連合会「健康保険法に関する質疑（平成24年度版）」261頁

Q₄ 事業者が健康保険に加入しない場合、事業者にとってどのようなリスクがあるか。

A₄ 刑事責任や従業員からの損害賠償請求を受けるリスクがある。

解説

事業者は、正当な理由なく被保険者の資格の取得に関する事項を保険者に届出をしない場合には、6月以下の懲役又は50万円以下の罰金に処せられる可能性がある（法208条1号）。

また、従業員からの損害賠償請求を受けるリスクもある。この点については、Q5を参照。

369

第4編 第1部 第7章 労働と公的医療保険

Q₅ 事業主が健康保険加入の届出をしなかったために、本来受け取ることのできる給付金を受給することができなかった場合、事業主に対して、何らかの請求をすることができるか。

A₅ 損害賠償請求をすることができる。

解 説

　適用事業所の事業主は、被保険者の資格の得喪について届出をする義務があるので（法48条）、受給できたはずの給付金相当額については、損害賠償請求をすることができる。

　裁判例としては、以下のようなものがある。

（奈良地判平成18年9月5日労判925号53頁）

　被用者が健康保険及び厚生年金の被保険者資格を取得したにもかかわらず、使用者たる会社がそれに関する届出を怠っていたことは、労働契約上の債務不履行に該当し、当該使用者は損害賠償義務を負うとした上、同会社に対する当該労働者からの損害賠償請求が、支払いを免れ得たはずの保険料、給付を受けられたはずの年金などの合計から、保険料自己負担分などを控除し、年次有給休暇を認めない取扱いを受けたためにカットされた給与に該当する金員と慰謝料を加算した限度で認められるとされた事例。

370

第4編 第2部 雇用保険

第2部 雇用保険

【参考文献】

菅野和夫「労働法」（弘文堂、第11版補正版、2017年）

荒木尚志「労働法」（有斐閣、第3版、2016年）

中島光孝＝椎名みゆき（監修）「Q&A　労働事件と労働保険・社会保険・税金」→略称：
Q&A 労働事件（日本加除出版、2014年）

佐々木育子＝赤石千衣子＝天野高志＝大矢さよ子＝小久保哲郎＝山本宏子「Q&A
実務家が知っておくべき社会保障　働く人・離婚する人・高齢者のために」→略称：
Q&A 実務家（日本加除出版、2014年）

「業務取扱要領　雇用保険関係　20001—23600」厚生労働省職業安定局雇用保険課

Q1 雇用保険が適用されるのはどのような事業か。

A1 労働者を雇用する事業である。

解 説

労働者を1人でも雇用する事業は、雇用保険の適用事業となる（雇用保険法5条1項）。ただし、常時5人未満の労働者を雇用する個人事業の農林水産業等は、暫定任意適用事業となる（雇用保険法附則2条、同法施行令附則2条）。

【参考文献】

菅野和夫「労働法」82頁（弘文堂、第11版補正版、2017年）

荒木尚志「労働法」741頁（有斐閣、第3版、2016年）

Q2 雇用保険の被保険者になることができるのは、どのような労働者か。

A2 適用事業に雇用され、かつ適用除外に当たらない労働者である。

371

第4編 第2部 雇用保険

解説

被保険者になることができるのは、適用事業に雇用される労働者で、次に掲げる適用除外以外の者である（雇用保険法4条）。

1週間の所定労働時間が20時間未満である者、同一の事業主の適用事業に継続して31日以上雇用されることが見込まれない者等は、雇用保険が適用されない（雇用保険法6条、同法施行規則3条の2、4条）。

【参考文献】
菅野和夫「労働法」82頁（弘文堂、第11版補正版、2017年）
荒木尚志「労働法」741頁（有斐閣、第3版、2016年）

Q3 勤務先が雇用保険の届出をしていないという相談を受けた場合、どのような対応が考えられるか。

A3 被保険者となったことの確認を国に対して請求できる。

解説

まず、被保険者は、厚生労働大臣に対し、被保険者となったことの確認を請求することができる（雇用保険法8条、9条）。

その上で、被保険者となったことの確認に関する処分に不服がある場合、雇用保険審査官に対して審査請求をし、その決定に不服がある場合には、労働保険審査会に対して再審査請求をすることができる（雇用保険法69条）。

雇用保険の加入手続きをしない事業主には刑事罰がある（雇用保険法83条）。

【参考文献】
・『業務取扱要領　雇用保険関係　20001—23600』20501

第 4 編 第 2 部 雇用保険

Q4 勤務先が雇用保険の加入手続をしなかったため、退職後に雇用保険を受給することができなかった場合、元勤務先に対してどのような請求ができるか。

A4 元勤務先に対して損害賠償請求を行うことができる場合がある。

解説

　会社による雇用保険の届出拒否は不法行為に該当し、それによって精神的苦痛を受けたことに対する慰謝料を認めた裁判例（大阪地判平成 10 年 2 月 9 日労判 733 号 67 頁）、また、会社が雇用保険料を控除しておきながら、加入手続を忘れていたことにつき、雇用契約に付随する義務の違反があったとして、会社の債務不履行責任を認めた裁判例（東京地判平成 18 年 11 月 1 日判例秘書 L06134484）などがある。

【参考文献】
　中島光孝＝椎名みゆき（監修）「Q&A　労働事件と労働保険・社会保険・税金」52
　　～54 頁（日本加除出版、2014 年）

Q5 雇用保険の基本手当の所定給付日数（基本手当の支給を受けることができる日数）はどうやって決まるか。

A5 所定給付日数は、離職理由、雇用保険の加入期間、離職時の年齢及び就職困難者かどうかによって決まる。

解説

　一般の離職者（自己都合退職、定年退職）は、離職時の年齢にかかわらず、雇用保険の加入期間だけで所定給付日数が定まる（雇用保険法 22 条 1 項）。一般の離職者のうち障がい者等の就職困難者については、加入期間及び年齢によって所定給付日数が定まる（同条 2 項、雇用保険法施行規則 32 条）。
　離職の理由が倒産・事業の縮小・解雇などによる場合は、特定受給資格者と呼ばれ、所定給付日数が手厚くなっている（雇用保険法 23 条、雇用保険法

第4編 第2部 雇用保険

施行規則 34 条ないし 36 条）。

【参考文献】

菅野和夫「労働法」86 〜 87 頁（弘文堂、第 11 版補正版、2017 年）
荒木尚志「労働法」742 〜 744 頁（有斐閣、第 3 版、2016 年）

Q6 雇用保険の支給期間に限度はあるか。また、離職後いつまでに申請すればよいか。

A6 雇用保険の支給期間は、離職後 1 年間であり、これを過ぎると所定給付日数が残っていても支給されない。したがって、そうならないよう早めに申請する必要がある。

解 説

基本手当の受給期間は、離職日の翌日から 1 年以内の失業している日である（雇用保険法 20 条 1 項 1 号）。基本手当は、この受給期間内に、所定給付日数に相当する日数分を限度として支給される。

もっとも、受給期間内に、傷病等のために 30 日以上職業に就くことができない場合、離職が定年に達したこと等の理由によるものであり、離職後一定の期間求職の申し込みをしないことを希望する場合には、受給期間の満了日を延長することができる（雇用保険法 20 条 1 項、2 項、同法施行規則 30 条）。

【参考文献】

菅野和夫「労働法」86 〜 87 頁（弘文堂、第 11 版補正版、2017 年）
荒木尚志「労働法」742 〜 744 頁（有斐閣、第 3 版、2016 年）

Q7 自己都合退職の場合や、懲戒解雇により失業した場合、雇用保険の基本手当を受給できるか。また、どのような場合に、基本手当の受給が制限されるか。

A7 自己都合退職や懲戒解雇の場合も基本手当は受給できる。ただし、正当な理由なく自己都合退職した場合等に、基本手当の受給ができない期間がある。

374

第4編 第2部 雇用保険

解説

　自己都合退職の場合や懲戒解雇により失業した場合でも、雇用保険の基本手当は受給できる。もっとも、雇用保険法には待機期間が定められており、受給資格者が離職後最初に公共職業安定所に求職の申し込みをした日以後において、失業している日が通算して7日に満たない間は、基本手当は支給されない（雇用保険法21条）。

　また、被保険者が自己の責めに帰すべき重大な理由によって解雇され、又は正当な理由なく自己の都合によって退職した場合には、上記の待機期間終了後、さらに3か月間、基本手当が支給されない（雇用保険法33条1項）。

　さらに、受給資格者が、公共職業安定所の紹介する職業に就くこと又は公共職業安定所長の指示した公共職業訓練等を受けることを拒んだときは、その拒んだ日から起算して1か月間は基本手当が支給されない（雇用保険法32条1項）。

【参考文献】

　菅野和夫「労働法」88頁（弘文堂、第11版補正版、2017年）

Q8 会社都合で退職するにもかかわらず、会社が、離職証明書の離職理由欄に「自己都合退職」と記載し、これに署名押印を求めてきた。どうすればよいか。

A8 会社に対して、記載をあらためるよう要求すべきである。

解説

　離職証明書に記載された離職理由によって、基本手当の支給開始時期や支給期間が変わってくるので、事実と異なる記載によって、被保険者が不利益を被らないようにすべきである。

　会社が自ら記載を改めない場合、離職者は、離職証明書において、事業主が記載する離職理由に異議がある旨の意思表示を行うことができる。

　公共職業安定所は、それぞれの主張を確認できる資料による事実確認を行った上で、最終的に離職理由の判定を行うことになっている。

375

【参考文献】
中島光孝＝椎名みゆき（監修）「Q&A 労働事件と労働保険・社会保険・税金」113〜114頁（日本加除出版、2014年）
「業務取扱要領 雇用保険関係 20001—23600」21455（5）

 会社が離職票を交付してくれない場合は、どのようにすればよいか。

 公共職業安定所（ハローワーク）から会社に対し、離職票の交付を申し入れてもらう。

解説

事業主は、労働者（被保険者）が離職した場合、離職証明書を労働者が離職した日の翌々日から10日以内に公共職業安定所に届け出なければならない（雇用保険法施行規則7条1項）。届出を受けた公共職業安定所は、離職票を（通常は事業主を通じて）労働者に交付する（雇用保険法施行規則17条）。

事業主が上記の離職手続を行わない場合は、公共職業安定所から会社に連絡してもらうとよい。

それでも事業主が離職手続を行わない場合、労働者は、厚生労働大臣に対して、「被保険者でなくなったこと」の確認を請求することができ、この場合、厚生労働大臣は、資格喪失の確認処分を行う（雇用保険法8条、9条）。この確認処分があった場合、公共職業安定所は、離職者の請求により、離職票を交付しなければならない（雇用保険法施行規則17条1項3号）。

なお、事業主が離職証明書の届出をしない場合、刑事罰に課せられる（雇用保険法83条）。

【参考文献】
中島光孝＝椎名みゆき（監修）「Q&A 労働事件と労働保険・社会保険・税金」114〜115頁（日本加除出版、2014年）
「業務取扱要領 雇用保険関係 20001—23600」21551〜21553

第4編 第2部 雇用保険

Q10 働いていた会社を解雇され、地位確認（復職）を求める訴訟を提起する場合、雇用保険の被保険者資格はどうなるか。

A10 原則として資格喪失の確認処分は行われない。

解 説

　解雇の効力につき疑いがある場合は、確定するまで資格喪失の確認が行われないことが原則だが（雇用保険に関する業務取扱要領 53201-53250）、労働者保護の観点から、一定の条件を満たすとき（労働者が離職証明書、離職票 − 2 の欄外に一定の事項を記載し、実際に提訴等をする）に限って例外的に資格喪失の確認が行われる（業務取扱要領 53251）。

Q11 働いていた会社を解雇され、地位確認（復職）を求める訴訟を提起する場合、雇用保険を受給することはできるか。

A11 仮給付として受給することができる。

解 説

　解雇を争う場合、雇用保険の被保険者資格を喪失したうえで（上記Qを参照）基本手当等の「本給付」ではなく「仮給付（条件付給付）」を申請することができる。

　仮給付は法律上の規定があるわけではないが、業務取扱要領に基づいて運用上認められている。

　仮給付では、求職活動を行わなくても給付制限は行われず（業務取扱要領 53302 ヌ）、受給できるのは基本手当・傷病手当に限られ（業務取扱要領 53302 イ）、復職した場合は受給した基本手当等を返還することが前提となっている（業務取扱要領 53302 ホ）。

377

第4編 第2部 雇用保険

Q12 解雇された後、雇用保険から基本手当等の仮給付金を受領していたが、地位確認について認容判決が出されて確定した場合、仮給付金を返還しなければならないか。

A12 返還しなければならない。

解説

既に行われた資格喪失の確認処分が取り消され（業務取扱要領53253）、受け取った仮給付金は全額返還しなければならない（業務取扱要領53302ニ（ロ））。

Q13 和解において解雇が撤回され復職することになった場合、労働保険に関してどのような点に留意すべきか。

A13 被保険者資格の回復や仮給付金の返還について留意すべきである。

解説

解雇を撤回させた上で復職する場合、通常は解雇日に遡って被保険者資格を回復することになるので、解雇期間中の被保険者資格を回復するために、使用者が被保険者資格喪失届の取消手続をとることを和解条項に明記しておく。また、保険料の労働者負担分の処理や金額についても明記しておく。雇用保険の仮給付を受けていた場合は、既に受給した仮給付金を返還しなければならないので、和解金額の交渉の際にこの点も念頭に置くべきである。

他方、解雇を撤回させるものの、解雇日に合意退職し、和解日に再度労働契約を締結して復職するような和解内容の場合、被保険者資格の回復や仮給付金の返還の問題は生じない。

【参考文献】

中島光孝＝椎名みゆき（監修）「労働事件と労働保険・社会保険・税金」174～175頁（日本加除出版、2014年）

378

第5編
企業活動と保険

第5編 第1章 倒産と保険

第1章 倒産と保険

第1節 破産と保険

Q1 破産者が保険契約者である場合、破産管財人による当該保険契約の処理はどのようになるか。

A1 原則として破産管財人が解約することとなる。

解説

自然人の自由財産拡張の対象となる保険を除き、原則として破産管財人が解約することになる。もっとも、火災保険や自動車保険などの破産財団を構成する財産を対象とした保険については、換価前に保険を解約することのリスクを踏まえ、解約時期を検討する必要がある。

なお、破産財団を構成する保険か否かは、原則として契約者名義で判断することとなる。

【参考文献】
野村剛司＝石川貴康＝新宅正人「破産管財実践マニュアル（第2版）」145～146頁（青林書院、2013年）
東京地裁破産再生実務研究会「破産・民事再生の実務　第3版　破産編」258頁以下（一般社団法人金融財政事情研究会、2014年）
伊藤眞「破産法・民事再生法（第3版）」381頁、240頁（有斐閣、2014年）頁

Q2 破産者が被保険者である場合、破産管財人による当該保険契約の処理はどのようになるか。

A2 破産管財人の処理の対象となるかは、破産者が被保険者かではなく、契約者名義で判断することとなる。

第 1 節　破産と保険

解　説

　破産財団を構成するか否かは、原則として、契約者名義で判断することとなる。

　破産者である被保険者が受取人となっており、破産手続開始後に保険事故が発生した場合には、破産財団を構成するものとされる（最判平成 28 年 4 月 28 日判時 2313 号 25 頁）。

【参考文献】
　東京地裁破産再生実務研究会「破産・民事再生の実務　第 3 版　破産編」260 頁（一般社団法人金融財政事情研究会、2014 年）
　全国倒産処理弁護士ネットワーク「注釈破産法［上］」261 頁（一般社団法人金融財政事情研究会、2015 年）
　野村剛司 = 石川貴康 = 新宅正人「破産管財実践マニュアル（第 2 版）」145 頁、128 頁（青林書院、2013 年）

Q₃　破産者が加入している保険が、個人年金保険であり、かつ、保険金の給付が始まっている場合、破産管財人としてはどのように処理すべきか。

A₃　自由財産拡張や保険金相当額の財団組入により対応することとなる。

解　説

　すでに保険料の払込みが完了し保険金の給付が始まっており、破産管財人が保険契約を解約することはできないため、自由財産拡張や破産財団への保険金相当額の組入れによる対応となると考えられる。

　なお、破産者が高齢であり、他の資産・収入等があまりない場合等には、自由財産拡張について、柔軟に対応することもあり得る。

【参考文献】
　野村剛司 = 石川貴康 = 新宅正人「破産管財実践マニュアル（第 2 版）」147 頁（青林書院、2013 年）

381

第5編 第1章 倒産と保険

Q4 破産者が加入している保険が中小企業退職金共済や小規模企業共済である場合、その共済金等の支給を受ける権利は破産財団に帰属するのか、自由財産になるのか。

A4 自由財産となる。

解 説

　中小企業退職金共済（中退共）の退職金又は解約手当金（中小企業退職金共済法20条）、小規模企業共済の共済金又は解約手当金（小規模企業共済法15条）は、差押禁止財産に該当するため、本来的自由財産となる（破産法34条3項2号）。

　なお、中小企業倒産防止共済は、換価可能な財産である。

【参考文献】
　　野村剛司＝石川貴康＝新宅正人「破産管財実践マニュアル（第2版）」145頁、147頁（青林書院、2013年）
　　全国倒産処理弁護士ネットワーク「破産実務Q&A200問」50頁（金融財政事情研究会、2012年）
　　園部厚「民事執行の実務（下）」320〜321頁（新日本法規、2017年）
　　東京地裁破産再生実務研究会「破産・民事再生の実務（第3版）破産編」19頁（金融財政事情研究会、2014年）

Q5 平成3年3月31日以前に効力が生じた簡易生命保険の還付請求権（旧簡易生命保険法50条、簡易生命保険法81条、同法平成2年改正附則2条5項）について、自由財産に属するか。

A5 一定のものは自由財産に属する。

解 説

　平成3年3月31日以前に効力が生じた簡易生命保険の保険金又は還付請

382

第1節 破産と保険

求権は差押禁止財産に該当するため本来的自由財産となる。

ただし、契約者配当金、未経過保険料等は差押禁止財産には該当しないため、自由財産拡張又は破産管財人による換価の対象となる。

なお、法人が簡易生命保険の契約者兼受取人である場合について、最判昭和60年11月15日民集39巻7号1487頁参照。

【参考文献】
　野村剛司＝石川貴康＝新宅正人「破産管財実践マニュアル（第2版）」145頁（青林書院、2013年）
　全国倒産処理弁護士ネットワーク「破産実務Q&A200問」50頁（金融財政事情研究会、2012年）
　伊藤眞＝岡正晶＝田原睦夫＝林道晴＝松下淳一＝森宏司「条解破産法　第2版」291頁以下（弘文堂、2014年）
　東京地裁破産再生実務研究会「破産・民事再生の実務（第3版）破産編」374頁（金融財政事情研究会、2014年）
　全国倒産処理弁護士ネットワーク「注釈破産法［上］」263頁（金融財政事情研究会、2015年）

Q6 保険者が保険契約者に対し契約者貸付を行い、その後、保険契約者について破産手続開始決定がなされた場合、保険者は貸付債権を自働債権、解約返戻金支払債務を受働債権として相殺できるか。

A6 契約者貸付の法的性質には争いがあるが、改めて意思表示をすることなく相殺できると解されている。

　保険契約の契約者貸付の法的性質として、解約返戻金の前払い説、相殺予約付消費貸借説（福岡高決平成15年6月12日判タ1139号292頁、同1184号228頁（平成16年度主要民事判例解説））などがある。契約者貸付は、実務上は、保険契約が解約され、解約返戻金請求権が具体化したときに貸付元利金を差し引く旨の相殺予約付きの消費貸借であると解されており、約款にも相殺予約について規定されていることが一般である。したがって、相殺できると解される。

383

第5編 第1章 倒産と保険

【参考文献】
　林潤「判批」平成 16 年度主要民事判例解説（判タ臨時増刊 1184 号）228 頁（有斐閣、
　　2005 年）
　全国倒産処理弁護士ネットワーク「個人再生の実務 Q&A100 問」88 頁（金融財政事
　　情研究会、2008 年）

Q7 保険契約者について破産手続開始の申立等がなされた場合には保険契約は解約されたものとみなされるとする倒産解約条項は有効か。

A7 無効となる可能性が高い。

解説

　リース契約中のユーザーに関し民事再生手続開始の申立てがあったことを契約の解除事由とする特約について、民事再生手続の趣旨、目的に反するものとして無効とされた判例がある（最判平成 20 年 12 月 16 日判タ 1295 号 183 頁）。
　かかる判例に照らせば、保険の種類、目的等にもよるが、破産手続が債務者の経済生活再生の機会確保を目的としていることから（破産法 1 条）、一律解約されたものとみなす倒産解約条項は無効となる可能性が高い。

Q8 破産管財人が生命保険契約を解除した場合、保険金受取人が保険契約を存続させる方法はないか。

A8 介入権を行使することによって、保険契約を存続させることができる。

解説

　破産管財人等、契約当事者以外の者が生命保険契約を解除する場合において、保険者が解除の通知を受けた時から 1 か月を経過した日に解除の効力が発生する。当該期間の間に、介入権者が、保険契約者の同意を得て、解除権者に支払われるべき解約返戻金相当額を支払い、かつ保険者に対してその旨

384

第1節　破産と保険

を通知したときは解除の効力は生じない（介入権、保険法60条1項、2項）。

　介入権者とは、①保険の保障に期待をもつ保険金受取人であり、②保険契約者である者を除き、③保険契約者若しくは被保険者の親族又は被保険者である（保険法60条2項）。

　破産手続において解除権が行使された場合、介入権者が上記支払・通知をすれば、破産手続との関係においては、保険者が当該解除により支払うべき金銭の支払をしたものとみなされる（保険法60条3項）。

【参考文献】

　山下友信ほか「保険法」324頁（有斐閣、第3版補訂版、2015年）

Q9 破産者が破産手続開始決定前に加害者として交通事故を起こし、その後、破産手続開始決定がなされた場合、被害者は、加害者が加入する保険会社から損害賠償金の支払いを受けられるか。

A9 加害者が損害賠償責任保険に加入している場合、被害者は、先取特権（保険法22条1項）に基づく弁済や自動車損害賠償保障法16条に基づく直接請求などにより加害者が加入する保険会社から損害賠償金の支払いを受けることができる。

解説

　加害者が損害賠償責任保険に加入している場合、保険給付請求権は、加害者である被保険者に帰属するのが原則である。したがって、加害者が破産した場合、当該保険給付請求権は、総債権者の配当原資となりかねないが、交通事故の被害者は、当該責任保険契約の保険事故にかかる損害賠償請求権を有する者に該当し、先取特権（保険法22条1項）が認められるため、他の債権者に優先して、弁済を受けることができる。

　また、被害者は、自動車損害賠償保障法16条1項に基づく直接請求権や、自動車保険約款における保険会社に対する直接請求権を行使することもできる。

　加害者が損害賠償責任保険に加入していない場合、被害者の加害者に対する損害賠償請求権は、破産手続においては破産債権（破産法2条5号）となり、

第 5 編 第 1 章 倒産と保険

手続終了後は被害者の身体又は生命が害された場合であっても免責不許可事由（破産法 253 条 1 項 3 号）に当たらない限り、請求は困難になるものと考えられる。

【参考文献】

小野瀬昭「交通事故の当事者につき、破産手続開始決定がされた場合の問題点について」判タ 1326 号 54 頁

全国倒産処理弁護士ネットワーク「破産実務 Q&A200 問」92 頁〔粟田口太郎（Q 45）〕（金融財政事情研究会、2012 年）

Q10 生命保険契約者が自らを保険金受取人に指定していたが、保険契約者が破産手続開始決定の直前に第三者に受取人を変更することは否認権の対象となるか。保険に関連して否認権の対象となるのはどのような場合か。

A10 受取人の変更は否認権の対象にはならない。契約者の変更、解約は否認権の対象となり得る。

解 説

生命保険金請求権は被保険者の死亡時に初めて発生するものであり、被保険者の死亡前において、保険金受取人たる地位は財産権と評価することはできず、保険金受取人の変更は否認権の対象とならない（東京高判平成 17 年 5 月 25 日金法 1803 号 90 頁）。

契約者変更は、財産的価値を有する保険契約者の契約上の地位の移転であり、無償で変更がなされた場合等、否認権行使の対象とされることは争いがない。

保険を解約することも、財産的価値を有する保険契約者の契約上の地位を消滅させるものであり、保険会社から解約返戻金として相当の対価を得るところ、破産法 161 条の要件を満たす場合に、否認権行使の対象となる。

第 1 節　破産と保険

【参考文献】

岡山忠広「保険契約の保険金受取人変更と詐害行為取消権・否認権の行使」判タ
1267 号 30 頁

野村剛司＝石川貴康＝新宅正人「破産管財実践マニュアル（第 2 版）」146 頁、249
頁（青林書院、2013 年）

Q11　破産手続開始決定前に成立した第三者のためにする
生命保険契約に基づき、破産者である死亡保険金受取
人が有する死亡保険金支払請求権の支払事由が破産手
続開始決定後に発生した場合、破産者の死亡保険金支
払請求権はどのように扱われるか。

A11　判例（最判平成 28 年 4 月 28 日民集 70 巻 4 号
1099 頁）によれば、死亡保険金受取人の破産財団
に属する。

解 説

被保険者が破産者又は第三者で受取人が破産者である生命保険契約におい
て、①支払事由が発生した後に破産手続開始決定となった場合は、原則とし
て、死亡保険金請求権は受取人の破産財団に帰属し、破産管財人が処分する
（破産法 34 条 1 項）。

他方、②破産手続開始決定後に支払事由が発生した場合は、「破産者が破
産手続開始前に生じた原因に基づいて行うことがある将来の請求権」（破産
法 34 条 2 項）に該当するものとして、受取人の破産財団に属する（前掲最判
平成 28 年 4 月 28 日）。

【参考文献】

田頭章一「破産手続開始前に成立した生命保険契約に基づく死亡保険金請求権の破
産財団への帰属―最一小判 H28.4.28 の検討」金融法務事情 2053 号 16 頁

第5編 第1章 倒産と保険

Q₁₂ 破産手続開始決定後に破産者に保険事故が発生した場合、破産者の保険金請求権（自動車保険契約、医療保険契約、火災保険契約）は、どのように扱われるか。

A₁₂ 生命保険契約に関する判例（前掲最判平成28年4月28日）と同様に解すれば、各保険金請求権は破産財団に属することになる。ただし、給付の性質などを考慮する必要があると考えられる。

解説

(1) 自動車保険契約

①破産者が被害者として交通事故に遭った後に破産手続開始決定がなされた場合については、後記Q13参照。

②破産手続開始決定後に破産者が被害者として交通事故に遭った場合については、被害者の加害者に対する損害賠償請求権は被害者の自由財産となるとの解釈があり得る（大阪高判平成2年11月27日判タ752号216頁参照）。しかし、生命保険契約に関する前掲最判平成28年4月28日は、前掲大阪高判平成2年11月27日の上告審にあたる判例（最判平成7年4月27日）について「本件に適切でない」としており、自由財産となるかどうかは慎重に判断すべきである。

(2) 医療保険契約

①支払事由が発生した後に破産手続開始決定がなされた場合に、保険金が直接医療機関に支払われたときは、当該保険金は破産財団に帰属しないものの、破産者が受領した医療保険金及び医療保険金請求権は、原則として破産財団に帰属すると解される。

　ただし、医療保険金は、破産者の治療を支える有用の資であり、医療費負担の増大により破産者の更生が困難となるおそれがあることから、保険契約の目的、性質、内容、保険金額等を考慮して、財団放棄又は自由財産の拡張等を活用することにより適切な解決を図るべきである。

②破産手続開始決定後に支払事由が発生した場合は、医療保険金請求権も、生命保険契約に関する判例（前掲最判平成28年4月28日）と同様に、破産財団に属すると考えられる。

第 1 節　破産と保険

　　ただし、財団放棄又は自由財産の拡張等を活用することにより適切な
　解決を図るべきである。

（3）　**火 災 保 険**
　①保険事故が発生した後に破産手続開始決定がなされた場合は、破産者が
　　受領した火災保険金又は火災保険金請求権は、原則として破産財団に帰
　　属すると解される。
　②破産手続開始決定後に保険事故が発生した場合、被保険対象が破産財団
　　に帰属していたときは、原則として火災保険金請求権も破産財団に帰属
　　すると解される。なお、見解の対立がある。

【参考文献】
　田頭章一「破産手続開始前に成立した生命保険契約に基づく死亡保険金請求権の破
　　産財団への帰属—最一小判 H28.4.28 の検討」金融法務事情 2053 号 16 頁
　山下友信＝永沢徹「論点体系　保険法 2」373 頁（第一法規、2014 年）
　財団法人生命保険文科研究所「文研保険事例研究会レポート」第 131 号
　仙台弁護士会民事弁護委員会倒産法制部会「東日本大震災下の倒産法制の運用と銀
　　行実務 Q&A ⑤破産手続における家財地震保険の取扱い」銀行法務 21 No.738（2011
　　年 12 月号）38 ～ 43 頁

Q13 破産手続開始決定前に破産者が交通事故の被害者に
なっていた場合、破産者の保険会社に対する保険金請
求権は破産財団を構成するのか。

A13 損害内容ごとに、破産財団に帰属する場合とそう
でない場合があると考えられる。

解　説

（1）　**物　損**
　物損に関する損害賠償請求権は、破産財団に帰属する。

（2）　**人　損**
　ア　治　療　費
　　加害者加入の保険会社が直接医療機関に支払っている場合は、ほぼ問題
　になることはないと考えられる。
　　他方、いわゆる一括対応をしていない場合は、自由財産に帰属する又は

389

第 5 編 第 1 章　倒産と保険

自由財産拡張の対象となると考えられる。

イ　入院雑費・介護費用

　自由財産に帰属するか、又は自由財産拡張の対象となると考えられる。

ウ　休業損害・後遺障害逸失利益

　金銭債権として、休業損害・後遺障害逸失利益は破産財団に帰属する。

　しかし、破産者である被害者の将来の自由財産の減少分を填補する意味合いがあることから、全部又は一部について自由財産拡張が認められるべきである。

エ　傷害慰謝料・後遺障害慰謝料

　判例（最判昭和 42 年 11 月 1 日民集 21 巻 9 号 2249 頁、最判昭和 58 年 10 月 6 日民集 37 巻 8 号 1041 頁）の立場を前提とすると、一身専属性を喪失した慰謝料の損害賠償請求権は破産財団に帰属するとも考えられる。

　しかし、破産財団に帰属するとしても、かなりの割合で自由財産拡張を認めるべきである。

【参考文献】

　小野瀬昭「交通事故の当事者につき、破産手続開始決定がされた場合の問題点について」判タ 1326 号 54 頁

　全国倒産処理弁護士ネットワーク「破産実務 Q&A200 問」90 頁〔伊津良治（Q 44）〕（金融財政事情研究会、2012 年）

　伊藤眞「固定主義再考（大阪高判平 26. 3. 20）─交通事故に基づく損害賠償請求権などの破産財団帰属性を固定主義から考える」事業再生と債権管理 No.145

　今中利昭＝張泰敦＝岡田良洋「「固定主義再考」その後」事業再生と債権管理 No.153

第 2 節　民事再生と保険

Q14　民事再生手続（個人再生）において、再生債務者を契約者とする生命保険を継続することはできるか。生命保険の受取人が再生債務者の場合はどうか。

A14　継続することができる。受取人の場合も同様である。

第2節　民事再生と保険

解　説

　民事再生手続における債務者は、再生手続が開始された後も、その財産を管理し処分する権限を有する（民事再生法38条1項）。よって、再生債務者を契約者とする生命保険を継続することができる。もっとも、保険契約者たる地位は財産的価値を有するものであるから、財産目録への記載は必須である。

　生命保険の受取人が再生債務者の場合、被保険者の死亡前において、保険金受取人たる地位それ自体は財産権ではないので、民事再生手続による影響はなく、財産目録への記載も不要である。

Q15 保険者が保険契約者に対し契約者貸付を行い、その後、保険契約者が貸付金を返済中に、保険契約者について民事再生手続が開始した。保険者は、貸付債権を自働債権、解約返戻金支払債務を受働債権として相殺できるか。

A15 相殺できる。

解　説

　本編第1章第1節「破産と保険」Q6の解説参照。

　保険者は、約款に基づき、民事再生手続開始によって保険契約が終了するとして、相殺予約の効力を発動させることができる。

　再生実務上では、保険者が発行する解約返戻金額を証する書面には、契約者貸付金が相殺された後の残額が記載され、当該残額をもって資産と見なす方式がとられており、保険者による相殺が当然に認められているといえる。

【参考文献】

　山下友信＝永沢徹「論点体系　保険法2」137頁、234頁（第一法規、2014年）

　最判平成9年4月24日民集51巻4号1991頁

　全国倒産処理弁護士ネットワーク「個人再生の実務Q&A100問」52頁以下、88頁以下（金融財政事情研究会、2008年）

第 5 編 第 1 章 倒産と保険

Q16 再生債務者が勤務する会社が加入している保険が中小企業退職金共済である場合、退職金等の支給を受ける権利はどのように処理されるか（差押禁止債権との関係）。

A16 退職金等の支給を受ける権利が中小企業退職金共済加入である場合、法律上差押禁止であり、再生手続によっても何らの影響を受けない。

解 説

　一般の退職金（民事執行法 152 条 2 項）と異なり、中小企業退職金共済法 20 条が規定している。

●第 3 節　会社更生と保険 ・・・・・・・・・・・・・・・・・・・・・・・・・・・

Q17 会社更生手続において、会社が保険に加入しており、保険者が会社に対して債権を有している場合、保険者はこの債権を自働債権、保険解約返戻金支払債務を受働債権として相殺できるか。

A17 相殺できる。

解 説

　保険者の会社に対する債権が契約者貸付による貸付債権である場合、Q15 と同様である。会社更生と民事再生はいずれも手続主体（債務者）の存続を図るべく規定された制度で立法趣旨は類似しており、相殺にかかる規定（会社更生法 48 条 1 項、民事再生法 92 条 1 項）も、相互にほぼ同様の内容となっている。

　保険者の会社に対する債権が契約者貸付によるものではなくその他の債権である場合は、会社更生法 48 条 1 項の規定に従って判断される。

第 4 節　倒産と保険全般

•第 4 節　倒産と保険全般 ••••••••••••••••••••••

Q18 ある製品を購入し、同製品の事故により損害を被っ
た場合に、同製品の製造者である事業者が製造物責任
保険に加入していたとする。当該事業者について倒産
手続が開始された場合、被害者の有する賠償請求権は、
倒産手続内においてどのように扱われるか。事業者が
税金を滞納している場合はどうか。

A18 損害を被った者は、保険金請求権につき先取特権を有してい
るので、これを行使することによって優先的に損害の賠償を
受けられる（保険法 22 条 1 項）。事業者が税金を滞納して
いる場合も同じである（同条 3 項）。

解　説

　保険法 22 条は、平成 22 年保険法改正によって新設された権利である。

　先取特権の行使として、損害を被った者は、「担保権の存在を証する文書」
（民事執行法 193 条 1 項）を提出し、事業者の保険金請求権に対する差押命令
を得て、自らこれを取り立てることができる。

【参考文献】
　山下友信＝永沢徹「論点体系　保険法 1」207 頁（第一法規、2014 年）

393

第5編 第1章 倒産と保険

Q19 勤務先の会社が倒産した場合、健康保険証は使用できるか。今後健康保険を使用するためにはどうしたらよいか。健康保険傷病手当金を受給中に会社が倒産すると、傷病手当は受給できなくなるか。

A19 健康保険証は使用できない。そこで、今後健康保険を使用するためには、以下のいずれかの手続を取る必要がある。
　①会社を通じて加入していた保険組合で手続を行い任意継続被保険者となる
　②新たな就業先を通じて再度健康保険に加入する
　③家族の被扶養者になる
　④国民健康保険に加入する
一方、健康保険傷病手当金は、倒産によっても一定期間は受給できる。

解説

傷病手当金とは、健康保険法に基づき、労災に該当しない業務外の事由によって傷病を患い一定期間以上休職となり給与が支払われない労働者に対し、健康保険から一定の金額が支給される制度である。資格を喪失する日の前日までに継続して1年以上被保険者であった人は、資格を喪失した際、すなわち勤務先の倒産等の事由が発生した際に、現に受けていた傷病手当金及び出産手当金を、通算期間1年6か月を上限として、引き続き受けることができる（健康保険法99条）。

【参考文献】
　全国健康保険協会のHPを参考にした。

Q20 休業補償給付を受給中に会社が倒産した場合、休業補償給付はどのようになるか。

A20 休業補償給付は引き続き支払われる。

第4節　倒産と保険全般

解　説

　休業補償給付とは、労働基準法76条及び労働者災害補償保険法14条に基づき、業務中若しくは通勤中に負傷し又は疾病を患い療養するため労働できなくなった場合、給与の6割相当額が支払われる制度である。労働者災害補償保険法12条の5は、「保険給付を受ける権利は、労働者の退職によって変更されることはない」と定めており、休業補償給付を受給中に会社が倒産しても、休業補償給付は引き続き支払われる。

Q21 会社が倒産した場合に、雇用保険の失業給付を受給できるか（勤務先が倒産し、仕事がない間に保険給付はあるか）。

A21 できる。

解　説

　雇用保険の失業給付とは、雇用保険法に基づき、失業労働者の生活の安定を図るため、当該労働者が求職中に受領できる雇用保険金（通称としては失業保険金ともいう）である。

　勤務先の倒産の場合、労働者は失職してしまい、次の職を得るまでの生活費を得なければならないから、求職活動をしつつ当然に受給できる。

【参考文献】
　厚生労働省のHPを参考にした。

Q22 小規模企業を経営している場合、取引先が倒産する場合に備えて保険を掛けておくことはできないか。

A22 中小企業倒産防止共済の制度を活用することが考えられる。

第5編 第1章　倒産と保険

解　説

　中小企業倒産防止共済法に基づく中小企業倒産防止共済に加入していれ
ば、取引先企業が倒産した場合、積み立てた掛金総額の10倍を限度額とし
て（最高8,000万円）、回収困難な売掛債権等の額の範囲内で共済金の「貸付け」
を受けることができる（連鎖倒産防止効果）（中小企業倒産防止共済法9条）。

　貸付けの条件は、無担保、無保証人、無利子（ただし、共済金の貸付けを受
けた場合、共済金貸付額の10分の1に相当する掛金の権利が消滅する。）となっ
ており、返還期間は貸付金額により5〜7年（据置期間6か月）である（中
小企業倒産防止共済法10条）。

第1節　役員賠償責任保険

第2章　役員と保険

●第1節　役員賠償責任保険

1　会社役員賠償責任保険（D&O保険）について

Q1 会社の役員が株主代表訴訟等により損害賠償義務を負う場合に備える保険はあるか。

A1 会社役員賠償責任保険（D&O保険、directors and officers liability insurance の略）がある。

解説

　会社役員賠償責任保険（D&O保険）とは、保険契約者である会社と保険者である保険会社の契約により、被保険者とされている役員等の行為に起因して、保険期間中に被保険者に対して損害賠償請求がなされたことにより、被保険者が被る損害を填補する保険をいう。

　株主代表訴訟、第三者訴訟の場合には、損害賠償金・弁護士費用等の争訟費用を役員個人で負担することになるが、訴訟の増加や賠償額の高額化などにより負担は拡大している。D&O保険は、このような役員個人のリスクをカバーするものである。

【参考文献】

　経済産業省のHP

　　http://www.meti.go.jp/press/2015/07/20150724004/20150724004-3.pdf

2　保険料負担の関係

Q2 D&O保険の保険料を会社が負担することは認められるか。

A2 会社が負担することは違法とする見解もあるが、現在は、認める方向で議論がされている。

第5編 第2章 役員と保険

解 説

　従来は、D&O 保険の保険料のうち、株主代表訴訟担保特約（代表訴訟に敗訴した場合における損害賠償金と争訟費用を担保する特約）部分の保険料（以下、「特約保険料」という。）は、役員個人が負担することが実務上の取扱いとなっていた。

　しかし、特約保険料を会社で負担したいというニーズが高かったことから、平成27年経産省報告書は、特約保険料の会社負担を認める場合について一定の解釈指針を示した。

　具体的には、①決定手続の構造的な利益相反の観点から、取締役会の承認を経ることとともに、②内容に合理性・妥当性を持たせる意味で、社外取締役の監督を受けること（社外取締役が過半数の構成員である任意の委員会の同意を得ること、又は、社外取締役全員の同意を得ること）が必要であるとしている。

　今後は、上記解釈指針に沿った実務の運用がなされていく可能性が高い。

【参考文献】
　樋口達＝山内宏光「平成27年経済産業省『コーポレート・ガバナンス・システムの在り方に関する研究会報告書』における、役員責任に関する事項のポイント解説」季刊企業リスク2016年1月号35頁（デロイトトーマツ企業リスク研究所、2016年）

「企業の稼ぐ力とD&O保険」

　我が国では、本格的なグローバル競争を迎える中、我が国の企業の「稼ぐ力」の向上のために、中長期的な収益性・生産性を高めることが重要となっています。

　「コーポレート・ガバナンス・システムの在り方に関する研究会」（座長 神田秀樹東京大学大学院法学政治学科研究科教授）は、形式的にガバナンス体制を整えるだけでなく、中長期的な企業価値の向上に向けたコーポレート・ガバナンスの実践を実現するための検討を行い、中長期的な企業価値向上のためのインセンティブ創出、取締役会の監督機能の活用、及び監督機能を担う人材の流動性の確保と社外取締役の役割・機能の活用という基本的な考え方の下で取りまとめを行い、平成27年7月24日「コーポレート・ガバナンス・システムの在り方に関する研究会」報告書を公表しました。

　報告書は、役員が過度にリスクを回避しないようにするためには、訴訟リスクに対応するD&O保険の更なる活用が必要であるとした上で、D&O保険の検討に際して実務上確認することが必要と思われるポイントを整理しています。（本報告書、経済産業省平成27年7月24日ニュースリリースより）

第2節　役員退職金保険等

 法人が保険会社と定期保険契約を締結するメリットは何か。

A3　不測の事態のための資金準備、契約者貸付制度を利用した資金繰りに利用できる。税法上、保険料の一定割合を損金扱いできる。

第5編 第2章 役員と保険

Q4 法人と保険会社との間で締結された被保険者を役員とする生命保険契約に基づき法人が保険金の支払いを受けた。法人には、退職金規定が存在し、退職金と関連のある法人加入の保険契約の受取保険金は全額法人に帰属する旨が規定されていた。役員又は役員の遺族が、法人に対し、退職金として、保険金の引渡しを求めることができるか。

A4 できないと考えられる。役員又は役員の遺族は、法人に対し、社内規定に基づいて死亡退職金や弔慰金として支払いを求めるほかないと考えられる。

解 説

　法人と保険会社との間で締結された被保険者を役員とする生命保険契約については、多くの場合、保険金受取人は保険契約者である法人であり、保険金を請求できるのは保険金受取人である法人である。

　しかし、法人が役員等の死亡により高額の保険金を受け取っておきながら、遺族に対してはごくわずかの死亡退職金等しか支払わず、遺族が法人に対し保険金相当額を引き渡すことを求める訴訟が多発した。これについて、最高裁は、被保険者が従業員であった事案について、法人が従業員の遺族に対して受領した保険金の全部又は一部を引渡す旨の合意は認められないとし、保険金の引渡請求を認めなかった（最判平成18年4月11日民集60巻4号1387頁）。

　したがって、役員又は役員の遺族についても、法人が保険金を受領した後に、法人から社内規定に基づいて死亡退職金や弔慰金として支払いを受けるほかはないと考えられる。

　なお、生命保険業界は、平成8年、遺族の生活保障に配慮した新たな保険商品として「総合福祉団体定期保険」を創設した（第1編第1章第8節Q33参照）。

400

第1節　物流に関する保険

第**3**章　物流・取引活動に
　　　　関する保険

●第1節　物流に関する保険 ・・・・・・・・・・・・・・・・・・・・・・・・・・・・

Q₁ 物流に関するリスクをカバーする保険にはどのようなものがあるか。

A₁ 物流関係の保険には、大きく分けて運送業者が加入する保険（運送業者貨物賠償責任保険等）と、荷主が加入する保険（外航貨物海上保険、運送保険等）などがある。

解　説

(1)　輸送中や保管中の貨物の様々なリスクをカバーする保険のうち、運送業者が加入するものとしては、運送業者貨物賠償責任保険がある。

　　運送業者貨物賠償責任保険は、運送業者が契約者となり、自らが運送を引き受けた貨物に損害が発生したことにより荷主あるいは元請運送人に対し損害賠償責任を負った場合に備えるための保険である。

　　運送契約に基づき輸送するすべての貨物が対象となり（一部例外があるが、例外は保険会社により異なる。）、荷受けから荷渡しまでの輸送中及び輸送に付随する保管中等に、輸送用具の衝突・転覆等の交通事故、盗難、破損等の損害が生じた場合等に補償される（補償の内容等については、保険商品により差異があるので、約款を十分に確認する必要がある。）。

(2)　次に、荷主が加入する貨物・運送に関する主な保険としては、貨物が輸送される場所により、大きく分けて以下の2つがある。

　　①国際間を輸送される貨物を対象とする保険（外航貨物海上保険）

　　②日本国内を輸送される貨物を対象とする保険（運送保険、国内貨物総合保険、物流総合保険等の名称の商品があり、補償内容は保険会社や商品により差異がある。）

　　外航貨物海上保険は、国際間を船舶・航空機等で輸送される貨物が、海上・航空輸送中に、火災、船舶の座礁・沈没、盗難、破損等の偶然の事故によっ

401

第5編 第3章 物流・取引活動に関する保険

て生じた損害を補償する保険である。

　運送保険は、一般的には、日本国内を陸上・航空・フェリー等で輸送される貨物を保険の対象とし、輸送中や輸送前後の保管中等に、火災、爆発、風災、水災、破損、盗難等の偶然の事故によって生じた損害を補償する保険である（補償の内容等については、保険商品により差異があるので、約款を十分に確認する必要がある。）。

【参考文献】
　東京海上日動火災保険株式会社 HP
　三井住友海上火災保険株式会社 HP
　損害保険ジャパン日本興亜株式会社 HP

Q₂ 運送業者貨物賠償責任保険・運送保険において、どのような事由が免責事由とされているか。

A₂ 約款によって規定され、多岐にわたる。

解 説

　約款により、①保険契約者、被保険者等の故意（又は重過失）による損害のほか、②貨物の自然の消耗、貨物の性質又は欠陥によって生じた自然発火・腐敗等による損害、③荷造りの不完全による損害、④運送の遅延による損害、⑤地震・噴火・津波、又はそれらに関連する火災等による損害、⑥戦争、内乱、その他変乱による損害、⑦輸送用具、輸送方法又は輸送に従事する者が出発の当時、貨物を安全に輸送するのに適していなかった場合に生じた損害などは免責事由とされることに注意が必要である（なお、免責事由は、保険商品により差異があるので、約款の確認が不可欠である。）。

【参考文献】
　東京海上日動火災保険株式会社 HP
　三井住友海上火災保険株式会社 HP
　損害保険ジャパン日本興亜株式会社 HP

第 1 節　物流に関する保険

Q₃ 個人又は法人が、国内の宅配便等を利用して高額な荷物や壊れやすい荷物を送る際に何らかの保険に加入することによりリスクを回避できないか。

A₃ オールリスク対応の運送保険に加入することによりリスクを回避することが可能である。

解説

　宅配便で荷物を輸送中に事故が発生し、荷物が破損した場合、宅配便業者は、運送契約の範囲内で、荷主に対して損害賠償義務を負うので、多くの場合は問題が生じにくい。しかし、天災（台風による高潮のため物流倉庫が冠水して荷物が破損した場合等）や不可抗力（荷物を運送中のトラックが一方的に追突され荷物が破損した）の場合など、運送約款上賠償の範囲外となるケースがある。また、宅配便業者の賠償責任には責任限度額がある場合もある（例えば、荷物 1 個につき 30 万円など）。

　そこで、特に高額な荷物や壊れやすい荷物を宅配便で送る場合には、オールリスク対応の運送保険に加入しておくことにより、宅配便業者に過失がないときや、宅配便業者の責任限度額を超えるときでも、設定された保険金額の範囲内で補償を受けることが可能となる。

　なお、このような保険に加入した場合でも、保険契約者等の故意又は重過失による損害や、運送遅延による損害、地震等による損害などについては、補償は受けられないので、加入の際には約款を確認することが不可欠である。

【参考文献】
　佐川急便株式会社 HP
　ヤマト運輸株式会社 HP

403

第5編 第3章 物流・取引活動に関する保険

● 第2節　電子商取引に関する保険 ● ● ● ● ● ● ● ● ● ● ● ● ● ●

Q₄ 事業者が電子商取引を行う際のリスクに備える保険にはどのようなものがあるか。

A₄ 事業者を対象とした IT 業務により生じうる業務リスクに対応する IT 業務関連の責任賠償保険、事業者を対象とした個人情報等の情報漏えいに際してのリスクに対応する個人情報流出保険などがある。

解 説

　事業者向けの保険として、主として以下のような種類の保険が存在する。

① IT 業務関連の責任賠償保険

　IT 業務の遂行に起因して発生した不測の事故（他人の事業の休止・阻害、情報の漏えい又はそのおそれ、人格権侵害等）について法律上の賠償責任を負う場合の損害が補償される（訴訟、調停、和解又は仲裁等の争訟費用も含まれる。）。

② 個人情報流出保険

　補償の範囲は、賠償責任部分と費用損害部分に分かれている。賠償責任部分とは、個人情報の漏えい又はそのおそれが発生した場合について法律上の賠償責任を負う場合の損害の補償をいう（訴訟、調停、和解又は仲裁等の争訟費用も含まれる。）。費用損害部分とは、個人情報の漏えい又はそのおそれが発生し、その事実が明らかになった場合に、謝罪広告の掲載、謝罪会見費用、お詫び状作成・送付費用、見舞金・見舞品購入費用、コンサルティング費用、コールセンター委託費用等の補償をいう。なお、個人情報のみならず、法人情報に対応した保険も存在する。

　その他、法律上の損害賠償請求がされた場合の賠償金やこれに要する費用だけでなく、危機管理に要する費用、サイバー攻撃に対する調査、被害の拡大防止に要する費用も補償するとする特約を設定できる保険も存在する。また、最近ではビットコイン事業者向けサイバー保険といったものも登場してきている。

　なお、これに対し、電子商取引一般に伴い一般消費者の負うリスクを手当

するような保険は現状では存在しない。もっとも、一般消費者が被害を受ける典型例と考えられるインターネットバンキング、クレジットカード情報の盗難に伴う被害等については、個々の約款等により救済規定が設けられている。

> 【参考文献】
> 「サイバーリスク保険」東京海上日動火災保険株式会社
>   http://www.tokiomarine-nichido.co.jp/hojin/baiseki/cyber/
> 「個人情報漏えい保険」東京海上日動火災保険株式会社
>   http://www.tokiomarine-nichido.co.jp/hojin/baiseki/roei/
> 「ITプロテクターのご案内」三井住友海上火災保険株式会社
>   http://www.ms-ins.com/pdf/business/indemnity/it-protector.pdf
> 「情報漏えいプロテクター」三井住友海上火災保険株式会社
>   http://www.ms-ins.com/pdf/business/indemnity/pd-protector.pdf
> 「商賠繁盛（IT事業）」損害保険ジャパン日本興亜株式会社
>   http://www.sjnk.co.jp/~/media/SJNK/files/hinsurance/contents1/sh_it_1702.pdf
> 「個人情報取扱事業者保険」損害保険ジャパン日本興亜株式会社
>   http://www.sjnk.co.jp/~/media/SJNK/files/hinsurance/contents1/infomation_1702.pdf

Q5 電子商取引に関する保険の補償の範囲はどこまでか。

A5 補償の範囲には一定の制限があり、信用失墜により生じた損害や海外の損害賠償請求等については対象外とされている。

解説

　各保険は、基本的に信用失墜、ブランド価値低下、顧客の減少といった抽象的な損害については、補償の対象外としている。

　また、海外における損害賠償請求については原則として補償の対象から外れている（具体的には国内において提起された損害賠償請求を対象とするものが多い。）。

　個人情報流出保険においては、費用損害として認められる見舞金・見舞品費用を一人当たり500円以内としている。これは、過去の大規模な個人情報

第5編 第3章　物流・取引活動に関する保険

流出事件における各企業の対応を念頭においた金額であると考えられるが、当該金額の妥当性については必ずしも一般的な了解が得られているわけではないことから、十分な補償といえるかについて検討の余地がある。

【参考文献】

「サイバーリスク保険」東京海上日動火災保険株式会社
　　http://www.tokiomarine-nichido.co.jp/hojin/baiseki/cyber/

「個人情報漏えい保険」東京海上日動火災保険株式会社
　　http://www.tokiomarine-nichido.co.jp/hojin/baiseki/roei/

「IT プロテクターのご案内」三井住友海上火災保険株式会社
　　http://www.ms-ins.com/pdf/business/indemnity/it-protector.pdf

「情報漏えいプロテクター」三井住友海上火災保険株式会社
　　http://www.ms-ins.com/pdf/business/indemnity/pd-protector.pdf

「商賠繁盛（IT 事業）」損害保険ジャパン日本興亜株式会社
　　http://www.sjnk.co.jp/~/media/SJNK/files/hinsurance/contents1/sh_it_1702.pdf

「個人情報取扱事業者保険」損害保険ジャパン日本興亜株式会社
　　http://www.sjnk.co.jp/~/media/SJNK/files/hinsurance/contents1/infomation_
　　1702.pdf

Q6 従業員による故意の情報の持出しは電子商取引に関する保険の対象となるか。

A6 原則として対象とならない。

解 説

　各保険は、外部からのウィルス等による攻撃、過失、委託先での漏えい等を対象としており、従業員の故意は対象外とされている。このため過去の大規模な流出事故において問題となったような従業員の故意による流出に対応していない点には注意が必要である。

　もっとも、一部の保険においては従業員の故意（情報の持ち出し）等にも対応しているものが存在する。

【参考文献】
「サイバーリスク保険」東京海上日動火災保険株式会社
　　http://www.tokiomarine-nichido.co.jp/hojin/baiseki/cyber/
「個人情報漏えい保険」東京海上日動火災保険株式会社
　　http://www.tokiomarine-nichido.co.jp/hojin/baiseki/roei/
「ITプロテクターのご案内」三井住友海上火災保険株式会社
　　http://www.ms-ins.com/pdf/business/indemnity/it-protector.pdf
「情報漏えいプロテクター」三井住友海上火災保険株式会社
　　http://www.ms-ins.com/pdf/business/indemnity/pd-protector.pdf
「商賠繁盛（IT事業）」損害保険ジャパン日本興亜株式会社
　　http://www.sjnk.co.jp/~/media/SJNK/files/hinsurance/contents1/sh_it_1702.pdf
「個人情報取扱事業者保険」損害保険ジャパン日本興亜株式会社
　　http://www.sjnk.co.jp/~/media/SJNK/files/hinsurance/contents1/infomation_1702.pdf

第3節　施設賠償責任保険

Q7 ビル等の施設の欠陥や、施設内外で行われる業務に起因する事故に備える保険はあるか。

A7 施設賠償責任保険がある。

解説

　施設賠償責任保険は、①ビル、工場、店舗などの施設の欠陥（施設の安全性の維持・管理の不備や構造上の欠陥）や、施設の内外で行われる仕事（施設を拠点とし、施設内外で行われる業務）の遂行に起因する事故や、②イベント（パレード、お祭り、レクリエーション等、被保険者が主催する催し）に起因して生じた事故（対人事故及び対物事故）について、被保険者が法律上の損害賠償責任を負担することによって被る損害を補償する保険である。日本国内において、保険期間中に発生した事故が対象となる。
　想定される事故例としては、以下のようなものがある。
　①店舗の看板の留め具が腐食したため看板が落下して通行人に怪我をさせた（施設に起因する対人事故）

第5編 第3章 物流・取引活動に関する保険

②化学工場内のタンクが爆発して近隣の建物を損壊した（施設に起因する
　対物事故）

③蕎麦屋の店員が自転車で出前中に運転を誤り、歩行者に衝突して怪我を
　させた（仕事の遂行に起因する対人事故）

④飲食店舗内で店員が誤ってコーヒーカップを落として客の服を汚した
　（仕事の遂行に起因する対物事故）

【参考文献】

　本項では、主として東京海上日動火災保険株式会社が提供する保険商品を例とした
　「施設賠償責任保険」東京海上日動火災保険株式会社 HP
　　http://www.tokiomarine-nichido.co.jp/hojin/baiseki/shisetsu/

Q8 施設賠償責任保険において、保険金支払の対象となる損害には、どのようなものがあるか。

A8 以下の各損害が、保険金支払の対象となる。
① 法律上の損害賠償金
② 賠償責任に関する訴訟費用・弁護士費用等
③ 求償権の保全・行使等の損害防止軽減費用
④ 事故発生時の応急手当等の緊急措置費用
⑤ 保険会社の要求に伴う協力費用

解 説

①～④については、原則として、支出前に保険会社の同意が必要となる。
自動車保険と同様、支払限度額や免責金額が定められる場合がある。

【参考文献】

　「施設賠償責任保険」東京海上日動火災保険株式会社 HP
　　http://www.tokiomarine-nichido.co.jp/hojin/baiseki/shisetsu/

Q9 施設賠償責任保険においては、どのような事由が免責事由とされるか。

A9 約款によって規定され、多岐にわたる。

第4節　費用保険・利益保険

解　説

　保険契約者・被保険者の故意・重過失等のほか、例えば、①給排水設備からの漏水等、②自動車、原動機付自転車、又は昇降機の使用に起因する事故、③販売した商品、飲食物を原因とする食中毒その他の事故、④仕事の終了後、又は引渡し後、その仕事に欠陥があったため生じた事故、⑤被保険者が所有・使用又は管理する財物の損壊、⑥被保険者の使用人が被保険者の業務に従事中被った身体損害（死亡を含む）などは、免責事由とされることに注意が必要である。ただし一部の免責事由については、オプションを組むことによって（自動車等の使用に起因する事故については、自動車保険によって）カバー可能である。

【参考文献】

　「施設賠償責任保険」東京海上日動火災保険株式会社 HP

　　http://www.tokiomarine-nichido.co.jp/hojin/baiseki/shisetsu/

●第4節　費用保険・利益保険 ・・・・・・・・・・・・・・・・・

Q10 事故・災害等により事業が中断・停止してしまった場合の費用負担や利益喪失に備える保険はあるか。

A10 費用保険・利益保険がある。

解　説

　費用保険とは、一定の偶然な事故の発生により支出した費用を填補するものである。利益保険とは、一定の偶然な事故の発生により失った、得られたはずの利益を填補するものであり、例としては以下のような保険がある。なお、保険事故、補償の対象となる損害（費用・逸失利益）、補填額、免責事由等については、商品によって様々であるので、約款を参照されたい。

⑴　企業費用・利益総合保険

　事業が自然災害や騒擾・盗難など偶然な事故により中断した場合に、支出した費用・失った利益を填補するものである。

第5編 第3章　物流・取引活動に関する保険

⑵　興行中止保険

　コンサート等のイベントが悪天候等により中止となった場合に、支出した費用・失った利益を填補するものである。個々のイベントごとにオーダーメイドで設計されるのが通常である。

【参考文献】

　山下友信ほか「保険法」95 頁（有斐閣、第 3 版補訂版、2015 年）

●第5節　取引信用保険

Q₁₁ 継続的な取引関係にある相手方が支払債務を履行しない場合の損失をカバーする保険には、どのようなものがあるか。

A₁₁ 取引先が国内の企業の場合は取引信用保険があり、取引先が国外の企業の場合は輸出取引信用保険がある。

解 説

⑴　取引信用保険とは、被保険者が保険の対象たる「主契約」を締結している「取引先」に対して有する保険の対象となる債権について、取引先が支払債務を履行しない場合に、被保険者が被った損害の一定部分につき、保険金が支払われる保険をいう。

⑵　保険の対象となる「主契約」は、継続的売買契約に限定されており、スポット契約を対象にすることはできない。スポット契約については、ファクタリング等別の手段によることになる。

⑶　保険の対象とする「取引先」の条件は、①代金決済期間が一定期間内であること（180 日以内と設定している保険が多いようである。）、②保険契約時に履行遅滞が発生していないこと、③国内の取引先であること（国外の取引先については、輸出取引信用保険でカバーされている。）、④親会社、子会社等関連会社でないこと、⑤官公庁・地方自治体でないことである。

⑷　取引信用保険には、貸倒損失の回収の他、与信管理の強化、損失の平準化、信用力の向上、債権譲渡と異なり債務者への通知が不要なので保険事

410

第6節　生産物賠償責任保険

故が発生するまでは取引先に保険加入の事実を知られずに済むといったメリットがある。

(5)　輸出取引信用保険についても、概ね上述の説明のとおりであるが、①「取引先」が国外の取引先に限られること、②取引信用保険は、取引先の倒産等、取引先に原因がある事由に基づく回収リスク（信用危険）を補償の対象とするが、輸出取引信用保険は、信用危険に加え、取引先の国の戦争・テロ、輸入制限等の取引先の国に関わる回収リスク（非常危険）も補償の対象とする点が異なる（ただし、非常危険による回収不能を補償の対象外として保険料を低額に設定する輸出取引信用保険もあるようである。）。

【参考文献】
「取引信用保険　2016年4月1日以降始期用」明治安田損害保険株式会社
　　http://www.meijiyasuda-sonpo.co.jp/pdf/pamphlet/pamphlet_trust.pdf
「取引信用保険（簡易引受プラン）のご案内　2009年3月改訂」三井住友海上火災保険株式会社
　　http://www.eiki-i.com/file_h_kigyo/ms/pdf/torishin.pdf
「全国商工会議所の海外展開サポートプラン2016年度版」日本商工会議所7～8頁、12頁以下

第6節　生産物賠償責任保険

Q12 製造・販売した製品や完成して引き渡した工事の目的物等によって対人・対物事故が発生した場合に、法律上の損害賠償責任を補償する保険はあるか。

A12 生産物賠償責任保険（PL保険）がある。

解　説

　生産物賠償責任保険（PL保険）は、生産物（被保険者が製造又は販売した財物）によって発生した事故（生産物危険）や被保険者が行った仕事の結果によって仕事の終了後に発生した事故（完成作業危険）による損害を補償対象としている。国内向け保険などでは、総合賠償責任保険の一部（特約）となっているものもある。

411

第5編 第3章 物流・取引活動に関する保険

この保険が対象とする生産物・仕事は、日本国内で販売され、または行われたものに限られ（輸入品を含む。）、海外で発生した事故の保険については、日本と異なる司法制度や法慣習に対応した海外PL保険という別商品がある。

生産物賠償責任保険（PL保険）が補償対象とする賠償責任は、PL法（製造物責任法）に基づくものだけでなく、広く民事上の賠償責任（不法行為責任、債務不履行責任）を対象としている。また、各保険会社の約款規定によるが、訴訟になった場合の弁護士費用や被害者に対する緊急措置に要した費用が支払われる場合も多いようである。

保険料は、業種、前年度売上高、加入タイプ、過去の事故の有無等により算出されるのが一般的である。

特約としては、リコールを実施することにより支出する費用損害について保険金を支払う「リコール費用担保特約」といったものや、飲食店・食品製造業・食品販売業については、食中毒・特定感染症の発生により営業が休止又は阻害された場合の営業上の損失等を補償する「食中毒・特定感染症利益担保特約」といったものがある。

なお、中小企業基本法に定められた中小企業者のうち、日本商工会議所、全国商工会連合会、全国中小企業団体中央会のいずれかの傘下団体に属する企業（LPガス販売、旅館経営、航空機（部品）製造、専門職業人（税理士、薬局・薬店等）を除く）が加入することができる中小企業PL保険制度といったものもある。

【参考文献】
　東京海上日動火災保険株式会社「損害保険の法務と実務」168 ～ 173頁（金融財政事情研究会、第2版、2016年）
　日本弁護士連合会消費者問題対策委員会「実践PL法」162 ～ 163頁（有斐閣、第2版、2015年）

第6節　生産物賠償責任保険

Q13 生産物賠償責任保険（PL 保険）の支払いの対象とならない事由（免責事由）にはどのようなものがあるか。

A13 普通保険約款において免責としている戦争、地震等の事項に加えて、生産物賠償責任保険（PL 保険）特有の免責事由がある。

解 説

　生産物賠償責任保険（PL 保険）特有の免責事由で主なものとしては、①生産物や仕事の結果に瑕疵があったことによる生産物や仕事の目的物自体の損壊による損害賠償責任、②被保険者が故意又は重大な過失により、法令に違反して製造、販売、引渡し若しくは施工した生産物に起因する損害賠償責任といったものがある。

　また、メーカーと販売者間等の力関係により、生産物の取引当事者間で損害賠償責任を加重する旨の約定がなされることがあるが、このような加重された賠償責任を負担することによる被保険者の損害は填補しない旨の約款の定めがある場合もある。被保険者の取引先への損害賠償が、取引当事者間の約定によって加重された賠償責任の履行なのか、法律上の賠償責任の履行としてなされたもので保険契約の填補の対象となるかが争われた裁判例として、大阪高判平成 21 年 9 月 11 日判時 2070 号 141 頁がある（結論としては、法律上の賠償責任の履行であり、保険契約の填補の対象となるとされた。）。

【参考文献】
　羽成守＝青木荘太郎「製造物責任判例ハンドブック」363 頁以下（青林書院、2014 年）
　東京海上日動火災保険株式会社「損害保険の法務と実務」169 ～ 171 頁（金融財政事情研究会、第 2 版、2016 年）

413

第5編 第4章 事業承継と保険

第4章 事業承継と保険

Q₁ 事業承継において個人契約の生命保険はどのように利用できるか。

A₁ 後継者が死亡保険金を受け取ることにより、相続対策や納税資金対策の資金確保に利用できる。

解 説

(1) 総 論

オーナー社長が契約者かつ被保険者となる個人契約の生命保険に加入していれば、オーナー社長が死亡したときに保険金が支払われる。この死亡保険金を後継者が受け取ることで、①相続対策（自社株以外の財産が少ない場合に、他の相続人からの相続分の主張や遺留分減殺請求に対応するための資金を確保する）や、②納税対策（後継者が相続税又は贈与税を納税するための資金を確保する）の資金が確保できる。

(2) メリット

まず、死亡保険金は、原則として遺産分割の対象とならず、他の相続人の相続や遺留分減殺請求の対象とはならないから、事業承継のための対策資金を後継者が単独で受け取ることができるというメリットがある。また、死亡保険金は「みなし相続財産」として相続税の課税対象となるが、他の相続財産とは別に扱われ、「500万円×法定相続人の数」の限度で非課税とされている（相続税法3条1項1号、12条1項5号イ）点もメリットとなる。

(3) 注意点

多くの保険会社は、約款で、死亡保険金の受取人を、原則として「配偶者又は2親等内の血族」に限定している（ただし、配偶者又は2親等内の血族がいない場合には3親等内の血族も可能とする保険会社もある）。そのため、子の配偶者（娘婿など1親等の姻族）や、兄弟姉妹の配偶者（2親等の姻族）、甥・姪（3親等の血族）を後継者として生命保険の受取人にしたい場合、生命保険会社による個別の確認を経るか、後継者をオーナー社長の養子などにする必要がある（なお、節税目的での養子縁組の有効性については最判平成29年1

414

第5編 第4章 事業承継と保険

月 31 日判タ 1435 号 95 頁)。

【参考文献】
　FP テキスト／リスクマネジメント（発行：NPO 法人日本ファイナンシャル・プランナーズ協会）

Q₂ 事業承継において法人契約の生命保険はどのように利用できるか。

A₂ 法人契約の生命保険は、①納税対策（自社株の買取による納税資金の確保）や、②節税対策（会社の時価総額、すなわち、自社株の評価を引き下げることによって相続税額を引き下げる）に利用できる。また③中途解約による解約返戻金をオーナー社長の退職金（退職慰労金）にあてることもできる。

解説

(1) 納税対策

　オーナー社長が死亡し、その後継者が相続によって株式を取得したものの相続税が支払えない場合、会社が後継者から自社株を買い取り、その代金で相続税を支払うことがある。そのためには、会社に自社株を買い取るだけの資金が必要であり、その資金調達のために、会社が生命保険に法人加入し、オーナー社長が死亡したときに死亡保険金を受け取るという方法がある。

(2) 節税対策

　中小企業の多くは非上場会社であり、その株式の価値を評価する方法として類似業種比準方式（類似業種の株価をもとに、評価する会社の 1 株当たりの配当金額、利益金額及び簿価純資産価額の 3 つを比準して評価する方法）がよく用いられている。そのため、利益を抑えれば株式の評価を引き下げることができ、その結果、相続の際の相続税を引き下げることもできる。そのため、会社が法人契約の生命保険に加入し、その保険料の一部を損金として計上することで利益の発生を抑えることができる。

(3) オーナー社長の退職金（退職慰労金）

　オーナー社長の生前に法人契約の生命保険を中途解約することで、退職金（退職慰労金）としてオーナー社長に支給することもできる。

415

第5編 第4章　事業承継と保険

【参考文献】
FP テキスト／リスクマネジメント（発行：NPO 法人日本ファイナンシャル・プランナーズ協会）

第6編
保険と税務

第6編　保険と税務

Q₁ 保険料を支払った場合若しくは保険金を受け取った場合の課税関係はどうなるか。

A₁ 個人の所得に課税する所得税と法人の所得に課税する法人税では、保険をめぐる課税関係について全く異なる取扱いがされることに注意する必要がある。

解 説

(1) 保険料を支払った場合

　ア　個人の場合

　　個人が保険料（生命保険料・地震保険料等）を支払った場合には、生命保険料控除や地震保険料控除等というように所得税法が所得控除額を保険の種類により法定しており、その定めにより控除額が決定される。

　イ　法人の場合

　　役員や社員に対する保険料支払いは法人税の損金に算入され、法人の所得から保険料の支払額を控除することができる。支払額全額を損金として控除できる保険と支払額の50％だけ控除できる保険といったように保険の種類により控除額が異なる。国税庁のホームページなどで確認するとよい。

(2) 保険金を受け取った場合

　ア　個人の場合

　　①生命保険金を受け取った場合

　　　生命保険金を受け取る場合、その保険金が死亡に基づくものか、満期によるものか、また、保険料の負担者は誰なのかなどによって課税関係が異なる。

　　　夫婦の関係でみると、下表のとおり。

区分	被保険者	負担者	受取人	保険事故等	課税関係
1	夫	夫	夫	満期	夫の一時所得（※）
2	夫	夫	妻	満期	妻に贈与税
				夫の死亡	妻に相続税
3	妻 （契約者）	夫	妻	夫の死亡	妻に相続税（生命保険契約に関する権利）

418

第6編　保険と税務

| 4 | 妻 | 夫 | 夫 | 満期 | 夫の一時所得（※） |
| | | | | 妻の死亡 | |

※一時所得の場合の課税所得金額の計算式
　{（保険金－支払保険料）－ 50 万円}　× 1/2

　　一定の一時払養老保険等の差益は、源泉徴収だけで納税が完了する源泉分離課税となる。年金方式で保険金を受け取った場合は、その年ごとの雑所得として所得税及び復興特別所得税がかかる。

②損害保険金を受け取った場合

　　損害保険金を受け取る場合も、保険料の負担者や支払原因によって課税関係が異なる。保険を掛けていた人が建物の焼失や身体の傷害・疾病を原因（損害を受けている場合）として受け取る保険金には、原則として非課税扱い。

　　問題は、例えば、事業者の店舗や商品が火災で焼失した場合、焼失した商品の損害保険金は事業収入（売上）になり、焼失した店舗の損害保険金は店舗の損失額を計算する際に、差し引くことになる。

③配当金等を受け取った場合

　　契約期間中に受け取る配当金は、支払保険料から控除し課税されないが、保険金と一緒に受け取る配当金は保険金の額に含めて一時所得として課税対象。

　　相続税、贈与税が課税されるような場合には、配当金は保険金の額に含めて課税対象になる。

イ　法人の場合

　法人が負担していた場合の受取り保険金は原則的に益金として課税対象となる。

419

第6編　保険と税務

Q₂ 特に問題の多い死亡保険金を受け取った場合に所得税、相続税、贈与税のいずれかの課税の対象になると言われたが、どのような場合に、どのような課税がされるか。

A₂ 交通事故や病気などで被保険者が死亡し、保険金受取人が死亡保険金を受け取った場合には、被保険者、保険料の負担者及び保険金受取人が誰であるかにより、所得税、相続税、贈与税のいずれかの課税の対象になる。

解説

その関係はやや複雑なので以下の表にまとめる。

死亡保険金の課税関係の表

被保険者	保険料の負担者	保険金受取人	税金の種類	
A	B	B	所得税	①
A	A	B	相続税	②
A	B	C	贈与税	③

①について

(1)　死亡保険金を一時金で受領した場合

　死亡保険金を一時金で受領した場合には、一時所得になる。

　一時所得の金額は、その死亡保険金以外に他の一時所得がないとすれば、受け取った保険金の総額から既に払い込んだ保険料又は掛金の額を差し引き、さらに一時所得の特別控除額50万円を差し引いた金額である。課税の対象になるのは、この金額をさらに2分の1にした金額となる。

(2)　死亡保険金を年金で受領した場合

　死亡保険金を年金で受領した場合には、公的年金等以外の雑所得になる。

　雑所得の金額は、その年中に受け取った年金の額から、その金額に対応する払込保険料又は掛金の額を差し引いた金額である。なお、年金を受け取る際には、原則として所得税が源泉徴収される。

　なお、年金形式での受け取りについて注目裁判例として最判平成22年7月6日（納税者勝訴）判時2079号20頁・判タ1324号78頁があり、課税関係について国税庁が判決に従い課税実務を変更した（金子宏「租税法21版」

420

第6編　保険と税務

265 頁以下参照（弘文堂、2016 年））。

②について

　被相続人の死亡によって取得した生命保険金や損害保険金で、その保険料の全部又は一部を被相続人が負担していたものは、相続税の課税対象となる（相続税法 3 条 1 項 1 号　みなし相続財産）

　この死亡保険金の受取人が相続人（相続を放棄した人や相続権を失った人は含まれない。）である場合、全ての相続人が受け取った保険金の合計額が次の算式によって計算した非課税限度額を超えるとき、その超える部分が相続税の課税対象になる。

　　500 万円×法定相続人の数＝非課税限度額

　なお、相続人以外の人が取得した死亡保険金には非課税の適用はない。

　つまり、受取人が本人であれば保険金がそのまま相続財産となり非課税の適用がない。

③について

　上表のとおり、被保険者、保険料の負担者及び保険金の受取人がすべて異なる場合は贈与税が課税される（相続税法 5 条）。

【参考文献】

　金子宏「租税法 21 版」265 頁以下（弘文堂、2017 年）

　水野忠恒「租税法第 5 版」（有斐閣、2009 年）

　増田英敏「リーガルマインド租税法第 4 版」（成文堂、2013 年）

　岡村忠生「ベーシック租税法第 7 版」（有斐閣、2013 年）

あとがき

　本書は、「保険」をテーマとした書籍であり、関東十県会夏期研究会の開催にあわせて出版されたものである。

　関東十県会は、関東弁護士会連合会から東京三会を除いた十の弁護士会から構成されている。この関東十県会は毎年8月に夏期研究会を各弁護士会が10年に1回の持ち回りで担当し、その研究の成果を書籍として出版するならわしになっている。

　夏期研究会で扱うテーマは、実務家向けで、かつ日常業務に役立つものでなければならない。ところが、近時は、実務家向け出版ブームなのか、いろいろなテーマについて幅広く出版がなされている。ユニークで面白く実務的にも役立つのではないかと思いついたテーマも探してみると既にどこかから出版されている状況にある。

　そのような状況のなかで、茨城県弁護士会としてどのようなテーマを選定すべきかは悩ましい問題であった。テーマ選定のために委員会を開き、いくども議論を重ね、検討を重ねた結果、行き着いたところが「保険」であった。

　他会の弁護士に茨城県弁護士会が取り上げるテーマが「保険」と決まったと告げたときに、あまりに広範囲すぎる、何冊になる予定なのかと驚かれてしまった。たしかに、「保険」は広範囲である。

　決定については、ある委員から「日常の業務で保険がからむことは多い。業務に関わりそうな保険についていちどは勉強をして整理しておくべきだと思う。作り上げればきっと実務に役立つ本になるに違いない」との一声があったことが大きかった。

　保険について最先端のテーマを研究しようとの声もあったものの、議論の結果、実務家にとって役立つものを取り上げる方針とした。

　本書は、広大な保険の分野のなかから実務家のために基本的かつ重要な

保険実務のエッセンスを選び出し、一冊にまとめ上げたものである。本書は、「弁護士のための保険相談対応 Q&A」という書名であるが、実務家が知っておかなければならない保険実務のエッセンスを詰め込んだ書籍である。

　今回の執筆に際しては、多数の委員が文献にあたり、議論を重ねるなどの注意を払ってきたが、もし、内容に不備な点があったならば、ご容赦願いたい。また、そのような点を見いだしたなら遠慮なくご指摘をいただければ幸いである。

　私ども執筆者一同は、本書が実務家の皆さんの日常業務に役立つことを願ってやまない。

　最後に、きわめて多忙な業務の中、執筆、編集、校正に全力を尽くしてくれた準備委員に、そして出版のサポートをいただいた株式会社ぎょうせいの担当者に、厚く御礼申し上げる次第である。

　　平成 29 年 8 月

　　　　茨城県弁護士会平成 29 年度関東十県会夏期研究会準備委員会
　　　　　　　委員長　後　藤　直　樹

弁護士のための　保険相談対応 Q&A

平成29年9月25日　第1刷発行

編　集　茨城県弁護士会

発　行　株式会社 ぎょうせい

〒136-8575　東京都江東区新木場1-18-11
電話　編集　03-6892-6508
　　　営業　03-6892-6666
フリーコール　0120-953-431

〈検印省略〉

URL：https://gyosei.jp

印刷　ぎょうせいデジタル㈱　　　　　©2017　Printed in Japan
※乱丁・落丁本はお取り替えいたします。

ISBN978-4-324-10390-6
(5108370-00-000)
〔略号：保険相談QA〕

〈関東十県会関連図書のご案内〉

立証の実務 改訂版
―証拠収集とその活用の手引―

群馬弁護士会／編
B5判・定価(本体3,700円＋税)送料350円

●10年ぶりに全面改訂した証拠収集活動に必ず役立つ弁護士必携書。立証活動を紛争・証拠類型ごとに分類し、「立証のポイント」「証拠の入手方法」をコンパクトにまとめて解説。
(平28年9月)　　　5108254 立証実務改訂〈10178-0〉

自然をめぐる紛争と法律実務
―水・山・農地・土地・生物・災害等のトラブル解決のために―

長野県弁護士会／編
A5判・定価(本体4,200円＋税)送料350円

●水・温泉・雪・山・農地・土地・大気・生物・自然災害。9つに分類した自然にまつわる法トラブルを、多くの裁判例を紹介しながら徹底的に研究。(平27年9月)
　　　　　　　　　　5108166 自然法律〈10015-8〉

マンション・団地の法律実務

横浜弁護士会／編
A5判・定価(本体3,300円＋税)送料350円

●建築から購入・管理、建替えまで、マンション・団地をめぐる法律実務を網羅。紛争解決のための具体的手段や事例を多数紹介。裁判例は約500件を取り上げた、大充実の頼れる1冊。
(平26年9月)　　　5108072 マンション団地法〈09852-3〉

慰謝料算定の実務 第2版

千葉県弁護士会／編
A5判・定価(本体3,800円＋税)送料350円

●慰謝料が争われたあらゆる分野の裁判例を収集・分析し、慰謝料額の決定に考慮される要素、算定の傾向と対策を解説。11年ぶりの改訂でさらに研究を深めた決定版。
(平25年9月)　　　5107989 慰謝料実務第2版〈09711-3〉

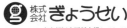

株式会社ぎょうせい　フリーコール TEL:0120-953-431 [平日9~17時] FAX:0120-953-495
〒136-8575 東京都江東区新木場1-18-11　https://shop.gyosei.jp　ぎょうせいオンライン 検索